介護職員初任者研修テキスト

DVD・確認テスト付

第3版

田中由紀子／住居広士／島津淳／鈴木眞理子／前田崇博／小林一郎 監修
初任者研修テキストブック編集委員会 編

ミネルヴァ書房

はじめに

　本書は，2013（平成25）年から実施となった「介護職員初任者研修」のためのテキストです。「介護保険法施行規則」等の改正により，これまでの訪問介護員（ホームヘルパー）養成研修課程が一新されたことで，「介護職員初任者研修」が開始されました。本書は，そのための教材として作成しました。介護を必要とする人びとの生活の安定・安心，明日への希望に沿うための新たな理論と実践を学ぶのに最適の教材となっています。

　いつの時代にあっても，老い，病，障害などによって生活支障（困難）を担って生活する人びとがいます。それらの人びとの，人間の尊厳と主体性が尊重されて，その人らしい生活が保障されるということは社会の責務です。さらに，介護は生活支援のひとつの領域ですから，生活をいかに支援するかの知識と技術が重要となります。すなわち，介護実践を行うためには，制度・価値・知識・技術の学習が不可欠となります。本書はこのような編集方針のうえに立って作成されています。

　また，新課程で必要とされる内容を網羅しながらも，介護・福祉分野の初心者の人にとって，読みやすく，わかりやすい内容となっています。本書が，これから介護を志す人たちにとって，学習の一助となることを祈っています。

2018年4月

監修者一同

もくじ

はじめに……i

科目1 職務の理解……1

1 介護職員初任者研修とは……2
1 初任者研修の位置づけ…2 　2 初任者研修の内容…3

2 多様なサービスの理解……4
1 介護保険サービス…4 　2 介護保険外サービス…4

3 介護職の仕事と職場……5
1 介護職の仕事内容…5 　2 実際のサービス提供現場…6 　3 サービス提供の実際…7

科目2 介護における尊厳の保持・自立支援……9

第1章 人権と尊厳を支える介護…10

第1節 人権と尊厳の保持……10
1 利用者とはどのような人びとなのか…10 　2 利用者の尊厳とは何か…12 　3 尊厳を支えるために…13

第2節 ICF……13
1 ICFとは…13 　2 介護分野におけるICF…15

第3節 QOL……17
1 QOLとは…17 　2 介護職に求められるもの…17

第4節 ノーマライゼーション……19
1 ノーマライゼーションとは…19 　2 ノーマライゼーションの流れ…20 　3 ノーマライゼーションを実現するには…20

第5節　**虐待予防・身体拘束禁止**……21
　1身体拘束禁止…21　**2**高齢者虐待への取り組み…23　**3**高齢者虐待防止法…24　**4**高齢者虐待防止の地域ネットワーク…26

第6節　**個人の権利を守る制度の概要**……27
　1個人の権利を守る制度…27　**2**個人情報保護法…27　**3**成年後見制度…30　**4**日常生活自立支援事業…32

第2章　自立に向けた介護…34

第1節　**自立支援**……34
　1自立・自律支援…34　**2**残存能力の活用…37　**3**動機と欲求…38　**4**意欲を高める支援…39　**5**個別性…40　**6**個別ケア…40　**7**重度化防止…41

第2節　**介護予防**……42
　1介護予防とは…42　**2**介護予防は寝たきり予防…44

科目修了時の評価のポイント……47

科目3
介護の基本……49

第1章　介護職の役割，専門性と多職種との連携…50

第1節　**介護環境の特徴の理解**……50
　1住み慣れた地域で暮らし続けるために…50　**2**地域包括ケアシステム…50　**3**システムを支える5つの視点…52

第2節　**介護の専門性**……55
　1専門性とは何か…55　**2**利用者の状況を総合的な視点でとらえる…55　**3**家族による介護と専門職による介護の違い…57　**4**チームケアの重要性…59

第3節　**介護にかかわる職種**……60
　1異なる専門性をもつ多職種の理解…60　**2**介護や社会福祉関連の専門職…60　**3**医療の専門職…62　**4**その他の専門職…64

第2章　介護職の職業倫理…65

第1節　専門職の倫理の意義…65
1 対人援助における職業倫理…65　2 介護職の職業倫理…65

第2節　介護の倫理…68
1 人権の尊重と人権擁護…68　2 利用者本位と自立支援…69　3 保健医療などの専門職との連携…70

第3節　プライバシーの保護…71
1 守秘義務…71　2 個人情報の保護と活用，情報開示…71

第4節　地域社会における介護職の役割…72
1 地域福祉の推進…72　2 地域ケアでの介護職の役割…72　3 地域包括ケアシステムと介護職…72

第3章　介護における安全の確保とリスクマネジメント…73

第1節　介護における安全の確保…73
1 介護現場における事故…73　2 介護事故の要因…74　3 安全管理体制の確立…75

第2節　事故予防・安全対策…76
1 リスクマネジメント…76　2 事故を未然に防ぐための方策…77　3 ヒヤリ・ハットの活用…78　4 事故発生と対応の原則…81

第3節　感染対策…82
1 高齢者と感染症…82　2 感染成立の因子…83　3 感染症対策…83

第4章　介護職の安全…86

第1節　介護職の心身の健康管理…86
1 健康管理は介護職の基本…86　2 身体的健康の管理…86　3 精神的健康の管理…87

第2節　介護職に起こりやすい健康障害とその予防…88
1 腰痛の予防…88　2 感染症の防止…89　3 バーンアウト…90　4 介護職に起こりやすい健康障害の事例…91

科目修了時の評価のポイント……93

科目4
介護・福祉サービスの理解と医療との連携……95

第1章　介護保険制度…96

第1節　介護保険制度創設の背景および目的，動向……96
1 介護保険制度の成立と社会的背景…96　2 介護保険法の改正…97

第2節　しくみの基礎的理解……97
1 保険制度としての基本的しくみ…97　2 要介護認定の手順…99　3 サービスの申請と利用手続き…101　4 利用者の負担…101　5 保険給付…103　6 地域包括ケアシステム…111　7 市町村介護保険事業計画と都道府県介護保険事業支援計画…114

第3節　制度を支える財源，組織・団体の機能と役割……115
1 財政負担…115　2 指定介護サービス事業者…115

第2章　医療との連携とリハビリテーション…117

第1節　医行為と介護……117
1 医行為と非医行為の範囲…117　2 介護現場での医行為…118

第2節　医療・看護との連携……119
1 医療・看護との連携の必要性…119　2 連携の実際…120

第3節　リハビリテーション……121
1 リハビリテーションの意味と理念，目的…121　2 リハビリテーションの分類…122　3 リハビリテーションの過程…123

第3章　障害者総合支援法〈障害者自立支援制度〉とその他制度…124

第1節　障害者福祉制度の理念……124
1 障害者福祉制度の流れ…124　2 障害福祉サービスの再編…125　3 障害者総合支援法への改正…126

第2節　障害福祉サービスのしくみの基礎的理解……129
1 自立支援給付…129　2 障害福祉サービスの支給決定までの流れ…133　3 地域生活支援事業…135　4 利用者負担のしくみ…138　5 自立支援給付と介護保険制度との適用関係等について…138

第3節　**個人の権利を守る制度の概要**……139
　１個人情報保護法，成年後見制度，日常生活自立支援事業…139　２社会福祉法による権利擁護…141

科目修了時の評価のポイント……145

科目5
介護におけるコミュニケーション技術……147

第1章　介護におけるコミュニケーション…148

第1節　**介護におけるコミュニケーションの意義，目的，役割**……148
　１信頼関係の形成…148　２傾聴…149　３共感…153　４受容…155

第2節　**コミュニケーションの技法，道具を用いた言語的コミュニケーション**……155
　１言語的コミュニケーションの特徴…155　２非言語的コミュニケーションの特徴…156　３道具を用いた言語的コミュニケーション…157

第3節　**利用者・家族とのコミュニケーションの実際**……158
　１利用者の思いを把握する…158　２意欲低下の要因を考える…159　３利用者の感情に共感する…160　４家族とのコミュニケーション…160　５アセスメントの手法とニーズとデマンドの違い…162

第4節　**利用者の状況・状態に応じたコミュニケーション技術の実際**……162
　１視覚の障害とコミュニケーション…162　２聴覚の障害とコミュニケーション…165　３言語の障害とコミュニケーション…167　４認知症とコミュニケーション…170

第2章　介護におけるチームのコミュニケーション…172

第1節　**記録による情報の共有化**……172
　１介護における記録の意義と目的…172　２記録の書き方…173　３記録の種類…175　４観察のポイント…178　５具体的な記録の書き方…178

第2節　**報告**……181
　１報告・連絡・相談の必要性…181　２報告の種類と留意点…181　３相談と連絡の留意点…181

第3節　**コミュニケーションを促す環境**……**182**
　1 情報の共有化…182　**2** ケアカンファレンス…183　**3** 会議…183

科目修了時の評価のポイント……186

科目6 老化の理解……187

第1章　老化に伴うこころとからだの変化と日常……188

第1節　老年期の発達と老化に伴う心身の変化の特徴……188
1 加齢と老化…188　**2** 生命の維持と加齢と老化に伴う変化…189　**3** 老化に伴う心身の機能低下…190　**4** 老年期に要介護に至る原因…191

第2節　老化に伴う心身の機能低下と日常生活への影響……192
1 老化の定義と原則…192　**2** 心身機能の変化と日常生活への影響…192　**3** 咀嚼と嚥下機能の低下…194　**4** 体温維持機能の変化…195　**5** 精神的機能の変化と日常生活への影響…195　**6** 生活習慣と寿命…196　**7** 加齢と老化に伴う病気の特徴…197

第2章　高齢者と健康……198

第1節　高齢者の疾患と生活上の留意点……198
1 病的老化と老年病…198　**2** 老年期の骨折…199　**3** 老年期の筋力の低下と動き・姿勢の変化…200　**4** 老年期の関節痛…201

第2節　高齢者に多い病気とその日常生活上の留意点……201
1 循環器障害…201　**2** 神経・精神疾患…207　**3** 感染症…209　**4** 内分泌・代謝系疾患…212　**5** 感覚器障害…214　**6** 運動器（筋骨格）系疾患…216　**7** 老年症候群…218

科目修了時の評価のポイント……222

科目7 認知症の理解……223

第1章　認知症を取り巻く状況……224

第1節　認知症の現状と施策……224
1 認知症高齢者数…224　**2** 認知症施策と介護サービス…225

第2節 **認知症ケアの理念**……227
- 1 尊厳の保持…227 2 パーソンセンタードケア…227 3 認知症ケアの視点…227

第2章　医学的側面から見た認知症の基礎と健康管理…228

第1節 **認知症の概念**……228
- 1 認知症の定義…228 2 認知症の症状…228

第2節 **認知症の原因疾患とその病態，健康管理**……230
- 1 認知症の代表的な原因疾患…230 2 血管性認知症…230 3 アルツハイマー型認知症…231 4 レビー小体型認知症（レビー小体病）…231 5 前頭側頭葉変性症（ピック病または前頭側頭型認知症）…232 6 若年認知症…232 7 認知症の人の健康管理…232

第3章　認知症に伴うこころとからだの変化と日常生活…234

第1節 **認知症の人の生活障害，BPSDの特徴**……234
- 1 認知症の人の生活障害…234 2 認知症の人のBPSD…235

第2節 **認知症の利用者への対応**……236
- 1 介護職が対応すべきこと…236 2 疾患別の対応方法…237 3 施設での対応…238 4 認知症の人への社会対応…239 5 認知症への進行防止や改善をめざした社会活動・社会参加…239

第4章　家族への支援…242

第1節 **認知症と家族の心理**……242
- 1 共感的理解がよいケアをもたらす…242 2 家族介護の受容過程…243 3 家族介護の受容過程における支援のあり方…243

第2節 **家族介護者への支援**……244
- 1 家族介護者の介護負担…244 2 家族のストレスケア…244 3 社会サービスの活用…247 4 家族相談・助言…248

科目修了時の評価のポイント……250

科目8
障害の理解……251

第1章　障害の基礎的理解…252

第1節　障害の概念とICF……252
1 障害の概念…252　　2 ICFに基づく障害のとらえ方…254

第2節　障害者福祉の基本理念……257
1 障害者福祉の基本原則…257　　2 障害者総合支援法における基本理念…258　　3 ノーマライゼーションと障害者福祉…258

第2章　障害の医学的側面，生活障害，心理・行動の特徴，かかわり支援等の基礎的知識…260

第1節　身体障害……260
1 肢体不自由…260　　2 視覚障害…264　　3 言語・聴覚障害…265　　4 内部障害…267　　5 摂食・嚥下障害…268

第2節　知的障害……269
1 知的障害…269　　2 知的障害児・者への支援…270

第3節　精神障害……270
1 精神障害とは…270　　2 統合失調症…271　　3 気分障害（感情障害）…271　　4 認知症…271　　5 精神障害者への支援…272

第4節　その他の心身の機能障害……272
1 高次脳機能障害…272　　2 発達障害…273　　3 難病…274

第3章　家族の心理，かかわり支援の理解…276

第1節　家族の抱えるストレスの理解……276
1 障害者およびその家族…276　　2 家族の抱えるストレス…277

第2節　家族への支援……278
1 家族をサポートする支援…278　　2 レスパイトケア…279

科目修了時の評価のポイント……280

科目9
こころとからだのしくみと生活支援技術……281

第1章　介護の基本的な考え方…282

第1節　法的根拠に基づく介護……282
1 国家資格である介護福祉士の定義…282　2 介護福祉士の義務規程と倫理…283

第2節　理論に基づく介護――ICFの視点に基づく生活支援……284
1 理論に基づく介護の重要性…284　2 ICFの視点に基づく生活支援…285　3 理論に基づく介護――法とICFの理解…289

第2章　介護に関するこころのしくみの基礎的理解…290

第1節　学習と記憶の基礎知識……290
1 学習のメカニズム…290　2 記憶のメカニズム…292

第2節　感情と意欲の基礎知識……295
1 感情…295　2 意欲…296

第3節　自己概念と生きがい……297
1 自己概念…297　2 生きがい…298　3 高齢者のための国連原則…298

第4節　適応行動とその阻害要因……299
1 適応…299　2 ストレス…300　3 こころとからだ…301

第3章　介護に関するからだのしくみの基礎的理解…302

第1節　人体各部の名称と動きに関する基礎知識……302
1 細胞と組織…302　2 人体の部位と区分…304　3 器官と臓器…305

第2節　骨・関節・筋に関する基礎知識，ボディメカニクスの活用……305
1 骨格と骨…305　2 筋肉…306　3 関節…307

第3節　中枢神経と体性神経に関する基礎知識……307
1 神経組織…307　2 中枢神経…308　3 感覚器…309

第4節　自律神経と内部器官に関する基礎知識……311
1 自律神経…311　2 循環器…311　3 血液…312　4 呼吸器…313　5 消化器…314　6 泌尿器

…316　**7** 内分泌器…317　**8** 生殖器…318

第5節　こころとからだを一体的にとらえる……320
1 こころとからだの理解…320　**2** 生理的欲求をとらえる…320　**3** 社会的欲求をとらえる…321　**4** 自己実現の欲求をとらえる…321

第6節　利用者の心身の違いに気づく視点……322
1 健康チェックとバイタルサイン…322　**2** 病気の症状…323　**3** 緊急時と終末期の対応…324

第4章　生活と家事…325

第1節　家事と生活の理解……325
1 生活の枠組みと社会…325　**2** 家族は生活をともにする社会のなかの小さな集団…327　**3** 家庭における家事…328

第2節　家事援助に関した基礎知識と生活支援……329
1 介護保険制度における家事援助…329　**2** 家事援助の基礎知識・技術…333

第5章　快適な居住環境整備と介護…336

第1節　快適な居住環境に関する基礎知識……336
1 住居の役割…336　**2** 基本的生活行動と生活空間…337　**3** 快適な環境の維持と安全…340

第2節　高齢者・障害者特有の住環境整備と福祉用具に関する留意点と支援方法……342
1 バリアフリーデザインとユニバーサルデザイン…342　**2** 人との交流，地域とのつながり…343　**3** 住宅メニューと住宅政策…343　**4** 住宅内事故…344　**5** 避難経路の確保と防災設備…346　**6** 地域の環境づくりとまちづくりの視点…346　**7** 福祉用具に関する留意点と支援方法…347

第6章　整容に関連したこころとからだのしくみと自立に向けた介護…350

第1節　整容に関する基礎知識……350
1 整容の意味するもの…350　**2** 整容行為介助の必要性…350　**3** 衣服の果たす役割…351　**4** 衣服の基本的な条件…351

第2節　整容の支援技術……352
1 洗顔…352　**2** 整髪…352　**3** 化粧…352　**4** ひげそり…353　**5** 爪切り…353　**6** 衣服の着脱…354　**7** 安楽で心地よい衣服の着脱介助の実際…354

第7章　移動・移乗に関連したこころとからだのしくみと自立に向けた介護…358

第1節　移動・移乗に関する基礎知識……358
1 日常生活と移動の動作への理解…358　2 移動の介助に必要な基本となる知識…359　3 立位・臥位・座位について…360

第2節　さまざまな移動・移乗に関する用具とその活用方法……362
1 杖…362　2 歩行器…363　3 車いす…363　4 スライディングシート，リフター…366

第3節　移動を阻害するこころとからだの要因の理解と支援方法……366
1 歩行…366　2 移乗（一部介助）…368　3 体位変換（全介助の場合）…370　4 ベッド上での水平移動の介助（全介助の場合）…371　5 ベッド上での上方移動の介助（全介助の場合）…372　6 ベッドからの起き上がりの介助（全介助の場合）…373　7 ベッドから車いすの移乗介助（全介助の場合）…374　8 車いすから便座への移乗介助（全介助の場合）…375　9 ベッドからストレッチャーへの移乗の介助…376

第4節　移動と社会参加の留意点と支援……376
1 心身機能の低下を防ぎ，生きる意欲を引き出す支援…376　2 外出介助のためのアセスメント…377　3 電車やバス，リフトカーなどによる外出…377　4 視覚障害者への歩行介助…377　5 自家用車への移乗…378

第8章　食事に関連したこころとからだのしくみと自立に向けた介護…380

第1節　食事に関する基礎知識……380
1 食事をする意味…380　2 食事の支援に対する介護職の意識…381　3 食事環境の整備…381

第2節　からだのしくみと食事形態……382
1 摂食・嚥下のメカニズムと嚥下障害…382　2 脱水と低栄養…383　3 食事の姿勢と食事形態…384

第3節　福祉用具や食器の活用方法……386

第4節　食事を阻害するこころとからだの要因の理解と支援方法……387
1 食事介護の留意点と支援方法…387　2 臥床状態での片麻痺利用者の介助…389　3 視覚障害者の介助…389　4 認知症の利用者の介助…389　5 経管栄養の利用者の介助…389

第5節　**口腔ケア**……390
　1 口腔ケアの基礎知識…390　2 口腔ケアの方法と留意点…390　3 義歯の洗浄と保管…391

第9章　入浴，清潔保持に関連したこころとからだのしくみと自立に向けた介護…392

第1節　**入浴・清潔保持に関連した基礎知識**……392
　1 入浴の意義と効果…392　2 入浴の作用とリスク…393

第2節　**入浴用品と整容用具の活用方法**……395
　1 福祉用具を活用した入浴の介助…395　2 歩行・洗体自立レベル…395　3 座位がとれる場合…395　4 座位がとれない場合…398

第3節　**入浴を阻害するこころとからだの要因の理解と支援方法**……398
　1 入浴を阻害するこころの要因…398　2 入浴を阻害するからだの要因…398　3 安全で心地よい入浴介助の基本的な留意点…399　4 身体の清潔介護…399

第10章　排泄に関連したこころとからだのしくみと自立に向けた介護…405

第1節　**排泄に関する基礎知識**……405
　1 排泄の意義と目的…405　2 排泄のメカニズム…406　3 排泄物の性状…406　4 尿失禁…406　5 便秘…406

第2節　**排泄環境整備と排泄用具の活用方法**……408
　1 排泄環境…408　2 排泄に使用する用具…408

第3節　**排泄を阻害するこころとからだの要因の理解と支援方法**……411
　1 排泄のアセスメント…411　2 安全で快適な排泄介助の実際…412

第11章　睡眠に関連したこころとからだのしくみと自立に向けた介護…417

第1節　**睡眠に関する基礎知識**……417
　1 睡眠はよりよい生活の基礎…417　2 睡眠のリズム…417　3 睡眠の年齢差…418　4 睡眠の意義…418

第2節　**睡眠環境と用具の活用方法**……420
　1 安眠ケアの基本的留意点…420　2 安眠への支援の実際…421

第3節　睡眠を阻害するこころとからだの要因の理解と支援方法……422
1 不眠とその徴候…422　2 睡眠を阻害する要因…423　3 こころとからだのしくみからみた安眠のための介護の工夫…423

第12章　死にゆく人に関したこころとからだのしくみと終末期介護…427

第1節　終末期に関した基礎知識とこころとからだのしくみ……427
1 終末期のとらえ方と終末期介護の基本…427　2 終末期介護の条件と介護職の役割…428

第2節　生から死への過程……430
1 終末期の身体的変化…430　2 死後の身体的変化…430

第3節　「死」に向き合うこころの理解……431
1 終末期にある人の心理の理解…431　2 精神的側面に対するケア…431

第4節　苦痛の少ない死への支援……432
1 終末期の各段階とケア…432　2 家族への支援…434　3 死後の対応…434　4 終末期介護の事例…435

第13章　介護過程の基礎的理解…438

第1節　介護過程の目的・意義・展開……438
1 介護過程の理念と目的…438　2 介護過程は信頼関係を基盤として展開される…440　3 介護過程は利用者のニーズの充足を図る…441　4 介護過程の意義と内容…441

第2節　介護過程とチームアプローチ……445
1 チームアプローチの意義…445　2 介護過程におけるチームアプローチ…445

第14章　総合生活支援技術演習…447

事例1　通所リハビリテーションでのⅠさんへの支援……447
1 事例から考える介護のポイント…449　2 移動…450　3 排泄…451　4 入浴…453

事例2　訪問介護におけるMさんへの支援……454
1 事例から考える介護のポイント…456　2 食事の介護…457　3 口腔ケア…459

科目修了時の評価のポイント……460

科目10
振り返り……461

1 振り返り……462
2 就業への備えと研修修了後における継続的な研修……471
　① 就業への備え…471　② 継続的な研修について…472

索引……473

参考文献……482

職務の理解

ねらい

- 研修に先立ち、これからの介護がめざすべき、その人の生活を支える「在宅におけるケア」等の実践について、介護職がどのような環境で、どのような形で、どのような仕事を行うのか、具体的イメージをもって実感し、以降の研修に実践的に取り組めるようにする。

1 介護職員初任者研修とは

1 初任者研修の位置づけ

❶介護福祉士に至る入り口

　介護職員初任者研修(初任者研修)は,介護に携わる人材の養成のために設けられた研修です。介護福祉士に至るキャリアパス(技術や資格などのキャリアを積む道筋のこと)の入り口にあたる研修であり,実際に介護職として働いていくための基本となる知識・技術を習得するものです(**図1-1-1参照**)。

❷訪問介護員養成研修としての初任者研修

　介護保険制度における訪問介護に従事する者は,介護福祉士,あるいは一定の研修の課程を修了した者と,「介護保険法」「介護保険法施行令」において定められています。従来,この研修の課程は,介護職員基礎研修課程,訪問介護に関する1級課程,2級課程,3級課程と規定されていましたが,「介護保険法施行規則」などの改正により,実務者研修課

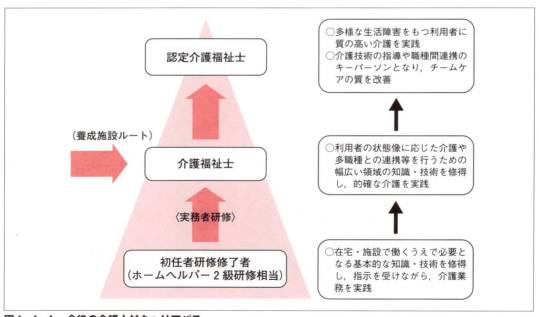

図1-1-1　今後の介護人材キャリアパス
資料：厚生労働省

程と初任者研修課程の2つとされました。2013〈平成25〉年4月から，これまでの基礎研修課程と1級課程は実務者研修課程に1本化されました。なお，3級課程は廃止されています。

2 初任者研修の内容

研修課程の時間数は全体で130時間，これは従来の2級課程と同じです。広く人材を養成するという観点から，研修受講者に過重な負担をかけないように定められています。ただし，研修の内容は，初任者研修の位置づけをふまえ，介護福祉士養成課程との整合性が図られた結果，これまでの2級課程とは異なります（表1-1-1）。専門職としての介護職の基本的な視点については，**科目2**，**科目3**でしっかり学んでいきましょう。

科目	研修時間	【参考】2級課程の内容（時間数）
1．職務の理解	6時間	実習（30）
2．介護における尊厳の保持・自立支援	9時間	理念・基本的な考え方に関する講義（6）
3．介護の基本	6時間	福祉サービスを提供する際の基本的な態度に関する演習（4）
		訪問介護に関する講義（5）
4．介護・福祉サービスの理解と医療との連携	9時間	制度に関する講義（6）
5．介護におけるコミュニケーション技術	6時間	相談援助に関する講義（4）
6．老化の理解	6時間	医学等の関連する領域の基礎的な知識に関する講義（8）
7．認知症の理解	6時間	老人及び障害者の疾病，障害等に関する講義（14）
8．障害の理解	3時間	
9．こころとからだのしくみと生活支援技術	75時間	介護技術に関する講義（11） 介護技術に関する演習（30） レクリエーションに関する演習（3） 家事援助の方法に関する講義（4） 訪問介護計画の作成等に関する演習（5）
10．振り返り	4時間	
計	130時間	130時間

※科目の頭の番号は本書中の科目番号に対応。科目内容の詳細は各科目を参照のこと

表1-1-1　初任者研修科目

2 多様なサービスの理解

1 介護保険サービス

❶ 介護保険は介護サービスを保険方式で提供

　介護保険制度は「介護保険法」に基づき，介護サービスを保険方式で提供するものです。したがって，医療職やその他の専門職が携わるサービス（訪問看護やリハビリテーションなど）をのぞき，介護保険のサービスのほとんどに介護職はかかわります。また，介護保険のサービスは居宅サービスと施設サービスに大別されますが，介護職はこの両方の分野で活動します。なお，介護保険制度と介護保険サービスについては，**科目4**で詳しく説明します。

❷ 介護保険サービスの対象は原則65歳以上

　介護保険は，40歳以上の人を被保険者とする制度で，そのサービスは原則として65歳以上の要介護高齢者と40歳以上で加齢に基づく特定疾病で要介護状態になった人に提供されます。すなわち，介護保険サービスの対象となるのは，ほとんどが高齢者といっていいでしょう。

　そのため，介護にあたっては，高齢者特有の身体や精神の状態，高齢者によくみられる疾患への理解，また，認知症高齢者への対応などの知識が必要となります。**科目6**，**科目7**で詳しく学んでください。

2 介護保険外サービス

❶ 障害者へのサービス

　介護保険以外の介護サービスとしては，まず障害者へのサービスがあげられます。介護を必要とするのは，高齢者だけではありません。障害のある人たちも，その多くが介護を必要としています。

　障害者へのサービスは，現在，「障害者総合支援法」（障害者の日常生活及び社会生活を総合的に支援するための法律）に基づき提供されています。介護保険制度と同様の介護サービスのほか，就労支援などが提供されています。障害者支援制度とそのサービス内容については，**科目4**を参照してください。

障害者支援制度において，介護職が携わるのはもっぱら介護サービスになりますが，介護保険制度と異なり，対象者は高齢者に限られず，また，身体障害，知的障害，精神障害それぞれへの対応が求められます。さまざまな障害への知識と理解が必要となります。**科目8**を参照してください。

❷その他のサービス

企業やNPO法人などが行う民間の介護サービス，地方自治体による介護サービスなどがあります。

3 介護職の仕事と職場

1 介護職の仕事内容

❶居宅

居宅における介護職の仕事は，訪問介護員あるいは居宅介護従業者としてホームヘルプサービスを行うことがほとんどです。その内容は，身体介護と生活援助に分けられます（**表1-1-2**）。

さらに，サービスの過程での要介護者や家族への相談・助言，問題解決への情報の提供も，介護職の役割です。

身体介護	通院のための乗降介助	生活援助
自分で生活動作ができない要介護者の身体に直接接触して行う介助やそのための準備，後始末，ならびに利用者の日常生活に必要な機能の向上のための介助，および専門的な援助 【具体例】 食事・入浴・排泄〈はいせつ〉・衣服着脱の介助，身体の清拭〈せいしき〉・洗髪，体位交換，就寝・起床介助，その他必要な身体介護	通院などのため，訪問介護員等が自らの運転する車両への乗車または降車の介助を行うとともに，その前後の移動などの介助または外出先での受診のための手続きの介助 【具体例】 乗車・降車の介助，車いすでの移送，受診手続き介助，その他必要な介助	同居する家族がいないか，いても障害や疾病で家事を行うことが困難であって，これを受けなければ日常生活を営むのに支障を生ずる援助 【具体例】 調理，洗濯，住居などの掃除や整理・整頓，生活必需品の買い物，その他必要な家事

表1-1-2　ホームヘルプサービスの業務範囲
資料：『訪問介護員（ホームヘルパー）養成研修テキストブック2級課程』ミネルヴァ書房，2009年，96頁

❷ 施設

施設においては，介護職員としてもっぱら身体介護を行います。居宅と異なり，調理や清掃などの生活援助の部分は調理員などの担当となることも多いからです。また，身体介護とあわせて，利用者の生活全般を見守り，状態の変化に合わせて適切なケア方法を考え，レクリエーションや外出の支援なども行います。

2 実際のサービス提供現場

❶ 居宅

要介護者が生活している場所であり，自宅が多くを占めます。家族が同居している場合もあれば，単身の場合もあります。バリアフリーに対応している住宅もあれば，そうでない住宅もあります。状況に応じ，家族とのコミュニケーションや住宅改修，福祉用具の活用のアドバイスなども視野に入れておく必要があります。

自宅以外では，有料老人ホームなどの特定施設，小規模多機能施設，認知症対応型グループホームが介護保険制度での居宅に分類されています。障害者支援制度では，共同生活援助（グループホーム）があります。

●特定施設

特定施設とは，「老人福祉法」に基づく養護老人ホーム，軽費老人ホーム，有料老人ホームをいいます（表1-1-3）。これらに入居している要介護者に対し，日常生活上の世話等を行うことを特定施設入居者生活介護とよびます。施設内に介護職員等を置いて対応するものと，外部サービスを利用するものがあります。

分類	概要
養護老人ホーム	65歳以上の者で環境上の理由および経済的理由により，居宅での養護が困難な者を入所させ，養護するとともに，その者が自立した日常生活を営み，社会的活動に参加するために必要な指導および訓練その他の援助を行うことを目的とする
軽費老人ホーム（ケアハウス）	60歳以上の者（夫婦で入居する場合はどちらか一方が60歳以上）で，低所得階層に属しており，家庭環境，住宅事情等の理由により居宅において生活することが困難な者を無料または低額な料金で入所させ，食事の提供その他日常生活上必要な便宜を供与することを目的とする
有料老人ホーム	老人を入居させ，入浴，排泄，食事の介護，食事の提供その他の日常生活上必要な便宜であって厚生労働省令で定めるもの（介護等）をする事業を行う施設で，老人福祉施設，認知症対応型老人共同生活援助事業を行う住居等でないもの。住宅型，健康型，介護付きの3種類がある

表1-1-3　特定施設の分類

●小規模多機能施設

　ホームヘルプサービス，デイサービス，ショートステイの３つのサービスをあわせて提供するもので，利用者数29人を上限とします。地域密着型サービスであり，原則として施設と同一市町村に居住する人が対象となります。訪問介護員と通所介護員が置かれ，ショートステイに対応するため，夜間・深夜の勤務もあります。利用者の選択により，利用者の自宅または施設で日常生活上の世話等を行うことを小規模多機能型居宅介護とよびます。

●認知症対応型グループホーム

　認知症の要介護者が共同で生活する住居です。ここで日常生活上の世話等を行うことを認知症対応型共同生活介護とよびます。夜間・深夜の勤務もあります。

❷ 施設

　介護保険施設として，介護老人福祉施設，介護老人保健施設等があります。そのほか，障害者支援施設，児童福祉施設等がありますが，介護職員の職場としては介護保険施設がいちばん多くなります。介護保険施設とそのサービスの種類は科目4を参照してください。

●介護老人福祉施設

　老人福祉施設である特別養護老人ホームのうち，介護保険施設としての指定を受けた施設です。身体上または精神上に著しい障害があるために常時の介護を必要とする高齢者で，居宅での介護が困難な人を対象とします。そのため，要介護度が重度な人が比較的多いといえます。

●介護老人保健施設

　看護，医学的管理のもとでの機能訓練等を必要とする高齢者を対象とする施設です。退院後に自宅へ戻るための中間施設という位置づけです。専従の医師を配置し，医学的管理が優先される施設で，在宅生活に戻るための支援が中心となります。利用期間は原則３か月となっています。

3 サービス提供の実際

❶ 業務の流れ

　介護サービスは，原則としてケアプランに基づいて提供されます。ケアプランとは，提供されるケアの計画のことをいい，どのようなケアをどのような頻度で誰が提供するか，という計画です。要介護者の日常生活の介助のみにとどまらず，支援を通じて要介護者がよりよい生活を実現していくという自立支援の視点が重視されます。

　ケアプランには，サービスの種類によりさまざまなものがありますが，大きく在宅のケアプランと施設のケアプランに分けられます。在宅のケアプラン作成は，介護保険制度では介護支援専門員（ケアマネジャー）が行うのが一般的です。障害者支援制度では，要介

護者本人や相談支援専門員などが行います。施設のケアプランは，施設の相談員などが作成します。

ケアプランに基づき，実際の介護サービスが提供されます。実施にあたっては，要介護者の自立支援ということを念頭におき，要介護者が自分でできることにはなるべく手は出さない，できることを増やしていく支援をする，などを心がける必要があります。これらに関しては**科目5**の介護におけるコミュニケーション，および介護の基本となる生活支援技術については**科目9**で詳しく見ていきます。高齢者のこころとからだのしくみの理解を深めていきましょう。

また，ケアプランは要介護者の状態により，より適切なものへと変更されることがあります。要介護者の状況をいちばん身近でみる立場にいる介護職は，状態の変化に注意をはらい，必要に応じて要介護者の状況を伝えたり，ケアプランの見直しを提案したりしていく役割も担っています。

❷ チームアプローチ

要介護者の生活を支えていくには，さまざまな職種が互いの専門性を尊重し，チームとしてかかわっていく必要があります。これをチームアプローチといいます。

在宅の要介護者の場合，ケアプランの作成に携わるケアマネジャー，相談員，介護職，訪問看護師やリハビリテーション専門職などの医療関係者，住宅改修や福祉用具の専門職など，さまざまな人たちがかかわってきます。施設においても，保健や医療，福祉の専門職がチームとしてかかわります。

チームアプローチでは，自分の役割だけを果たしていればいいというものではありません。自分の専門性を生かし，他職種の専門性を尊重し，情報を共有しながら，共通の目標に向けてチームで要介護者を支えていきます。**科目5**の第2章でしっかりおさえていきましょう。

❸ 社会資源の活用など

社会資源とは，生活上の必要を満たすさまざまな物資や制度，人材などを総称していいます。介護保険制度や障害者支援制度など，公的な社会資源もありますが，地域の公園や図書館，趣味の集まりや近隣交流の茶話会，自治体の配食サービスや見守りサービスなども，立派な社会資源です。このような社会資源を利用することで，要介護者の地域での生活をより充実したものにしていくことができます。

科目2から，より具体的な研修科目の内容になります。実践的に取り組めるよう，しっかり学んでいきましょう。

介護における尊厳の保持・自立支援

ねらい

● 介護職が，利用者の尊厳のある暮らしを支える専門職であることを自覚し，自立支援，介護予防という介護・福祉サービスを提供するにあたっての基本的視点およびやってはいけない行動例を理解する。

第1章

人権と尊厳を支える介護

第1節 人権と尊厳の保持

1 利用者とはどのような人びとなのか

　介護に従事する者には，質の高い介護を提供することが，つねに求められています。質の高い介護とは，介護を受ける利用者が安心してその人らしい生活ができるよう，介護職が知識・技術・態度を養い，介護にあたる家族の健康をも保ちながら，利用者やその家族の落ち着いた生活を支援していくことでしょう。質の高い介護をするためには，まず，利用者がどのような人びとなのかを，考えなければなりません。

❶介護の対象

　介護の対象となるのはどのような人でしょう。身体的，精神的になんらかの障害がある人です。そしてそれぞれの人が，その人らしい生活をしていくために，なんらかの支援を要する人です。では，その人の生活は，どういう状態でしょう。

　「社会福祉士及び介護福祉士法」 の第2条で定められている介護福祉士の定義のなかから考えると，**介護の対象**は「身体上又は精神上の障害があることにより日常生活を営むのに支障がある者」となります。

それでは，この「障害」「日常生活を営むのに支障がある」とはどのような状況をいうのか考えてみましょう。

身体上の障害としては，「身体障害者福祉法」にいう身体障害と，高齢者の場合は加齢による身体各部の障害と高齢者特有の疾患による障害等（脳血管障害やパーキンソン病，リウマチなど）があります。精神上の障害としては，「精神保健及び精神障害者福祉に関する法律」（精神保健福祉法）に示されているように，統合失調症をはじめとする精神障害，認知症があり，また「知的障害者福祉法」にも関連する知的障害が該当します。現在，要介護者の多くが，軽度重度を問わず認知症症状があり，その専門的対応が必要になりました。これらの障害によって「日常生活を営むのに支障がある」人が介護の対象者ということです。そして「日常生活を営むのに支障がある」とは，自分だけの力では，日々の生活を送るには大小の困難があり，支援を要する状態であるということです。

❷ 利用者のことを理解する

では，介護の対象である利用者の生活とは，どのようなものをいうのでしょうか。

●さまざまな生活，さまざまな障害

まず生活様式から分類すると，施設に入所して施設の介護サービスを利用している人と，自宅で生活をし，在宅サービスを利用している人がいます。そして，高齢者と障害者（身体障害者・知的障害者・精神障害者），重複障害者に分類されます。高齢利用者とは，ほとんどが「介護保険法」による第1号被保険者（p.98参照）で，要介護または要支援（p.101参照）と判定された人です。障害者は「障害者総合支援法」（障害者の日常生活及び社会生活を総合的に支援するための法律）による障害支援区分（p.135参照）の認定を受けた人です。

利用者は，身体的，精神的，社会的な視点で，なんらかの疾病や障害があり，日常生活を送るうえで支障があるわけですが，その状態は皆，それぞれ違っています。だんだんと身体の機能が衰えていく疾病もあれば，脳血管障害のように，ある日突然発症し，一命をとりとめ，リハビリテーションにより身体の機能を維持している人もいます。

また障害や疾病の程度によって，生活全体が全介助を必要とする人，少し援助すれば自分でできる人，説明と見守りだけでいろいろなことができる人，とさまざまです。

意思がはっきりしていて，きちんと介護職に伝えることができる人は，介護職としても要求をきちんと受け止め理解することができますが，認知症の人やコミュニケーションが難しい人については，すべてを理解することが困難な場合もあります。

●違いを理解して介護にあたる

それぞれ違った利用者の生活を支援するためには，その生活の全体像やその人自身を理解しなければなりません。人はそれぞれ個性があり，高齢者はそれまでの長い人生，つまりその人の歴史の上に「いま」があります。そしてその延長上にもその人の生活がありま

す。高齢者は人生の先輩であり，敬う姿勢が必要だとつねに意識しておきましょう。

　高齢者にかぎらず，その人の歴史を知ることは，その人の生き方や生きがいなどを理解するのにいちばん大きな情報で，いちばん大切ですが，その人の日常生活行動を客観的に，またその人の立場に立ってしっかり観察し，把握，理解することも必要です。そのうえで，介護の方法を考え，支援を行っていかなければなりません。さらに，利用者の日常は，毎日が同じパターンではありません。とくに高齢者では昨日できたことが今日できないということも多々あります。そのときどきの身体面・心理面も十分理解し，必要であれば，医師，リハビリテーションなどの専門職，看護師，家族などとの連携が必要になります。

2 利用者の尊厳とは何か

　私たち介護の専門職は何かを決断するとき，または困ったとき，同業の仲間に相談し，それぞれの専門職などにも相談し，連携をとります。たくさんの人に意見を聞き，その意見が2つ以上になった場合，そのなかから利用者の考えに少しでも近いと思われるもの，または，利用者の生活にプラスとなるものを選び，利用者の意見を聞き，利用者の自己選択，**自己決定**を原則とします。これもその人の意思を尊重するという「**尊厳**」です。

　最近，高齢者の福祉施設においてバイキングによる食事を取り入れるところが多くなりました。たくさんのメニューのなかから自分の食事療法の範囲内で，好みに合っているものを選択して食事をします。たとえば，朝食は洋食か和食から，好きなものを選ぶことができます。いつもは和食だけれども，今日はパンとコーヒーにしようかと考え，そのときどきに興味がわいて，「選ぶ」ということが普通になります。

　また，身だしなみの支援をするときも，衣服は模様や色を中心とするか，生地を優先するか，またはデザインや機能を優先するかなど，利用者の好みを，ときには大切な人の思い出やエピソードを大切にし，TPOに応じた，環境や障害の程度に適合するような，さらに希望があればできるだけおしゃれな衣服を選択できるようにします。もちろん，衣服のみでなく，利用者には全身的な外見にいろいろなこだわりや思いがあるはずです。

　このように，「自分で選ぶ」というあたりまえのことが，あたりまえにできること，それが利用者の尊厳を大切にすることではないでしょうか。介護するうえでは，どのような人にもその人の思いがあり，その意思はできるかぎり尊重する，というのが原則です。

　意識がはっきりしている人の場合は，トイレに行きたいときトイレに行けるように介護しますが，尿意や意識がはっきりせずにおむつなどの介護が必要な人の場合は，介護する人自身が利用者に「尊厳」をもって介護をすることが基本です。たとえば，おむつ交換の途中でコミュニケーションをとるとき，ていねいな言葉を使うことです。利用者が不愉快になるような「汚い」「くさい」「重い」などの発言，幼児語や指示命令語は絶対言ってはなりません。またその場に応じた，ねぎらい，感謝，謝罪などの言葉には気持ちが安らぎ

ます。

　自分が利用者の立場になったら、また利用者が自分にとって最愛の人であったら、どんなことを要求するかを相手の立場で考えてみましょう。あきらめたり省いたりすることがあっては、絶対によい介護とはなりえません。

3 尊厳を支えるために

　介護関係は、なんらかの**ニーズ**があって介護を必要とする利用者と、その利用者を担当した介護職との合意によって成立します。利用者と介護職の関係は、どちらが上でも下でもありません。しかし、介護職にとって、ほとんどの利用者、とくに高齢者は人生の先輩であり、世の中に貢献してきた人です。**信頼関係（ラポール）**を形成しなければ、よい介護もできません。だからといって、利用者の欲求のまま、いいなりになってよいわけでもありません。対等な立場でなければ、真の信頼関係は生まれません。介護の専門職として、しっかりとした理念をもったうえで、その利用者にとって真のニーズは何かをしっかりとらえ、**自己選択・自己決定**できるようにすること、また利用者の**エンパワメント**（その人のもつ力を引き出すこと）を考慮することも大切です。それが、利用者の尊厳を守ることになります。

　利用者の話を傾聴し、すべてを受容し、共感することが、介護職の基本的な態度ですが、介護福祉の専門職として、どうすることが利用者にとって最善なのかをつねに考え、支援していく必要があるのです。

　利用者の尊厳のある暮らしを支えていくためには、利用者をひとりの人として尊重し、その力を認め、その人が果たしている役割に注目することを忘れてはなりません。さらに、対等な人間としての利用者の権利を尊重していくこと、利用者のプライバシーを保護すること、認知症高齢者のように権利が侵害されやすい人に対して、その権利を守る**アドボカシー（権利擁護）**の役割を果たしていくことも、尊厳を支える介護には必要です。

第2節
ICF

1 ICFとは

　2001年に**WHO**（World Health Organization：**世界保健機関**）は、**ICF**（International

Classification of Functioning, disabilities, and health：**国際生活機能分類**）を採択しました。これは1980年の**ICIDH**（International Classification of Impairments, Disabilities and Handicaps：**国際障害分類**）を改定したもので，この20年間の，障害者の権利を尊重する世界的な動向を受けてつくられました。

　ICFは障害に関係する当事者と専門家との相互理解と協力を促進する「生きることの全体像」についての「共通言語」です。「障害」を，マイナス面だけでなく，**生活機能**というプラス面を中心としてみるように大きく変わりました。「生活機能」とは，「人が生きること」の全体像を示し，「心身機能・身体構造」「活動」「参加」を包括する概念です。それまでは，医療でも福祉でも介護でも，さまざまな分野でマイナス面をいかに補うか，減らすかといった観点がほとんどでした。ICFではプラス面を重視しています。

❶ ICFの目的

　ICFを「共通言語」というのは，利用者を同じ視線でみる「共通のものの考え方，とらえ方」であるからです。ICFは，医療，保健，福祉その他の専門分野の間，また利用者，家族，患者間での共通認識であり，これをふまえて利用者が**自己決定**することを目的とするものです。

❷ ICFによる基本概念とその特徴

　ICFの基本概念図は，**図2-1-1**に示すとおりです。
　このICFの特徴としては以下の点があげられます。

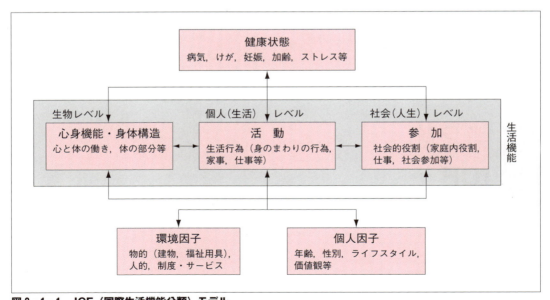

図2-1-1　ICF（国際生活機能分類）モデル
資料：大川弥生「健康とは――ICFの意義」上田敏編『一般医学』ミネルヴァ書房，2007年，12頁

① これまでマイナス面のみ強調されていた「障害」を，マイナス面（障害）とプラス面（生活機能）の両面でとらえています。
② 各要素は相互に作用し合います。ひとつの要素のみが変化することはありえない，相互作用モデルです（図中の矢印は，一方向ではなく双方向になっています）。
③ 一方で各要素には相対的独立性があります。たとえば疾病やけがにより「心身機能」が低下しても，活動向上訓練（「環境因子」）によって生活上で必要な行為を遂行する能力（「活動」）が維持され，家庭や社会での生活，コミュニケーション行為などの実行（「参加」）は，かえって向上することもあります。
④ 「活動」の目標は，利用者の「実行状況（している活動）」と「能力（できる活動）」の差をアセスメントすることにより，その人の「あるべき姿（する活動）」を定めます。「している活動」とは，毎日の生活で特別な努力なしで行えるもので，「できる活動」とは，たとえば訓練や評価の場面で，がんばればできるものをいいます。
⑤ 「健康状態」とは疾患やけがだけでなく，妊娠や加齢，ストレスなど幅広くとらえ，「生活機能」の低下となる要素「心身機能・身体構造」「活動」「参加」があげられています。
⑥ 「環境因子」は物的，人的，心理的，社会的，制度的な環境がすべて含まれます。介護者がよい人間関係をもってよい介護をすれば，それがよい「環境因子」として「活動」に影響します。「個人因子」は利用者のライフスタイルなど，その人の特徴，個性です。「活動」や「参加」に影響を及ぼす因子です。

2 介護分野におけるICF

このICFの考え方を用いて，具体的な事例について考えてみましょう。

> **事例**
>
> **利用者の年齢・性別**：Kさん，80歳，男性
> **おもな障害**：脳梗塞後遺症で右片麻痺がありますが，言語障害はありません。
> **家族の状況**：妻とふたり暮らし。娘2人は結婚し近所に住んでいます。
> **生活歴**：退職前は市役所の部長。リーダーシップが強く，その場を仕切ったり，指導したりすることを生きがいとしてきました。退職後は発症するまで町内会長を務め，老人クラブで囲碁をし，ボランティアで囲碁の指導をしていました。現在は介護老人保健施設に入所しています。
>
> 居室では車いすで移動していますが，ほとんどテレビを見て過ごしています。食事は利き手交換して左手で太柄スプーンを持って食べています。施設の廊下は，手すりを持てばゆっくりですが歩行できます。機能訓練室では現在，四点杖での歩行訓練を行っています。

> しかし自分では部屋の洗面所にも行こうとせず，洗面はほとんどしていません。ひげも妻がやかましくいうとそるのですが，「誰に会うというわけでもないのに」とぶつぶつ言っています。希望は家に帰り家庭菜園をしたり，釣りに行ったりすることだと言っています。

【考えるポイント】

●生活モデルで整理してみる

「健康状態」：脳梗塞後遺症，80歳。リハビリが思うようにいかないのでいらいらしている。人と会わないので整容など何事にもおっくうなのではないか。

「心身機能・身体構造」：脳梗塞，右片麻痺。食事は利き手交換し左手で太柄スプーンを持って食べることができる。手すりを持つとゆっくり歩くことができる。

「活動」：洗面整容はおっくうでしようとしないが，人と会わないのだからよいと思っていると思われる。手すりを持つと立って歩けるが，車いすを利用。日中はほとんどテレビを見ている。

「参加」：老人クラブで囲碁を楽しんだり，指導をしていた。家庭菜園をしたい，釣りに行きたいと言っている。

「環境因子」：介護老人保健施設でリハビリテーションを継続している。施設はバリアフリーで安全であり，車いす，食事の自助具など利用して自立している。持ち家で住宅改修も可能であり，娘2人も近くに住んでおり協力的。経済的には年金で生活できる。

「個人因子」：80歳，男性。長年公務員として社会に貢献してきた自負もあり，退職後も地域活動に熱心に取り組み，リーダーシップを発揮してきた。

●介護過程を展開してみる

日常生活の現状（している活動）：食事は利き手交換して太柄スプーンで自立している。居室では車いすで生活，一日中ほとんど居室でテレビを見ている。整容はきつく言わないと自分からしようとしない。

評価・訓練（できる活動）：手すり，四点杖等を利用すると歩行ができる。整容は意識づけでできると考えられる。囲碁，菜園の機会があれば居室から出てすることができる。

退院後の実行状況（する活動）：家庭ではウォーカーケイン（安定杖）を利用し，必要に応じて手すりをつけるなど，住宅改修すればつたい歩きできる。囲碁をしている友人宅に自分から行くことによって行動も増える。人と会うのであれば，整容も自発的にするのではないか。畑の場所を確保すれば，菜園をすることもできる。

●ICFを生かして考える

自立支援やICFの概念でまとめてみましょう。Kさんの「できる活動」に注目して考えます。囲碁や菜園をすることにより，家庭に帰りたい，帰って地域で活動したいと思うようになると，「よい環境」が生まれます。これがプラス思考による効果でしょう。さらに

次の目標として,「釣りに行く」という希望ももつことができるようになると思われます。

第3節 QOL

1 QOLとは

　介護サービスを提供するとき,利用者の**QOL**（Quality of Life）の向上を図ることは大切です。QOLとはなんでしょう。まず「Life」とは,「生活」「生命」「人生」という意味があります。よってQOLは「生活の質」「生命の質」「人生の質」と考えられます。

　介護においては,なんらかの医療を受けている人が多く,生活のみでなく健康に関しても,生命の質を向上するために,より健康になるとか健康を維持するなど,さまざまな支援が必要です。また,終末期のケアでは,最期まで医療と提携しつつも,その人らしい生活を送ることで安らかな最期を迎えてほしい,という意味で,人生の質,生命の質,生活の質が問われます。

2 介護職に求められるもの

　その人なりの生活を支援するには,まずその人の生活や思いを理解する必要があります。利用者の思いを受け止め,利用者の立場に立ち,否定せずに共感することが必要です。その思いと生活のあり方は,けっして介護者が決めるものではありません。

　では,利用者の思いを受け止め理解するために,介護者には何が求められるでしょうか。

●共感的理解

　老いによる衰えや障害によってなんらかの支援が必要な利用者に対して,その利用者の痛みやつらさを受容し,共感することによって,利用者のことをよく理解することができます。**共感的理解**の能力が高いと,生活支援を行うときに,利用者の本当の思いを感じることができます。また,自分で体験したことがあれば,老いや痛み,障害,身近な人の死などに対してどのような支援を必要とするか,利用者の思いによりいっそう共感することができます。

●老いや障害等を受け入れる幅広い知識

　共感的理解が優れていても,老いや痛み,身近な人の死などの体験がない場合は,どうすれば深く共感することができるでしょうか。そのために介護職は,「こころ」と「からだ」

の状態を知識として学びます。知識を通じて，体験したのと同じように共感することができます。知識は，文献やさまざまな事例を研修することによって得ることができます。

●**想像力と創造性，利用者の生活に寄り添う態度**

利用者の過去，つまり生活歴を知ることによって，どのような人生を歩んできたか，それによる利用者の人生観，生活感または死生観はどんなものか，想像することができます。

その人のその人らしい生活とは，利用者が暮らしにこだわり，それまでに培ってきた暮らしにこれからもこだわって暮らしていくことです。利用者の生活をどう支援すれば，将来どんな生活ができるかを，利用者とともに，創意工夫していきましょう。

利用者に寄り添い，利用者の思いを受け止め，**ADL**（Activities of Daily Living：**日常生活動作**〈日常生活活動〉）のみでなく，「こころ」と「からだ」の状態で満足できる，生きがいをもてるような生活を送ってもらう，それによって，「生活の質」「人生の質」を高めることができるのです。

> **事例**
>
> 先の事例のＫさん（男性，81歳，脳梗塞の後遺症で右片麻痺があり，コミュニケーションは可）は，リハビリテーションを一生懸命がんばり，自宅に戻り，1年経過した現在，屋内では手すりで，屋外では多点杖でなんとか歩行ができます。
>
> 家庭菜園は自宅から歩いて10分ほどのところにあります。家族は，転倒して骨折をしてはいけないので，安全のためひとりで外出しないよう願っています。Ｋさんは家族の意向も理解していますが，日ごとに，だんだんと無口になってきました。
>
> ホームヘルパーは，Ｋさんの表情を見て，生活の意欲がなくなっていくのではないかと思い，次のことを提案しました。
>
> ・家庭菜園は毎日行けないため，プランターで野菜を育てる。安定した歩行ができるようになれば，家庭菜園に行く。
> ・老人会の活動のうち，自宅でできることをする。たとえば電話で連絡をしたり，相談にのったりすることはできる。
>
> Ｋさんは，さっそく友人に電話をし，プランターで栽培できるものを探し，プチトマトを植えることにしました。その後，毎日野菜の世話を楽しそうにしていました。野菜の成長とともにＫさんの表情は明るくなりました。

【考えるポイント】

Ｋさんは，元の生活を取り戻すことを目標にリハビリテーションもがんばったと思われます。しかし，家族も忙しく，外出による危険も十分理解できたため，家に閉じこもってしまいました。1日中話す人もいないので，テレビを見ていました。生活の意欲はまったく感じられなくなりました。ヘルパーの勧めでプチトマトを栽培し，だんだん赤くなる実

を楽しそうに見て，夕方になると水をやっていました。老人会の人も，いろいろな行事について相談をするためにＫさん宅に相談にくるようになり，みんなから感謝されました。

プチトマトがたくさん実ったときは，老人会の人や，家族みんなで食べました。そのとき，Ｋさんは人の役に立っていることと，プチトマトができたことで満面の笑顔でした。ＫさんのQOLの向上が図れた瞬間です。いまＫさんは，家庭菜園に行くことができるようにと，病院と家庭で歩行のリハビリテーションをがんばっています。

第4節 ノーマライゼーション

1 ノーマライゼーションとは

ノーマルとは，あらゆる障害者が，普通の，あたりまえの生活をするということです。デンマークの**バンク-ミケルセン**（Bank-Mikkelsen, N. E.）が提唱した**ノーマライゼーション**は，ノーマルな生活環境の提唱に重点をおいていました。特徴は障害者（おもに知的障害者）も同じニーズに対して一般市民と同じ条件でサービスを受けるべきだということです。障害者であっても一般市民と同じように生活する権利があります。

ニィリエ（Nirje, B.）は，バンク-ミケルセンの考えに影響を受け，ノーマルな社会生活の条件を**ノーマライゼーションの8つの原理**にまとめています。ノーマライゼーションの考え方により，社会のなかで障害者自身が自己決定し，社会に統合するという関心が生まれました。

ノーマライゼーションの8つの原理

① 1日のノーマルなリズム
② 1週間のノーマルなリズム
③ 1年間のノーマルなリズム
④ ライフサイクルでのノーマルなリズム
⑤ ノーマルな要求の尊重
⑥ 異性との生活
⑦ ノーマルな経済水準
⑧ ノーマルな環境水準

2 ノーマライゼーションの流れ

ノーマライゼーションの考え方は,「完全参加と平等」を掲げた国連の「国際障害者年」(1981年),その前年に採択された「国際障害者年行動計画」に反映されました。「完全参加と平等」とは,障害者が社会に統合され社会の発展に完全に参加すること,社会的・経済的に障害のない人と平等な生活が営める状況の実現などを意味しています。

わが国では,国際障害者年を契機として,それまで,施設重視であった障害者施策の在宅福祉への関心が高まり,1995(平成7)年に障害者施策の推進を図る重点施策実施計画として「**障害者プラン～ノーマライゼーション7か年戦略**」が発表されました。

これは,1996(平成8)～2002(平成14)年の7年間を対象に,リハビリテーションとノーマライゼーションの理念をふまえ,具体的な数値目標を掲げたもので,施策に対する視点として,「地域でともに生活をするために」「社会的自立を促進するために」「心のバリアを取り除くために」など7つをあげています。

その後,障害者プランの終了に伴い,次の長期計画と新たな重点施策実施計画(新障害者プラン)が策定され,前計画の理念を受け継いだ「**共生社会**」の実現をめざすものとされました。

現在,ノーマライゼーションの理念は着実にわが国に浸透し,障害者施策にかぎらず,高齢者福祉施策においても基本的な考え方となっています。住み慣れた地域で,できるだけ長く生活していけるように,在宅サービスや制度が整えられ,また,施設においても,個別ケアが重視されるようになってきています。

3 ノーマライゼーションを実現するには

障害者であっても高齢者であっても,ノーマライゼーションを実現するためには,住み慣れた地域,住み慣れた家で普通の生活ができることが必要です。そのために介護職は,その人の生活にあった福祉サービスを利用し,その人らしい生活が実現できるように支援していくべきです。

画一的な傾向にある福祉施設でも,個別性を尊重した普通の生活を保障することが求められています。あたりまえの生活を送る3つの基本的な権利として,「住宅」「日課」「余暇」があげられますが,住宅に住むことや,リズムのある時間的な経過や楽しみをもつことは,誰もがあたりまえにもつ権利です。現在,老人福祉施設でも**ユニットケア**(個室を単位とする少人数対象のケア)が広がり,新設される特別養護老人ホームは原則として個室です。これは個人の生活を大切にしているということであり,介護職も,一人ひとりの生活に寄り添い,その人が希望する生活を送れるよう支援することができるということです。

その人らしい生活を実現している事例を紹介しておきます。

> **事例1**
> Tさん（40歳）は、脳性麻痺（まひ）で身体障害者支援施設に入所しています。移動は電動車いすで、おおむね自力走行しています。TさんはI市の映画観賞会に所属しており、毎月出かけていきます。その会報誌にも何回も寄稿しており、生きがいでもあり、楽しみでもあります。最近では童話も書き、入賞しました。自信をもって生活しているTさんは、先日、ピアヘルパー（障害者が同じ障害者に対してヘルパーとして支援を行うこと）の資格を取るために講習会に行くことを希望しました。自分で、社会福祉協議会のボランティア協会にボランティアの依頼を申し込み、全科目受講して見事に資格を取りました。
>
> **事例2**
> Oさん（23歳、筋ジストロフィー）は、昨年まで実家で家族と同居していました。移動は電動車いすで、市内のどこへでも自力走行していき、活動しています。昨年、家族の反対を押し切って、活動のためにアパートを借りて独立しました。1週間に2回は母親が身のまわりの世話にきます。1週間に1回はボランティアがきます。あとはヘルパーが支援します。Oさんは1週間に3日、市役所で障害者相談を担当する派遣社員として働いています。また、市の障害者福祉策定委員など、委員としても活動しています。そのほかの時間には、障害者の代表として社会運動をしています。

Tさんも、Oさんも毎日いきいきと生活しています。Tさんは、将来ひとり暮らしをしたいと張り切っています。ノーマライゼーションを実践している有名人にも、さまざまな有名人がいます。いかなるときでも、高齢者、障害者、子どもたちや市民が、同じ場所（地域）で何の差別もなく過ごせるような社会にしていきたいものです。

第5節
虐待予防・身体拘束禁止

1 身体拘束禁止

❶介護や医療現場での身体拘束

1980年代まで、老人福祉施設やいわゆる老人病院（介護施設に入所できない要介護高齢者が多く入院している）では、専門的な介護技術や介護者が不足しており、ベッドや車い

すからの転倒事故が少なくありませんでした。そのような事故を防ぐため，車いすやベッドへの抑制，安定剤などの服薬，部屋への施錠なども一部では行われていました。

しかし，ノーマライゼーションや介護や医療における人間の尊厳の考え方が浸透するに従い，利用者の行動抑制が問題視されるようになり，高齢者や障害者の施設介護を中心に，虐待についての実態調査などが報告されるようになりました。

❷ 身体拘束ゼロへの手引き

介護保険制度成立をめざしていた厚生省介護保険制度施行準備室は利用者の権利を守るため，初めて高齢者虐待を公に取り上げ，社会問題化しました。同時に民間レベルで高齢者虐待防止センターや電話相談事業が発足し，早期発見のための虐待防止ネットワークのモデル事業などが自治体レベルで始まりました。

2001（平成13）年の「介護保険法」施行の翌年，厚生労働省は「身体拘束ゼロ作戦推進会議」を開き，「**身体拘束ゼロへの手引き**」において，身体拘束の11の具体例とその弊害

①徘徊〈はいかい〉しないように車いすやいす，ベッドに体幹〈たいかん〉や四肢をひも等で縛る。
②転落しないようにベッドに体幹や四肢をひも等で縛る。
③自分で降りられないようにベッドを柵（サイドレール）で囲む。
④点滴，経管栄養等のチューブを抜かないように，四肢をひも等で縛る。
⑤点滴，経管栄養等のチューブを抜かないように，または皮膚をかきむしらないように，手指の機能を制限するミトン型の手袋などをつける。
⑥車いすやいすからずり落ちたり，立ち上がったりしないように，Y字型抑制帯や腰ベルト，車いすテーブルをつける。
⑦立ち上がる能力のある人の立ち上がりを妨げるようないすを使用する。
⑧脱衣やおむつはずしを防ぐために，介護衣（つなぎ服）を着せる。
⑨他人への迷惑行為を防ぐために，ベッドなどに体幹や四肢をひも等で縛る
⑩行動を落ち着かせるために，向精神薬を過剰に服用させる。
⑪自分の意思で開けることのできない居室などに隔離する。

表2-1-1　身体拘束の具体例

①身体的弊害	関節の拘縮〈こうしゅく〉，筋力の低下などの身体機能の低下 圧迫される箇所の褥瘡〈じょくそう〉の発生 食欲の低下や心肺機能の低下。感染症への抵抗力の低下 車いすやベッドへの拘束による転倒，転落事故 拘束具による窒息やうっ血
②精神的弊害	認知症を進行させ，せん妄を頻発させる 人間的屈辱や怒りからあきらめや無気力をまねく 家族や他の利用者に不快感と罪悪感を与える 介護スタッフが拘束に慣れてしまい仕事に誇りをもてなくなる
③社会的弊害	介護保険制度や社会福祉への不信をまねく 高齢者のQOLの低下，さらなる疾病をまねき医療費用を増大させる

表2-1-2　身体拘束がもたらす弊害

を示し，身体拘束をしないケアの原則を社会に提言しました（表2-1-1，表2-1-2）。

❸ 身体拘束をしないケアのための3原則

　人間としての尊厳を守る介護を実現するための3原則とは，①身体拘束を必要とする原因を取り除く，②起きる，食べる，排泄する，清潔の保持，活動するの5つの基本ケアを徹底する，③身体拘束廃止をきっかけに「よりよいケア」を実現するです。

　同時に介護保険では利用者の安全確保のため「緊急やむを得ず身体拘束を必要とする場合」として，①**切迫性**，②**非代替性**，③**一時性**の3つの要件が示されています。ただし，3つの要件の確認がきわめて厳密，慎重に行われた場合と限定されています。また，その際の利用者の心身の状況とやむを得なかった理由の記録も必要です。

2 高齢者虐待への取り組み

❶ 高齢者虐待への対応の遅れ

　児童虐待については，2000（平成12）年に「**児童虐待防止法**」（児童虐待の防止等に関する法律）が施行されるかなり前から，マスコミなどで深刻な事件やまた数の増加が社会問題として注目されていました。一方，高齢者虐待については，家族内の人間関係のもつれでよくありがちとされたこと，虐待の定義や範囲が明確でないこと，また被害者である高齢者自身が家庭内の恥として隠す傾向があること，などの理由で顕在化しにくく，社会的対応が遅れていました。

❷ 在宅介護の家族の負担

　介護保険制度が整備される前の在宅介護では，要介護者本人と介護する家族が大きな負担を強いられ，高齢者虐待の可能性という不幸を抱えていました。そのため，単なる高齢者虐待防止ではなく，養護者の支援の視点を盛り込むことが必要でした。

　「在宅介護は2人の犠牲者を生む」という状況を改善するため，介護保険という社会保険によって，**ケアマネジメント**という介護の地域トータルシステムの普及が実現されたのです。これは2000（平成12）年に制定された「社会福祉法」の理念でもある，「本人の自己決定に基づいた選択と契約による福祉サービスの利用」，つまり地域自立生活支援にもつながっています。

❸ サービス利用者の権利擁護

　介護保険により介護サービスに利用者本人による選択と契約というシステムが導入されたことにより，判断力の弱い高齢者や障害者の立場を保護するため，利用者の**権利擁護**が重要視されるようになりました。福祉サービスの権利擁護とは，できるかぎり利用者本人

の意向を汲み取り，自己決定を支援し，権利行使を代行することです。
　具体的な福祉サービス利用過程での権利擁護とは，①サービス利用までの手続き上の権利，②利用するサービスの水準・質に関する権利，③利用しての苦情解決・不服申し立てに関する権利に分かれます。

❹ 身体拘束と権利擁護
　身体拘束禁止に関係する**権利擁護**は，「利用するサービスの水準・質に関する権利」で，利用者はサービスを提供する事業者に対して，適切な水準・質を請求する権利を有しています。すなわち，施設においては，「指定介護老人福祉施設の人員，設備及び運営に関する基準」など厚生労働大臣の定める施設の設備および運営に関する基準などを，在宅介護サービスにおいては「介護保険法」の運用基準に決められた一定の水準・質を求めることです。
　その「一定の水準・質」には，利用者本人の意思に反して拘束，暴力，脅迫を加えることの禁止が含まれており，これは日本国憲法における「身体の抑制や拘束からの自由」に沿ったものです。

3　高齢者虐待防止法

❶「高齢者虐待防止法」の成立背景
　厚生労働省の委託調査「家庭内における高齢者虐待に関する調査」（2003〈平成15〉年，財団法人医療経済研究機構）では，表面化した虐待件数7781件という数字が，潜在的虐待の可能性と深刻さを浮き彫りにしました。そのため，国も，家庭や施設という密室での高齢者の権利と尊厳の侵害である虐待を社会問題として取り組むこととしました。
　「**高齢者虐待防止法**」（高齢者虐待の防止，高齢者の養護者に対する支援等に関する法律）は，単なる高齢者虐待防止のみを目的とするのではなく，養護者支援の視点を加え，議員立法として成立し，2006（平成18）年に施行されました。
　それまで法的根拠が未整備だった高齢者虐待について，高齢者虐待とは身近なものからの高齢者に対する権利侵害であるとの社会的認識が一般化され，高齢者の尊厳ある生活の回復の必要，つまり権利擁護の必要性が確認されたわけです。同時に市町村を中心に，在宅，施設を問わず，高齢者への虐待防止のため介護者（養護者）への支援が制度化されました。

❷「高齢者虐待防止法」における虐待とは
　2006（平成18）年の厚生労働省「市町村・都道府県における高齢者虐待への対応と養護者支援について」では，「高齢者虐待防止法」における高齢者虐待を「高齢者が他者から

の不適切な扱いにより権利，利益を侵害される状態や生命，健康，生活が損なわれるような状態に置かれること」ととらえています。

「高齢者虐待防止法」では，高齢者を65歳以上とし，第2条において，虐待を「養護者によるもの」「養介護施設従事者等によるもの」に分類し，虐待の類型をあげています（表2-1-3）。

養護者とは高齢者の世話をしている家族，親族，同居人などを指し，**養介護施設従事者**とは「老人福祉法」および「介護保険法」で規定する「養介護施設」または「養介護事業」業務に従事する職員を指します（表2-1-4参照）。虐待の類型では，「養護者によるもの」と「養介護施設従事者等によるもの」では多少違いがあります（表2-1-3参照）。なお，虐待の類型において，「介護・世話の放棄・放任」の「著しい」の程度をどう判断するかは難しいところです。

なお，高齢者と同じく虐待の対象となりやすい障害者に対しても，2011（平成23）年に「**障害者虐待防止法**」（障害者虐待の防止，障害者の養護者に対する支援等に関する法律）が制定され，2012（平成24）年10月から施行されています。

身体的虐待	高齢者の身体に外傷が生じ，または生じるおそれがある暴行を加えること
介護・世話の放棄・放任	高齢者を衰弱させるような著しい減食，または長時間の放置，養護者以外の同居人による虐待行為の放置など養護を著しく怠ること（養護者） 高齢者を衰弱させるような著しい減食，または長時間の放置その他の高齢者を養護すべき職務上の義務を著しく怠ること（養介護施設従事者）
心理的虐待	高齢者に対する著しい暴言，または著しく拒絶的な対応，その他の高齢者に著しい心理的外傷を与える言動を行うこと
性的虐待	高齢者にわいせつな行為をすること，または高齢者をしてわいせつな行為をさせること
経済的虐待	養護者または高齢者の親族が高齢者の財産を不当に処分すること，その他当該高齢者から不当に財産上の利益を得ること（養護者） 高齢者の財産を不当に処分すること，その他当該高齢者から不当に財産上の利益を得ること（養介護施設従事者）

表2-1-3 虐待の類型

養介護施設	老人福祉施設，有料老人ホーム，地域密着型介護老人福祉施設，介護老人福祉施設，介護老人保健施設，地域包括支援センター
養介護事業	老人居宅生活支援事業，居宅サービス事業，地域密着型サービス事業，居宅介護支援事業，介護予防サービス事業，地域密着型介護予防サービス事業，介護予防支援事業

表2-1-4 養介護施設および養介護事業の内容

4 高齢者虐待防止の地域ネットワーク

❶ 虐待防止への基本的視点

高齢者の虐待を防ぎ，権利擁護をめざすには，地域での生活を見守るネットワークづくりが必要となります。国は，市町村行政が中心となり，**高齢者虐待防止ネットワーク**を構築するための基本的視点として，以下をあげています。

①発生予防から生活の安定までの継続的支援
②高齢者自身の意思の尊重
③虐待を未然に防ぐための積極的アプローチ
④虐待の早期発見・早期対応
⑤高齢者本人だけでなく介護者も支援する
⑥関係機関の連携・協力によるチーム対応

❷ 虐待防止地域ネットワークの構築

虐待の早期発見やその後の対応，支援には，地域での支援体制，つまり**ネットワーク**が

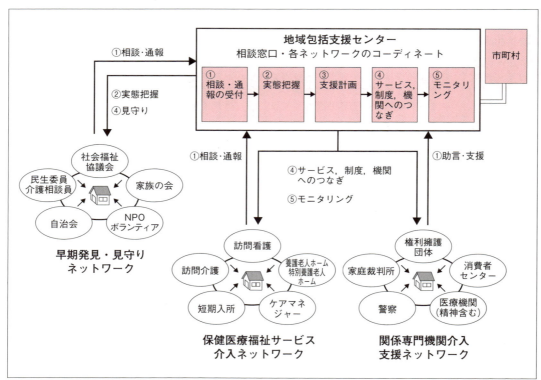

図2-1-2　高齢者虐待防止ネットワーク構築の例
資料：厚生労働省「市町村・都道府県における高齢者虐待への対応と養護者支援について」2006年4月

必要です。市町村行政や地域包括支援センターが中心となる，高齢者の実態把握から見守り，そして対象者の発見や見極めという介入や支援は「高齢者虐待防止法」第16条に規定されています。それを実際に動かすのは，介護や福祉関係の団体，機関による連携と協働である高齢者虐待防止ネットワークで，①早期発見・見守り，②保健医療サービスの介入，③関係専門機関による介入支援の3つのレベルに対応します（図2-1-2）。

第6節 個人の権利を守る制度の概要

1 個人の権利を守る制度

　介護職が，利用者の尊厳ある暮らしを支えるために，利用者個人の権利を守る制度について理解しておくことはとても大切なことです。個人の権利を守る制度のうちもっとも有名なものは，前節で述べた「高齢者虐待防止法」（高齢者虐待の防止，高齢者の養護者に対する支援等に関する法律）です。この制度は，虐待予防，身体拘束禁止など，介護業務と直接関係がある重要な制度です。しかし，介護職が利用者の尊厳のある暮らしを支えるためには，それ以外の制度についてもきちんと理解しておく必要があります。

　ここでは「個人情報保護法」，成年後見制度，日常生活自立支援事業の3つの制度を取り上げます。この3つの制度は，いずれも，多様化，複雑化した現代社会において，個人の権利を守ることを目的に制定されています。以下ではそれぞれの制度の概要を見ていきたいと思います。

2 個人情報保護法

　「個人情報保護法」は，正式名称を「個人情報の保護に関する法律」といいます。この法律は，2003（平成15）年5月に成立，公布され，2005（平成17）年4月に全面施行されました。

　現代社会の特徴のひとつに情報化の進展をあげることができます。情報化は私たちの生活に多くのメリットをもたらしている反面，プライバシー保護，個人情報保護などの問題をひき起こすようになりました。「個人情報保護法」は，このような新しい問題に対応するために制定されました。

　「個人情報保護法」は，個人情報の適正な取り扱いに関する基本的な事項を定めたもの

です。この法律の目的は，「個人情報の有用性に配慮しつつ，個人の権利利益を保護すること」とされています。そのため，この法律では，個人情報保護に関する国や地方公共団体の責務を明確化し，個人情報を取り扱う事業者の守る義務を定めています。

ここでいう「個人情報」とは，「生存する個人に関する情報であって，当該情報に含まれる氏名，生年月日その他の記述等により特定の個人を識別することができるもの（他の情報と容易に照合することができ，それにより特定の個人を識別することができることとなるものを含む。）」と明確に定義されています。

なお，個人情報を取り扱う事業者は「個人情報保護法」で定められている義務に違反し，この件に関する主務大臣の命令にも違反した場合は，6か月以下の懲役または30万円以下の罰金の刑事罰が科せられることになっています。

この「個人情報保護法」は，あらゆる業種に包括的に適用される法律です。しかし，実際の個人情報の取り扱いは，業種によってさまざまです。そのため，「個人情報保護法」で規定された義務規定をより具体化したものとして，民間部門にはガイドラインが，公的部門は別の法律や条例が定められています（図2-1-3）。

これらのうち介護職に直接関係するものは，厚生労働省による「医療・介護関係事業者における個人情報の適切な取扱いのためのガイダンス」（平成29年4月14日）です。このガイダンスでは，介護関係事業者は，「多数の利用者やその家族について，他人が容易には知り得ないような個人情報を詳細に知りうる立場」であるために，「個人情報の適正な

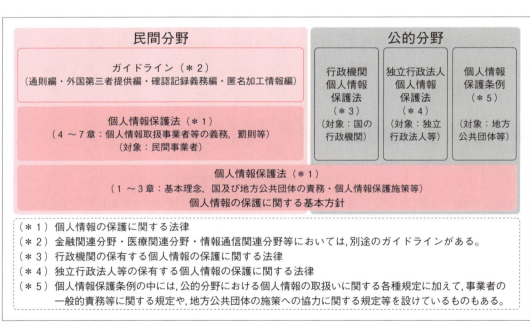

図2-1-3　個人情報保護に関する法体系のイメージ
資料：個人情報保護委員会「個人情報保護に関する法律・ガイドラインの体系イメージ」

取扱いが求められる分野」と位置づけられています。

　このガイダンスには，より具体的な事例集（Q&A）が提示されているので，詳しく見ていきたいと思います。

　まず，このガイダンスが適用される「介護事業者」の範囲ですが，介護保険制度によるサービスを提供する事業者だけでなく，高齢者福祉サービス事業を行う者まで広く含まれます。具体的には，介護老人福祉施設（特別養護老人ホーム）などの介護保険施設，訪問介護事業所などの居宅サービス事業を行う者や居宅介護支援事業を行う者，介護保険の指定を受けずに有料老人ホームを経営する者，養護老人ホームなどです。

　また，「個人情報」の定義についてもより詳しく規定されています。「個人情報保護法」では，死者に関する情報は対象ではありませんが，その情報が同時に遺族などの生存する個人に関する情報でもある場合には，当該生存する個人に関する情報となり，法律の対象となります。

　なお，このガイダンスでは，たとえ個人情報を伝えることが業務に必要な場合であっても，個人情報の保護に努める必要があります。

　たとえば，介護サービスを提供するうえで，利用者の状態を家族等に説明する際も，利用者本人に対して，説明を行う対象者の範囲，説明の方法や時期等について，あらかじめ確認しておくなど，できるかぎり利用者本人の意思に配慮する必要があります。また，介護保険施設の入所者が，他の介護保険施設に移動する際に，移動先の施設の求めに応じて入所者の個人情報の提供を行う場合，あらかじめ文書により入所者の同意を得る必要があります。さらに，ホームページや機関誌に利用者の写真を掲載する場合や，施設内に掲示する場合などは，本人の同意を得る必要があります。

　以上のように，「個人情報保護法」では，たとえ業務上必要な場合であっても，原則として本人の同意を得ることが求められます。しかし，業務の性質上，本人の同意を得ることが困難な場合は，この限りではありません。たとえば，高齢者虐待の解決のために，関係機関に高齢者の個人情報を提供する場合です。この場合は，高齢者本人の同意を得ることが困難であることも想定されます。このようなときは，高齢者本人の生命，身体，財産の保護のために必要であれば，高齢者本人の同意が得られなくても，関係機関に情報提供を行うことが可能です。

　ところで近年，この「個人情報保護法」をめぐって，「過剰反応」とでもよぶべき新たな問題が浮かび上がっています。個人情報であればなんでも保護しないといけないという誤解から，法の定め以上に個人情報の提供を控えるケースが多くみられます。個人情報が過剰に保護されることで，社会的に有用な個人情報の活用が阻害されてしまう事態は避けなければなりません。たとえば，虐待防止やひとり暮らし高齢者の孤立防止を目的として，個人が地域住民の個人情報を民生委員・児童委員に伝えることについては，「個人情報保護法」による規制はありません。

もちろん，すでにみてきたように，現代社会において個人情報の保護は大切なことです。しかし，「個人情報保護法」は，個人の権利利益の保護のみを目的としていません。その目的は，「個人情報の有用性に配慮しつつ，個人の権利利益を保護すること」であり，「個人情報の有用性」と「個人の権利利益の保護」のバランスをとることが求められています。

3 成年後見制度

成年後見制度は，2000（平成12）年4月から開始された制度です。この制度は，判断能力が十分ではない認知症高齢者，知的障害者，精神障害者について，本人の権利を守る援助者を選ぶことで，法律的に保護・支援することが目的です。以前には「**禁治産**」「**準禁治産**」という制度がありましたが，各人の判断能力や保護の必要性に応じて，柔軟な対応が求められるようになり，成年後見制度に改められました。

介護業務との関連でいえば，この制度は介護保険制度と同時期である2000（平成12）年4月にスタートしたということに大きな意味があります。介護保険制度は，従来の措置制度から契約制度へと大きな転換を果たしましたが，契約制度になると認知症高齢者等の判断能力が不十分な利用者が契約を結ぶことは難しくなります。そこで，この成年後見制度が必要となったのです。介護保険制度と成年後見制度は，高齢社会を支える「車の両輪」という位置づけができます。

成年後見制度には，大きく分けて，任意後見制度と法定後見制度の2つの制度があります。任意後見制度は，将来，判断能力が不十分になった場合に備えて，あらかじめ誰に，どのように援助してもらうかを決めておく制度です。法定後見制度は，すでに判断能力が不十分である場合に，家庭裁判所の決定により援助者が選任され，保護・支援を受ける制度です。

このうち法定後見制度は，対象者の判断能力に応じた，「**後見**」「**保佐**」「**補助**」の3つの類型があります。詳細は，**表2-1-5**のとおりです。また，法定後見の開始までの一般的な手続きは，**図2-1-4**のとおりです。

まず，市区町村に設置されている地域包括支援センター，日本司法支援センター（法テラス），弁護士会，司法書士会，社会福祉士会などに成年後見制度を利用するための手続き，必要な書類，成年後見人の確保などについて，あらかじめ相談します。

そのうえで，本人の住所地を管轄する家庭裁判所で，法定後見の申立てを行います。この申立てができるのは，本人，配偶者，四親等内の親族，市区町村長などです。申立て後，調査，審問，鑑定などを経て，後見人等が選任され，後見等開始の審判が行われます。

この制度における後見人等の仕事は，大きく療養看護（**身上監護**）と財産管理に分けることができます。療養看護（身上監護）には，施設の入退所や処遇のあり方など，介護に関連することが含まれます。財産管理は，印鑑・預貯金通帳等の保管，年金等の収入の受

領や管理などが含まれます。

		後見	保佐	補助
対象者		判断能力がまったくない人	判断能力が著しく不十分な人	判断能力が不十分な人
申立て人		本人，配偶者，四親等以内の親族，検察官，市区町村長など		
成年後見人等の権限	必ず与えられる権限	財産管理についての全般的な代理権，取消権（日常生活に関する行為を除く）	特定の事項（＊1）についての同意権（＊2），取消権（日常生活に関する行為を除く）	―
	申立てにより与えられる権限	―	・特定の事項（＊1）以外についての同意権（＊2），取消権（日常生活に関する行為を除く） ・特定の法律行為（＊3）についての代理権	・特定の事項（＊1）の一部についての同意権（＊2），取消権（日常生活に関する行為を除く） ・特定の法律行為（＊3）についての代理権
制度利用時の資格等の制限		・医師・税理士等の資格や会社役員，公務員などの地位を失う　など	・医師・税理士等の資格や会社役員，公務員などの地位を失う　など	―

＊1　民法第13条第1項に掲げられている事項。ただし日常生活に関する行為は除く
＊2　本人が特定の行為を行う前に，その内容が本人に不利益でないか判断，同意する権限。同意がない本人の行為を取り消すことができる
＊3　民法第13条第1項に掲げられている事項に限定されない

表2-1-5　法定後見制度の類型
資料：最高裁判所「成年後見制度――詳しく知っていただくために」

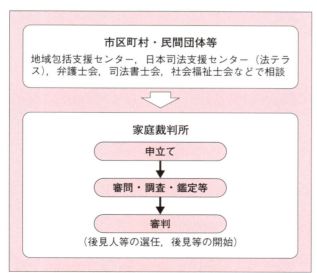

図2-1-4
法定後見開始までの一般的な手続きの流れ
資料：最高裁判所「成年後見制度――詳しく知っていただくために」，法務省ホームページ「成年後見制度――成年後見登記制度」

なお「民法」第858条には，成年後見人は，成年被後見人の生活，療養看護や財産の管理を行ううえで，成年被後見人の意思を尊重し，かつその心身の状態および生活の状況に配慮しなければならないとされています。また，「高齢者虐待防止法」第28条では，国や地方公共団体の責務として，高齢者虐待の防止や高齢者虐待を受けた高齢者の保護，財産上の不当取引による高齢者の被害の防止・救済のため，成年後見制度が広く利用されるようにしなければならないと，成年後見制度の利用促進が規定されています。

この成年後見制度は，高齢社会が進展し，認知症高齢者数が予想以上に増加するという現状をふまえ，いっそうの活用が望まれます。誰でも気軽に制度を活用できるよう，行政の窓口や専門機関，裁判所のネットワークの構築が求められています。

4 日常生活自立支援事業

日常生活自立支援事業は，旧名称を地域福祉権利擁護事業といい，2007（平成19）年4月に名称変更されたものです。この事業の対象者は，認知症高齢者，知的障害者，精神障害者などの判断能力が不十分な人です。自分ひとりで契約などの判断をすることが不安な人や，金銭管理に困っている人が利用できます。

この事業は成年後見制度に類似していますが，成年後見制度が財産管理や療養看護（身上監護）に関する契約等の法律行為を援助するのに対し，日常生活自立支援事業は，本人との契約に基づいて，福祉サービスの利用援助や日常的な金銭等の管理に限定している点が特徴です。

日常生活自立支援事業のおもなサービス内容には，①福祉サービス利用援助，②日常的金銭管理，③書類等の預かりがあります。福祉サービス利用援助としては，福祉サービスの利用に関する情報の提供・相談，福祉サービスの利用における申し込み・契約の代行・代理などを行います。日常的金銭管理としては，福祉サービスの利用料金の支払い代行，

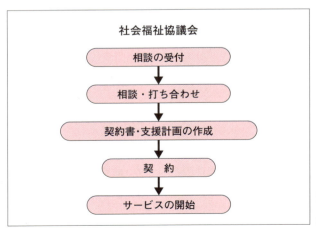

図2-1-5
日常生活自立支援事業のサービス開始までの一般的な手続きの流れ

病院への医療費の支払いの手続きなどを行います。書類等の預かりとしては，通帳や印鑑，証書などの書類を預かります。

　日常生活自立支援事業のサービス開始までの一般的な手続きの流れは，まず社会福祉協議会に相談の受付を行います。その後，専門員と相談・打ち合わせを行い，契約書・支援計画を作成，納得したら契約を結び，サービスの利用を開始します（**図2-1-5**）。

第2章

自立に向けた介護

第1節 自立支援

1 自立・自律支援

❶自立

自立（independence）とは，「自分のことは自分でする」ということです。自立には，「自分のことを自分で決める」という**自律**（autonomy）が求められます。また，自律（自己決定）には，**意思能力**（competence）が必要になります。

介護職がかかわる利用者の多くは，誰かの手助けを必要としながら生活しています。とくに，知的障害者や認知症の高齢者は，意思能力が乏しくて自己決定が難しいこともあります。しかし，すべてにおいて意思能力がないわけではありません。

衣笠一茂は，次のように，自立を「身辺自立」「人格的自立」「経済的自立」「住環境自立」「社会的自立」の5つに分けています。[1]

①身のまわりの事柄を自分自身が独力で行う「身辺自立」
②自己決定と自己選択が自分自身で行えるようになり，それによる結果に責任がとれるよ

うになる「人格的自立」
③仕事に就き，自らの手で生活費を稼ぎ出していく「経済的自立」
④自分に似合った生活形態を決定し，生活の場を確保し，実践できるようになる「住環境自立」
⑤社会に存在する秩序や道徳を身につけ，自分を取り巻く人びと社会から，社会に貢献できうる者として受け入れられるようになり，自らもそれが確認できるようになる「社会的自立」

　自立は，上記のように身体的自立だけではありません。利用者が自立した生活を送るためには，自立しやすい環境，身体的，精神的，経済的，社会的自立などが必要です。心身に障害があって誰かの手助けが必要な場合でも，自分の意思で自己決定し，自分のもつ能力や社会資源を活用しながら，自分でできることを自分で行いながら日常生活を送ることが自立した生活であり，利用者がこのような生活を送れるように支援することが自立支援であるといえます。

❷ 自立支援

　自立支援にあたっては，利用者が意欲をもって自分の有する能力をできるだけ発揮できるように，さまざまなサービスを活用しながら自分らしい生活を送れるように支援することが重要です。ここでは，「介護保険法」やICF（国際生活機能分類）と自立支援，「社会福祉士及び介護福祉士法」の改正と自立支援，求められる介護福祉士像と自立支援についてみていきましょう。

　新ゴールドプランが策定された1994（平成6）年，高齢者介護・自立支援システム研究会の報告「新たな高齢者介護システムの構築を目指して」において，高齢者介護に自立の理念が示されました。そこで「高齢者が自らの意思に基づき，自立した質の高い生活を送ることができるように支援すること」を高齢者の「自立支援」としています。

　この報告書で出された新介護システムの理念に基づいて，1997（平成9）年に「介護保険法」が制定され，利用者が自らの意思で介護保険サービスを選択する介護保険制度が2000（平成12）年4月から始まりました。

●介護保険法と自立支援

　「**介護保険法**」の基本理念である自立支援については，介護の重要な理念を掲げている第1条と保険給付に関する第2条第4項において明記されています。

　第1条においては，福祉サービスの利用者が「その有する能力に応じ自立した日常生活を営むことができるよう」支援すると，自立支援について述べられています。第2条第4項においては，「被保険者が要介護状態となった場合においても，可能な限り，その居宅

において、その有する能力に応じ自立した生活を営むことができるように配慮されなければならない」と示されています。このように、「介護保険法」は自立支援が基本理念となっています。

さらに、2005（平成17）年の「介護保険法」改正では、新予防給付や介護予防事業が創設されるなど、予防重視型システムへ転換され、よりいっそう高齢者介護において自立支援が重視されるようになりました。

● ICFと自立支援

WHO（世界保健機関）により、1980年に発表された「ICIDH（国際障害分類）」では、「身体的機能障害（impairment）」が「能力低下（disability）」をひき起こし、その結果「社会的不利（handicap）」を生み出すとして、障害を否定的要素としてとらえていました。しかし、その後、障害の否定的とらえ方に問題が提議されて議論を重ねた結果、2001年に開かれたWHOの総会において、保健医療福祉分野の共通言語として「ICF」が採択されました。

ICFは、従来のICIDHの「疾病・変調」「機能障害」「能力低下」「社会的不利」というマイナス面だけで障害をとらえるのではなく、「健康状態」「心身機能・身体構造」「活動」「参加」という中立的用語を用いて利用者のプラス面にも着目するという考え方です（p.14 図2-1-1参照）。このようなICFの考え方は、リハビリテーションの場や介護の場で取り入れられるようになり、介護の場ではケアマネジメントや介護過程のアセスメントに導入されました。

利用者の自立を支援するには、アセスメントを行う際に介護を要する状態をマイナス的な要素としてとらえず、ICFの考え方のように利用者の有する能力に着目し、肯定的側面をとらえることが必要です。ICFに基づいた自立支援とは、利用者が自分の利用するサービスを自己決定し、意欲（心身機能）をもって、日々の「活動」や社会的「参加」ができるように、精神的、身体的、社会的自立支援等を行うことです。

● 「社会福祉士及び介護福祉士法」の改正と自立支援

2007（平成19）年の「社会福祉士及び介護福祉士法」の改正に伴い、「誠実義務」と「資質向上の責務」、多職種との「連携」に関する規定が見直されました。そのうち、「誠実義務」において、次のように自立支援が明記されています。

> 「社会福祉士及び介護福祉士法」における誠実義務の規定
> （誠実義務）
> 第44条の2　社会福祉士及び介護福祉士は、その担当する者が個人の尊厳を保持し、自立した日常生活を営むことができるよう、常にその者の立場に立つて、誠実にその業務を行わなければならない。

この「誠実義務」にみるように、介護福祉士には、利用者が尊厳を保持しながら自立した日常生活を送れるように、誠実に介護を行っていくことが義務づけられました。

●求められる介護福祉士像と自立支援

　高齢者介護研究会による「2015年の高齢者介護」において、ケアモデルの転換が図られ、介護福祉士に求められるケアとして、自立支援がより重視されるようになりました。その後、2006（平成18）年の「介護福祉士のあり方及びその養成プロセスの見直し等に関する検討会」の報告書において、**求められる介護福祉士像**に自立支援を重視したケアができることが示されるようになりました。

求められる介護福祉士像
① 尊厳を支えるケアの実践
② 現場で必要とされる実践的能力
③ 自立支援を重視し、これからの介護ニーズ、政策にも対応できる
④ 施設・地域（住宅）を通じた汎用性ある能力
⑤ 心理的・社会的支援の重視
⑥ 予防からリハビリテーション、看取りまで、利用者の状態の変化に対応できる
⑦ 多職種協働によるチームケア
⑧ 一人でも基本的な対応ができる
⑨「個別ケア」の実践
⑩ 利用者・家族、チームに対するコミュニケーション能力や的確な記録・記述力
⑪ 関連領域の基本的な理解
⑫ 高い倫理性の保持

　これらの項目は、介護福祉士に求められる専門性であり、専門職としての目標であるといえます。

2 残存能力の活用

　介護職は、利用者にとってもっとも近い距離で直接的な介護を行いながら、利用者の日常生活を支援する役割を担っています。利用者の望む日常生活を支援するには、利用者の生活歴や家族関係などをふまえた、精神面、身体面、社会面におけるアセスメントが求められます。

　また、利用者の残存能力を活用した支援をするには、アセスメントの際に、利用者の「できること」と現在「していること」を分析し、「できること」なのに「できていないこと」を明確する必要があります。さらに、「できること」を利用者が意欲をもって「したいこと」

につなげることが重要です。残存能力の活用とは，利用者本人が意欲をもって自分の有する能力を活用することです。

残存能力の活用について，事例を通して考えてみましょう。

> **事例**
> 　Aさんは78歳の女性です。施設に入所する前は，行きつけの手芸店で毛糸を購入し，手芸店の編み物サークルの仲間と好きな編み物をしながらひとりで暮らしていました。しかし，施設に入所してからは，金銭管理はできますが，車いすでの移動が必要になり，誰かの手助けがないと外出できない状況です。Aさんは，「ひとりで住んでいたときは，仲間といっしょに好きな編み物をしていて本当に楽しかったのに，ここでは手芸店に買いに行けないからできないわね。いつもみんな忙しそうにしているし，申し訳なくてお願いできない」と言っています。

まず，Aさんが残存能力を活用しながら日常生活を送るには，現在「していること」と「できること」をふまえたアセスメントを行い，Aさんが意欲をもてるように「好きなこと」や「したいこと」を見つけ出すことです。

Aさんの場合，「していること」は人手不足で「買い物できずに好きな編み物ができていない」，「できること」は「金銭管理」「買い物」「編み物」で，「好きなこと」「したいこと」は「毛糸を買って仲間と編み物をすること」です。

Aさんが，手芸店で気に入った毛糸を購入し，編み物仲間といっしょに編み物をしながら日常生活を送れるように支援することが，Aさんの残存能力を活用した支援になります。そのためには，現在Aさんの残存能力活用の妨げになっている手芸店までの移動を考えなければなりません。Aさんの移動を職員が支援できれば，Aさんは自分の好きな手芸をしながら生活できるようになります。また，施設内で編み物の好きな利用者といっしょに編み物を楽しめる場を設けたり，手芸店の編み物仲間に施設に来てもらっていっしょに編み物をしたりできるようになると，Aさんは自分の有する能力を生かしながら生活することができます。このように，残存能力を活用しながら日常生活を送るには，職員による移動介助のようなフォーマルサービスだけではなく，編み物の好きな利用者や手芸店の編み物仲間などのインフォーマルサービスを工夫しながら活用することが大事です。

3　動機と欲求

人間が行動を起こすときは，その前提として動機（motive）が存在します。たとえば，「入浴する」という行動の前提には，「疲れをとりたい」という動機や「汗をかいて気持ち悪いから，さっぱりしたい」などの動機が存在します。つまり，人の行動を理解するに

は，その行動の背景にある動機を把握し理解することが必要です。また，この動機をもつことで，欲求が生まれるのです。

1954年に提唱されたマズロー（Maslow, A. H.）の欲求階層説では，人間の欲求は①生理的欲求，②安全の欲求，③所属と愛の欲求，④自尊と承認の欲求，⑤自己実現の欲求の5つの階層で構成されると述べられています。マズローの欲求階層説は，下位欲求である一次的欲求から階層を経ながら欲求が満たされることによって，二次的欲求が満たされるようになり，その結果自己実現につながるという考え方です（図2-2-1）。

また，生理的欲求から承認の欲求までの欲求は，外部からの物や人によって充足されることで緊張が解消され，これらの欲求が欠けることで欲求不満状態になることから，欠乏動機（欲求）とよばれます。また，これらの欲求が満たされることで自己実現の欲求が生まれることから，最上階の自己実現の欲求は，成長動機（成長欲求）とよばれます。

マズローの欲求階層説でみるように，介護職は利用者がどのような欲求をもって生活しているか，その欲求が満たされているかをアセスメントし，利用者のニーズに合わせた介護を行います。

4 意欲を高める支援

利用者の自立した日常生活を支援するには，利用者が自分で自分のことを決めるといった自律，いわゆる自己決定が求められます。

利用者の意欲を高める支援，つまり利用者の「動機づけ（motivation）」が重要です。この動機づけには，「外発的動機づけ」と「内発的動機づけ」があります。外発的動機づけは，外部からの賞や報酬などという目標に向け，その目標達成のために役立つ行動が動

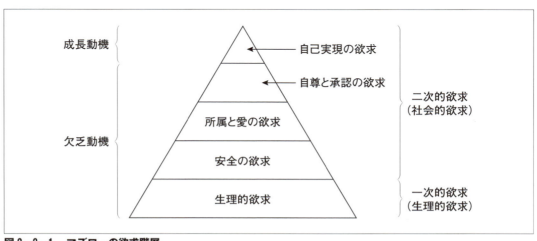

図2-2-1　マズローの欲求階層
資料：高橋幸三郎他監修『MINERVA福祉資格テキスト社会福祉士・精神保健福祉士　共通科目編』ミネルヴァ書房，2012年，369頁

機づけられるということです。内発的動機づけは，自分で立てた目標を達成するための行動が動機づけられるということです。介護職は，利用者が自分で目標をもち，その目標達成に向けた意欲をもてるように支援していくことが大切です。

自立への意欲は，精神的状況や身体的状況の変化に伴いライフステージごとに変わります。要介護者の多くは，さまざまな喪失経験や豊富な人生経験をもっています。介護職は，利用者の求める生活をアセスメントし，利用者が意欲をもって自立した生活を送れるように支援します。

5 個別性

介護サービスを利用する高齢者や障害者は，それぞれ介護が必要になった原因が異なります。たとえ，同じ原因だとしても，いままでの生活歴や家族関係，身体状況，精神状況，社会関係などが異なり，介護が必要になった状況の受け止め方もそれぞれ異なります。したがって，利用者の抱える生活上の課題は，個々の利用者で異なってきます。利用者の望む日常生活を支援するには，多面的なアセスメントが求められます。

家族関係や学歴，職歴など，現在に至るまでにどのような生活を送ってきたのか把握することが必要です。さらに，既往歴，現病歴，ADL（日常生活動作〈日常生活活動〉），IADL（Instrumental Activities of Daily Living：手段的日常生活動作），精神的状況，経済的状況，社会面など，一人ひとりのおかれている状況や状態を把握し，個々の利用者のアセスメントを行い，利用者のニーズを把握します。そこで明らかになったニーズこそ，利用者の個別性であり，その個別性に合わせた介護を行うことが，利用者の尊厳を尊重した個別ケアにつながります。

6 個別ケア

従来の施設介護では，決まった時間に食事や排泄，入浴の介護が行われており，集団的・画一的ケアになりやすい人的・物的環境におかれていました。しかし，認知症高齢者の人口増加や医療的ケアニーズの高まりなど，利用者のニーズが多様かつ複雑化したことにより，集団的・画一的ケアでは利用者のニーズにこたえられなくなりました。

このような背景から，2007（平成19）年に「社会福祉士及び介護福祉士法」が一部改正され，介護の定義が「入浴，排せつ，食事その他の介護」から「心身の状況に応じた介護」と見直されて，個別ケアがより重視されるようになりました。認知症の介護など，従来の身体介護にとどまらない心理的・社会的支援の側面が重要視されるようになりました。

さらに，「介護サービスの基盤強化のための介護保険法等の一部を改正する法律」に基づき，介護福祉士に関する規定が2011（平成23）年に一部改正され，医療的ケアが位置づ

けられました。この改正により，2015（平成27）年度以降は，介護福祉士による医療的ケアが始まることになりました。

> **「社会福祉士及び介護福祉士法」の2011年改正による介護福祉士の定義**
> 第2条2項　この法律において「介護福祉士」とは，第42条第1項の登録を受け，介護福祉士の名称を用いて，専門的知識及び技術をもつて，身体上又は精神上の障害があることにより日常生活を営むのに支障がある者につき心身の状況に応じた介護<u>（喀痰吸引その他のその者が日常生活を営むのに必要な行為であつて，医師の指示の下に行われるものを含む。）</u>を行い，並びにその者及びその介護者に対して介護に関する指導を行うことを業とする者をいう。

このように，個々の利用者の心身の状況に応じた介護，さらに医療的ケアまで担うためには，個々の利用者に対する根拠に基づいたケアマネジメントや介護過程の実施と，ソーシャルワーカーや医療職等との多職種間の連携が必要不可欠です。

7 重度化防止

　2004（平成16）年の高齢者リハビリテーション研究会報告書「高齢者リハビリテーションのあるべき方向」によると，要介護1の場合は，高齢による衰弱，骨折・転倒，関節疾患などが，介護が必要になった原因として高い割合を占めています。しかし，要介護2以上の場合では，脳血管疾患や認知症などが高い割合を占めています。つまり，介護予防とは，脳血管疾患や認知症などの予防だけではなく，生活機能の低下防止・維持・向上を図ることといえます。

　2005（平成17）年の「介護保険法」の一部改正に伴い，**介護予防**がより重視されるようになりました。この改正による予防重視型システム確立の背景には，軽度認定者の増大や軽度認定者の経年変化による重度化の割合が高いことがあります。このような軽度認定者の状況をふまえ，できるかぎり要支援・要介護状態にならない，あるいは重度化しないように「介護予防」を重視した**予防重視型システム**の確立がめざされるようになりました。

　今後は，利用者が意欲をもって自分の有する能力を生かしながら，生活機能の低下防止・維持・向上を図った介護予防を行い，重度化を防止することがより求められます。

第2節 介護予防

1 介護予防とは

　介護予防とは，①要介護状態にならないようにする，②要介護状態になっても重度化しないようにするという2つの側面があります。一般に要介護状態にならないようにすることだけが介護予防と考えられがちですが，たとえ要介護状態となったとしても「自分ができないところだけの支援を受けて，いつまでも自分らしくいきいきと暮らせるようにする」ことも介護予防の大切な考え方です。

　また，高齢期における予防だけが介護予防ではありません。私たちは生まれてからこれまでの間，「介護予防」という言葉は使わないまでも，実はいろいろな形で介護予防を行っています。それでは，どのような形で介護予防を行ってきたかをライフステージの各段階に分けて振り返ってみましょう（図2-2-2）。

❶幼年期から青年期の介護予防

　地域社会や学校を中心に，健康診断や予防接種，体育の授業などを通じて，病気の予防や身体機能の不具合の早期発見と早期治療を行っています。また，家庭などでは「姿勢を

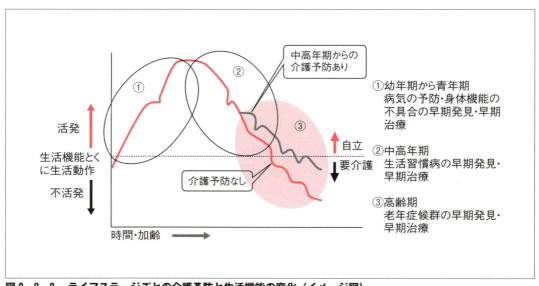

図2-2-2　ライフステージごとの介護予防と生活機能の変化（イメージ図）

正しくよくかんで。にんじんやピーマン，肉や魚など好き嫌いなく食べなさい。食べたら歯をみがきなさい」というしつけがされます。健康的な生活習慣づくりにより，転んでも骨折しにくく回復も早い身体がつくられます。また，掃除や洗濯，調理などの手伝いを通じて，身のまわりのことや家庭内での役割分担ができるようになります。幼年期に近くの公園で友達と遊び，学生時代には学校の授業やクラブ活動，アルバイトなどを行い，社会人になってからは会社の仕事や業界や地域社会とのかかわりを通じて，自分が果たすことのできる役割の範囲を広げていきます。

　これを，**ICF（国際生活機能分類）**の生活機能モデル図にあてはめてみると，心身機能・身体構造，活動，参加の各レベルへのはたらきかけを幼年期から繰り返し行うことで，それぞれの人に合った生活機能向上のよい循環を習慣化するようにしてきたといえます。

　これを成長期の介護予防ととらえると，生活機能全体を高めることにより，中年期からの生活機能低下の時期や速度を遅くすることができると考えられます。

❷ 中年期（40歳から64歳くらいまで）の介護予防

　生活習慣病と加齢による老化現象（**老年症候群**）の予防が必要な時期となってきます。
　中年期は，せっかく習慣化した生活機能向上のよい循環のスピードが遅くなり，悪循環に変わってくる時期です。また，脳や血管，筋骨格系などの心身機能に衰えが出始めてきますが，仕事の忙しさに紛れたり，身のまわりの動作に不自由しないため，ほとんど自覚症状がありません。確実に老化がやってきているのにもかかわらず，「まだ若いからこのくらい無理しても大丈夫」と思って不摂生を続けてしまいがちです。

　生活習慣の悪循環がひき起こす生活習慣病には，がん，心臓病，脳血管疾患，糖尿病などがあります。定期的な検診によって，これらの病気を早期発見して的確な治療をすれば，病気を治癒させ，あるいは改善することができます。また，生活指導によって生活習慣をよい循環に戻し，要支援・要介護状態になることを防ぐことができます。

　前期高齢者（65～74歳）の男性が要介護状態になった原因の約半数近くは，脳血管疾患です。「生活習慣病の予防」という名の介護予防として，早くから取り組む必要があります。

　また，老年症候群による生活機能の低下，転倒・骨折，尿失禁，低栄養状態，口腔機能低下，認知症，うつ，足のトラブルなどが出始めてきます。誰にでも確実にやってくるものですが，少しずつ現れてくるため，初めは気がつかないことが多いのです。これらを早く発見して，早めの対処を行い，要介護状態にならないようにすることが重要です。

　これらは，生活機能の安定期から低下期の介護予防といえるでしょう。安定期を長く，低下の速度を遅くすることが対策の中心となります。

❸ 高齢期（65歳から）の介護予防

　中年期から始まった老年症候群が，しだいにはっきりとした形で現れ始めます。「年だ

からしかたがない」などと言ってそのままにしておくと，ますます生活機能が悪化し，ついには寝たきりとなってしまいます。老化の兆候を早く発見し，適切な対処をすることで，生活機能を向上させ，いつまでもいきいきとした生活をすることができるのです。

一般に，介護予防とは，この老年症候群による生活機能低下期の介護予防を中心に考えられています。老年症候群が原因で要介護状態になることを防ぎ，仮に要介護状態となっても重度化させないようにすることが，いまもっとも重要なテーマとなっています。

2 介護予防は寝たきり予防

❶ 要介護状態になった原因

要介護状態になった原因をみると，第2位は脳血管疾患で，18.4％を占めています。このことからも，中年期における生活習慣病の早期発見・早期治療の重要性がわかります。

第1位は認知症，第3位以下に，老年症候群とよばれる「高齢による衰弱」「骨折・転倒」「関節疾患」などが続いています（図2-2-3）。合計すると全体の5割以上にもなります。とくに「高齢による衰弱」は，生活機能（心身機能・身体構造，活動，参加）すべてにわたるさまざまな要因が複雑に絡み合っているのが特徴です。

❷ 老年症候群から廃用症候群，寝たきりへ

高齢者になると誰にでも現れる**老年症候群**には，次のような特徴があります。

> **老年症候群の特徴**
> ①明確な疾病ではない（「年のせい」と思われてしまう）
> ②症状が致命的ではない（「生活上の不具合」とされてしまう）
> ③日常生活への障害が，初期には小さい（本人にも自覚がない）

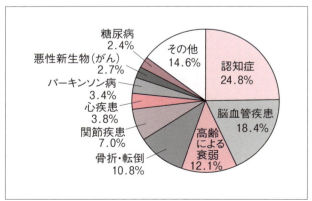

図2-2-3 介護が必要になった原因
資料：厚生労働省「平成28年国民生活基礎調査」

始まる時期も症状もはっきりしないのが大きな特徴で、ついそのままにしてしまいがちです。ただし、老年症候群の恐ろしさは、初めは小さな障害であっても時間の経過とともにいろいろな不具合が組み合わさり、確実にADL（日常生活動作〈日常生活活動〉）の質と量を低下させていくことです。いままで普通にしていたことを、いつしかしなくなり、気がついたときにはできなくなっています。さらに進むと廃用症候群から寝たきりとなり、ここに至っては、なぜ寝たきりになってしまったのか、その根本原因すらはっきりわからず、寝たきりという現実が目の前にあるだけとなります。

　このようなことを防ぐには、生活機能の各領域（心身機能・身体構造、活動、参加）に分けて要因を解析し、目標を決めて対策を行うことが重要です。とくに平均寿命の長い女性の場合、もともと筋肉の量が少なく筋力が弱いため、筋骨格系の老化が原因で介護を必要とする状態となりがちです。体力測定の結果、握力や膝伸展力が弱いことがわかったからといって、ただ筋力トレーニングだけを続けたところで長続きせず、結果として生活機能の向上は図れません。根本的な要因を把握するためには、全人的な観点でのヒアリングを行い、本人が自発的に目標を決め、日常の生活のなかで活動の量と質を増やしていくことが大切です。

　では、生活のなかでの介護予防について、事例で見てみましょう。

事例

　Aさん（77歳、女性、要介護3）は、ある日突然歩けなくなってしまいました。歩けなくなった原因は家族にもわかりません。既往症としては、両変形性膝関節症、変形性腰椎症、糖尿病がありました。しかたがないので、室内外とも車いすで生活することにし、排泄・更衣は一部介助、食事は、箸が持てなくなったためスプーンを使うようになりました。話すこともおぼつかなくなり、呼びかけても表情がなくぼーっとしており、つねにうとうとしている状態でした。

　家族はAさんになんとか元気になってほしいと考え、勧められてデイサービスを見学したところ、参加者がみんな楽しそうにしていました。そこで、Aさんも元気になれるのでは、との思いで、デイサービスを利用してもらうことにしました。

　通い始めたころは足が思うように動かず、車いすでの生活が続きましたが、ひと月くらい経つと、Aさんにも少しずつ自分で歩きたいという意欲が出てきました。まわりの人が楽しそうに転倒予防体操やゲームをしている様子を見て、だんだん自分もその仲間に入りたいという思いが強くなってきたようです。

　通い始めて2か月。デイサービスの室内では杖で歩行できるようになりました。排泄・更衣などの日常動作も自分でできるようになり、食事も箸で食べられるようになりました。食事の準備や後片づけでキッチンに立つことが増え、表情が豊かになってきました。4か

> 月目には，杖歩行で外出ができるようになり，車いすは必要がなくなりました。家族もびっくりするほどの変わりようでした。
> 　「自分の足で歩けるようになる」という最初の目標（心身機能の改善）を達成したことで自信がつき，キッチン作業・配膳・片づけなどができるようになった（活動の改善）のです。これによって，デイサービスの仲間といっしょに調理をする，手工芸をする，外出するなどの機会が増え（参加の改善），Ａさんはますます元気になりました。
> 　6か月目には，要介護1に区分変更になるまで生活機能の改善が進みました。

　この例は，たとえ要介護状態となったしても，特別なトレーニングなしで生活機能が向上した事例です。日常生活の動作一つひとつに意味があることを考えさせられます。「できることは自分でやる，やれるようにしたいと思う生活習慣」が，生活のなかの介護予防といえるのではないでしょうか。

引用文献
(1)　白澤政和編『介護福祉士養成テキストブック①　人間の尊厳と自立』ミネルヴァ書房，2010年，86頁

科目修了時の評価のポイント

- [ ] **介護の目標や展開について，尊厳の保持，QOL，ノーマライゼーション，自立支援の考え方を取り入れて概説できる。**
    尊厳の保持　【→第1章第1節参照】
    QOL　【→第1章第3節参照】
    ノーマライゼーション　【→第1章第4節参照】
    自立支援の考え方　【→第2章第1節参照】

- [ ] **虐待の定義，身体拘束，およびサービス利用者の尊厳，プライバシーを傷つける介護についての基本的なポイントを列挙できる。**
    虐待の定義　【→第1章第5節24頁参照】
    身体拘束　【→第1章第5節21～24頁参照】
    利用者の尊厳，プライバシーを傷つける介護　【→第1章第1節参照】

介護の基本

ねらい

- 介護職に求められる専門性と職業倫理の必要性に気づき、職務におけるリスクとその対応策のうち重要なものを理解する。

- 介護を必要としている人の個別性を理解し、その人の生活を支えるという視点から支援をとらえることができる。

第1章

介護職の役割,専門性と多職種との連携

第1節 介護環境の特徴の理解

1 住み慣れた地域で暮らし続けるために

　介護が必要な人にとって,介護施設は,つねに介護職がいて,見守りや介助にもすぐに対応してくれる「24時間・365日の安心感」を備えた場といえます。しかし,施設へ入所すると,これまでに地域で築いてきた人間関係や自分自身のリズムで生活することが部分的に犠牲になります。内閣府の「平成22年度高齢者の住宅と生活環境に関する意識調査」によると,多くの人が,介護が必要になっても自宅に住み続け,家族や親しい人びととともに,不安のない生活を送りたいと願っています（図3-1-1）。

　24時間連続したケアを提供できるのが施設介護サービスの大きな特徴であり,強みといえます。これに対して,訪問介護サービスは,住み慣れた場所で,親しい人と,その人らしい生活が送れることが特徴ですが,設備や安全面での課題が残ります。

2 地域包括ケアシステム

　ひとり暮らしや高齢者夫婦世帯が増加するなか,居宅介護の限界を高める方策として,

介護・医療・予防・住まい・生活支援といった多様なニーズを切れめなく組み合わせた「**地域包括ケアシステム**」の整備が求められています（図3-1-2）。また、これらを一体的に整備する単位として、30分程度で駆けつけられる範囲を日常生活圏域として設定し、各圏域の拠点として**地域包括支援センター**をあらためて位置づけることとしました。

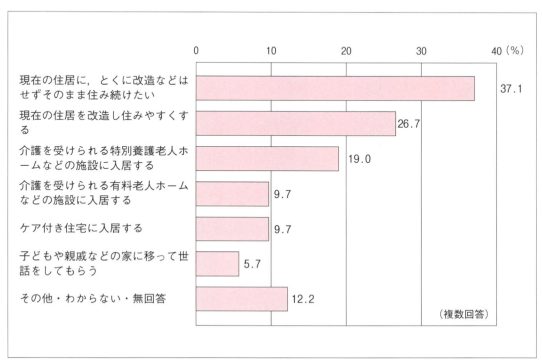

図3-1-1　虚弱化したときに望む居住形態
資料：内閣府「平成22年度高齢者の住宅と生活環境に関する意識調査」を一部改変

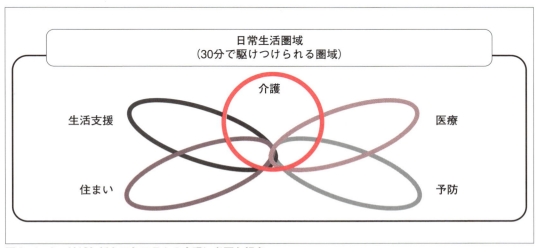

図3-1-2　地域包括ケアシステムの実現に必要な視点
資料：厚生労働省「平成23年度地域包括ケア推進指導者養成研修（ブロック研修）資料」

3 システムを支える5つの視点

❶介護サービスの充実強化
●24時間対応サービス

地域包括ケアシステムを支える基礎的なサービスとして，24時間対応の「定期巡回・随時対応型訪問介護看護」が2012（平成24）年度に創設されました。介護と看護の連携により，1日複数回の定期訪問に加えて，利用者からのコールに随時対応することで在宅生活の安心感を高める役割が期待されています。

●小規模多機能型居宅介護

「通い」を中心として，要介護者の状態や希望に応じて，「訪問」や「短期間の泊まり」を随時組み合わせて提供するサービスです。1つの拠点に複数の機能をもたせることで，在宅介護に24時間365日の安心感を与えることをめざしています。同じ介護職のケアを日中，訪問，夜間のいずれの時間帯でも受けられるため，利用者とのなじみの関係が保たれやすく，要介護者の個別性に応じた対応がしやすいという効果も見込まれます。

また，2012（平成24）年度には，在宅の医療ニーズの高い要介護者への支援を充実させるため，訪問看護と小規模多機能型居宅介護を一体的に提供する複合型サービスも創設されています。

●居宅介護を支援する施設整備

居宅サービスの強化と並行して，そのバックアップ拠点として，介護老人福祉施設（特別養護老人ホーム）等の拠点整備も進められています（2009～2011〈平成21～23〉年で16万人分を増加）。施設における在宅支援サービスの強化として，緊急的なショートステイの受け入れのための「緊急短期入所ネットワーク」，難病，がん末期の利用者への通所サービスを充実する「療養通所介護」などの整備が図られています。また，施設の人的・物的資源を地域に展開するサテライト方式も進められており，地域の公民館や民家などを借り上げ，施設職員が出張するプログラムもあります。

高齢者にとって身近な地域に通所介護の拠点が設けられることで，入所前に施設とのつながりができます。また入居者をサテライト施設に送迎し，住民との交流を図りながら介護を行う，「逆デイサービス」などの取り組みもあります。

❷医療との連携強化

居宅で療養を続ける利用者には，重度の慢性疾患をもつ人も少なくありません。24時間対応の在宅療養支援診療所や病院，訪問看護ステーションが整備され，介護サービスと適切に組み合わせることができれば，より安心して療養を継続できます。

これら在宅医療を担う医療機関の充実や，入院・退院時の情報共有や連携の強化を推進

するための報酬改定等が進められています。なお，地域包括ケアのもとでは医師・看護師との連携だけでなく，服薬管理における薬剤師，長期栄養管理における管理栄養士，精神面のケアで保健師の協力を得るなど，多職種との連携の機会は多様です。

❸ 介護予防の推進

できるかぎり要介護状態とならないための予防の取り組みや，自立支援型の介護の推進も，地域包括ケアの大事な要素のひとつです。要支援認定者と **2次予防対象者**（旧特定高齢者）への予防サービスを一体的に提供できる「**介護予防・日常生活支援総合事業**」が始まるなど，利用者や地域特性に応じたプログラムの実施が可能になってきました。また，要介護状態に移行した場合でも，状態の悪化防止に視点をおいたケアプランが必要であり，自立支援型のサービス提供は介護給付においても基本となっています。

❹ 高齢者の住まいの整備

高齢者のいる世帯の大半を高齢者のみの世帯が占めるなか，認知症高齢者の増加など，

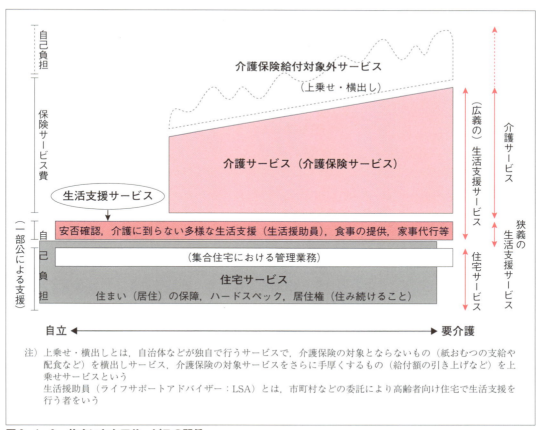

図3-1-3　住まいとケアサービスの関係
資料：厚生労働省老健局高齢者支援課「高齢者の住まいと地域包括ケアの連携推進について」

将来の日常生活への不安をもつ人が増えています。自宅での暮らしにくさを感じ始めた段階から、あらかじめ暮らしやすい「住まい」へ移転し、そのときどきの状況に応じて必要なサービスを選択する方法もあります（図3-1-3参照）。

このようなニーズに対応する住まいとして整備が進められているのが、賃貸住宅の「**サービス付き高齢者向け住宅**」です。その施設基準は、床面積が原則25㎡以上、トイレ、浴室、キッチンがあり、床に段差がなく手すりがあるなど、バリアフリーの構造になっていることです。また、日常的な安否確認と生活相談のサービスを提供する決まりになっています。そのほかの介護サービスや生活支援サービスは、別料金で必要な人が選択して利用し、家賃にプラスして費用を支払います。入居契約では、長期入院や要介護状態の悪化を理由に退去を迫られることはありません。

このほかにも、住居サービスと介護サービスとが一体的に提供される「住まい」としては、**認知症対応型共同生活介護（グループホーム）** などがありますが、介護保険上は「居宅サービス」に区分され、住居費用や食費を含めた日常生活にかかる費用は入居者が自分で負担し、介護費用部分を介護保険制度がカバーしています。

❺ 多様な生活支援サービスの確保や権利擁護など

高齢者の生活を地域で支えるためには、介護保険の保険給付だけでは十分ではありません。市町村の特別給付事業である紙おむつ支給、移送サービス、配食サービス、寝具乾燥サービスや、保健福祉事業である介護予防教室、健康づくり教室、家族リフレッシュ事業等の活用も必要です。さらに、制度化されていないボランティア等による見守り、配食、買い物などのインフォーマルサービスも地域の重要な資源であり、これらを活用して地域包括ケアシステムを整備することが重要です。

たとえば、認知症について正しく理解し、認知症の人や家族を温かく見守る支援者となる「**認知症サポーター**」は、地域住民、金融機関やスーパーマーケットの従業員、小・中・高等学校の生徒など、全国で980万人以上（2017〈平成29〉年12月末現在）が誕生しています。

また、認知症高齢者の財産管理やサービス利用契約等の権利擁護のニーズが高まる一方で、ひとり暮らしや高齢者のみの世帯の増加などにより、親族等による成年後見が困難な人が増加するものと見込まれています。これについても、その担い手として市民の役割が期待されており、市町村による「**市民後見人**」の育成と活用が進められています。

第2節
介護の専門性

1 専門性とは何か

　特別養護老人ホームの開設当初，高齢者の介護をする人は，特別な資格をもっているわけではありませんでした。本来配置を予定した看護師も，大幅に不足していました。

　ホームヘルパー（訪問介護員）も同じです。制度の当初は，家庭の主婦などで家事がなんとかできればよいというレベルでした。施設も地域も，介護は家庭の主婦が担ってきたのです。

　しかし高齢化は急速に進み，それに伴い要介護者も増加しました。一方で核家族化が進み，共稼ぎ家庭が増え，家族の介護の手はどんどん少なくなり，家族に代わって他人が介護する時代になりました。

　また，なんらかの病気を抱え医療の必要な人が増加しています。障害も疾病もさまざまで，難しい対応が多くなりました。他人が他人を介護するのですから，介護職は必然的に自己研鑽する必要性が出てきました。介護に，専門性が要求されるようになったのです。

　介護の専門性とは何でしょうか。ひと言でいえば，その人の身体的，精神的，社会的状況に合わせて，利用者の求める日常生活を把握し援助すること，そしてその介護内容が科学的根拠に基づいた知識，技術，態度によるものであることです。また実践には，評価，検討が必ず行われ，そのうえで継続されなければなりません。介護にかぎらずどの分野にもいえることですが，これが専門性ではないでしょうか。

　さらに，介護についていえば，利用者の生活全体を支えるということから，現在の支援を必要とする状態を悪化させない重度化防止・遅延化の視点と利用者主体の支援姿勢が必要です。また，単なる生活支援にとどまらず，自立した生活を支えるための援助であることを忘れてはなりません。

2 利用者の状況を総合的な視点でとらえる

　脳動脈瘤破裂による体幹機能障害で車いす生活となった49歳の専業主婦と銀行員の夫の事例を通して，利用者の状況を総合的な視点でとらえてみましょう。

> ### 事 例
>
> 　現役の銀行員である夫は，朝食を作り妻に食べさせて出勤します。昼食は，ときには夫が作っていくこともあるようでしたが，ほとんど出前やカップラーメンですませていました。夕食は午後7時ごろ，夫が帰宅してから作っており，風呂も週1回，夫が抱えて入れていました。
>
> 　妻は日中ひとりで過ごし，月1回の病院受診以外は外出する機会もありません。以前はデイケアセンターに参加していましたが，一度，帰り際に気分が悪くなり，夫の職場に迎えにきてほしいとの電話をかけて以来，夫は妻の参加を拒否するようになりました。
>
> 　妻は車いすを上手に扱い，家の中はある程度自由に動いており，排泄もなんとか自力で行っているようでした。明るい性格で，軽い言語障害はあっても意思の疎通は良好であり，外出を望んでいるとのことで，ホームヘルパー（訪問介護員）に依頼しました。しかし玄関から道路に出るまでに自然石の石段が3段あり，ヘルパーもかなり苦労しているようでした。妻の希望もあり，生活圏を広げていくためにも，ヘルパーは玄関にスロープをつけることを提案しましたが，夫は何の手立ても講じていないとのことで，どのようにはたらきかけたらいいか，という介護事業所を担当するケアマネジャー（介護支援専門員）とヘルパー，社会福祉協議会の専門員（社会福祉士）からの問題提起がありました。

【考えるポイント】

　この事例の問題点は夫の無理解なのでしょうか。支援課題は妻の生活圏の拡大のみでいいのでしょうか。この夫婦の生活を，どのような視点でとらえていったらいいのか考えてみましょう。

　専業主婦が倒れて，なおかつ介護が必要になるということは，銀行員の夫にとって二重の意味で大変な出来事だったはずです。銀行員の夫が毎日午後7時に帰ることがどれほど大変なことだったでしょう。職場の理解を得なければできなかったことのはずです。

　夫はデイケアセンターに妻が参加すること自体に反対なのではありません。「何かあったら呼び出しの電話を職場にかけられるというのでは困る」と，利用を拒否した夫を責められるでしょうか。

　スロープの件も，提案はしたものの，つける手立てについての説明や，場合によっては忙しい夫に代わって手続きを代行する旨の意思表示がなければ，そのままになってしまうことは目にみえていたのではないでしょうか。

　ましてや銀行員は転勤族です。持ち家ではない可能性は高く，そうなればスロープをつけることや，また車いすでも使える台所の改造なども困難かもしれません。車いすで家の中は比較的自由に動いているにもかかわらず，食事はいっさい作っていない妻の状況からもそれはうかがえます。

さらに妻の生活圏の拡大は大切ですが，それと並行して，というよりむしろその前に，家庭生活の部分で妻ができることの可能性をもっと追求し，妻として，専業主婦としての役割を，どんな形であれ取り戻していくための支援が必要なのではないでしょうか。そうでないと妻は精神的につらくなる可能性があります。

　また，妻の主治医やリハビリスタッフに，現在の身体状況や家事訓練の有無，その内容などについても確認し，現在の身体機能や生活能力を維持，拡大していかなければなりません。

　妻の日中の生活を支え，美容院，映画，買い物などの外出を楽しめるようにする支援も必要でしょう。もちろん夫の息抜きにも配慮が必要なことはいうまでもありません。

　いずれにせよ中年の夫婦ですから，まだ夫は働き続けなければならず，働きながら介護をしていく状況は続くでしょう。だからこそうまく制度を活用し，ふたりで協力して生活していかなければなりません。この夫婦がこの間の出来事をどう受け止め，どんな思いで生きてきたのか，いまの生活やこれからの生活をどのように考えているのか，そのことを再度しっかりと確認して，支援計画を見直していかなければなりません。

　利用者の生活支援のためには，利用者のみならずその介護者・家族の状況を，身体的側面・心理的側面・社会的側面から，できるだけ幅広く関連づけてとらえていくことが大切です。

3 家族による介護と専門職による介護の違い

　介護の専門性を，家族による介護との違いから考えてみましょう。

事 例

利用者の年齢・性別：Yさん，85歳，男性
疾患名：アルツハイマー型認知症，気管支炎，肺炎
家族の状況：長男夫婦と同居

　Yさんは最近物忘れがひどく，日中は食事をしたことも忘れ，いつも何か食べているため，体重が70kgから80kgに増加しました。そのため何事もおっくうがって，自分で動こうとせず，車いすに乗りたがります。要介護認定は要支援2です。

　家族の希望もあり，Yさんは，日中だけでももっと動いたほうがよいということになり，A介護予防事業所に週2回通い，Yさんの体力を考えて，メニューを決めてがんばっていました。その後，本人も「寝込んでしまったらいかん！」を合い言葉に，長男と散歩にも出るようになりました。

　ところが，しばらくしてYさんは敷居につまずいて転倒し，大腿骨頸部を骨折してしま

いました。3週間の入院後、帰宅しましたが、しばらくは安静が必要だとYさんに説明しても、Yさんには理解できず、ベッドから降りて歩こうとします。さらにはおむつを外して裸になってしまうようになりました。長男は情けなくてつなぎ服を着せました。Yさんが暴言を吐くため、長男の妻もおむつを換える気がしなくなり、朝と夕方しか交換しないこともありました。また、長男の妻はリウマチがあるため、おむつ交換などの介護がだんだん困難になり、ホームヘルプサービス（訪問介護）を依頼しました。

ホームヘルパーは、Yさんに、まずは骨折をして大変な思いをしたことをねぎらい、また慣れない環境のなかで、ずいぶんがまんしたり努力したことを評価し、無事退院できたことを喜び合うことから始めました。そして、一日も早くもとの生活に戻るためにも、しばらくは骨折部を動かさないようにする必要があることをもう一度ていねいに説明し、そのためにどういう手伝いをさせてもらうかを、本人の意向を確かめながら提案しました。Yさんがいやがっていたおむつも、この先ずっと続くわけではなく、またトイレに行けるようになるまで、どのくらいの期間が必要となるのかも説明しました。

また、家族（とくに長男の妻）にも、いままでの介護の大変さをねぎらい、今後の介護方針の説明をし、Yさんのいまの状況への理解と協力を頼みました。

Yさんへの実際の支援場面では、必ずこれから何をするかを説明して、本人の同意を得てから行うことを心がけると、Yさんも納得して、おむつ交換のときなども協力してくれるようになりました。また潜在能力の維持のためにも、支障のない範囲で、できることはしてもらうように声をかけ、励まし、ゆっくりでも待ち、できたときには、ねぎらって評価することを心がけました。

骨折部も安定し、座位も長時間とれるようになったので、ケアマネジャーとも相談し、おむつをやめポータブルトイレの使用を提案すると、Yさんは生き返った思いだと喜んでいました。日中も座位で暮らすことで、新聞を読んだり、書き物をしたり、ときには折り紙をするなど、できることを考え、してみたいことを探し、行動に移しました。家族もヘルパーも、そういうときは励まし続けました。また専門職の力を借りながら、ベッド上でもできる運動をいっしょにいろいろ考えて実行しました。いまでは長男と車いすでの散歩も再開しました。

【考えるポイント】

家族による介護と専門職による介護の違い、それは専門職であれば、専門知識と技術をもつことにより、利用者のおかれた状況とその対応の課題がきちんと見えるということでしょう。

この事例のように、状況がいきなり変わり、介護負担が急増したときなど、家族は新たな事態を受け入れ、それに対応することに時間がかかります。この事例のように、現在の

家族の状況では対応困難な事態であるにもかかわらず，引き取らなければならない状況に追い込まれることも少なくはありません。

　この事例でも，認知症のYさんに，大腿骨頸部骨折後の予後の重要性や，安静が必要な期間やその間の対応について，家族が説明することは難しいでしょう。また以前のYさんとは違う状況での介護の大変さは，やってみなくてはわかりません。ましてやYさん自身が理解できずに抵抗すれば，家族は困惑するばかりです。

　そんななかで，家族はとりあえずできることをするしかないのですから，怒ったり，おむつを外すからといってつなぎ服を着せたり，暴言を吐かれればおむつ交換を避けたり，といった行為が現れます。Yさん自身も，いまの自分の状況が理解できないまま怒られたり不快なことをされれば抵抗し，自分の思いが相手に伝わらないもどかしさが暴言につながっていきました。

　専門職による介護とは，①どんな場面でも，要介護者とその家族がおかれている状況を把握し，利用者主体の適切なケアプランが提示でき，それが家族の理解と安心につながるものであること，②支援場面では，自立支援や残存能力の活用，さらにエンパワメントの視点から，なぜそうするのかが説明できて納得が得られること，③さらにかかわりのなかでは，適切な介護技術が提供され，本人への声かけ，励まし，評価が実行できること，④家族など介護者の思いも受け止め，支えていくことであるといえます。

4　チームケアの重要性

　施設にかぎらず居宅でのホームヘルプサービスにおいても，利用者の多様なニーズを充足していくためには，介護職のみならず，さまざまな職種がかかわります。これまで見てきた事例でも，主治医やリハビリスタッフ，住宅改修についての専門職や相談員など，ひとりの利用者の生活を支えていくためには，多職種の連携による**チームケア**が不可欠となります。

　チームケアでは，利用者のおかれた状況により，事業所内チームとしてまとまって対応する場合もあれば，さまざまな職種が必要に応じて相談・支援するという多職種からなるチームで対応していく場合もあります。どのような場合であれ，利用者にかかわる職種のそれぞれが自分の専門性を生かし，他の職種の専門性を理解し，情報を共有し，共通の目標をもって支援をしていくことが重要です。

第3節
介護にかかわる職種

1 異なる専門性をもつ多職種の理解

　介護の実践に**チームケア**が欠かせないことは前節で述べたとおりです。チームケアを実施するにあたっては，直接の介護サービスにかかわる専門職だけでなく，サービス利用のプロセスやその周辺で連携が必要になる専門職との協働も必要です。とくに身体面での不安を抱えることの多い高齢者の場合，医療の専門職との連携は欠かせません。また利用者の地域や家庭生活での課題を改善して**QOL**（Quality of Life：生活の質）を向上していくためにも，多職種との連携は重要です。ここでは，介護で連携が必要になる専門職それぞれの役割を理解し，互いの専門職の能力を活用した効果的なサービス提供のあり方，チームケアの有効な役割分担について学びます。

　なお，ここで述べる職種，または専門職は，チームアプローチの展開において重要なメンバーですが，必ずしも通常のチームケアでいっしょに働くとは限りません。ほとんどは**ケアマネジャー（介護支援専門員）**を介して利用者のケアチームとして協働している形になります。必要な場合に**ケアカンファレンス**（サービス担当者会議）で同席したりします。

2 介護や社会福祉関連の専門職

❶介護保険サービスにかかわる職種
①ケアマネジャー（介護支援専門員）
　介護保険制度において，サービス利用へのケアマネジメントをする要の存在です。国家資格ではありませんが，各県で実務研修受講試験を受けて研修を修了し，介護支援専門員証の交付を受けます。介護保険の創設によってできた資格で，受講試験の受験資格は介護福祉士，社会福祉士，看護師・保健師などの福祉・保健・医療の国家資格取得者および相談援助業務従事者で5年以上の実務経験を有する者です。なお，介護等業務に一定期間従事することで受験資格を得るルートは，2017年をもって廃止されました。

　利用者からの相談に応じ，心身の状況に応じて適切な種々の介護サービスを利用できるよう，市町村や種々のサービス事業者との連絡調整を行います。

②サービス提供責任者
　訪問介護員が通常の業務で接するのが**サービス提供責任者**です。サービス提供責任者と

は，デイサービスや訪問介護などのサービス提供事業所に必ず置かなければならない運営責任者です。介護福祉士や訪問介護員の有資格者で，資格の種類により経験年数などが決められています。

❷ 介護福祉士

1987（昭和62）年に制定された「社会福祉士及び介護福祉士法」に基づくわが国で最初の福祉の国家資格で，名称独占の資格です。「専門的知識及び技術をもつて，身体上又は精神上の障害があることにより日常生活を営むのに支障がある者につき心身の状況に応じた介護（喀痰吸引その他のその者が日常生活を営むのに必要な行為であつて，医師の指示の下に行われるものを含む。）を行い，並びにその者及びその介護者に対して介護に関する指導を行うことを業とする者」と規定されています。在宅，施設，病院，地域を問わず，介護現場で中心的位置を占めています。

医療やリハビリテーション専門職との連携，協働が期待されるため，その専門性を深める目的での介護福祉学会も発展しています。国は将来介護に携わる資格を介護福祉士に一本化していく方針ですが，実際はホームヘルパー（訪問介護員）の数が多いのが現状です。

資格取得の方法としては，①養成施設を修了し登録する，②介護実務経験3年以上で介護福祉士国家試験に合格し登録する，が主たるものでしたが，2016（平成28）年度から①は廃止され，②の実務経験3年以上の者には450時間以上の実務者研修が義務づけられました。また，養成施設卒業者も実務経験者も全員，国家試験の受験が必要となります。

❸ 社会福祉士

「社会福祉士及び介護福祉士法」に，「登録を受け，社会福祉士の名称を用いて，専門

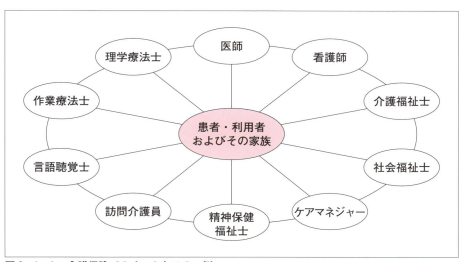

図3-1-4　介護保険でのチームケアの一例

的知識及び技術をもつて，身体上若しくは精神上の障害があること又は環境上の理由により日常生活を営むのに支障がある者の福祉に関する相談に応じ，助言，指導，福祉サービスを提供する者又は医師その他の保健医療サービスを提供する者その他の関係者との連絡及び調整その他の援助を行うことを業とする者」と規定される名称独占の国家資格です。

アメリカのソーシャルワーカーに準じた役割を担う資格であり，ケアマネジャーとして活躍する人も多く，介護関連では地域包括支援センターに配置が義務づけられています。また，福祉関連の行政職や社会福祉協議会の職員，福祉施設の生活相談員や指導員にもこの資格取得が期待されています。

医療ソーシャルワーカー（Medical Social Worker）にも社会福祉士の資格取得者が多く，大きな病院には必ずおかれ，患者や家族の治療や入院についての相談，入退院の手続きや世話などを行います。

❹ 精神保健福祉士

社会福祉士同様の名称独占の国家資格で，「**精神保健福祉士法**」に基づきます。「精神障害者の保健及び福祉に関する専門的知識及び技術をもって，精神科病院その他の医療施設において精神障害の医療を受け，又は精神障害者の社会復帰の促進を図ることを目的とする施設を利用している者の地域相談支援の利用に関する相談その他の社会復帰に関する相談に応じ，助言，指導，日常生活への適応のために必要な訓練その他の援助を行うことを業とする者」と規定され，精神病院や精神障害者関連の施設，高齢者施設などで働いています。

3 医療の専門職

❶ 医師

「**医師法**」の第1条に「医療及び保健指導を掌ることによつて公衆衛生の向上及び増進に寄与し，もつて国民の健康な生活を確保するもの」と規定されており，要介護認定にはかかりつけ医の意見書が，また訪問看護には医師の指示書が必要であるなど，在宅，施設を問わず，介護の実践において**医師**との関係は深いです。医療的ケアの必要な利用者の場合，通院や往診など，日ごろから医師との連携は重要です。

❷ 看護師

「**保健師助産師看護師法**」第5条に「厚生労働大臣の免許を受けて，傷病者若しくはじよく婦に対する療養上の世話又は診療の補助を行うことを業とする者」と規定され，在宅では**訪問看護師**として業務を行います。介護施設でも配置が義務づけられており，チームケアのなかで介護職との日常的連携は欠かせません。

❸ 保健師

「**保健師助産師看護師法**」第2条に「厚生労働大臣の免許を受けて、**保健師**の名称を用いて、保健指導に従事することを業とする者」と規定され、看護師の資格にプラス1年の専門教育を受けます。保健所や市町村の保健センターで地域の乳幼児から高齢者までの健康診査や保健指導をするほか、地域包括支援センターにも配置されます。市町村の保健師は、介護予防から高齢者虐待などまで守備範囲は広く、施設、在宅を問わず介護職との関係は深いものがあります。

❹ 理学療法士（PT）

理学療法とは「身体に障害のある者に対し、主としてその基本的動作能力の回復を図るため、治療体操その他の運動を行なわせ、及び電気刺激、マッサージ、温熱その他の物理的手段を加えること」で、**理学療法士**とは「厚生労働大臣の免許を受けて、理学療法士の名称を用いて、医師の指示の下に、理学療法を行なうことを業とする者」です（「理学療法士及び作業療法士法」第2条）。病院や介護施設、障害者施設などにおかれ、訪問指導も行います。

❺ 作業療法士（OT）

作業療法とは「身体又は精神に障害のある者に対し、主としてその応用的動作能力又は社会的適応能力の回復を図るため、手芸、工作その他の作業を行なわせること」で、**作業療法士**とは「厚生労働大臣の免許を受けて、作業療法士の名称を用いて、医師の指示の下に、作業療法を行なうことを業とする者」です（「理学療法士及び作業療法士法」第2条）。病院、介護施設、障害者施設などにおかれます。

❻ 言語聴覚士（ST）

言語聴覚士とは「厚生労働大臣の免許を受けて、言語聴覚士の名称を用いて、音声機能、言語機能又は聴覚に障害のある者についてその機能の維持向上を図るため、言語訓練その他の訓練、これに必要な検査及び助言、指導その他の援助を行うことを業とする者」（「言語聴覚士法」第2条）で、病院、介護施設、障害者施設などにおかれます。

❼ 薬剤師

薬剤師とは「調剤、医薬品の供給その他薬事衛生をつかさどることによって、公衆衛生の向上及び増進に寄与し、もつて国民の健康な生活を確保するもの」と「薬剤師法」第1条に規定されている薬事衛生の専門職です。高齢化社会による医療費増大傾向のなか、健康保険制度での薬剤の過剰処方を防ぐため、医薬分業が進められ、薬剤師認定制度も進められています。おもな業務である調剤のほか、医薬品適正使用についての専門家として訪

問服薬指導も行い，介護保険制度での**居宅療養管理指導**を担います。

4 その他の専門職

❶ 管理栄養士

管理栄養士は「厚生労働大臣の免許を受けて，管理栄養士の名称を用いて，傷病者に対する療養のため必要な栄養の指導，個人の身体の状況，栄養状態等に応じた高度の専門的知識及び技術を要する健康の保持増進のための栄養の指導並びに特定多数人に対して継続的に食事を提供する施設における利用者の身体の状況，栄養状態，利用の状況等に応じた特別の配慮を必要とする給食管理及びこれらの施設に対する栄養改善上必要な指導等を行うことを業とする者」（「栄養士法」第1条第2項）で，病院や介護施設に配置されます。

❷ 歯科衛生士

歯科衛生士は「厚生労働大臣の免許を受けて，歯科医師の指導の下に，歯牙及び口腔の疾患の予防処置として次に掲げる行為を行うことを業とする」（「歯科衛生士法」第2条）者で，病院や歯科クリニックに勤務して歯科医師の治療の補助を行います。また，高齢者宅への訪問歯科指導も行います。介護の現場において，口腔内の清潔や虫歯の処置，栄養管理との関連で咀嚼改善や義歯の調整など，大きな役割を果たしています。

❸ ケースワーカー

福祉事務所の生活保護や障害福祉課の利用者担当の現業員のことを**ケースワーカー**とよびます。サービス利用についての手続きや情報窓口として連携が重要です。また，ひとり暮らしの高齢者や障害者などの場合，利用者の生活把握のためにケースワーカーが訪問することも多く，在宅介護のサービス提供者との関係は深いといえます。

❹ 民生委員

「**民生委員法**」に「社会奉仕の精神をもつて，常に住民の立場に立つて相談に応じ，及び必要な援助を行い，もつて社会福祉の増進に努めるもの」と規定されています。活動費のみで報酬は支払われず，ボランティアに近い存在です。住民の生活状況を必要に応じ把握しておくことが求められ，担当地域内の高齢者や障害者宅を訪問し，相談や見守りなどを行います。行政や福祉事務所への橋渡しなどを行う場合もあります。

これらの専門職がチームケアを効果的に行っていくためには，情報の共有，目的の共有が必要です。それぞれの専門性を生かし，利用者の身体状況，生活状況，また制度の利用状況などを把握し，必要に応じてケアカンファレンスを開催するなど調整していきます。

第2章

介護職の職業倫理

第1節 専門職の倫理の意義

1 対人援助における職業倫理

　職業倫理とは，その業務を行うことの社会的責任を自覚して，専門職としての行動を律し，行動・判断を決める際の倫理的な基準・よりどころとなるものです。人間を対象とし人間関係に基盤をおいた職業には，人間に対する専門的な知識と技術，そして人間としての存在に対する価値観，実践での行動の規範を示す倫理が求められます。

　対人援助を行う職業では，対象となる人の「人間としての尊厳」を理解し，一人ひとりをかけがえのない存在として向き合うことが重要です。介護職も対人援助の専門職として尊厳，公平，正義，人権を理解して，利用者の個別性，自己決定を尊重し，それを実現しようとする意思，とるべき行動の倫理基準を確立しなければなりません。

2 介護職の職業倫理

❶介護の特性による倫理の必要性

　介護は利用者の心身や個人的生活にかかわる仕事です。個人の生活に密着して，利用者

や家族との人間関係を通して個人的な心身の状態やプライバシーなど生活に深く立ち入ることになります。そのため介護職としての倫理に基づく行動が重要となってきます。介護実践を行う場合に「こういうことをしてはならない」「こういうことをしなければならない」と職務上の行動の判断基準が必要です。

このような行動規範としての基準「倫理基準」を成文化したものとして「**倫理綱領**」があります。介護職に関する倫理綱領としては、「介護福祉士会倫理綱領」「ホームヘルパー協会倫理綱領」などがあり、介護にかかわる組織・団体が定めています。

初任者研修を受講して介護職となる人も、介護福祉士と同じように社会的役割と社会的責任をもつ仕事を担うことを心得ておきましょう。

❷ 法令による介護福祉士の義務

介護の専門職としての介護福祉士は、「**社会福祉士及び介護福祉士法**」で、福祉専門職としての義務が以下のように定められています。

「社会福祉士及び介護福祉士法」で定められた福祉専門職の義務等

○誠実義務

第44条の2　社会福祉士及び介護福祉士は、その担当する者が個人の尊厳を保持し、自立した日常生活を営むことができるよう、常にその者の立場に立つて、誠実にその業務を行わなければならない。

○信用失墜行為の禁止

第45条　社会福祉士又は介護福祉士は、社会福祉士又は介護福祉士の信用を傷つけるような行為をしてはならない。

○秘密保持義務

第46条　社会福祉士又は介護福祉士は、正当な理由がなく、その業務に関して知り得た人の秘密を漏らしてはならない。社会福祉士又は介護福祉士でなくなつた後においても、同様とする。

○連携

第47条第2項　介護福祉士は、その業務を行うに当たつては、その担当する者に、認知症であること等の心身の状況その他の状況に応じて、福祉サービス等が総合的かつ適切に提供されるよう、福祉サービス関係者等との連携を保たなければならない。

○資質向上の責務

第47条の2　社会福祉士又は介護福祉士は、社会福祉及び介護を取り巻く環境の変化による業務の内容の変化に適応するため、相談援助又は介護等に関する知識及び技能の向上に努めなければならない。

○名称の使用制限

第48条第2項　介護福祉士でない者は，介護福祉士という名称を使用してはならない。

このように福祉専門職には，厳しい社会的責任・倫理が問われます。これは介護に従事する介護職においても同じです。

❸ 日本介護福祉士会の倫理綱領

介護福祉士の職能団体である日本介護福祉士会は，次のように倫理綱領を定めています。

日本介護福祉士会倫理綱領

（1995年11月17日宣言）

前文

　私たち介護福祉士は，介護福祉ニーズを有するすべての人々が，住み慣れた地域において安心して老いることができ，そして暮らし続けていくことのできる社会の実現を願っています。

　そのため，私たち日本介護福祉士会は，一人ひとりの心豊かな暮らしを支える介護福祉の専門職として，ここに倫理綱領を定め，自らの専門的知識・技術及び倫理的自覚をもって最善の介護福祉サービスの提供に努めます。

○利用者本位，自立支援

1　介護福祉士はすべての人々の基本的人権を擁護し，一人ひとりの住民が心豊かな暮らしと老後が送れるよう利用者本位の立場から自己決定を最大限尊重し，自立に向けた介護福祉サービスを提供していきます。

○専門的サービスの提供

2　介護福祉士は，常に専門的知識・技術の研鑽(けんさん)に励むとともに，豊かな感性と的確な判断力を培い，深い洞察力をもって専門的サービスの提供に努めます。

　また，介護福祉士は，介護福祉サービスの質的向上に努め，自己の実施した介護福祉サービスについては，常に専門職としての責任を負います。

○プライバシーの保護

3　介護福祉士は，プライバシーを保護するため，職務上知り得た個人の情報を守ります。

○総合的サービスの提供と積極的な連携，協力

4　介護福祉士は，利用者に最適なサービスを総合的に提供していくため，福祉，医療，保健その他関連する業務に従事する者と積極的な連携を図り，協力して行動します。

○利用者ニーズの代弁

5 　介護福祉士は，暮らしを支える視点から利用者の真のニーズを受けとめ，それを代弁していくことも重要な役割であると確認したうえで，考え，行動します。

○地域福祉の推進

6 　介護福祉士は，地域において生じる介護問題を解決していくために，専門職として常に積極的な態度で住民と接し，介護問題に対する深い理解が得られるよう努めるとともに，その介護力の強化に協力していきます。

○後継者の育成

7 　介護福祉士は，すべての人々が将来にわたり安心して質の高い介護を受ける権利を享受できるよう，介護福祉士に関する教育水準の向上と後継者の育成に力を注ぎます。

第2節 介護の倫理

1 人権の尊重と人権擁護

❶人権の尊重

　介護職は，すべての人の基本的人権を擁護し援助することが求められます。人間は，たとえ日常生活に障害があり介護を必要としていても，人間として尊重される権利があるとする考え方です。この理念は，1948年国連総会において採択された「**世界人権宣言（第1条）**」で「すべての人間は，生れながらにして自由であり，かつ，尊厳と権利とについて平等である」と，**人権および自由の尊重・確保**を宣言したものが基本となっています。介護職は，人権思想を活動の基本的理念としてつねに考えて行動する必要があります。

❷虐待などの発見と人権の擁護

　2005（平成17）年11月に「**高齢者虐待防止法**」（高齢者虐待の防止，高齢者の養護者に対する支援等に関する法律）が制定されました。この法律では，高齢者の権利侵害としての虐待を防止するとともに養護者に対する支援を促進しています。そのなかで，介護従事者（養介護施設従事者等）による虐待の行為を以下のように規定しています。

> 「高齢者虐待防止法」第2条第5項
> ①高齢者の身体に外傷が生じ，又は生じるおそれのある暴行を加えること
> ②高齢者を衰弱させるような著しい減食又は長時間の放置その他の高齢者を養護すべき職務上の義務を著しく怠ること
> ③高齢者に対する著しい暴言又は著しく拒絶的な対応その他の高齢者に著しい心理的外傷を与える言動を行うこと
> ④高齢者にわいせつな行為をすること又は高齢者をしてわいせつな行為をさせること
> ⑤高齢者の財産を不当に処分することその他当該高齢者から不当に財産上の利益を得ること

　そして，このような高齢者への虐待行為を禁止しています。さらに，高齢者福祉の現場で働く介護職は，高齢者虐待を発見しやすい立場にあることを自覚し，高齢者虐待の早期発見に努めなければならないとしています。高齢者虐待を受けたと思われる高齢者を発見した者はすみやかに市町村へ通報するよう努めなければならないと定めています。なお，高齢者虐待への取り組みについては，**科目2第1章第5節**も参照してください。

　また高齢者だけではなく，児童や障害がある人や社会的に弱い立場にいる人すべての人権を擁護する意識をもち，介護することも必要です。

2 利用者本位と自立支援

❶ 利用者本位と自己決定の尊重

　介護サービスの利用者は，個々の生活習慣や生活文化をもち，独自の価値観を大切にしながら生活をしています。介護職は個別の生活習慣・価値観について日常生活を援助するなかで理解をし，一人ひとりの人間が心豊かな暮らしができるよう利用者本位の立場から**自己決定**を尊重して，介護サービスを提供していきます。

　利用者は，日常生活において介護を必要とする状況にあっても，支援を生活のなかに生かしながら，自分の意思と責任で判断・行動し，自分の能力や可能性を最大限に活用，地域社会で主体的に生活していこうとしています。

　生活の主体は利用者であることをふまえて，介護職は介護サービスの提供にあたっては「何のために」「何をするのか」という援助の目的と介護職の役割を伝え，納得と合意を得るという関係性のなかで介護を行う必要があります。そこでは利用者と介護職が協働して介護を行うという協働関係が重要となります。

　ときには，介護職が考える最善の方向と利用者の意思が異なることもあります。そのときこそ日常生活を援助する過程でコミュニケーションを図り，信頼関係を築いていくこと

❷ 自立支援

　介護保険制度は，「介護保険法」第1条にあるように，要介護者等が介護を必要とする状態になっても自立した生活を送り，人生の最期まで人間としての尊厳を支えることができるような社会的支援のしくみを確立することを目的としています。高齢者が自らの意思に基づき，自立した質の高い生活を送ることができるように支援すること，すなわち「高齢者の自立支援」を介護の基本理念として掲げています。

　自立支援をめざした介護とは，それまでの「できないところを代わりにする」介護から，利用者のもつ「できること」である生活機能の能力を引き出し，拡大することで，「実行する」生活機能の活動を高めていくことです。これは生活支援の過程で「できる」ことの能力を発見，拡大していくことで利用者の生活への意欲を引き出して，より積極的な社会生活へと広げ，豊かな人生をめざすことでもあります。

　そのためには，日常生活を援助する場面で，一方的に「与える」介護ではなく，利用者が生活のあり様を，自分で決める意思と責任を保持し，自らが生活の主体であることを認識できるような介護をすることが必要です。これは利用者の真のニーズを確認して，できる生活機能能力を観察，判断し，利用者とともに行う協働関係のなかから生まれてくるものです。その人らしく生きるための生活支援をすることが尊厳を支える介護へとつながっていきます。

3 保健医療などの専門職との連携

　介護の対象となる人は，身体上または精神上の障害があることにより，日常生活を営むのに支障がある高齢者や障害者です。利用者の多くは，疾病をもっている，あるいは病気やけがをするということもあります。このように，利用者が医療ニーズをもちながら生活している場合には，医師や看護師，また地域で健康診査や介護予防にかかわる保健師などの保健医療などの専門職と連携して業務を行うことが安全で安心な生活を支援するためには重要なこととなります。「社会福祉士及び介護福祉士法」「社会福祉士及び介護福祉士法施行規則」といった法令でも福祉専門職として保健医療などの専門職との連携について規定されています。

　介護サービスでは原則として医療行為を行うことはできませんが，異常を察知して医師や看護師に連絡，報告することは必須です。また，利用者の状態の変化によって「生命の危害を及ぼす行為」となることが予測される場合には，利用者の安全な生活を守る立場から保健医療などの専門職に連絡をして確認をする積極的な連携が求められます。

第3節
プライバシーの保護

1 守秘義務

　介護職は，利用者との援助関係において知りえたさまざまな個人の情報を，けっして第三者に漏らしてはなりません。プライバシーの保護は利用者の基本的権利の尊重に基づくものであり，**守秘義務**は援助者としての重要な基本的態度のひとつです。

　介護福祉士は，「社会福祉士及び介護福祉法」のなかで**秘密保持義務**が規定されており，違反した者は「1年以下の懲役又は30万円以下の罰金」（第50条）が科せられることになっています。介護は他人の生活に密接にかかわる仕事であるために，利用者のプライバシーや秘密を知りうる場面が少なくありません。介護業務が広く社会から受け入れられ信用を得るためには，守秘義務は徹底されなければなりません。

2 個人情報の保護と活用，情報開示

　個人情報を取り扱う事業者の遵守すべき事項を定め，個人の権利利益を保護することを目的として，「**個人情報保護法**」（個人情報の保護に関する法律）が施行されています。個人情報の取り扱いについては，「個人の人格尊重の理念の下に慎重に取り扱われるべきもの」（第3条）とされています。個人情報を取り扱うすべての者は，その目的や様態を問わず，個人情報の性格と重要性を十分認識し，その適正な取り扱いを図ることが必要です。これをふまえて，日々の業務で利用者やその家族の個人情報にふれる機会が多い介護関係事業者のために，厚生労働省により「医療・介護関係事業者における個人情報の適切な取扱いのためのガイダンス」が取りまとめられています（**科目2第1章第6節**参照）。

　ガイダンスでは，各介護関係事業者が，個人情報の取り扱いに関する明確かつ適正な規則を策定し，それらを対外的に公表することを求めています。また，利用者等から自分の情報がどのように取り扱われているかなどについて知りたいという要求があった場合は，迅速に情報提供を行うことなどを求めています。介護職は，その事業者に個人情報の保護と適切な説明責任・情報公開の必要性があることを理解しておかねばなりません。

第4節 地域社会における介護職の役割

1 地域福祉の推進

　ノーマライゼーションの理念普及により，地域福祉の重要性とそのための体制づくりが進んでいます。「**介護保険法**」では「要介護状態となった場合においても，可能な限り，その居宅において，その有する能力に応じ自立した日常生活を営むことができるように配慮されなければならない」（第2条第4項）と居宅介護を基本理念としています。

　また，「社会福祉法」において地域住民や地域の社会福祉に関する事業者等は，「相互に協力し，福祉サービスを必要とする地域住民が地域社会を構成する一員として日常生活を営み，社会，経済，文化その他あらゆる分野の活動に参加する機会が与えられるように，地域福祉の推進に努めなければならない」（第4条）と「地域福祉の推進」がうたわれました。介護を必要とする人も地域社会での生活を継続し，社会的活動に参加する機会が保障されるように，ノーマライゼーションの考え方が地域福祉においても進められています。

2 地域ケアでの介護職の役割

　介護職は，具体的な介護サービスにおいても，単に利用者の生活支援をするだけでなく，生活空間を広げ社会との関係を保てるように援助していくことが必要です。また，人間は人との交流のなかで，自分らしさを発揮して生きる意欲や生きがいをもつものです。利用者の家族や近隣の人たちとのつながりが，充実した生活へとつながります。そのために地域社会に積極的に参加できるように，地域資源とのネットワークづくりに努め，介護が必要な人も生きがいのある充実した生活が送れることをめざし支援します。

3 地域包括ケアシステムと介護職

　これからの介護にかかわる制度の考え方として，高齢者が可能なかぎり住み慣れた地域で能力に応じた自立した日常生活を営むことができるよう，高齢者のニーズに応じて，医療，介護，予防，住まい，生活支援サービスを包括的に提供する「**地域包括ケアシステム**」の構築をめざすことがあげられています。地域社会での介護職の役割として保健医療や福祉，リハビリテーションなどの多職種との連携と協働が今後ますます重要となります。

第3章

介護における安全の確保とリスクマネジメント

第1節
介護における安全の確保

1 介護現場における事故

　2000（平成12）年の介護保険制度の施行により措置から契約へと制度の根幹が変わり，これに伴ってサービス利用者の権利意識が以前に比べて強くなりました。措置制度の時代では，サービスの開始からその内容，頻度，さらには苦情や介護事故への対応に至るまで，その責任と義務は行政側にありました。現在の介護保険制度や障害者支援制度のもとにおいては，利用者と介護サービス事業者が対等な立場で直接契約を結び，サービスを利用し提供するという関係にあります。そのため介護事故などへの関心も高まり，多くの介護サービス事業者において，介護事故防止対策がとられるようになりました。

　ところで，私たちの身のまわりでは，事故（**介護事故**を含む）はなぜなくならないのでしょうか。私たちが日常生活を営むうえで，事故を完全に防ぐことは不可能なことなのでしょうか。答えは明白です。「事故を完全に防ぐことは不可能」といわざるをえません。それは私たちが人間だからです。人間はミスを犯す動物であり，私たちの生活のなかには，いくつもの危険（リスク）が潜んでいるからです。

　ここで，介護事故という用語を整理してみましょう。「介護事故は『介護過誤』と『不

可抗力による事故』から構成されます。介護過誤とは介護従事者の過失（ミス）によって発生した事故をいいます(1)」。入浴介助中にシャワーから熱いお湯が出て，利用者にやけどを負わせてしまったなどの場合です。介護職の湯温確認が不十分だったことが原因です。「また不可抗力による事故とは介護従事者に過失がなく発生した事故をいいます。介助なしに自立歩行していた利用者が，ある時，足元がふらつき転倒してしまった。このふらつきは利用者のこれまでの身体状況からは予測できないことでした。このような過失のない事故を不可抗力による事故といいます(1)」。

　このほかにも，介護の現場ではさまざまな物品の破損や身体的被害を与える介護事故などが発生しています。一般社団法人シルバーサービス振興会が2001（平成13）年に実施した事故の実態調査結果をみると，事故の内容は「財物の損壊」（40.5％）がもっとも多く，次いで「けが」（38.5％），「財物の紛失」（6.9％），「セクハラ」（6.1％），「感染症」（2.3％）となっています。提供サービス別にみると，訪問介護と訪問入浴では「財物の損壊」がもっとも多く，通所介護や短期入所生活介護では「けが」がもっとも多いという結果になっています。

　また，考えられる事故の要因としては，「介護職側にかかわる要因」が約7割ともっとも多く，そのなかでも「危険を危険と気づかない」「ついうっかりしてしまった」などという回答もあります。これらは裏を返せば，危険に対する感性をより高めることや仕事中の集中力をより高めることができれば，介護事故を少なくすることは可能であるということを物語っています。

　なお，介護事故は「利用者に対する事故」と「介護職自らの事故」の2つに分けて考えることができます。

2 介護事故の要因

　介護事故は大きく6つの発生要因に分けてとらえることができます。
①人的要因
　車いす介助において，ブレーキをかけ忘れて移乗動作を行い，利用者を落としそうになったなどの単純なミス，あるいは職員同士の業務の引き継ぎが不十分であったために利用者の身体的・精神的変化に気づかなかったことによる事故など。
②ソフト面による要因
　介護事故防止マニュアルや各種規定類など，システムの運用にかかわるものが事業所に整備されていなかったなど。
③ハード面による要因
　防災設備に不備がある，事業所・施設の構造に問題があるなど。
④環境面による要因

整理整頓がいきとどいていない住環境で利用者が物につまずき転倒した、あるいは、室内の照明が暗かったために利用者が転倒したなど。

⑤本人以外の要因

利用者に確認をとらず家族の指示だけで行ったことが、あとで利用者からの苦情になった。たとえば、「衣類の整理をしていて、家族の指示で洋服を捨てたら、その洋服は利用者の思い出の品物だった」など。

⑥情報提供不足による要因

管理者から介護職への情報提供が不十分だったために、介護職が感染症に罹患してしまったなど。

このように、介護現場での事故の発生要因は実にさまざまです。したがって、介護職の個人的な努力や注意だけで事故の発生を抑制することは難しいです。介護事故を防ぐには、個々人の努力や注意に加え、組織全体で包括的に対応していくことが求められます。

3 安全管理体制の確立

介護サービス事業者にとって、顧客（利用者）の満足度は何を基準に推し測ればよいでしょうか。それは「安心」と「信頼」ではないでしょうか。利用者にとっての「安心」は、事業者にとって「利用者の安全を守る」ということであり、それは最低限必要なことであるとともに最大の課題でもあります。「利用者の安全を守る」ことが利用者の安心感につながり、それが信頼関係の醸成となり、ひいては利用者の自立支援につながります。

この「安心」と「信頼」を根底から揺るがす介護事故をいかに防止するか、その対策を講じることが介護サービス事業者に求められる責務であり、組織をあげて取り組まなければならない重要課題です。

すべての介護職に共通する介護事故防止の心得

①人は誰でもミスを犯すもの。ミスを完全になくすことは不可能だが、努力によってミスを少なくすることはできる

②たえず危機意識をもつ

③現場でどのような事故が発生しているか把握し、再発防止策を立てる

④介護の裏側にはたえず危険（リスク）が潜む

　※トイレ介助　→　転倒のリスク

　※食事介助　→　誤嚥のリスク

⑤利用者の身体的・精神的状態は時々刻々変化する

⑥利用者や職場の同僚との密接なコミュニケーションが必要

⑦情報の共有
⑧記録の重要性（情報の整理と他職員への引き継ぎ）
⑨介護職自らが健康でなければならない

第2節 事故予防・安全対策

1 リスクマネジメント

　前節で説明したとおり，介護事故を個人の努力や注意だけで防ぐことはまず不可能であり，事業所全体として組織的に事故防止に取り組む必要があります。そのなかで，多くの事業所では「リスクマネジメント」という考え方や手法が導入されています。
　リスクマネジメントとは一般に「危機管理」と訳されたりします。事故を未然に防止することや発生した事故を迅速に処理し，損害を最小限に抑えることがねらいですが，もっとも重要なことは，事故防止を組織的に対処するという視点です。
　福祉サービスにリスクマネジメントという考え方が導入されるようになったのには，介護保険制度の導入により介護サービスの利用が急激に増加したことが背景にあります。介護サービスの利用が増加したことにより，苦情相談や介護事故の報告も増加したからです。その理由としては，①契約に基づくサービスの定着，②利用者の権利意識の高揚，③新規事業者の参入によるサービス供給主体の多様化などがあげられます。
　このような状況のなかで，福祉サービスにおけるリスクマネジメントについて，「より質の高いサービスを提供することによって多くの事故が未然に回避できる(2)」という指摘はきわめて重要な提起といえます。介護事故を単に「リスク対応」や「損害賠償対策」という狭い範囲でとらえるのではなく，むしろサービスの質向上と安全性の確保という観点からとらえようとするものです。このような基本的視点は「**QI**（quality improvement：クオリティインプルーブメント）(2)」といわれています。

> **QI（クオリティインプルーブメント）**
> 福祉サービスの質向上に向けた取り組みの共通的・基本的視点

○利用者に関する状態像の的確な把握
○実施すべきサービス内容の明確化
○サービスの確実な実施
○利用者一人ひとりに着目した個別的なサービス提供

2 事故を未然に防ぐための方策

❶ リスクマネジメントの取り組み

　事故を起こさずに質の高いサービス提供を追求するために，どのような**リスクマネジメント**を徹底すべきでしょうか。福祉サービスを提供する事業所などではいろいろな試みがされていますが，たとえば次のような取り組みによって事故の防止や事故の発生率を下げる効果が期待されます。

リスクマネジメントの具体的な取り組み内容
○職員の意識の喚起
・安全と質の向上に対する職員の意識啓発
○業務マニュアルの作成と周知徹底
・サービスの標準化と作業手順書の作成
・役割分担の明確化と連携方法の確立
○報告・連絡・相談などの引き継ぎの徹底
・業務引き継ぎの確実な実践と検証
・サービスの個別化と介護計画の確認
○記録の拡充と管理
・各種必要書類の整備と管理方法の確立
○苦情窓口設置と解決システムの構築
・苦情受付窓口の設置と苦情対応責任者の配置
・苦情解決システムの構築
○第三者評価の導入
・第三者評価システムの導入
・業務運営上の問題点，組織的弱点の明確化
○ヒヤリ・ハット情報の共有化
・ヒヤリ・ハット情報の共有化と危機管理の徹底

- ヒヤリ・ハット事例の顕在化と組織的集約
○事故事例の検証と再発防止の徹底
- 事故事例の検証と原因の徹底究明
- 再発防止に向けた取り組みの推進

　これらの取り組みを組織的に実践することで事故の未然防止が期待されるわけですが，リスクマネジメントは，事業所の経営者や管理者の意識だけでは効果があげられません。経営者や管理者の強いリーダーシップのもと，職員一人ひとりが「安全で質の高いサービスの提供をめざす」という強い意思をもち，「安全管理」の認識が浸透，定着して初めて達成できるものです。

❷ コミュニケーションの重要性

●利用者および家族とのコミュニケーション

　リスクマネジメントの取り組みの基本は**コミュニケーション**にあるといわれています。サービスを提供する側は，利用開始時はもとより利用中においても，つねに利用者やその家族に対し「**説明責任**」を果たさなければなりません。適切な介護計画に基づくサービスの提供について，利用者・家族にていねいな説明を行い，理解を得ることが重要です。

　この取り組みは介護事故の発生を抑制し，また万が一介護事故が生じた場合でも，その原因について検証や説明が容易になり，利用者および家族の理解が得られやすくなります。

●職員同士のコミュニケーション

　介護サービスにおいては保健，医療，看護など他職種との連携は不可欠です。それぞれの職種ごとに専門性があり役割は異なりますが，利用者の自立支援，介護予防という共通の目的をもっています。日ごろから担当者会議などを通して，情報交換，連携の方法などを構築し実践していくことが重要です。

3 ヒヤリ・ハットの活用

❶ ヒヤリ・ハットとは

　事故事例とその発生要因を分析した「**ハインリッヒの法則**」というのがあります。これは1980年代のアメリカで，労働災害を研究するなかで導き出された法則です。これによると，1件の重大な事故の背景には，29件の軽微な事故，300件の事故に至らない単純ミスが起こっていると分析しています。この法則の教訓は，300件の事故に至らない単純ミスの発生頻度をできるかぎり減らす取り組みが，重大な事故の防止につながるということになります（図3-3-1）。

「**ヒヤリ・ハット**」とは，一歩間違えれば事故になったかもしれない「ヒヤリとした体験」「ハッとした体験」をいいます。ハインリッヒの法則に照らせば，「事故に至らない300件の単純ミス」のなかに含まれるものです。「ヒヤリとした体験」と介護事故は実は紙一重であり，介護職がその危険性に対して，気づきがないままサービスを提供し続けていたら，大きな事故につながる可能性があると考えられます。この気づきこそ事故を未然に防ぐ最善の方策なのです。

気づきの感性を高めるために介護の現場でよく実施されているのが，ヒヤリ・ハット体験集の活用です。日ごろから体験したヒヤリ・ハットを記録し，それを習慣づけることは事故を防止するうえで非常に有効です。これらの記録を職員間で共有して，職場全体で事故を防ぐように協力し合うことが重要なのです。表3-3-1，表3-3-2にヒヤリ・ハット体験報告書の一例を示します。

❷ ヒヤリ・ハット事例の活用

介護事故を防止する観点から，ヒヤリ・ハット体験を各職場でどのように生かしていけばよいか具体的に考えてみましょう。

●**ヒヤリ・ハットの連絡・報告を徹底させる**

まず大切なことは，ヒヤリ・ハットが起こった事実をきちんと連絡，報告する体制を各職場でつくることです。「いつ」「誰が」「どのような内容で」「誰に対して」行うのかを明らかにして，その内容を職場内で周知徹底します。

●**事例を共有化し，ヒヤリ・ハットを繰り返さない**

報告としてあがってきたヒヤリ・ハットは，職員全員で共有します。重要なことは具体的な事例を通して学んだことを，各職員が共通認識に立って受け止め，同じヒヤリ・ハットを繰り返さないようにすることです。

●**介護計画を充実させる**

利用者一人ひとりには具体的なサービス内容，手順，留意事項等が記載された介護計画を作成しなければなりませんが，そのなかには介護事故を防ぐ視点からの記載も必要です。

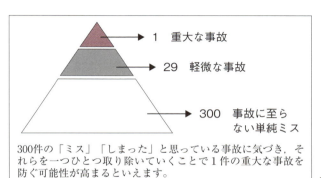

図3-3-1　ハインリッヒの法則

ヒヤリ・ハット概要	ホームヘルプ活動中，包丁で指を切りそうになった
利用者名（イニシャル）	A・S
性別・年齢	性別（ ⑨男 ・ 女 ）　　年齢（ 86 ）歳
発生日時	平成24年　6月11日（月）　10時30分ごろ
発生場所	利用者宅台所
詳細な内容	冷凍された肉を包丁で切っていたら，置き方が不安定だったためぐらついて肉を押さえていた指を切りそうになった。
今回の事例の教訓	①小分けして冷凍するなど事前に工夫する必要があった。 ②固いまま切るのではなく，ある程度解凍してから切る。
アドバイス	冷凍した食材を使用する場合は活動の早い段階から冷凍庫から食材を取り出しておくこと。また，食材が固いまま包丁で切ると，利用者の包丁の刃を欠けさせる危険もあります。
報告者・所属	○○　○○　　　　所属（　○ヘルパーセンター　）

※アドバイスはサービス提供責任者が記入してください。

表3-3-1　ヒヤリ・ハット体験報告1

ヒヤリ・ハット概要	ベッドから車いすに移乗する際に，転倒しそうになった。
利用者名（イニシャル）	T・Y
性別・年齢	性別（ 男 ・ ⑨女 ）　　年齢（ 77 ）歳
発生日時	平成24年　6月11日（月）　14時00分ごろ
発生場所	当施設居室内
詳細な内容	ベッドから車いすに移乗する際に，利用者がめまいを起こし転倒しそうになった。あわてて手を差しのべたので，転倒には至らなかった。
今回の事例の教訓	①その日の利用者の体調の変化を十分に把握しておく。 ②ふだん自力で移乗している利用者だからといってけっして油断しない（見守りの徹底を図る）。
アドバイス	転倒にかかわる利用者の状態については以下のことに注意する必要があります。 ①疾患（心疾患やめまいを伴う疾病がないか） ②身体の状態（下肢筋力の低下，感覚の低下，麻痺（まひ），認知能力の低下などはないか） ③服薬状況（睡眠安定剤や抗利尿剤を服用していないか） ④介助用具の不具合はないか ⑤環境面の整備（移乗介助バーや滑り止めマットの使用，手すりの設置など安全に移動できる環境が整っているか）
報告者・所属	○○　○○　　　　所属（　　　　　　　　　　）

※アドバイスはサービス提供責任者が記入してください。

表3-3-2　ヒヤリ・ハット体験報告2

ヒヤリ・ハットから学んだ気づきを介護計画に生かすのです。情報を共有し，適切なアセスメントを行い，事故発生を未然に防げる内容の介護計画のもとで利用者の求める安全で安楽なサービスを提供することも，介護事故を防止するうえで非常に有効な手段です。

4 事故発生と対応の原則

それでは，「不幸にして事故が発生してしまったときはどのように対応すべきでしょうか。『人間として最善の行動をとれること』『組織人として行動する前に，自分の親が同じ事態にあったらどう行動するか』ということを意識しておくことが，介護職の基本姿勢といえます」[3]。

介護事故の発生により利用者には身体的，精神的被害が生じます。したがって，事故後における対応でもっとも大切なことは，「利用者本人や家族の気持ちを十分に考え，相手の立場に立った誠意ある態度で臨む」ということです。

事故対応の具体的な流れを，以下に例示します。

事故対応の具体的流れ
①緊急時の対応：利用者の救命・安全確保と状況の的確な把握（医師との連携が重要）
②緊急時の連絡：事故対応責任者へ事故状況を報告し指示を受ける
③組織内の連絡：「事故対策委員会」などへ報告し組織的対応を要請。管理者への報告
④家族への連絡：利用者の家族等に連絡し状況を報告
⑤市町村への報告：保険者である市町村に事故報告（介護保険上の事故は報告義務がある）
⑥保険会社への連絡：事故発生，状況の報告
⑦事実関係の調査：客観的な事故状況の調査，把握と報告書作成
⑧事故原因の究明：「事故対策委員会」などによる原因究明と責任の明確化
⑨利用者，家族への説明：事故状況，原因，責任の所在等について説明
⑩再発防止策の検討：当該事例の原因，改善策の検討と実践
⑪示談交渉：法的責任がある場合は相当賠償を行う

このように事故発生によって介護サービス事業者や職員の責任は厳しく問われますし，まさに組織全体で対処しなければならないことになります。

介護事故における賠償責任は，安全に配慮するというサービス利用契約に伴う義務を履行しなかった場合に発生します。「安全配慮義務違反」といわれるものですが，被害者が判断力や行動力を欠く場合は，その責任の範囲はさらに広くなります。このような契約違反（債務不履行責任）が認められた場合は，介護サービス事業者は損害賠償に応じなければなりません。

また，介護事故の特徴は，交通事故のように保険会社が当事者に代わって被害者と示談交渉をすることはできないため，介護サービス事業者は直接，利用者や家族と話し合う必要があります。したがって，事故対応によってその事業者の信頼性自体が問われるといっても過言ではありません。契約当事者として一体的な対応が求められることから「事故対応マニュアル」などを準備し，責任体制を確立しておくことが必要です。介護職も組織の一員としての自覚に基づき，日ごろから事故発生を想定した適切な対応について確認しておくことが大切です。

第3節 感染対策

1 高齢者と感染症

　高齢者は，加齢・老化に伴う生理的な変化や心身の変化により抵抗力が低下しているため感染しやすい状況にあることをふまえ，感染症の被害を最小限にすることが求められています。そこで，高齢者の特性を理解すると同時に，感染症の特徴の理解，感染に対する知識（予防・発生時の対応）を習得し，つね日ごろから感染症対策を自ら考え実践することで被害を最小限にとどめることが必要です。

　また，高齢者の生活の場を訪問する介護職自身が感染源・媒介者にならないなど，自身の健康管理に十分留意することが必要です。

❶ 高齢者における感染症とは

　「**感染症**」とは，人体に感染や感染症をひき起こす病原体（細菌，ウイルス，真菌類，スピロヘーター，リケッチアなど）が身体に侵入・定着して，その炎症により細胞が障害され生理的機能障害をひき起こす状態のことをいいます。

　この感染症のうち，生理的老化現象による免疫機能の低下が原因で，高齢者が罹患しやすい感染症を老年性感染症といいます。

❷ 高齢者が感染症に罹患しやすい状況

　心臓などを除く人間の臓器の重量は加齢とともに減少します。なかでも感染症に対する抵抗力の獲得（**免疫機能**）に関与する臓器である胸腺と脾臓は著しく減少します。そのため人間の免疫機能は10代でピークに達し，その後一気に低下していくといわれています。

すなわち，高齢者は免疫機能が低下することにより病原体が体内へ侵入しやすくなり，さまざまな感染症に罹患しやすい状況になります。また，ほかの病気にかかることで二次的に免疫機能が低下し，感染症をひき起こすこともあります。

高齢者の場合，一度感染症に罹患すると，免疫機能の低下が根本的にあるため，もともともっている疾患が治癒しにくく，慢性的経過をたどるといった悪循環を繰り返すことで感染症になりやすいのです。

2 感染成立の因子

感染が成立するには，①感染源，②環境，③宿主の感受性の3つの因子が必要です。これを感染症の3大要因といいます。

●感染源

感染症の原因となる病原体（細菌・ウィルスなど）を含んでいるものを**感染源**といい，次のものは感染源となる可能性があります。

> **感染源となる可能性のあるもの**
> ①排泄物（嘔吐物・便・尿など）
> ②血液・体液・分泌物（喀痰・膿など）
> ③使用した器具・器材（刺入・挿入したもの）
> ④上記に触れた手指で取り扱った食器など

●環境

環境因子としては，病原体が生息するために必要な温度・湿度が重要な要素となります。これは病原体の繁殖しやすい地理的条件（温暖な地域か寒冷な地域か）や気候（夏か冬かなど）のことをいいます。食中毒は夏に多く，呼吸器感染症は冬に多いなど環境に影響を受けます。日ごろから環境の整備を図ることが重要です。

●宿主の感受性

宿主は人間や動物のことで，病原体が侵入し感染を発症させる対象です。宿主の特性である免疫力（年齢・栄養状態・疲労・ストレス・遺伝的要因など）の違いにより感染症の発症が左右されます。病原体に暴露されても，感染症が出ない人もあれば重症化する人もいます。宿主の抵抗力の向上を図ることが必要です。

3 感染症対策

感染症に対する対策の柱として，次の**感染症対策**の3本柱があげられます。

感染症対策の3本柱
①感染源の排除
②感染経路の遮断
③宿主（人間）の抵抗力の向上

❶ 感染源の排除

感染源の排除には，まず，つね日ごろから環境を整備することで，病原体の発生そのものをなくしたり繁殖を防いだりすることが重要です。

また，感染源となる可能性のある排泄物，血液・体液・分泌物，使用した器具・器材には素手で触れず，必ずゴム・ビニール手袋などを着用します。さらに，手袋を脱いだあとは手洗いや手指の消毒を確実に実施することで感染源を排除します。

❷ 感染経路の遮断法

感染経路とは，感染症の原因となる病原体が宿主（人間）に到達するまでの経路のことをいいます。すなわち感染源から病原体が人体に侵入する部位（口・気道・皮膚など）までの経路をいいます。

隔離対策の視点からみた感染経路には，①**空気感染**，②**飛沫感染**，③**接触感染**の3経路があります（表3-3-3）。1つの病原体が1つ以上の感染経路をもつこともあります。たとえば，重症急性呼吸器症候群（SARS）は飛沫感染と接触感染が主となります。このほか，媒介物感染や昆虫感染も視野に入れておく必要があります。

感染症は，感染源，感染経路，宿主のいずれか1つがなくなれば成立しません。このうち「感染経路の遮断」が感染対策の基本になります。

感染経路	特　徴	おもな原因微生物
空気感染	せき，くしゃみなどで，飛沫核（5μm以下）として伝播する。 空中に浮遊し，空気の流れにより飛散する。	結核菌 麻疹〈ましん〉ウイルス 水痘ウイルス　など
飛沫感染	せき，くしゃみ，会話などで感染する。 飛沫粒子（5μm以上）は1m以内に床に落下し，空中を浮遊し続けることはない。	インフルエンザウイルス ムンプスウイルス 風疹〈ふうしん〉ウイルス レジオネラ　など
接触感染 （経口感染含む）	手指・食品・器具を介して伝播する。 もっとも頻度の高い伝播経路である。	ノロウイルス，腸管出血性大腸菌 MRSA（メチシリン耐性黄色ブドウ球菌），緑膿菌　など

表3-3-3　おもな感染経路と原因微生物
資料：厚生労働省「高齢者介護施設における感染対策マニュアル」2005年

> **感染経路遮断の3原則**
> ①感染源（病原体を含んでいるもの）を持ち込まないこと
> ②感染源（病原体）を拡げないこと
> ③感染源（病原体）を持ち出さないこと

　感染経路を遮断するためには，手洗い・うがいの励行，環境の清掃が重要です。血液・体液・分泌液・排泄物などを扱うときは，手袋を着用するとともに，これらが飛び散る可能性のある場合に備えて，マスクやエプロン・ガウンの着用等についても検討が必要です。

　感染経路の遮断方法には，「**スタンダード・プレコーション**（標準的予防策）」と「**アイソレーション・プレコーション**（感染経路別予防策）」があり，感染対策の基本として理解する必要があります。

● スタンダード・プレコーション

　すべての人（患者，医療関係者，介護者等）に対する標準的な予防策のことです。具体策として適切な手洗い，防護用具の着用，鋭利な器具の取り扱い対策，使用した器材の取り扱い対策，廃棄物の取り扱い対策，周囲環境対策，血液媒介病原体対策，適切な患者の配置があります。

● アイソレーション・プレコーション

　特定の感染症もしくはその疑いのある患者に対する付加的予防策です。空気予防策（水痘，麻疹，結核），接触予防策（多剤耐性菌胃腸炎，肺炎，褥瘡感染，O157），飛沫予防策（インフルエンザ，髄膜炎，マイコプラズマ肺炎，ウイルス肺炎）などがあります。

❸ 宿主（人間）の抵抗力の向上

　宿主（人間）の抵抗力の向上には予防接種があげられます。「予防接種法」が1994（平成6）年に改正され，**予防接種**は義務接種から勧奨接種に改められました。しかし，ワクチン予防が可能な感染症が流行した場合，感受性のあるすべての者に予防接種を行い，集団免疫力を早期に高めておくことが必要です。

　なお，介護職が感染症に罹患すると，高齢者への感染のリスクも高くなるため，介護職自身も予防接種を受けるよう努めることが重要です。

引用文献
(1) 『介護サービスのリスクマネジメント』介護労働安定センター，2011年，8頁
(2) 厚生労働省「福祉サービスにおける危機管理（リスクマネジメント）に関する取り組み指針」2002年
(3) 『月刊介護保険』No.114，法研，2005年，25頁

第4章

介護職の安全

第1節
介護職の心身の健康管理

1 健康管理は介護職の基本

　介護の仕事は心身ともに大変な仕事です。自分自身の健康管理をおろそかにしていると，利用者の身体状況の細かな観察や，心を込めた語らいなどはできません。また，健康でないことは，職場のスタッフに負担をかけることにもなりかねません。まずは自分自身の心身の健康を守ることが，介護職としての基本であることをしっかり自覚しましょう。

　健康の概念としては，疾病の治療や予防という考えから，人間全体の幸福をめざす生活概念へと変化していますが，個人が主体となって健康な生活習慣をつくることが重要となります。豊かな生活習慣により健康を維持して初めて，利用者の尊厳を高め，権利を守る専門性が培われるのです。

2 身体的健康の管理

①規則正しい生活

　介護業務は変則勤務であるため，生活リズムを整えにくい状況にあります。日ごろから

食事，睡眠，休養を十分にとり，疲労を蓄積しないよう心がけましょう。

②適度な運動

自らの健康状態に合った適切な運動を日常生活に取り入れ，基礎体力を高めましょう。血液循環をよくし新陳代謝を高める，食欲を増進し便秘を予防する，筋肉や骨を丈夫にする，脳のはたらきを活発にするなどの効果があります。そして何より運動することで気分爽快となり，意欲的になることができます。運動は自分の体調や体力に合わせ，ウォーキングのような軽い運動や，ストレッチのように負担にならないものなどを継続することが重要です。

③栄養バランス

栄養バランスのとれた食生活を心がけ，塩分・脂肪・アルコールなどの過剰摂取は避けましょう。また自分の適正体重を知り，活動量に見合った食事量にしましょう。さらに食事を楽しみ食文化を大切にすることで，利用者の食事に対しても細かな配慮ができるようになります。

とくに在宅では，利用者の家庭の味，嗜好，四季折々の旬の素材を大切にすること，食欲を増す調理法や盛りつけ，疾病による食事制限や食事形態に対する工夫など，さまざまな配慮すべき要素があります。日ごろから食へのこだわりをもち，楽しみを知ることで，豊かなバリエーションと工夫が生まれてくることでしょう。

④定期健康診断

自分の健康を客観的に知るために，健康診断を積極的に受け，異常の早期発見に努めましょう。40歳以上になると市区町村保健センターから通知がきますが，職場での健康診査をはじめ，体重増加をチェックするなどの自己コントロールの視点も大切となります。

⑤慢性疾患がある場合

慢性疾患があるからといって仕事ができないわけではありません。業務時間や業務内容など，無理のない範囲で仕事を行えるよう，医師や職場の上司と十分に相談をして，自己管理に努めましょう。

3 精神的健康の管理

精神的な健康を保つためには，**ストレス**についてよく知り，ストレスと上手につきあっていく**ストレスマネジメント**が大切になります。ストレスとは「なんらかの対処が必要な状況や変化」により，人間の心や体がさまざまな反応を起こした状況です。ストレス状況が長く続くと，仕事や生活での活動に支障をきたすなどのさまざまな問題が生じます。自分がいま，ストレスを受けている状況であることを認識し，ストレスの原因を発見し，適切な対処法を実践することが大切です。

具体的には，次のようにプラス思考で物事をとらえ，心の安定を保つことを心がけまし

よう。
①介護場面や職場でのさまざまな出来事を，私生活にひきずらないよう，気持ちの切り替えを上手にしましょう。そのためにはストレスをひとりで抱え込まず，信頼できる上司・仲間に相談し，問題を客観的にとらえ，早めに対処できるよう心がけましょう。
②職場での人間関係は，仕事を円滑に行うために重要ですが，同時にストレスの原因ともなります。チームワークを大切にし，責任のある行動をとることで，職場内での信頼関係に基づいた良好な関係性を保てるよう心がけましょう。
③仕事以外の私生活を充実させることは，さらに重要です。余暇を有意義に過ごし，生活にめりはりをつけ，新たな気持ちで仕事に臨みましょう。

第2節 介護職に起こりやすい健康障害とその予防

　介護職に起こりやすい健康障害の代表的なものに，腰痛，感染症，バーンアウトなどがあります。介護職として身体的・精神的健康管理に心がけると同時に，職業病ともいえるこれらの予防策について理解しておきましょう。

1 腰痛の予防

　腰痛は介護職の健康管理で，もっとも問題となるもののひとつです。日常的に行う生活支援において，自分自身の身体的負担を軽減するために，ボディメカニクスを理解・活用する，福祉用具を取り入れるなど，腰に負担のかからない動作を習得しましょう。

❶ボディメカニクスとは

　ボディメカニクスとは，人間の身体の骨格系，筋系および内臓器官などからなるしくみの効率のよい使い方をいいます。
　このボディメカニクスを理解し，人間の自然な動きに合わせた介助をすることにより，身体的負担が軽減し，腰痛予防対策になります。さらには，要介護者のもっている身体的機能を十分に生かすことができます。また，家族介護者が無理な姿勢で介護を行うことのないように，適切なボディメカニクスを活用する介護技術の指導を行うことも必要です。なお，ボディメカニクスについては，**科目9第7章第1節**も参照してください。
　ボディメカニクスの原則は次のようになります。

> **ボディメカニクスの原則**
> ①重心を低くし，支持基底面を広くすることで，身体が安定する
> ②てこの原理を理解し活用する
> ③支える人にできるだけ近づき，大きな筋群を用いて身体全体で支える
> ④前かがみにならず，背筋を伸ばし，膝を屈伸させる

❷ 補助具の活用

　腰痛になりやすい無理な動作や姿勢を避けるとともに，福祉用具を活用するなどの工夫も大切です。

　腰痛をサポートする福祉用具には，安全ベルト，腰ベルト（ひも），スライディングボードやシート，リフター，ストレッチャー，車いすなどがあります。安全な使用法を理解し，利用者が自分でできることは自分で行えるように言葉をかけながら，安全で安楽な移動・移乗介護を行っていきましょう。

❸ 日々の心がけ

　腰痛予防の第一には，自分自身の身体鍛錬が重要です。肥満や運動不足による腹筋・背筋の筋力低下に注意し，腰痛体操を習慣づけましょう。また過重な負担に対しては，複数での介護を習慣づけることも大切です。

2 感染症の防止

　感染症は，病原体が人体に侵入し増殖することで起こるため，予防策としては病原体の除去，侵入経路の遮断，抵抗力の向上が重要です。介護業務において遭遇しやすい感染症として，MRSA（メチシリン耐性黄色ブドウ球菌），**疥癬**（かいせん），肝炎，結核などがあります。病原体による感染経路の違いを理解し，具体的対策など職場でのマニュアルを遵守することが求められます。

　とくに抵抗力の弱い高齢者や慢性疾患をもつ人には，日ごろから感染予防に注意するとともに，介護職が感染源の媒介とならないように注意します。そのためには介護の実施前後に，うがい・手洗いの励行，手指の消毒などを心がけるとともに，衛生的な環境を維持できるように留意する必要があります。なお，感染症の防止については，**第3章第3節**も参照してください。

> **手洗いの基本と留意点**
> ○手洗いの順序
>   ①手のひらを合わせて洗う
>   ②手の甲を伸ばすように洗う
>   ③指先，爪の間を手のひらにこすりつけて洗う
>   ④指の間を洗う
>   ⑤親指を手のひらでつつむようにしてねじり洗いする
>   ⑥手首を洗う
> ○留意点
>   ①手を洗うときは指輪や時計を外す
>   ②爪は短く切る
>   ③手洗いが雑になりやすい部位は注意して洗う
>   ④使い捨てのペーパータオルを使用する
>   ⑤水道栓の開閉は手首や肘などで簡単にできるものが望ましい
>   ⑥水道栓を閉めるときは，手を拭いたペーパータオルで閉める
>   ⑦手を完全に乾燥させる

3 バーンアウト

　近年よくみられる介護職の精神的な問題に「**バーンアウト**」があります。バーンアウトは「一生懸命に仕事に打ち込んでいた人が，目標を達成できずに精神的疲労によって無気力状態に陥ってしまうこと」をいい，燃え尽き症候群ともよばれます。人間を対象とした援助専門職に生じやすく，仕事への意欲が高い人ほど，燃え尽きのリスクが高いといわれます。

　バーンアウトの主要な特徴は，①情緒的消耗感が増大し，情緒的な余裕がなくなると親身に利用者にかかわれなくなる，②利用者に対して否定的，批判的な感情や態度が増加する，③自己に対しても否定的に評価する傾向があるため，自分自身や仕事の達成度について満足できなくなるなどです。

　介護職自身がこのような症状に陥らず，長く健康的に，質の高い介護を続けるために，燃え尽きの兆候に早く気づき，有効な対処ができるように心の状態に注意を払うと同時に，相談できる人をつくっておくことが大切です。

4 介護職に起こりやすい健康障害の事例

> **事例**
>
> **介護職の年齢・性別**：Aさん，39歳，女性
> **家族状況**：夫，中学3年生の長男，小学6年生の長女の4人暮らし
>
> 　訪問介護の仕事を始めて10年になるAさん。利用者の生活支援を中心に週3回の委託を受け充実した日々を送ってきました。
>
> 　Aさんは日々，家事などの生活支援と同時に，利用者との語らいを大切にしていました。独居生活をしている人や，老々介護で疲れている男性介護者からの，「あんたと話しているとほっとするよ，元気がでてきたよ」などの言葉に，介護の喜びを感じていました。しかし，介護保険制度の改正で支援時間が短縮されたため，あわただしく支援を行うなかで会話を楽しむゆとりはなく，しだいに利用者ともぎくしゃくした関係となってきました。
>
> 　このころからAさんは疲れやすくなり体が鉛のように重く，以前のようにてきぱきと家事をこなすことができません。また利用者とのあいさつ的な会話にやりきれなさを感じたり，やたらと感傷的になり涙もろくなってしまったりで，利用者や家族のけげんそうな表情で，ふと我に返ることもあります。休日に映画を見たり友人とおしゃべりをしても，いっこうに気晴らしはできません。家庭に戻ると，長男が受験を控えているため家族全員ピリピリした状態です。明日も仕事だと思うと気が重くて，眠れない夜も増えてきています。

●**考えるポイント**

　Aさんは，介護保険制度改正に伴う利用者への対応の変化や，日々の生活のなかでなんらかのストレスを受け，心身ともに反応を起こしてきている状況といえます。この状況に対して有効な対策をとらず，がんばり過ぎると体力・精神力の疲労によって無気力になり，うつ状態に陥ってしまうかもしれません。

　Aさん自身がストレス状況にあることに気づき，日々の生活や仕事上の目標の見直しをすることが大切です。同時に，職場や家族など身近な人がAさんの様子に気づき，Aさんのストレスフルな状況を気軽に話すことができるような雰囲気をつくることも大切です。ストレスのある状況を打破するには，まずは信頼できる人に話し，ひとりで抱え込まないことが解決の第一歩です。

> ### 事例
>
> **介護老人福祉施設職員のBさんの年齢・性別**：Bさん，35歳，女性
> **Cさんの年齢・性別**：Cさん，25歳，男性
>
> **身体状況**：Bさん　身長152cm，体重48kg
> 　　　　　　Cさん　身長168cm，体重59kg
>
> 　介護老人福祉施設で勤続15年のBさん。専門学校を卒業して以来，かぜ以外はとくに病気らしい病気もなく，職業病といわれる腰痛で休むこともありませんでした。
>
> 　Bさんの施設では要介護度5の利用者が大半を占め，1日の移乗行為や体位変換などは数十回を数えます。小柄できゃしゃなBさんにとって，自身の健康を維持することはなみたいていのことではありません。
>
> 　これにひきかえ新しく入職したCさんは，1か月もしないうちに腰痛を起こし，3日間休んでしまいました。Cさんは若く力のある男性です。体力に自信があり介護福祉士養成校で介護技術やボディメカニクスについても，しっかり身につけていると自負していました。しかし，その自信が今回の結果をまねいたといえるかもしれません。職員に迷惑をかけてしまい申し訳なさと恥ずかしさでいっぱいになっています。そこでCさんは自分の介護技術に問題があるのかについて先輩のBさんに相談してみました。

●考えるポイント

　Bさんからは次のようなアドバイスをもらいました。「男性だからと無理をして力仕事をすることは禁物です。自分を守るためにボディメカニクスだけでなく，腰痛予防のベルトをする，福祉用具を活用する，複数での介助を徹底するなど予防に心がけること。さらに利用者のできる力を引き出すことも大切。また日々の生活はどうでしょう。介護の仕事には夜勤があります。食事・睡眠・規則正しい生活をしていますか」。

　Cさんは若さを過信せず，自分の生活を見直す必要に気づかされました。自身の健康管理も介護職の大事な仕事のひとつです。健康であるためには，まずは規則正しい生活を送ることが大切です。

科目修了時の評価のポイント

- [ ] 介護のめざす基本的なものは何かを概説でき，家族による介護と専門職による介護の違い，介護の専門性について列挙できる。
  家族による介護と専門職による介護の違い　【→第1章第2節57〜59頁参照】
  介護の専門性　【→第1章第2節参照】
- [ ] 介護職としての共通の基本的な役割とサービスごとの特性，医療・看護との連携の必要性について列挙できる。
  介護職の基本的な役割　【→第1章，第2章第2節参照】
  サービスごとの特性　【→第1章参照】
  医療・看護との連携の必要性　【→第1章第1節52頁・第3節，第2章第2節参照】
- [ ] 介護職の職業倫理の重要性を理解し，介護職が利用者や家族等とかかわる際の留意点について，ポイントを列挙できる。　【→第2章参照】
- [ ] 生活支援の場で出会う典型的な事故や感染，介護における主要なリスクを列挙できる。
  【→第3章参照】
- [ ] 介護職に起こりやすい健康障害や受けやすいストレス，またそれらに対する健康管理，ストレスマネジメントのあり方，留意点等を列挙できる。　【→第4章参照】

介護・福祉サービスの理解と医療との連携

ねらい

- 介護保険制度や障害者支援制度を担う一員として最低限知っておくべき制度の目的，サービス利用の流れ，各専門職の役割・責務について，その概要のポイントを列挙できる。

第1章

介護保険制度

第1節
介護保険制度創設の背景および目的, 動向

1 介護保険制度の成立と社会的背景

❶ 社会の構造的な変化に対応する新制度が必要

　日本は1990年代中期から少子高齢社会に入り, 合計特殊出生率（1人の女性が生涯に産む子どもの数を表した推定値）の低下に現れるような子どもの減少, 高齢者とりわけ要介護者の増加, 高齢者医療費をはじめとする国民医療費の増大, 産業構造の変化, 家族関係の変化など構造的な変化に対応するため, 新たな介護システムの構築が必要とされました。「**老人福祉法**」に基づく老人福祉,「**老人保健法**」に基づく老人医療というように, 高齢者を対象とする制度が並立し制度間の重複・不整合が指摘される状況ともなっていました。

　そこで社会保障構造改革の一環として, 介護保険制度創設が構想されました。そのおもなねらいは, 介護の社会化（介護を社会全体で支えるしくみに）, 税方式から給付と負担の関係が明確な保険方式への転換, 保健医療と福祉の縦割りを廃した総合的なサービスの提供, 社会的入院の解消による医療費削減などです。

❷ 介護保険制度の開始

1997（平成9）年12月，「**介護保険法**」が成立し，2000（平成12）年4月より施行されました。「介護保険法」の柱は，保険者は市町村であること，利用者の要介護状態について国の要介護認定基準に沿って市町村が判断すること，**ケアマネジメント**（居宅介護支援）（p.105参照）の導入により利用者の介護ニーズに基づいて社会資源等が調整され，医療・保健・福祉サービス等が提供されること，などです。

2 介護保険法の改正

2005（平成17）年の「介護保険法」改正では，**予防重視型システム**への転換が行われ，新予防給付（p.103参照）や地域支援事業（p.108参照）が創設され，地域包括支援センター（p.109参照）が全国の市町村に設置されました。また，在宅と施設でのサービス利用のバランスを図るため，居住費用と食費の自己負担について，在宅と施設の間において整合性をとりました。この改正においても，「介護サービスの情報公表」のあり方など，サービスの質の確保が大きな課題となりました。

2011（平成23）年の「介護保険法」改正において，おおむね30分以内の生活圏域（基本は中学校区）で医療・介護・福祉等のサービスが適切に提供される地域の体制づくりとして，**地域包括ケアシステム**の推進（p.111～113参照）が制度化されました。具体的には，24時間の定期巡回・随時対応型訪問介護看護や小規模多機能型居宅介護と訪問介護の組み合わせからなる複合型事業所の創設など在宅サービスの充実等です。

2014（平成26）年の「地域における医療及び介護の総合的な確保を推進するための関係法律の整備等に関する法律」（**医療介護総合確保推進法**）による「介護保険法」改正では，在宅医療・介護連携の推進，全国一律の予防給付（訪問介護・通所介護）を市町村が取り組む**介護予防・日常生活支援総合事業**（p.109参照）に移行し多様化することがはかられました。

第2節
しくみの基礎的理解

1 保険制度としての基本的しくみ

❶ 保険者

保険者とは，保険料を徴収したり保険給付を行ったりする保険事業の運営主体です。介

護保険制度では，全国の市町村および特別区（東京都23区）が保険者となっています。被保険者が少ない過疎の郡部市町村では，広域で複数の市町村が保険者となる「広域連合」を設置していることもあります。

❷ 被保険者

被保険者とは介護保険制度の対象者で，保険料を負担する人のことです。被保険者は第1号被保険者と第2号被保険者で構成されます。**第1号被保険者**は，65歳以上の人で生活保護受給者も含まれます。**第2号被保険者**は，40歳以上65歳未満の医療保険加入者です。

第1号被保険者は，**要介護状態**（常時介護を要する状態。要介護者）や**要支援状態**（日常生活支援が必要な状態。要支援者）になった場合，介護保険サービスを利用することができます。第2号被保険者は，「介護保険法施行令」などで定められている初老期認知症，脳血管障害など老化が原因となる疾病16種（**特定疾病**）により，要介護・要支援状態になった場合，介護保険サービスを利用することができます。

特定疾病
①がん（がん末期）　②関節リウマチ　③筋萎縮性側索硬化症（ALS）　④後縦靱帯骨化症　⑤骨折を伴う骨粗鬆症　⑥初老期における認知症（アルツハイマー病，血管性認知症，レビー小体病など）　⑦進行性核上性麻痺，大脳皮質基底核変性症，パーキンソン病（パーキンソン病関連疾患）　⑧脊髄小脳変性症　⑨脊柱管狭窄症　⑩早老病（ウェルナー症候群など）　⑪多系統萎縮症　⑫糖尿病性神経障害，糖尿病性腎症，糖尿病性網膜症　⑬脳血管疾患（脳出血，脳梗塞など）　⑭閉塞性動脈硬化症　⑮慢性閉塞性肺疾患（肺気腫，慢性気管支炎，気管支喘息，びまん性汎細気管支炎）　⑯両側の膝関節または股関節に著しい変形を伴う変形性関節症

---

❸ 保険料

第1号被保険者の**保険料**は，特別徴収と普通徴収とで徴収されます。**特別徴収**は，老齢年金や退職年金などの年金の支給額が一定（年額18万円）以上の場合の徴収方法で，年金から天引きされます。**普通徴収**は，年金の支給額が一定以下の場合，あるいは年金の支給を受けていない場合の徴収方法で，市区町村が徴収します。保険料は，本人が属する世帯の住民税課税状態や所得状況により異なります（表4−1−1参照）。

第2号被保険者の保険料は，医療保険に上乗せして徴収されます。健康保険の場合は，標準報酬×介護保険料率（事業主負担あり）となっています。

段階	対象者	負担割合
第1段階	生活保護を受給している方，中国残留邦人等の方々のための支援給付を受けている方，老齢福祉年金受給者で，世帯全員が市町村民税非課税の方	基準額×0.45
	世帯全員が市町村民税非課税で，本人の前年の公的年金収入金額と合計所得金額の合計が80万円以下の方	
第2段階	世帯全員が市町村民税非課税で，本人の前年の公的年金収入金額と合計所得金額の合計が80万円を超え120万円以下の方	基準額×0.65
第3段階	世帯全員が市町村民税非課税で，本人の前年の公的年金収入金額と合計所得金額の合計が120万円を超える方	基準額×0.75
第4段階	世帯の中に市町村民税課税者がいて，本人が市町村民税非課税で，本人の前年の公的年金収入金額と合計所得金額の合計が80万円以下の方	基準額×0.90
第5段階	世帯の中に市町村民税課税者がいて，本人が市町村民税非課税で，本人の前年の公的年金収入金額と合計所得金額の合計が80万円を超える方	基準額
第6段階	本人が市町村民税課税で，前年の合計所得金額が125万円未満の方	基準額×1.15
第7段階	本人が市町村民税課税で，前年の合計所得金額が125万円以上200万円未満の方	基準額×1.25
第8段階	本人が市町村民税課税で，前年の合計所得金額が200万円以上350万円未満の方	基準額×1.50
第9段階	本人が市町村民税課税で，前年の合計所得金額が350万円以上500万円未満の方	基準額×1.75
第10段階	本人が市町村民税課税で，前年の合計所得金額が500万円以上の方	基準額×2.00

表4−1−1　**第1号被保険者の介護保険料の例（札幌市の第6期〈平成27〜29年度〉段階設定）**
資料：札幌市「第6期札幌市介護保険事業計画」2015年

2 要介護認定の手順

① 保険給付申請の第一歩

　介護保険の保険給付の対象となるサービスを利用するためには，**要介護認定**などを受けることが必要となります。なお，2014（平成26）年の「介護保険法」改正により，介護予防・日常生活支援総合事業の利用については，窓口で基本チェックリストを活用・実施することで，利用すべきサービス区分の振り分けができるようになりました（**図4−1−1**参照）。

　要介護認定を受ける場合は，被保険者本人ないしは家族が申請，または依頼を受けた居宅介護支援事業所などが市区町村の窓口に申請代行を行うことになります。申請を受けた市区町村は，被保険者の心身の状況について**認定調査**を行います。

❷ 審査・判定の流れ

　要介護認定の申請後，**訪問調査**が行われます。調査員は，市区町村職員または市区町村から委託された指定居宅介護支援事業者の**ケアマネジャー（介護支援専門員）**などが担います。訪問調査では，概況調査・基本調査および特記事項からなる調査票に基づいて**ADL**（Activity of Daily Living：**日常生活動作〈日常生活活動〉**）や行動の状況などが調査されます。また，被保険者のかかりつけ医師が記入した「主治医意見書」が作成されます。

　一次判定はコンピュータで一定の算出方法に基づいて出され，基本調査の結果に加え，主治医の意見書の一部が情報として使用されます。二次判定は，一次判定の結果と主治医の意見書，訪問調査の特記事項をふまえて，介護認定審査会の審査により判定されます。

　介護認定審査会の委員は，市区町村長から任命された医療・保健・福祉の専門職など学識経験者から構成されます。介護認定審査会では，二次判定において，被保険者が要支援・要介護状態区分に該当するのか否か，該当するならばどの区分にあたるのか，またサービスの種類および付帯事項などについて，審査・判定を行います。その際，サービスの種類や申請者の留意すべき点などについて，意見を付記することができます。介護認定審査会による審査・判定の結果をもとに，市区町村は被保険者の要介護度を認定し，被保険者宛に，申請から数えて原則30日以内に文書で通知することになります。要介護認定の有効期

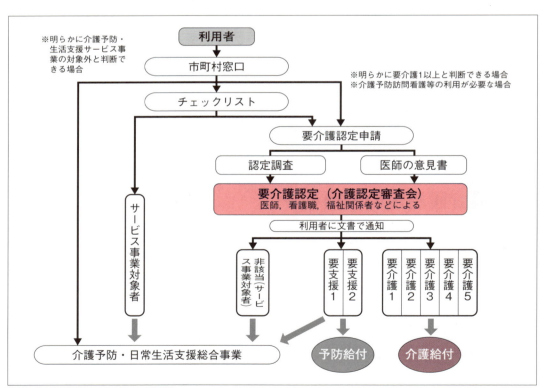

図4-1-1　審査・判定と保険給付
資料：厚生労働省老健局「全国介護保険担当課長会議資料2」2014年7月28日

間は新規申請で3か月から12か月です。

　要介護認定や介護保険料の徴収について不満がある場合，市区町村に不服を申し立てることができます。不服の申し立ては，都道府県の介護保険審査会に対して審査請求することで行います。介護保険審査会は，介護に関する認定などについて公正中立の立場から判定を行う機関で，各都道府県において必置となっており，医療・保健・福祉の有識者によって構成されています。なお，不服の申し立ては，要介護認定あるいは保険料徴収などの通知があったことを知った日から3月以内に行う必要があります。

　要介護度は，要支援1・2，要介護1～5に分類され，分類された区分によって利用できるサービス量，内容が決定されます。要支援1・2は予防給付の対象となります。要介護1～5が介護給付の対象です（図4-1-1）。

　自立（非該当）で基本チェックリスト該当者となった場合は，介護予防・生活支援サービス事業対象者となり，地域包括支援センターが地域予防ケアマネジメントを実施し，介護予防・日常生活支援総合事業を利用することができます。

3 サービスの申請と利用手続き

　市町村の要介護認定において，非該当と認定された要支援・要介護になるおそれのある人や要支援1・2と認定された人には，地域包括支援センターや地域包括支援センターから委託された居宅介護支援事業所が「**介護予防サービス計画（介護予防ケアプラン）**」を作成します。介護予防ケアプランに沿って，要支援1・2の人は「介護予防サービス」や「地域密着型介護予防サービス」「介護予防・日常生活支援総合事業」（総合事業）を，非該当と認定された要支援・要介護になるおそれのある人や基本チェックリスト該当者は総合事業を利用します。

　市町村の要介護認定において，要介護1～5と認定された場合，居宅サービス利用者には，居宅介護支援事業所が「居宅サービス計画（**ケアプラン**）」を作成します。ケアプランに沿って，「居宅サービス」や「地域密着型サービス」を利用します。施設サービス利用者には，介護保険施設にいるケアマネジャーが「施設サービス計画（施設ケアプラン）」を作成します。施設ケアプランに沿って，介護保険施設を利用します（図4-1-2参照）。

4 利用者の負担

❶利用料として1割を負担

　利用料とは，利用者が介護保険制度に基づくサービスを利用した際に負担する費用のことで，介護サービス費用の1割です。サービスを利用する程度に応じて負担するので「**応益負担**」といわれます。ケアマネジメントの費用については，利用者負担はありません。

介護サービス計画費として，全額が市区町村より事業者に支給されます。

なお，2014（平成26）年の「介護保険法」改正では，相対的に負担能力のある一定以上所得の利用者の利用料を2割とすることが規定され，2017（平成29）年には特に所得の高い層については3割負担（施行は2018〈平成30〉年8月）となりました。

❷ 居住費や食費の利用者負担

介護保険施設に入所している利用者は，1割の利用者負担以外に居住費と食費・日常生活費を負担することになっています。

利用者が負担する**居住費・食費**の具体的な金額は，利用者と施設との契約によって定められます。厚生労働省においては，適正な契約が行われるように利用者への書面での事前説明や同意手続きを定めたガイドラインを示しています。また，所得の低い利用者においては，負担の上限を定めています。なお，2014（平成26）年の「介護保険法」改正では，所得の低い利用者のなかで預貯金などを保有する人については，その資産等を勘案して補足給付の見直しを行う等の規定も設けられました（施行は2015〈平成27〉年8月）。

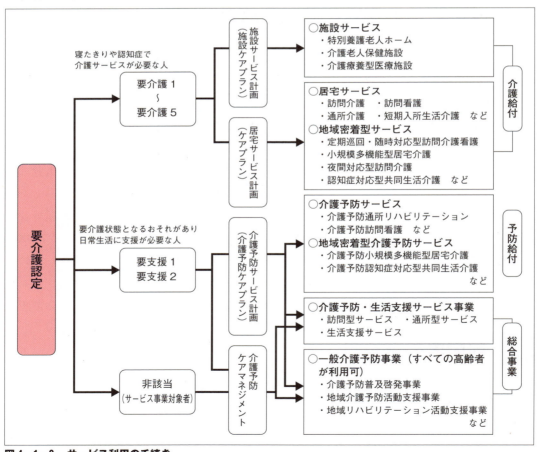

図4-1-2　サービス利用の手続き
資料：厚生労働省老健局「全国介護保険担当課長会議資料2」2014年7月28日を一部改編

❸ 低所得利用者に対する負担軽減策

●高額介護サービス費
　サービス費用の1割は利用者負担となっていますが，その合計額が著しく高額で一定金額を超えた場合は，超えた額が申請により払い戻されます（償還払い）。

●社会福祉法人による利用者負担軽減制度
　社会福祉法人が運営主体である介護老人福祉施設（特別養護老人ホーム），ホームヘルプサービス（訪問介護），デイサービス，ショートステイの各サービスについては，法人が利用者負担を軽減した場合，国や地方自治体がその費用の一部を公費で補うしくみがあります。

5 保険給付

　保険給付は，大きく分類して「**予防給付**」と「**介護給付**」，「**市町村特別給付**」に分類されます。予防給付の対象者は要支援者となり，介護給付の対象者は要介護者となります。市町村特別給付は，要介護状態の軽減，悪化の防止，予防等に対する自治体の定める独自のサービスです。

　予防給付にはサービス類型として大きく分類して，都道府県が指定・監督を行う「介護予防サービス」，市町村が指定・監督を行う「介護予防支援」「地域密着型介護予防サービス」があります。

　介護給付にはサービス類型として大きく分類して，都道府県が指定・監督を行う「居宅サービス」「施設サービス」，市町村が指定・監督を行う「居宅介護支援」「地域密着型サービス」があります。

　また，市町村が実施する事業として，要支援者および要介護状態には該当しないが虚弱の高齢者を対象とした「地域支援事業」があります（**図4－1－3**参照）。

❶ 予防給付のサービス類型
　要支援・要介護状態区分において，「要支援1」「要支援2」の利用者が「予防給付」の対象となります。利用できるサービスについて，サービス類型ごとに見てみましょう。

●介護予防サービスは10種類
　介護予防サービスには，「介護予防訪問看護」などの訪問サービス，「介護予防通所リハビリテーション」の通所サービス，「介護予防短期入所生活介護」などの短期入所サービス，その他の「介護予防特定施設入居者生活介護」「介護予防福祉用具貸与」など10種類があります。いずれも，介護予防を目的として支援するサービスです（**図4－1－3**，**表4－1－2**参照）。なお，従来の介護予防サービスの「介護予防訪問介護」「介護予防通所介護」は2014（平成26）年の「介護保険法」改正により，市町村が地域の実情に応じた取

り組みができる地域支援事業に移行しました。

●**介護予防支援は適切なサービス利用を支援**

　介護予防支援は，要支援者が適切なサービスを利用できるよう支援するものです。地域

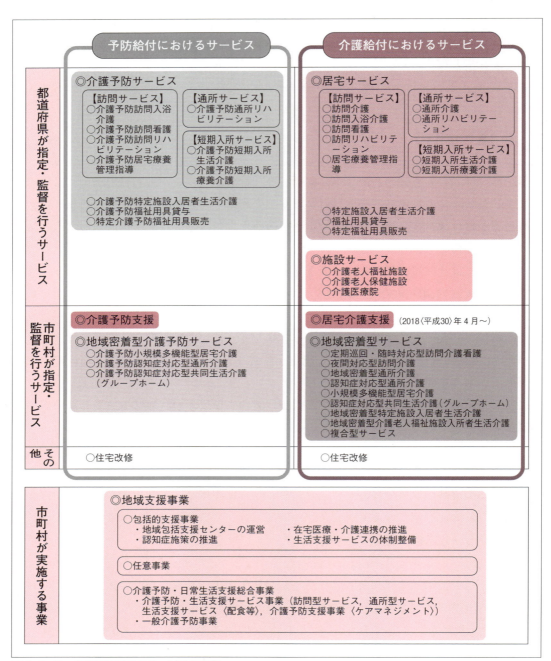

図4-1-3　介護保険制度のサービスと事業
資料：「国民の福祉と介護の動向2012／2013」厚生労働統計協会，2012年を一部改変

包括支援センターの職員が，本人や家族の希望を聞きながら，利用者の状況にもっとも適した介護予防ケアプランを作成し，介護予防サービスや地域密着型介護予防サービスの提供事業者などとの連絡調整も行います。

● **地域密着型介護予防サービスは 3 種類**

<u>地域密着型介護予防サービス</u>として，「介護予防小規模多機能型居宅介護」など 3 種類があります。

これらのほか，介護予防給付には，要支援者の住宅の手すりの取り付けや段差の解消などの小規模工事に対する，介護予防住宅改修費の支給もあります。

❷ 介護給付のサービス類型

要支援・要介護状態区分において，要介護 1 ～ 5 の利用者が「介護給付」の対象となります。利用できるサービスについて，サービス類型ごとに見てみましょう。

● **居宅サービスは12種類**

<u>居宅サービス</u>には，「訪問介護」「訪問看護」などの訪問サービス，「通所介護」（デイサービス）などの通所サービス，「短期入所生活介護」（ショートステイ）などの短期入所サービスのほか，その他のサービスとして「特定施設入居者生活介護」（介護専用型有料老人ホームなど），「福祉用具貸与」（福祉用具レンタル）などがあり，12種類が用意されています（図 4 - 1 - 3，表 4 - 1 - 2 参照）。

● **居宅介護支援は居宅要介護者のサービス利用を支援**

<u>居宅介護支援</u>とは，居宅要介護者を対象に，そのサービス利用を手助けするものです。利用者の心身の状況，環境，本人と家族の希望などを聞いたうえで，利用するサービスとその提供事業者を決めてケアプランを作成し，事業者との連絡調整を行います。利用者が地域密着型介護老人福祉施設や介護保険施設に入所する際には，施設への紹介なども行います。つまり，居宅要介護者のケアマネジメント全般を手助けするサービスで，居宅介護支援事業者のケアマネジャーが担う業務です。

ケアマネジメントの流れは，アセスメント（利用者の状態把握）→<u>ケアプラン</u>の原案作成→<u>ケアカンファレンス</u>（<u>サービス担当者会議</u>）の開催→利用者・家族に対する説明と文書による同意→サービス利用手続きの支援→モニタリング→必要に応じてケアプランを変更となります。

● **施設サービスは 3 種類の介護保険施設で**

要介護者が施設に入所して受ける<u>施設サービス</u>は，介護老人福祉施設，介護老人保健施設，介護医療院（2018〈平成30〉年創設）の 3 種類の介護保険施設で提供されます。

介護給付対象サービス（受給者：要介護者）	予防給付対象サービス（受給者：要支援者）
訪問介護（ホームヘルプサービス） 訪問介護員（ホームヘルパー）等が利用者宅を訪問し，入浴・排泄・食事などの介護その他の日常生活上の世話を行う。具体的には身体介護，調理・掃除などの生活援助，通院などのための乗車または降車の介助である通院等乗降車介助がある	
訪問入浴介護 介護職や看護職が車などで浴槽を利用者宅に運び，入浴の介護を行う	**介護予防訪問入浴介護** 介護予防を目的として，厚生労働省令で定める期間にわたり，介護職や看護職が車などで浴槽を利用者宅に運び，入浴の介護を行う
訪問看護 看護師等が利用者宅を訪問し，排泄・清潔などの支援である療養上の世話や服薬管理・褥瘡の処置といった診療の補助を行う。看護師のほか，理学療法士や作業療法士によりサービスが提供される場合がある。主治医の指示に基づく	**介護予防訪問看護** 介護予防を目的として，厚生労働省令で定める期間にわたり，看護師等が利用者宅を訪問し，療養上の世話や診療の補助を行う。看護師のほか，理学療法士や作業療法士によりサービスが提供される場合がある。主治医の指示に基づく
訪問リハビリテーション 理学療法士や作業療法士等が利用者宅を訪問し，心身機能の維持回復を図り，日常生活の自立を助けるためにリハビリテーションを行う。主治医の指示に基づく	**介護予防訪問リハビリテーション** 介護予防を目的として，厚生労働省令で定める期間にわたり，理学療法士や作業療法士等が利用者宅を訪問し，リハビリテーションを行う。主治医の指示に基づく
居宅療養管理指導 病院などの医師，歯科医師，薬剤師等から受ける療養上の管理および指導	**介護予防居宅療養管理指導** 介護予防を目的として，病院などの医師，歯科医師，薬剤師等から受ける療養上の管理および指導
通所介護（デイサービス） 老人デイサービスセンターで行われる入浴・排泄・食事等の介護，その他日常生活上の世話，機能訓練	
通所リハビリテーション（デイ・ケア） 介護老人保健施設・医療機関に通って受ける理学療法，作業療法などのリハビリテーション。心身機能の維持回復を図り，日常生活の自立を助けるために行われる。主治医の指示に基づく	**介護予防通所リハビリテーション** 介護予防を目的として，厚生労働省令で定める期間にわたり，介護老人保健施設・医療機関に通って受ける理学療法，作業療法などのリハビリテーション。主治医の指示に基づく
短期入所生活介護（福祉系ショートステイ） 老人短期入所施設や介護老人福祉施設（特別養護老人ホーム）などに短期間入所して受ける入浴・排泄・食事などの介護，その他日常生活上の世話，機能訓練	**介護予防短期入所生活介護** 介護予防を目的として，厚生労働省令で定める期間にわたり，老人短期入所施設や介護老人福祉施設などに短期間入所して受ける入浴・排泄・食事などの介護，その他日常生活上の支援，機能訓練
短期入所療養介護（医療系ショートステイ） 介護老人保健施設や介護療養型医療施設などに短期間入所して受ける看護，医療的管理下の介護，機能訓練，その他必要な医療と日常生活上の世話。治療の必要の程度につき厚生労働省令で定めるものに限る	**介護予防短期入所療養介護** 介護予防を目的として，厚生労働省令で定める期間にわたり，介護老人保健施設や介護療養型医療施設などに短期間入所して受ける看護，医療的管理下の介護，機能訓練，その他必要な医療と日常生活上の支援。治療の必要の程度につき厚生労働省令で定めるものに限る
特定施設入居者生活介護 有料老人ホームやケアハウスなどの入居者に対し，サービス内容・担当などを定めた計画に基づいて行われる入浴・排泄・食事などの介護，その他の日常生活の世話，機能訓練，療養上の世話	**介護予防特定施設入居者生活介護** 介護予防を目的として，有料老人ホームやケアハウスなどの入居者に対し，サービス内容・担当などを定めた計画に基づいて行われる入浴・排泄・食事などの介護，その他の日常生活の支援，機能訓練，療養上の世話
福祉用具貸与 福祉用具のレンタル。対象となる福祉用具は，車いす・車いす付属品・特殊寝台・特殊寝台付属品・床ずれ（褥瘡）防止用具・体位変換器・手すり・スロープ・歩行器・歩行補助杖・認知症老人徘徊感知機器・移動用リフト	**介護予防福祉用具貸与** 福祉用具のうち介護予防に資するもののレンタル。対象となる福祉用具は，車いす・車いす付属品・特殊寝台・特殊寝台付属品・床ずれ（褥瘡）防止用具・体位変換器・手すり・スロープ・歩行器・歩行補助杖・認知症老人徘徊感知機器・移動用リフト
特定福祉用具販売 特定福祉用具（入浴・排泄などのための福祉用具等）の購入。特定福祉用具：腰掛便座・特殊尿器・入浴補助用具・簡易浴槽・移動用リフトのつり具部分	**特定介護予防福祉用具販売** 特定福祉用具（入浴・排泄などのための福祉用具）の購入。特定福祉用具：腰掛便座・特殊尿器・入浴補助用具・簡易浴槽・移動用リフトのつり具部分

表4-1-2　介護保険・予防給付対象サービスの概要①
資料：東京都社会福祉協議会「介護保険制度とは…」2012年を一部改編

介護給付対象サービス（受給者：要介護者）	予防給付対象サービス（受給者：要支援者）
居宅介護支援 居宅介護サービスなどを適切に利用できるように，利用者の心身状況，環境，本人や家族の希望などを受け，居宅サービス計画（ケアプラン）を作成し，事業者等と連絡調整などを行う。必要に応じて，介護保険施設などの紹介も行う。居宅介護支援事業者が実施	介護予防支援 介護予防サービスなどを適切に利用できるように，利用者の心身状況，環境，本人や家族の希望などを受け，介護予防サービス計画（介護予防ケアプラン）を作成し，事業者等との連絡調整などを行う。地域包括支援センターなどが実施
介護老人福祉施設 介護老人福祉施設（定員30人以上のもの）の入所者に，施設サービス計画に基づいて行われる介護などの日常生活上の世話，機能訓練，健康管理および療養上の世話	
介護老人保健施設 介護老人保健施設の入所者に，施設サービス計画に基づいて行われる看護，医学的管理下における介護および機能訓練，その他必要な医療ならびに日常生活上の世話	
介護医療院 入所者に，施設サービス計画に基づいて行われる療養上の管理，看護，医学的管理下における介護等の世話および機能訓練，その他必要な医療	
定期巡回・随時対応型訪問介護看護 重度者を含めた要介護高齢者の在宅生活を支えるため，日中・夜間を通じて，訪問介護と訪問看護が密接に連携しながら，短時間の定期巡回と随時訪問の対応を行う	
夜間対応型訪問介護 夜間の定期的な巡回訪問または通報を受けて，居宅で訪問介護員等から受ける入浴，排泄，食事などの介護その他の日常生活上の世話	
地域密着型通所介護 デイサービスセンターに通って受ける入浴・排泄・食事等の介護その他日常生活上の世話，機能訓練で，定員19人未満。	
認知症対応型通所介護（認知症対応型デイサービス） 認知症の利用者がデイサービスセンターに通って受ける入浴・排泄・食事などの介護その他の日常生活上の世話および機能訓練	介護予防認知症対応型通所介護 介護予防を目的として，厚生労働省令で定める期間にわたり，認知症の利用者がデイサービスセンターなどに通って受ける介護その他の日常生活上の支援および機能訓練
小規模多機能型居宅介護 利用者の心身状況や環境に応じて，居宅において，または通所または短期間宿泊をさせてサービス拠点において行われる入浴・排泄・食事などの介護，その他の日常生活上の世話，機能訓練	介護予防小規模多機能型居宅介護 介護予防を目的として，厚生労働省令で定める期間にわたり，利用者の心身状況や環境に応じて，居宅において，または通所または短期間宿泊をさせてサービス拠点において行われる介護，その他の日常生活上の支援，機能訓練
認知症対応型共同生活介護（グループホーム） 認知症の者（急性状態を除く）が，共同生活住居で受ける入浴・排泄・食事などの介護，その他の日常生活上の世話，機能訓練	介護予防認知症対応型共同生活介護 介護予防を目的として，厚生労働省令で定める期間において，認知症の者（急性状態を除く）が，共同生活住居で受ける介護，その他の日常生活上の支援，機能訓練
地域密着型特定施設入居者生活介護 定員29人以下の有料老人ホームなどの特定施設に入居している要介護者が，サービス内容・担当などを定めた計画に基づいて受ける入浴・排泄・食事等の介護，その他の日常生活上の世話，機能訓練，療養上の世話	
地域密着型介護老人福祉施設入所者生活介護 定員29人以下の介護老人福祉施設に入所している要介護者が，地域密着型施設サービス計画に基づいて受ける入浴・排泄・食事などの介護その他の日常生活上の世話，機能訓練，健康管理および療養上の世話	
複合型サービス 小規模多機能型居宅介護と訪問看護など，複数の居宅サービスや地域密着型サービスを組み合わせて提供する	
住宅改修 手すりの取り付け・段差の解消・滑りの防止および移動の円滑化などのための床または通路面の材料の変更・引き戸などへの扉の取り替え・洋式便器などへの便器の取り替え・その他これらに付帯して必要となる住宅改修	介護予防住宅改修 手すりの取り付け・段差の解消・滑りの防止および移動の円滑化などのための床または通路面の材料の変更・引き戸などへの扉の取り替え・洋式便器などへの便器の取り替え・その他これらに付帯して必要となる住宅改修

表4-1-2　介護保険・予防給付対象サービスの概要②
資料：東京都社会福祉協議会「介護保険制度とは…」2012年を一部改編

> **介護保険施設**
>
> ○介護老人福祉施設
> 　介護や日常生活の支援など生活に重きをおいた施設で，「老人福祉法」では「特別養護老人ホーム」とよばれる
>
> ○介護老人保健施設
> 　病院での治療を終え症状が安定した要介護者が，自宅に復帰する準備段階として利用。医療と福祉の中間に位置し，リハビリテーションを目的とした中間施設といえる
>
> ○介護医療院
> 　長期にわたり療養が必要な利用者の生活施設としての位置づけで，2017（平成29）年の介護保険法改正で創設された。2018（平成30）年4月1日から施行。従来の介護療養型医療施設相当のサービスを提供するⅠ型と，老人保健施設相当以上のサービスを提供するⅡ型の類型がある。病院・診療所等から転換した場合は，名称をそのまま引き継げる。なお，介護保険施設とされていた介護療養型医療施設は，すでに法律上では廃止されており，他施設への転換が進められているが，現存施設は経過措置として残っている。

●**地域密着型サービス**

　地域密着型サービスとは，高齢者が要介護状態になっても，できるかぎり住み慣れた地域で，生活を継続できるように，24時間体制で支える小規模・多機能サービスや居住施設をいいます。従来の居宅サービスや施設サービスとは別体系で設けられたサービス体系です。小学校区・中学校区等日常生活圏内に要介護者の生活を支援する訪問・通い・泊まりの各方式のサービス拠点を設置するものです。市区町村が地域の実態に合わせて事業者を指定し，基準や介護報酬を弾力的に運用できることになっています。「小規模多機能型居宅介護」「認知症対応型共同生活介護」など9種類があります（図4-1-3，表4-1-2参照）。

　これらのほか，手すりの取り付け，段差の解消などの住宅改修費の支給もあります。

❸ 地域支援事業

　地域支援事業は，被保険者が要介護状態または要支援状態（以下「要介護状態等」）になることを予防するとともに，要介護状態になった場合でも，可能なかぎり，住み慣れた地域において，自立した日常生活を営むことができるように，支援することを目的としています。

　地域支援事業には，包括的支援事業，介護予防・日常生活支援総合事業，それに任意事業があります。さらに，2014（平成26）年の「介護保険法」改正に基づき，総合事業が大きく改正されました。

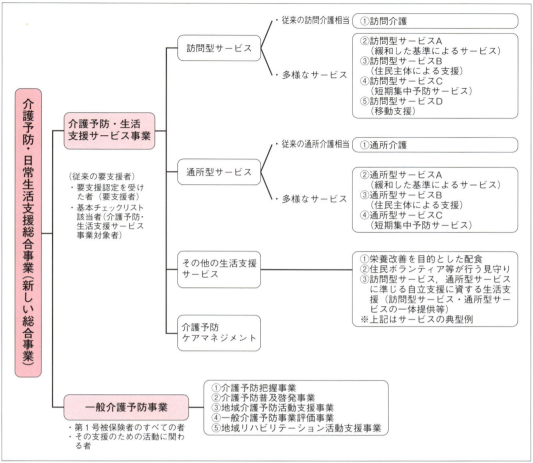

図4-1-4　介護予防・日常生活支援総合事業の構成
資料：厚生労働省老健局「全国介護保険担当課長会議資料」2014年7月28日

●介護予防・日常生活支援総合事業

　介護予防・日常生活支援総合事業は，市町村が中心となって，地域の実情に応じて，住民等の多様な主体が参画し，多様なサービスを充実することにより，地域の支え合いの体制づくりを推進し，要支援者等に対する効果的かつ効率的な支援等を可能とすることをめざすものです。この事業は，介護予防・生活支援サービス事業，**一般介護予防事業**に大別されます。介護予防・生活支援サービスには，訪問型サービス，通所型サービス，その他の生活支援サービス，介護予防ケアマネジメントがあります（図4-1-4）。

❹ 地域包括支援センター

　地域包括支援センターは，地域住民の保健医療の向上および福祉の増進を包括的に支援することを目的として，市町村が責任主体となり設置する中核的機関です。業務は，介護予防ケアマネジメント，総合相談・支援，権利擁護，包括的・継続的ケアマネジメント支

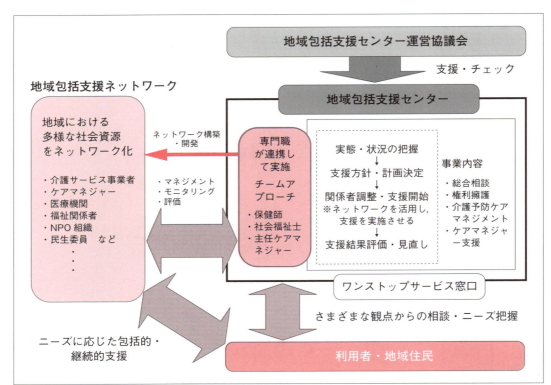

図4-1-5 地域包括支援センターを中核とした包括的・継続的ケアマネジメントの全体像
資料:厚生労働省「地域包括支援センターマニュアル」2005年

図4-1-6 地域包括支援センターの機能強化
資料:厚生労働省老健局「全国介護保険担当課長会議資料」2014年7月28日

援などです。職員として，保健師，社会福祉士，主任ケアマネジャーなどを配置することになっています（図4-1-5参照）。

2014（平成26）年の「介護保険法」改正では，地域包括支援センターに包括的支援事業（在宅医療・介護連携の推進，認知症施策の推進，地域ケア会議の推進，生活支援サービスの体制整備）が加わり，機能強化がされます。また，地域包括支援センターのあり方について，地域の実情を踏まえ，基幹的な役割のセンター，機能強化型のセンター等を創設し，センター間の役割分担・連携を強化することになっています（図4-1-6参照）。

6 地域包括ケアシステム

「介護保険法」は，5年に一度，見直しがなされます。二度目の改正は2011（平成23）年に行われましたが，そのときの基本的な方向性が「**地域包括ケアシステム**」の実現です。

2025（平成37）年は団塊の世代が75歳以上となることなどから，今後はさらなる高齢者

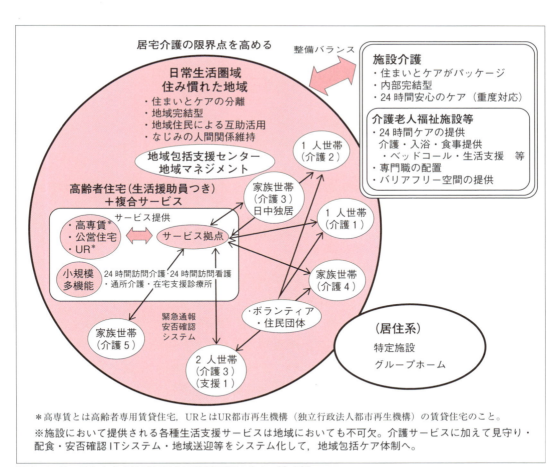

図4-1-7　これからの地域包括ケア体制の粗いイメージ（案）
資料：厚生労働省資料より

ケアニーズの急拡大が見込まれます。それを支えるには，介護保険サービス，医療サービスのみならず，さまざまな支援が切れめなく提供されることが必要です。しかしながら，居宅サービスや施設サービスなどの各サービス提供システムは分断され，有機的な連携が十分ではないのが現状です。そこで，地域における医療，介護，予防，住まい，生活支援サービスが切れめなく有機的に提供されるしくみである「地域包括ケアシステム」が必要とされています（図4-1-7）。

地域包括ケア研究会報告書によると，地域包括ケアシステムとは「ニーズに応じた住宅が提供されることを基本とした上で，生活上の安全・安心・健康を確保するために，医療や介護のみならず，福祉サービスを含めた様々な生活支援サービスが日常生活の場（日常生活圏域）で適切に提供できるような地域での体制」とされ，地域包括ケア圏域とは，「おおむね30分以内に」必要なサービスが提供される圏域であり，中学校区を基本とします。

このような地域包括ケアシステムを構築するためには，①医療との連携強化，②介護サービスの充実強化，③予防の推進，④見守り・配食・買い物などの多様な生活支援サービスの確保や権利擁護，⑤高齢期になっても住み続けることのできる高齢者の住まいの整備という5つの視点による取り組みが必要ということになりました。

地域包括ケアの5つの視点による取り組み

①医療との連携強化
- 24時間対応の在宅医療，訪問看護やリハビリテーションの充実強化
- 介護職員による痰の吸引などの医療行為の実施

②介護サービスの充実強化
- 特別養護老人ホームなどの介護拠点の緊急整備（平成21年度補正予算：3年間で16万人分確保）
- 24時間対応の定期巡回・随時対応サービスの創設など在宅サービスの強化

③予防の推進
- できるかぎり要介護状態とならないための予防の取り組みや自立支援型の介護の推進

④見守り・配食・買い物など，多様な生活支援サービスの確保や権利擁護など
- ひとり暮らし，高齢夫婦のみ世帯の増加，認知症の増加をふまえ，さまざまな生活支援サービス（見守り，配食などの生活支援や財産管理などの権利擁護サービス）を推進

⑤高齢期になっても住み続けることのできる高齢者の住まいの整備（国土交通省と連携）
- 一定の基準を満たした有料老人ホームと高齢者専用賃貸住宅を，サービス付き高齢者向け住宅として「高齢者の居住の安定確保に関する法律」に位置づけ

その結果，日中・夜間を通じて訪問介護と訪問看護を一体的に，または密接に連携しながら24時間の定期あるいは随時の訪問を行う定期巡回・随時対応型サービス，小規模多機

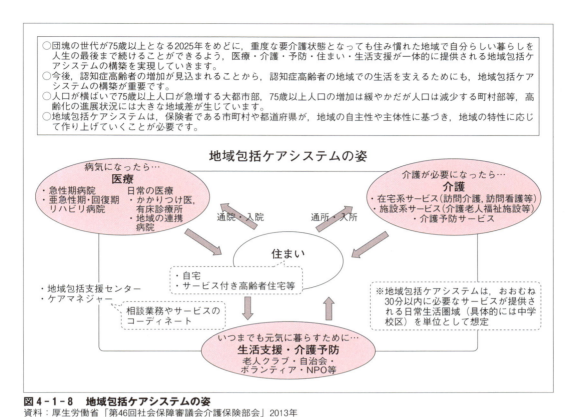

図4-1-8 地域包括ケアシステムの姿
資料：厚生労働省「第46回社会保障審議会介護保険部会」2013年

能型居宅介護と訪問看護など複数の居宅サービス等を組み合わせて提供する複合型サービスが要介護者向けの介護保険の対象サービスとして新設されました。また，利用者の状態像や意向に応じて，介護予防，生活支援（配食，見守りなど），権利擁護，社会参加を含めた総合的で多様なサービスを提供する「**介護予防・日常生活支援総合事業**」も市町村が実施主体である地域支援事業の一環として誕生しました。

加えて，「介護保険法」以外の施策として，日常生活や介護に不安を抱く高齢者単身や夫婦のみの世帯が，住み慣れた地域で安心して暮らすことができるよう「**サービス付き高齢者向け住宅**」も創設されました。これは，定期巡回・随時対応型サービスなどと組み合わせたしくみの普及が図られることが想定されています。そのほか，一定の条件のもと，介護福祉士や一定の研修を受けた介護職員等による痰の吸引や経管栄養といった医療的ケアの実施，市民後見人の活用促進などが図られるようになりました。

地域包括ケアは，重度の要介護者となったとしても，住み慣れた地域で安心して住み続けることがねらいです。そのためには，単に新しいサービスがあればよいのではなく，組織の垣根を越えて介護・福祉・医療が連携し，高齢者ら個々人への支援はもちろん，地域福祉の視点に立って，フォーマルなサービスだけでなく，インフォーマルな社会資源の開発・導入を図っていく必要があります（図4-1-8参照）。

7 市町村介護保険事業計画と都道府県介護保険事業支援計画

❶ 市町村介護保険事業計画

市町村介護保険事業計画は,「介護保険法」を根拠として策定されるものです。市町村は,厚生労働大臣の定める「介護保険事業に係る保険給付の円滑な実施を確保するための基本的な指針(基本指針)」に即して,3年を1期とする当該市町村が行う介護保険事業計画を定めます。介護保険事業計画は,「老人福祉法」に規定する市町村高齢者福祉計画と一体のものとして作成されます。また,「社会福祉法」に規定する市町村地域福祉計画等と調和がとれたものでなければならないとされています。

市町村介護保険事業計画は,介護保険給付などの対象サービスや地域支援事業の見込み量を定めるなど,サービス基盤整備計画であると同時に,サービス見込み量と介護保険料負担のバランスを決めるものです。

❷ 都道府県介護保険事業支援計画

都道府県介護保険事業支援計画は,「介護保険法」と「老人福祉法」の規定により,都道府県高齢者福祉計画と一体的に策定されるものです。市町村が策定する市町村介護保険事業計画における各種サービスの目標量などを参酌しつつ,広域的な調整を行ったうえで策定されます。

2012(平成24)年度から2014(平成26)年度までの第5期介護保険事業(支援)計画では,地域包括ケアを実現するため,認知症支援策,在宅医療,住まいの整備,生活支援を位置づけることを目指しました。

2015(平成27)年度から2017(平成29)年度までの第6期介護保険事業(支援)計画では,第5期計画に引き続いて地域包括ケアを実現するため,在宅医療・介護連携の推進,認知症施策の推進,地域ケア会議の推進,生活支援サービスの支援・強化等地域包括ケアシステムの構築を行っていくことになっています。

2018(平成30)年度から2020(平成32)年度までの第7期介護保険(支援)計画では,高齢者の自立支援・重度化防止にへの取組が重視されています。

第3節 制度を支える財源，組織・団体の機能と役割

1 財政負担

　介護保険の財政は，保険者である市区町村が，特別会計（介護保険特別会計）を組み，管理・運営を行っています。

　介護保険の財源は，国・都道府県・市町村による公費50％と被保険者による保険料50％とからなります。公費の負担割合は国25％，都道府県12.5％，市区町村12.5％です。被保険者保険料の負担割合は，第1号被保険者，第2号被保険者の人口構成比によって変動し，現在は第1号被保険者が23％，第2号被保険者が27％を負担しています（図4-1-9参照）。

2 指定介護サービス事業者

　「介護保険法」に基づく「指定介護サービス事業者」には，①都道府県知事から指定される「指定居宅サービス事業者」「介護保険施設」「指定介護予防サービス事業者」があり，次に②市町村長から指定される「指定居宅介護支援事業者」「指定地域密着型サービス事業者」「指定地域密着型介護予防サービス事業者」「指定介護予防支援事業者」があります。

　「居宅サービス」は，都道府県知事から指定される「指定居宅サービス事業者」が行い，

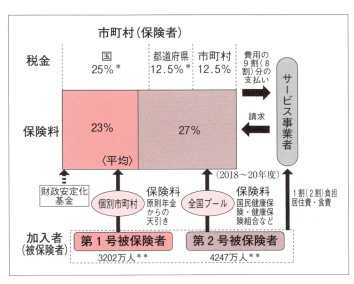

＊施設等給付の場合は国20％，都道府県17.5％

＊＊第1号被保険者の数は「平成25年度介護保険事業状況報告年報」による2013（平成25）年度末現在の数。第2号被保険者の数は社会保険診療報酬支払基金が介護給付費納付金額を確定するための医療保険者からの報告による2013（平成25）年度内の月平均値

図4-1-9　介護保険財政
資料：厚生労働省

「介護予防サービス」は，同じく都道府県知事から指定される「指定介護予防サービス事業者」が行います。

市町村長から指定された「**指定居宅介護支援事業者**」は，在宅で生活をする要介護者についてケアマネジメント（居宅介護支援）を行い，居宅サービス計画（ケアプラン）をケアマネジャー（介護支援専門員）が作成します。要支援者が介護予防サービスを利用するにあたって，介護予防サービス計画（介護予防ケアプラン）を作成するのは地域包括支援センターが原則となっていますが，居宅介護支援事業所に委託することもできます。

「**介護保険施設**」は，①「特別養護老人ホーム」が都道府県知事に申請して「指定介護老人福祉施設」の指定を受けることができ，②医療法人・社会福祉法人等が「介護老人保健施設」の開設許可を受けることができます。なお，③「介護療養型医療施設」の指定については，2012（平成24）年をもって新規はなくなりました。

「**指定介護サービス事業者**」には，2006（平成18）年から，①一定期間（6年）ごとに指定の更新を受けなければ指定の効力を失うという指定の更新制が導入されました。また，②都道府県，市町村（地域密着型サービス）がより実態に即した指導監督や処分を行うことができるように，事業者に対する業務改善勧告（従わない場合は公表），業務改善命令，指定の効力の停止の権限が追加されました。

また，2014（平成26）年の「介護保険法」改正により，市町村の介護予防・日常生活支援総合事業の実施方法として，事業者への委託等のほか，予防給付と同様の指定事業者が導入されました。

第2章

医療との連携とリハビリテーション

第1節 医行為と介護

1 医行為と非医行為の範囲

　医療ニーズの高い利用者も多い高齢者介護や障害者介護の現場では，介護職にも，医療や看護，人体の生理などについての基礎的な知識が求められます。一方，「医師法」は「医師でなければ，医業をなしてはならない」（第17条）と医師でない者の**医行為**を禁止しています。「歯科医師法」第17条には歯科医業について同様の規定があり，「保健師助産師看護師法」は看護師の業務として療養上の世話，診療の補助をあげ（第5条），これを看護師の業務独占と規定しています（第31条）。その規定にかかわらず，2011（平成23）年の「社会福祉士法及び介護福祉士法」の改正により，特定の研修を受けた介護福祉士および介護職員等は，医師の指示の下に，診療の補助として，厚生労働省で定める**喀痰吸引**等の医行為を行うことを業とすることができるようになりました。

　介護職は，そのほかの医業や歯科医業，療養上の世話，診療の補助を行うことはできませんが，実際の介護現場で行う業務がこれらの医療関連法規に触れるのか否か，判断に迷う場面も少なくありません。

　2005（平成17）年の厚生労働省医政局長通知「医師法第17条，歯科医師法第17条及び保

健師助産師看護師法第31条の解釈について」(以下「通知」)は,「原則として医行為でないと考えられる」「医師法第17条,歯科医師法第17条及び保健師助産師看護師法第31条の規制の対象とする必要がない」行為を示し,介護現場などでの判断の指針としました。

通知では,一定の条件つきで次の①〜⑪を原則として **医行為でないと考えられる行為** としています。

> **医行為でないと考えられる行為の範囲**
> ① 一般的な方法による体温の測定
> ② 自動血圧測定器による血圧測定
> ③ パルスオキシメーターの装着
> ④ 軽微な切り傷,擦り傷,やけどなどの処置
> ⑤ 医薬品使用の介助(軟膏・湿布・点眼薬・座薬・鼻腔薬剤)
> ⑥ 爪切り・やすりかけ
> ⑦ 日常的な口腔ケア
> ⑧ 耳垢の除去
> ⑨ ストーマ装具のパウチにたまった排泄物の除去
> ⑩ 自己導尿を補助するためのカテーテルの準備,体位の保持
> ⑪ 市販の使い捨て浣腸器を用いた浣腸

①〜③で測定された数値をもとにした服薬が必要であるか否かなどの医学的な判断を行うことは,医行為に含まれるため介護職が行ってはなりません。また,事前に示された範囲外の数値が測定された場合には,医師,歯科医師または看護職に報告することが義務づけられています。

これらの行為について看護職員による実施計画が立てられている場合は,具体的な手技や方法をその計画に基づいて行い,その結果について確認,報告,相談することにより密接な連携を図るべきであるとされています。

また,医薬品使用の介助は特別な条件を満たしている場合だけであり,看護職によって実施されることが望ましく,看護職が配置されている場合は,その指導・助言のもとで実施されるべきであるとされています。

2 介護現場での医行為

喀痰の吸引はいままでは医行為であり,通常は介護職が行うことはできませんでした。しかし頻回な喀痰の吸引を必要とする在宅療養者が増加する一方で,そのすべてに専門的技術をもつ訪問看護師が対応することは難しく,家族の大きな負担となってきました。

頻回な喀痰の吸引を必要とする**ALS（筋萎縮性側索硬化症）**患者とその家族らが組織する日本ALS協会が，厚生労働大臣に対してホームヘルパー（訪問介護員）による喀痰の吸引を認めるよう要望するなどの動きのなかで，厚生労働省による「ALS（筋萎縮性側索硬化症）患者の在宅療養の支援について」（2003〈平成15〉年），「在宅におけるALS以外の療養患者・障害者に対するたんの吸引の取り扱いについて」（2005〈平成17〉年）が出され，家族以外の者（医師，歯科医師，看護師等の免許を有さない者）による**喀痰の吸引**が，法律の運用面において一定の条件下で認められていました。そして，前述したように，2011（平成23）年「社会福祉士及び介護福祉士法」の改正により，法制化されました。

●実施可能な医行為の範囲

口腔内の喀痰吸引（咽頭より手前の範囲）

鼻腔内の喀痰吸引（咽頭より手前の範囲）

気管カニューレ（気管に挿入するチューブ）内部までの喀痰吸引

胃瘻または腸瘻による**経管栄養**……食事が経口摂取できない患者に対して，体外から消化管に通したチューブを通じて流動食を直接投与すること。胃に直接通すものを胃瘻，腸に通すものを腸瘻という。その安全性の確認は許容範囲としない。

経鼻経管栄養……鼻腔からチューブを通し，流動食を投与すること。チューブが正確に胃の中に挿入されているかの確認は許容範囲としない。

●実施できる介護職員等の範囲

介護福祉士（2015〈平成27〉年度以降の国家試験合格者）

一定の研修を修了し，都道府県知事から認定された介護福祉士と介護の業務に従事する者

第2節 医療・看護との連携

1 医療・看護との連携の必要性

　介護職は，利用者の生命と生活に関与し，自立した日常生活を支える業務を行っています。介護を必要とする高齢者や障害者は，さまざまな医療ニーズをもつ場合が多く，介護の専門性だけでは利用者のニーズに十分こたえていくことはできません。医療ニーズの高い利用者の生活を支えその質を高めていくには，介護職と医療・看護職が互いに連絡をとり，チームケアの一員として協力し合って，十分に連携を保つことが必要です。

　その連携を推進していくためには，①医療・看護職と介護職が互いの業務内容を知り，

互いの専門性を理解し合うこと、②医療・看護職と介護職との職種間の関係が対等・平等であること、③医療・看護職と介護職が協働する際、役割分担の共通理解ができていることが必要となります。

2 連携の実際

❶訪問看護における連携

訪問看護は、「介護保険法」ならびに「健康保険法」などの医療保険に基づいて行われます。在宅療養をしていて、看護師等による専門的な診療の補助と療養上の世話等が必要な人が対象となり、介護保険でのサービスが優先されます。介護保険の対象とならない場合、また厚生労働大臣の定める疾病の人などが医療保険での適用となります。

介護業務	協働業務（連携）	看護業務
記録：生活日誌、食事表、排便・排尿表	移動・移乗の介助：車いす、歩行、補装具装着介助	記録：看護記録、体温表、検査、医師指示記録その他
利用者・家族への教育・支援：介護教室、介護相談	排泄〈はいせつ〉：おむつ交換・トイレ誘導	利用者・家族への教育・支援：自立支援、疾病の予防、介護教室、健康相談
生活援助目標の設定：日常生活面での問題、介護過程	状態の観察：変化に気づいたときは看護職にすぐ報告、◎血圧測定	看護目標の設定：疾患による看護上の問題、看護過程
環境整備：室温、温度、換気、騒音、ベッドメイキング、リネン交換など	水分補給	研修・研究：ケースカンファレンスへの参加、研修への参加、研究課題への取り組み
朝刊・夕刊、郵便物などの配布	洗面介助	診療介助：回診時の準備、介助、輸液・チューブ類挿入時の介助、検査の介助
便尿器の洗浄、便尿器の後始末	食事の介助：おしぼり・お茶配り、配膳、食事介助、収膳、食事摂取量のチェック	処置：褥瘡、創傷、湿疹、浣腸〈かんちょう〉、導尿、膀胱〈ぼう〉洗浄、点眼、採血、注射、人工肛門造設者のラパック交換、吸引、酸素吸入、医療器具装着の処置・管理など
入浴：必要物品の準備、入浴介助、衣服の着脱の世話、整髪・◎爪切り、全員の水分補給、入浴後の後始末、浴室管理、◎耳垢〈じこう〉の除去、おむつ交換、◎ガーゼ交換	◎与薬、◎点眼、◎坐薬挿入、◎軟膏〈なんこう〉塗布	
	入浴時の状態観察：特殊浴・一般浴、◎体温測定	服薬管理：定時与薬、随時与薬、薬理効果の確認、副作用の有無の観察、坐薬挿入、軟膏塗布など
	入浴できない人の保清：全身清拭〈せいしき〉、洗髪、足浴、手浴	
食事の介助：おしぼりなど食前の準備、食事中の介助、食後の後片づけ、◎うがいなど口腔〈こうくう〉ケア	寝衣交換	食事の介助・管理：虚弱者の食事介助、嚥下〈えんげ〉困難者の介助、経管栄養の管理、特別食の支援管理
	リハビリテーションへの支援	
◎軽微な切り傷、すり傷、やけどの処置	レクリエーション活動の運営：年間・週間計画、実行・反省	看護行為：一般状態の観察、症状への対応（発熱・下痢・便秘）、観察事項を医師に報告、急変時の看護処置、療養室の環境整備
	ボランティアの育成：連絡調整、後援日誌の記入	
実習生の受け入れ指導（介護福祉士養成施設など）	申し送りへの参加・報告・相談	実習生の受け入れ指導（看護学校など）

表4-2-1　介護職員と看護師の業務分担表（介護老人保健施設と併設診療所の例）

訪問看護も訪問介護も利用者の在宅生活を支えるという共通の目的をもっています。ひとりの利用者に対して、訪問看護と訪問介護の両方の事業所がサービスを提供しているケースも少なくありません。また、実際の支援において、業務内容が重なる部分も多くなります。看護職と介護職とが密接に連携し、利用者の状況や状態の変化に応じて、互いの専門性をふまえた適切なサービス提供を行うことが大切です。

❷ 施設における介護と看護の役割と連携

　表4-2-1は、介護職と看護職の専門性に基づいた業務分担表です。◎の項目は、第1節で述べた原則として医行為でないと考えられる業務にあたり、一定の条件つきで介護職が行うことが認められています。協働業務は、たとえば定時のおむつ交換は介護職が行うが、看護職は褥瘡の処置を行う際に、あわせておむつ交換も行うというような業務で連携していきます。

　連携の方法には、申し送りや、記録、協働、相談、連絡（電話、携帯電話、ファックス、Eメールなどの通信）などがあります。たとえば、朝・夕・早出・遅出などの介護職・看護職の勤務交代時間帯などに各職種合同の申し送りが行われ、業務の引き継ぎを行います。申し送りでは、介護職から看護職などに、利用者へのケアに関するさまざまな情報が伝えられ、また看護職からは、処置、薬、バイタルサインといった診療の補助と療養上の世話等に関する内容を中心とする情報が伝えられます。利用者についての情報を共有化し、統一性・継続性のあるケアや治療を行っていくうえで、的確な申し送りは大変重要です。

第3節
リハビリテーション

❶ リハビリテーションの意味と理念、目的

　リハビリテーション（rehabilitation）という言葉は、「再び」を意味するre、「適する、ふさわしい」に由来するhabilis、そして「～すること」という名詞形のationから成り立っています。これは、「（なんらかの障害を受けた人を）人間としてふさわしい状態に戻す」ことであり、人間としての尊厳や権利を取り戻し、障害を受容しながら新しい生き方を築き上げるいう意味が含まれています。

　1982年の国連による障害者に関する世界行動計画では、「リハビリテーションとは、身体的、精神的、かつまた社会的に最も適した機能水準の達成を可能とすることによって、

各個人が自らの人生を変革していくための手段を提供することを目指し，かつ，時間を限定したプロセスである」と定義しています。

リハビリテーションの理念とは，「全人間的復権」をめざすことであるといえます。その目的は，障害のために尊厳をもって生きることが困難となった人が，人としての権利を回復し，再び人間らしく自立した日常生活を送ることができるように支援することです。

2 リハビリテーションの分類

全人間的復権をめざすためには，障害された機能を取り戻す機能訓練のみならず，広い分野にわたる支援が必要です。リハビリテーションは，その分野により，「**医学的リハビリテーション**」「**教育的リハビリテーション**」「**職業的リハビリテーション**」「**社会的リハビリテーション**」「**リハビリテーション介護**」の5つに大きく分類されます。これらは互いに密接に連携し協力していかなければなりません。

●医学的リハビリテーション

医療分野の専門職によって実践されるリハビリテーションです。疾病の治療，合併症の予防，機能回復訓練，日常生活動作の訓練などが行われます。医学的リハビリテーションに携わる専門職種には，医師，理学療法士（PT），作業療法士（OT），言語聴覚士（ST），看護師，義肢装具士（PO）などがあり，障害の状態に応じてチームを組んで対応します。

●教育的リハビリテーション

障害児に対して教育的支援のリハビリテーションが必要です。「学校教育法」の改正により，障害の程度に応じて区分されていた特殊教育は，2007（平成19）年度から発達障害も含めて，特別支援教育に一本化されました。近年は，一般学校で健常児といっしょに学ぶ統合教育も普及しています。成人や高齢者を対象とした，心身障害や認知症の人への生活訓練や学習訓練なども行われてきています。

●職業的リハビリテーション

職業に就き，社会に参加することができるようにするための支援です。障害により，職業に就くことや職業生活を維持することが困難になっている人に対して，法定雇用率の導入など，職業を通じた社会参加，経済的自立の機会をつくり出そうというものです。ILO（International Labor Organization：国際労働機関）は，職業的リハビリテーションを「職業指導，職業訓練，職業選択などの職業的なサービスの提供を含んだ継続的，総合的なリハビリテーションの一部であって，障害者の適切な就職の確保と継続ができるように計画されたものである」と定義しています。

●社会的リハビリテーション

障害がある人びとが主体的に，自立して生活できるように，社会的環境を改善したり，社会生活面での障壁を軽減したりすることを目標とした支援です。障害者が，社会に適応

しながら自分らしく生活し、よりよい社会活動と社会参加ができることをめざします。

● リハビリテーション介護

　介護とともにリハビリテーションを必要とする人に、従来別々に提供されていた介護とリハビリテーションを一体化して提供し、自立した生活を確立できるようにすることを目的とします。対象者の生活の個別性を重んじ、その多様性を認めて、個人に合った援助システムを構築する必要があります。

3 リハビリテーションの過程

　リハビリテーションの過程は、疾病等から障害が発現した時期に沿って、①急性期リハビリテーション、②回復期リハビリテーション、③維持期リハビリテーションの3つに大別されます。

● 急性期リハビリテーション

　急性期とは、疾病が発症してまもない時期をいい、この段階で障害が発生した場合、早期のリハビリテーションが開始されます。疾病等のリスク管理に重点をおきながら、関節の拘縮や筋肉の萎縮などの二次障害や臥床による廃用症候群の予防を図り、1日も早い身体機能の改善を促すことを目的とします。治療にあたる医師と**急性期リハビリテーション**にあたる多職種間の緊密な連携が必要です。

● 回復期リハビリテーション

　回復期は、急性期を過ぎて、身体機能の回復がみられるようになる時期です。回復期には、機能障害や能力障害の回復へ向けて、本格的なリハビリテーションが行われます。この時期は、障害の回復・改善、残存機能の強化が最大限に期待できる時期であり、**回復期リハビリテーション**は、その後の**ADL**（**日常生活動作**〈**日常生活活動**〉）などの自立度、**QOL**（Quality of Life：生活の質）を大きく左右します。自立生活への可能性に向けた、効果的な指導や支援が必要です。

● 維持期リハビリテーション

　維持期リハビリテーションは、再獲得した機能や能力のレベルを維持しながら、日常生活や社会生活の維持と向上を目的として行われます。在宅でできるリハビリテーションの指導を行う訪問リハビリテーションや日帰りでの通所リハビリテーションなどを長期的に活用します。障害の悪化や再獲得した機能や能力の低下を防ぐとともに、高齢者の場合には、廃用症候群の発生・進行を介護予防する視点が重要です。

　生活環境への適応に向けた支援を行い、利用者が過ごしやすい生活環境で、自立生活ができるように支援します。介護職は、利用者のもっとも身近で支える専門職として、生活機能の維持と向上を図ると同時に、家族の介護負担の軽減を図り、利用者と家族のQOLの向上を支援する重要な役割を担っています。

第3章
障害者総合支援法〈障害者自立支援制度〉とその他制度

第1節 障害者福祉制度の理念

1 障害者福祉制度の流れ

　わが国では，1981（昭和56）年の「**国際障害者年**」を契機に，ノーマライゼーションの考え方の浸透により，施設整備中心から在宅福祉サービスについても重視するなどの総合的な障害者施策の取り組みが開始されました。1993（平成5）年には，「心身障害者対策基本法」が「障害者基本法」に改正され，1995（平成7）年には「重点施策実施計画」（障害者プラン）が策定され，整備すべき具体的な整備目標が定められました。

　2003（平成15）年には，従来の行政がサービスの内容を決定する措置制度から，障害者自らがサービスを選択し，契約によりサービスを利用する「支援費制度」が導入されました。この制度の導入により，障害者の地域生活支援が大きく前進しました。しかし，その一方で，利用者の急増に伴いサービスにかかる費用が増大し，制度の維持が困難な状態となり，また，精神障害者が対象でないことなど，解決すべき課題も多くありました。

　このため，身体・知的・精神の3障害に関するサービスの一元化や財源基盤の強化等を内容とした「**障害者自立支援法**」が2005（平成17）年に制定され，2006（平成18）年から施行されました。これにあわせて，同年4月から，精神障害者に対する雇用対策の強化等

を内容とする「障害者の雇用の促進等に関する法律の一部を改正する法律」が全面施行されました。

また，2007（平成19）年4月から，教育の分野では，「学校教育法等の一部を改正する法律」が施行され，小中学校等における「**特別支援教育**」が位置づけられ，すべての学校において児童生徒の支援をさらに充実させていくこととなりました。

一方，建築物や公共交通機関のバリアフリー化については，高齢者や障害者が移動や利用しやすいまちづくりを一体的に進めるため，2006（平成18）年12月に，「**バリアフリー新法**」（高齢者，障害者等の移動等の円滑化の促進に関する法律）が施行されるなど，障害者の地域生活については，「どこでも，だれでも，自由に，使いやすく」というユニバーサルデザインの考え方に向けた取り組みが始まっています。

発達障害については，2005（平成17）年4月に「**発達障害者支援法**」が施行され，発達障害の定義と法的位置づけが明確にされ，障害の早期発見や発達障害者の生活全般にわたる支援が始まりました。また，「障害者自立支援法」により，発達障害者が福祉サービスの対象であることが明確にされました。

さらに，2012（平成24）年10月には，「**障害者虐待防止法**」（障害者虐待の防止，障害者の養護者に対する支援等に関する法律）が施行され，障害者虐待の防止，早期発見，虐待を受けた障害者に対する保護や自立の支援，養護者に対する支援などを規定し，国，地方公共団体，障害者福祉施設従事者や障害者を雇用する事業主などへの責務，虐待などを受けたと思われる障害者を発見した人に対しての通報義務を課しています。

なお，障害福祉制度の根幹となる障害の概念，またICF（International Classification of Functioning, disability and health：国際生活機能分類）の考え方については，**科目8**を参照してください。

2 障害福祉サービスの再編

「障害者自立支援法」では，それまでの身体障害者，知的障害者，精神障害者の各障害別のものであったサービス提供のしくみが一元化され，サービス体系が再編され，総合的な自立支援システムをめざし，大きく「自立支援給付」と「地域生活支援事業」の2つによって構成されました。

身体障害者療護施設や更生施設などの既存施設，事業体系は，昼間のサービスと夜間のサービスを分離し，①療養介護，②生活介護，③自立訓練，④就労移行支援，⑤就労継続支援，⑥地域活動支援センターの6つの日中活動事業に再編されました。利用者は，日中活動事業と，住まいの場となる障害者支援施設への施設入所またはグループホームなどの居住支援サービスといった夜間のサービスの組み合わせを選択します（図4-3-1参照）。

また，障害児については，障害の状態が変化すること，ただちに使用可能な指標が存在

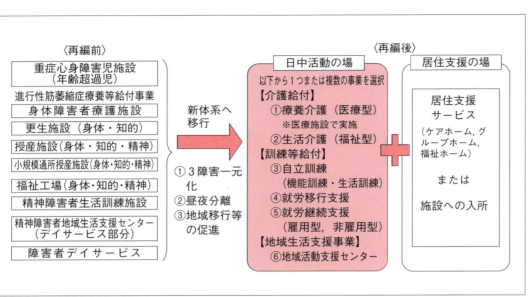

図4-3-1　施設，事業体系の再編
資料：厚生労働省

しないことなどのため，障害程度区分は設けられず，在宅介護，児童デイサービスや短期入所の申請があった場合は，障害の種類や程度の把握のために，調査を行ったうえで，支給の要否および支給量を決定するとしました。

なお，「障害者自立支援法」の施行により，それまで障害者へのサービスについて規定していた「身体障害者福祉法」「知的障害者福祉法」「精神保健及び精神障害者福祉に関する法律」はそれぞれ改正され，理念法としての性格に近づいたといえます。

3　障害者総合支援法への改正

2009（平成21）年8月の政権交代により，政権与党は**応能負担**を原則とした「障がい者総合福祉法」を制定する方針を定め，また，同年9月には厚生労働大臣が「障害者自立支援法」を廃止する方針を示しました。この方針に加え，これまで懸案となっていた「障害者の権利に関する条約」の締結に必要な国内法の整備等，わが国の障害者にかかわる制度の集中的な改革を行うため「障がい者制度改革推進本部」が2009（平成21）年12月に設置され，同本部の下で2010（平成22）年1月から，障害者等を中心に構成された「障がい者制度改革推進会議」（以下「推進会議」）において，改革についての議論が行われました。なお，推進会議の下に，同年4月に「総合福祉部会」が，同年11月に「差別禁止部会」が設置されました（**図4-3-2**参照）。

2010（平成22）年6月29日には，推進会議での議論をふまえて閣議決定された「障害者制度改革の推進のための基本的な方向について」において，現行の「障害者自立支援法」

を廃止し，制度の谷間のない支援の提供，個々のニーズに基づいた地域生活支援体系の整備等を内容とする「障害者総合福祉法」（仮称）の制定等に向けた基本的方向と今後の進め方が提案されました。その後，総合福祉部会の約2年間にわたる議論を経て，2011（平成23）年8月には，「障害者総合福祉法の骨格に関する総合福祉部会の提言」として取りまとめられました。また，同年7月に成立した改正障害者基本法や同提言などをふまえて検討，本部決定され，国会への提案がされました。2012（平成24）年4月に衆議院において，「地域社会における共生の実現に向けて新たな障害保健福祉施策を講ずるための関係法律の整備に関する法律」が修正・可決，同年6月に参議院で可決・成立し，同月27日に公布されました。

　2013（平成25）年4月1日から，「障害者自立支援法」は**障害者総合支援法**（**障害者の日常生活及び社会生活を総合的に支援するための法律**）に名称改正され，障害者の定義に難病等を追加し，順次，重度訪問介護の対象者の拡大，ケアホーム（共同生活介護）のグループホーム（共同生活援助）への一元化などが実施されました。

　なお，制度の見直しまでの間，障害者の地域生活の支援の充実を図るために，議員立法により国会提出された「障がい者制度改革推進本部等における検討を踏まえて障害保健福祉施策を見直すまでの間において障害者等の地域生活を支援するための関係法律の整備に関する法律」（障害者自立支援法等改正法）が2010（平成22）年12月に成立，「障害者自立

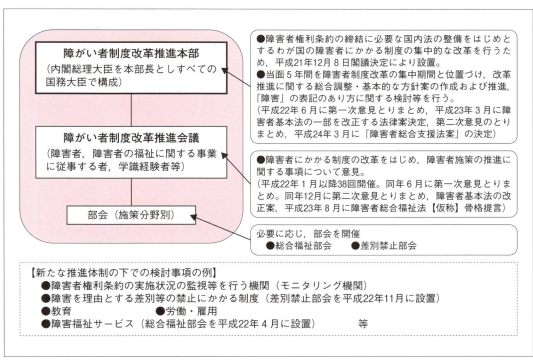

図4-3-2　障害者制度の改革の推進体制
資料：厚生労働省「障害者制度改革の推進体制」を一部改変

施行日	内容
2010（平成22）年4月1日	発達障害が「障害者自立支援法」の対象となることを明確化
2011（平成23）年10月1日	グループホーム，ケアホームの家賃助成，重度の視覚障害者の同行援護等の実施
2012（平成24）年4月1日	・相談支援の充実，障害児支援の強化等 ・成年後見制度利用支援事業の必須事業化
2013（平成25）年4月1日	●「障害者自立支援法」を「障害者総合支援法」へ ・「障害者総合支援法」の目的，基本理念を改正 ・障害者の定義に難病等を追加。あわせて，高次脳機能障害を対象とすることについて，通知等で明確にする ・地域生活支援事業の必須事業として「障害者に対する理解を深めるための研修・啓発事業」を追加 ・障害者および障害児に対する意思決定支援 ・相談支援の連携体制の整備，後見等にかかる体制の整備など
2014（平成26）年4月1日	・「障害程度区分」を「障害支援区分」へ（名称・定義の改正） ・重度訪問介護の対象者の拡大 ・ケアホームのグループホームへの一元化 ・入所からの地域生活への移行に向けた支援の対象者拡大

表4-3-1　おもな制度改正の実施時期および内容

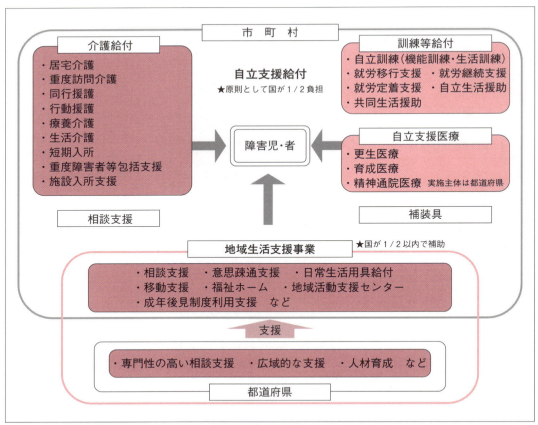

図4-3-3　障害者総合支援法におけるサービス体系と実施体制
資料：厚生労働省

支援法」等が改正され，グループホーム，ケアホームの家賃助成，重度視覚障害者の同行援護等が実施されました。

おもな制度改正の実施時期と内容は表4-3-1のとおりです。また，「障害者総合支援法」におけるサービス体系と実施体制は図4-3-3のようになります。

第2節　障害福祉サービスのしくみの基礎的理解

1　自立支援給付

自立支援給付は，居宅介護などの「介護給付」と自立訓練（機能訓練・生活訓練），就労移行支援などの「訓練等給付」，3つの公費負担医療（育成医療，更生医療，精神通院医療）を再編した「自立支援医療」および「補装具」と「相談支援」があります。

実施主体は，精神通院医療が都道府県，そのほかは市町村です。

❶介護給付

介護給付に位置づけられる事業は，次の9事業に区分されます。

> **介護給付**
> ○在宅系…居宅介護（身体介護，家事援助），重度訪問介護，同行援護，行動援護，重度障害者等包括支援，短期入所（ショートステイ）
> ○施設系…療養介護（通所），生活介護（通所），施設入所支援（療養介護，生活介護）

施設系事業の場合，日中に自立訓練および就労移行支援を受けている場合は訓練等給付から提供されるため，その際，日中の訓練などの期間が過ぎれば，施設入所支援は打ち切られます。

❷訓練等給付

訓練等給付として位置づけられる事業は，以下の6事業です。

> 訓練等給付
> ○在宅系…自立生活援助，共同生活援助（グループホーム）
> ○施設系…自立訓練（機能訓練，生活訓練），就労移行支援，就労継続支援（Ａ型：雇用型，Ｂ型：非雇用型），就労定着支援
> ※自立生活援助，就労定着支援は2016（平成28）年改正で創設，2018（平成30）年施行

訓練等給付では，訓練効果が上がる場合には，成功報酬が取り入れられます。

❸ 自立支援医療

従来の障害にかかわる公費負担医療であった**育成医療**，**更生医療**，**精神通院医療**が統合化されたもので，「障害者等につき，その心身の障害の状態の軽減を図り，自立した日常生活又は社会生活を営むために必要な医療」と定められています。支給認定の手続きや利用者負担のしくみは共通で，指定医療機関制度が導入されましたが，医療の内容や支給認定については，精神通院医療は都道府県が，育成医療，更生医療は市町村が実施主体となっています。

自立支援医療の利用者負担は図4－3－4のとおりです。低所得世帯の人だけでなく，一定の負担能力があっても，継続的に相当額の医療費負担が生じる人（高額治療継続者，い

図4－3－4　自立支援医療の利用者負担
資料：厚生労働省

わゆる「重度かつ継続」）にも1か月あたりの負担に上限額を設定するなどの負担軽減策が講じられています。

　世帯の単位は，住民票上の家族ではなく，同じ医療保険に加入している家族を同一世帯とします。ただし，同じ医療保険に加入している場合であっても，配偶者以外であれば，税制と医療保険のいずれにおいても障害者を扶養しないことにした場合は，別の世帯とみなすことが可能となります。

　入院時の食費（標準負担額相当）については，入院と通院の公平を図る視点から原則自己負担となります。

● 育成医療

　育成医療は，身体に障害のある児童や，そのまま放置すると将来障害を残すと認められる疾患がある児童のうち，比較的短期間の治療により障害の除去・軽減が期待される人に，必要な医療を給付することを目的とします。

● 更生医療

　更生医療とは，身体障害者手帳の交付を受けている18歳以上の人が，手術を受けることなどにより，障害を軽減あるいは機能の維持が保たれるなどの効果を期待できる場合に，医療費の一部が給付される公費負担制度です。対象となる医療内容としては，人工透析，免疫抑制療法，ペースメーカー植え込み術，経皮的冠動脈形成術などがあります。2010（平成22）年4月から，肝臓機能障害が対象に追加されました。

　なお，医療の適用範囲として，身体障害者手帳に記載されている障害（部位）に対する医療であること，保険診療であることなどの条件があり，更生医療の給付は指定医療機関で行われます。

● 精神通院医療

　通院医療費公費負担の対象となる精神障害者は，統合失調症，うつ病などの気分障害，不安障害，薬物などの精神作用物質による急性中毒またはその依存症，知的障害，強迫性人格障害などの精神病質，てんかんなどの精神疾患を有し，継続的な通院医療を要する人です。なお，現在病状が改善していても，その状態を維持し，かつ再発を予防するために，通院医療を継続する必要のある場合は，公費負担の対象となっています。

❹ 補装具と日常生活用具給付等事業

● 補装具

　義肢，装具，車いすなどの補装具については，利用者の申請に基づき，補装具の購入，または修理が必要と認められたときは，原則として償還払い方式となります。いったん利用者が全額を支払い，後に市区町村がその費用の一部を補装具費として利用者に支給します。利用者の費用負担が一時的に大きくならないよう，代理受領制度が設けられており，利用者の負担については，原則として1割負担で，収入に応じた上限額が定められてい

す。なお，障害者本人または世帯員のいずれかが一定所得以上の場合には補装具費の支給対象となりません。一定所得以上とは，本人または世帯員のうち市区町村民税所得割の最多納税者の納税額が46万円以上の場合が該当します。

支給決定は障害者または障害児の保護者からの申請に基づいて，市区町村が行います。

補装具の定義は**表4-3-2**，対象種目については次のとおりです。

> **補装具の対象種目**
> ○視覚障害…盲人安全杖(つえ)，義眼，めがね
> ○聴覚障害…補聴器
> ○肢体障害…義肢，装具，座位保持装置，車いす，電動車いす，歩行器，歩行補助杖
> ○肢体障害（肢体不自由児対象）…座位保持いす，起立保持具，頭部保持具，排便補助具
> ○重度重複障害…重度障害者用意思伝達装置

● 日常生活用具給付等事業

日常生活用具（日常生活上の便宜を図るための用具）**給付等事業**とは，市町村が実施する地域生活支援事業の必須事業のひとつで，重度障害者に対し，自立生活支援用具などの日常生活用具を給付または貸与することなどにより，日常生活を容易にするものです。給付決定は，障害者または障害児の保護者からの申請に基づいて，市区町村が行います。また，利用者負担は市区町村が決定します。

給付種目は，①介護・訓練支援用具，②自立生活支援用具，③在宅療養等支援用具，④情報・意思疎通支援用具，⑤排泄(はいせつ)管理支援用具，⑥居宅生活動作補助用具（住宅改修費）の6つです。

日常生活用具の定義は**表4-3-2**，給付種目については次ページのとおりです。

区 分	内 容
補装具	次の3つの要件をすべて満たすもの ①身体の欠損，または損なわれた身体機能を補完，代替するもので，障害個別に対応して設計・加工されたもの ②身体に装着（装用）して日常生活，または就学，就労に用いるもので，同一製品を継続して使用するもの ③給付に際して専門的な知見（医師の判定書または意見書）を要するもの
日常生活用具	次の3つの要件をすべて満たすもの ①安全かつ容易に使用できるもので，実用性が認められるもの ②日常生活上の困難を改善し，自立を支援し社会参加を促進するもの ③製作や改良，開発にあたって障害に関する専門的な知識や技術を要するもので，日常生活品として一般的に普及していないもの

表4-3-2 補装具および日常生活用具の定義

> **日常生活用具の給付種目**
> ○介護・訓練支援用具…特殊寝台，特殊マット，特殊尿器，入浴担架，体位変換器，移動用リフト，訓練いす，訓練用ベッド
> ○自立生活支援用具…入浴補助用具，便器，T字状・棒状の杖，移動・移乗支援用具，頭部保護帽，特殊便器，火災警報器，自動消火器，電磁調理器，歩行時間延長信号機用小形送信機，聴覚障害者用屋内信号装置
> ○在宅療養等支援用具…透析液加湿器，ネブライザー，電気式痰吸引器，酸素ボンベ運搬車，盲人用体温計（音声式），盲人用体重計
> ○情報・意思疎通支援用具…携帯用会話補助装置，情報・通信支援用具（障害者向けパーソナルコンピュータ周辺機器やアプリケーションソフト），点字ディスプレイ，点字器，点字タイプライター，視覚障害者用ポータブルレコーダー，視覚障害者用活字文書読上げ装置，視覚障害者用拡大読書器，盲人用時計，聴覚障害者用通信装置，聴覚障害者用情報受信装置，人工喉頭（笛式，電動式），点字図書
> ○排泄管理支援用具…ストマ装具，紙おむつなど，収尿器
> ○居宅生活動作補助用具…住宅改修

❺ 相談支援

2012（平成24）年の「障害者自立支援法」改正で自立支援給付として個別給付化されました。基本相談支援，地域相談支援，計画相談支援に区分され，地域相談支援には地域移行支援と地域定着支援，計画相談支援にはサービス利用支援と継続サービス利用支援があります。

①**基本相談支援**……障害者等の相談に応じ，情報提供，サービス事業者等との連絡調整を行います。
②**地域相談支援**……施設や病院から地域生活へ移行するための支援を行います。
③**計画相談支援**……サービス利用計画の作成，モニタリングや計画の見直しを行います。

2 障害福祉サービスの支給決定までの流れ

障害福祉サービスの利用申請から支給決定までの流れは，サービスを受けようとする障害者および保護者が，①市区町村にサービス利用の申請を行い，②市区町村は**障害支援区分**の認定および支給要否決定を行うため，申請者の心身の状況などを調査し，③市区町村審査会が行う障害支援区分に関する審査および判定の結果に基づき，障害支援区分の認定を行い，④市区町村は障害者の障害支援区分，介護者の状況，障害福祉サービスの利用に

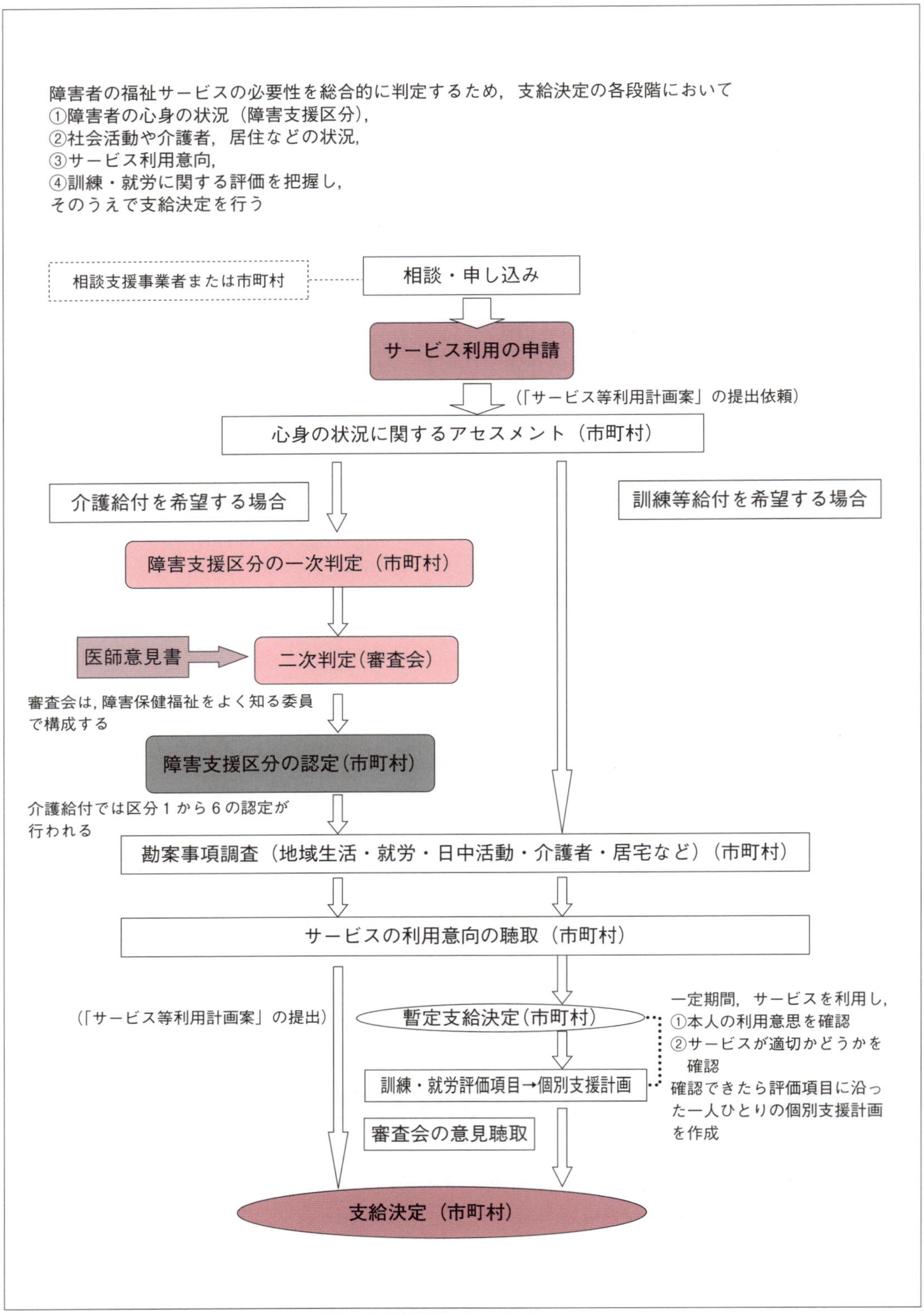

4 介護・福祉サービスの理解と医療との連携

障害者の福祉サービスの必要性を総合的に判定するため，支給決定の各段階において
① 障害者の心身の状況（障害支援区分），
② 社会活動や介護者，居住などの状況，
③ サービス利用意向，
④ 訓練・就労に関する評価を把握し，
そのうえで支給決定を行う

```
[相談支援事業者または市町村] ┄┄ 相談・申し込み
                                    ↓
                              サービス利用の申請
                                    ↓  （「サービス等利用計画案」の提出依頼）
                        心身の状況に関するアセスメント（市町村）
              ┌─────────────────────────┴─────────────────────────┐
        介護給付を希望する場合                            訓練等給付を希望する場合
              ↓                                                     │
      障害支援区分の一次判定（市町村）                                │
              ↓                                                     │
  [医師意見書]→ 二次判定（審査会）                                    │
  審査会は，障害保健福祉をよく知る委員で構成する                      │
              ↓                                                     │
      障害支援区分の認定（市町村）                                    │
  介護給付では区分1から6の認定が行われる                              │
              ↓                                                     ↓
    勘案事項調査（地域生活・就労・日中活動・介護者・居宅など）（市町村）
              ↓                                                     ↓
           サービスの利用意向の聴取（市町村）
              │                                                     │
  （「サービス等利用計画案」の提出）              暫定支給決定（市町村）　　　一定期間，サービスを利用し，
              │                                     ↓                ① 本人の利用意思を確認
              │                         訓練・就労評価項目→個別支援計画  ② サービスが適切かどうかを確認
              │                                     ↓                確認できたら評価項目に沿った
              │                            審査会の意見聴取           一人ひとりの個別支援計画を作成
              └─────────────────┬─────────────────┘
                                    ↓
                            支給決定（市町村）
```

図4-3-5　障害福祉サービスの利用手続きと支給決定までの流れ
資料：厚生労働省パンフレット等

関する意向その他の事項を勘案して支給要否決定を行う，となります（図4-3-5参照）。

支給決定の有効期間については，原則として障害支援区分の有効期間（最長3年間）と同一期間となります。ただし，居宅介護などにあっては，利用するサービス量が比較的短期間に変わりうるため，支給決定の有効期間を最長1年間としています。

なお，訓練等給付を希望する場合には，できるかぎり障害者本人の希望を尊重し，暫定的に支給決定を行ったうえで，実際にサービスを利用した結果をふまえて正式の支給決定が行われます。

したがって，明らかにサービス内容に適合しない場合を除いては，暫定支給決定の対象となります。しかし，地域内のサービス資源には限りがあり，利用希望者が定員枠を超えるような場合には，**自立訓練事業**（機能訓練・生活訓練）にかぎり，訓練等給付に関連する項目の調査結果をスコア化し，暫定支給決定の優先順位を考慮する際の参考としてのみ用いられます。

なお，この訓練等給付に関連するスコアは，暫定支給決定の際に用いられる参考指標であり，障害支援区分ではありません。

障害支援区分

障害者に対する支援の必要度を表す6段階の区分（区分1～6。区分6のほうが必要度が高い）。障害の多様な特性その他心身の状態に応じて必要とされる標準的な支援の度合いを総合的に示すものとされる。移動や動作等関連項目12項目，食事や入浴，金銭管理など身の回りの世話や日常生活等関連項目16項目，視力，聴力，コミュニケーションなどの意思疎通等関連項目6項目，こだわりや多動など行動障害関連項目34項目，透析や経管栄養など特別な医療関連項目12項目の計80項目に医師意見書24項目（麻痺や精神症状等）を加えた調査で一次判定を行い，さらに特記事項などを総合的に勘案した二次判定を経て市町村が認定する。2014（平成26）年4月に従来の障害程度区分から，項目の追加・削除等の見直しがなされた。

---

3 地域生活支援事業

地域生活支援事業は，地域の地理的な条件，社会資源の状況や利用者の状況に応じて，地方が自主的に柔軟に提供すべき事業として，**市区町村**と**都道府県**が実施をします。

都道府県は，専門性が高い相談支援事業および広域的な対応が必要な事業，専門性の高い意思疎通支援を行う者の養成・派遣事業等を必須事業とし，サービス提供者等のための養成研修事業や，そのほか都道府県の判断により，自立した日常生活または社会生活を営む

ために必要な事業，および社会福祉法人等が行う同事業に対し補助する事業を実施します。

市区町村は，障害者に対する**理解促進研修・啓発事業**，障害者や家族，地域住民等の**自発的活動支援事業**，障害者や障害児の保護者等からの相談に応ずるとともに，必要な情報の提供等を行う**相談支援事業**，**成年後見制度**の利用に要する費用を支給する事業，**手話通訳者**の派遣等を行う事業，**日常生活用具**の給付または貸与，障害者等の**移動**を支援する事業および障害者等を通わせ創作的活動等の機会の提供を行う事業等を必須事業とし，そのほか市町村の判断により，自立した日常生活または社会生活を営むために必要な事業，および社会福祉法人，公益法人，特定非営利活動法人等の団体が行う同事業に対し補助する事業を実施します。

１ 市町村地域生活支援事業

①理解促進研修・啓発事業

障害者等が日常生活および社会生活を営むうえで生じる社会的障壁を除去するため，障害者等の理解を深める研修・啓発を行うものです。教室等の開催，事業所の訪問，イベントの開催などがあげられます。

②自発的活動支援事業

障害者やその家族，地域住民などが自発的に行う活動を支援する事業です。ピアサポート，孤立防止活動の支援，社会活動の支援，ボランティアの活動支援などがあります。

③相談支援事業

相談支援事業として，「基幹相談支援センター等機能強化事業」および「住宅入居等支援事業（居住サポート事業）」が実施されます。

基幹相談支援センター等機能強化事業は，市町村における相談支援事業が適正かつ円滑に実施されるよう，一般的な相談支援事業に加え，とくに必要と認められる能力を有する専門的職員を基幹相談支援センター等に配置し，また基幹相談支援センターが地域における相談支援事業者に対する専門的な指導・助言，人材育成の支援，地域移行に向けた取り組みなどを実施し，相談支援事業の強化を行うものです。

住宅入居等支援事業は，その対象が知的障害者または精神障害者であって，賃貸契約による一般住宅への入居を希望しているが，保証人がいないなどの理由により入居が困難な者に入居に必要な支援を行うものです。

④成年後見制度利用支援事業

障害福祉サービスを利用し，または利用しようとする知的障害者または精神障害者であり，補助を受けなければ成年後見制度の利用が困難であると認められる人について，後見人等の報酬など，必要となる経費の一部について補助する事業です。

⑤成年後見制度法人後見支援事業

成年後見制度の後見等の業務を適正に行える法人を確保する体制整備事業です。研修や

体制構築，活動の支援などを行います。

⑥意思疎通支援事業

聴覚，言語機能，音声機能，視覚そのほかの障害のため，意思疎通を図ることに支障がある障害者などを対象に，手話通訳者などを派遣し，意思疎通の円滑化を目的とする事業です。

⑦日常生活用具給付等事業

日常生活用具給付等事業は，重度障害者に対し，自立生活支援用具などの日常生活用具を給付または貸与することなどにより，日常生活の便宜を図り，その福祉の増進に資することを目的とする事業です。具体的な事業内容はp.131の「補装具と日常生活用具給付等事業」を参照してください。

⑧手話奉仕員養成研修事業

日常生活を行うのに必要な手話表現技術を習得した手話奉仕員を養成研修し，聴覚障害者との交流活動の促進や広報活動の支援を行うものです。

⑨移動支援事業

移動支援事業は，屋外での移動が困難な障害者などに対し，外出のための支援を行うことにより，地域における自立生活および社会参加を促すことを目的としています。

利用形態として，個別支援型，グループ支援型（複数の障害者への同時支援，屋外でのグループワーク，同一目的地・同一イベントへの複数人同時参加への支援）および車両移送型が想定されます。

⑩地域活動支援センター機能強化事業

地域活動支援センター機能強化事業は，障害者などを通わせ，地域の実情に応じ，創作的活動または生産活動の機会の提供，社会との交流の促進などの便宜を供与する地域活動支援センターの機能を充実・強化することにより，障害者などの地域生活支援の促進を図ることを目的とする事業です。

事業としては，交付税により行う基礎的事業（職員2名配置，1名専任者）に加え，3つの類型を設けて実施されます。Ⅰ型は，相談支援事業をあわせて実施ないし委託を受けていることが条件です。Ⅱ型は，地域において雇用・就労が困難な在宅障害者に対し，機能訓練，社会適応訓練，入浴等のサービスを実施します。Ⅲ型は，地域の障害者のための援護策として地域の障害者団体等によって，通所による小規模作業所の実績をおおむね5年以上有し，安定的な運営が図られていることが必要です。このほか，自立支援給付に基づく事業所に併設して実施することも必要です。

⑪その他の事業

上記は必須事業ですが，その他市町村の判断により，自立した日常生活または社会生活を営むために必要な事業を行います。たとえば，福祉ホーム事業，訪問入浴サービス事業，日中一時支援事業，社会参加促進事業などがあります。

❷都道府県地域生活支援事業

都道府県が実施するおもな事業は，次のとおりです。①〜⑤は必須事業です。

①専門性の高い相談支援事業

発達障害，高次脳機能障害など専門性の高い障害について，相談に応じ，必要な情報提供等を行います。

②専門性の高い意思疎通支援を行う者の養成研修事業
③専門性の高い意思疎通支援を行う者の派遣事業
④意思疎通支援を行う者の派遣にかかる市町村相互間の連絡調整事業

②〜④は，手話通訳者，要約筆記者，盲ろう者向け通訳・介助員の養成研修，またそれらの者の広域的な派遣，派遣にともなう市町村間の派遣調整を行う事業です。

⑤広域的な支援事業

都道府県相談支援体制整備事業など，市町村域を超えて広域的な支援が必要な事業を行います。

⑥その他の事業（研修事業を含む）

都道府県の判断により，自立した日常生活または社会生活を営むために必要な事業を行います。たとえば，福祉ホーム事業，情報支援等事業，障害者IT総合推進事業，社会参加促進事業などがあります。また，サービス提供者，指導者等への研修事業等を行います。

4 利用者負担のしくみ

「障害者総合支援法」における利用者負担は，サービス量と所得に着目した負担のしくみとなっています。

原則としては，利用者世帯の所得に応じて負担上限額が設定され，負担上限額に至るまではサービス利用の費用の1割を負担します。入所施設などの食費・光熱水費，グループホームなどの家賃は実費負担となっています。

負担上限額は，所得に応じて，生活保護，低所得（市町村民税非課税世帯），一般1（市町村民税所得割16万円未満），一般2（上記以外の場合）の4つが設定されています。また，障害福祉サービスの負担額（介護保険もあわせて利用している場合は介護保険の負担額も含む）が高額となった場合の高額障害福祉サービス費の支給，療養介護利用者への医療型個別減免が実施されています。低所得者に関しては，食費等実費負担に関しての減免措置，グループホームなどの家賃助成，生活保護への移行防止策等の軽減策がとられています。

5 自立支援給付と介護保険制度との適用関係等について

介護保険の対象となる人は，介護保険のサービス（介護給付・予防給付・市町村特別給

付）が優先されます。ただし、障害福祉サービスが必要と認められる場合や、介護保険にはないサービスについては、障害福祉サービスが利用できます。

なお、介護保険の対象者とは、65歳以上で要支援・要介護状態にある人と、40歳以上65歳未満で特定疾病により要介護状態となった人をいいます。

第3節 個人の権利を守る制度の概要

1 個人情報保護法，成年後見制度，日常生活自立支援事業

介護保険や障害者総合支援法の障害福祉サービスなどは、利用者が自分でサービスを選択し、利用していくしくみです。しかし、認知症や知的障害などがあるために、自分でサービスを選ぶことができない人もいます。判断能力が十分でないため、自分に不利な選択をしてしまうこともあります。そのような人の自己決定支援や権利擁護を図るため、さまざまな制度が設けられています。

なお、これらの制度については**科目2第1章第6節**でも学びます。あわせて学習してください。

❶個人情報保護法

介護を実践していくうえで、利用者の生活状況や身体状況の情報が必要となります。しかし、これらの情報は利用者のプライバシーにかかわる個人情報であり、取り扱いにあたっては十分な配慮が必要です。

個人情報の適切な取り扱いに関しては、「**個人情報保護法**」（個人情報の保護に関する法律）で規定されています。また、この法律に基づき、事業分野に即したガイドラインが各省庁で定められており、介護分野に関しては、厚生労働省の「医療・介護関係事業者における個人情報の適切な取扱いのためのガイダンス」があります。

「個人情報保護法」のおもな規定は、次のとおりです。
①個人情報の範囲……どこまでが個人情報となるかを規定しています。
②利用目的の特定化／適正な情報取得……情報の利用は特定の目的に限り、目的外の利用を禁じています。情報の取得にあたっては、本人に利用目的を伝え、同意を得てから行うことを原則としています。
③第三者への提供……第三者への情報提供にあたっては、本人の同意を得る必要がありま

す。ただし，本人の生命や身体の保護に必要な場合などには，例外も認めています。
④情報の管理……個人情報を取り扱う事業者に対して，個人情報の漏洩などを防止するための安全対策を講じるように求めています。
⑤情報開示など……本人から個人情報についてのデータの開示を求められた場合は，すみやかにこれに応じることとされています。また，情報の訂正や削除についても，必要な範囲で応じることとされています。

❷ 成年後見制度

成年後見制度は「民法」に規定され，判断能力が十分でない人を法律的に支援する制度です。福祉サービスの利用にあたっては，契約を結ぶ必要がありますが，認知症高齢者など，自分では契約を結ぶことが難しい利用者もいます。そのような人に代わり，契約などの法律行為を代行することで，不当な権利侵害から守ることを目的としています。

成年後見制度には，**法定後見制度**と**任意後見制度**の2つがあります。法定後見制度は，本人の判断能力に応じ，3つの類型に分けられます。

●法定後見制度

家庭裁判所に後見開始の申立てを行い，その決定により開始されます。本人の判断能力の程度により，判断能力がまったくない場合の「**後見**」，著しく不十分な場合の「**保佐**」，不十分な場合の「**補助**」の類型があり，それぞれで後見人の権限（代理権，取消権など）の範囲が異なります。申立てができるのは，本人や配偶者，親族などですが，ひとり暮らしの高齢者など申立人が見つからない場合など，市町村長が申し立てることもできます。後見人等は裁判所が選任します。必要に応じて後見人等を監督する監督人も選任されます。

なお，法定後見制度の利用には申立て費用と後見人等に対する報酬が必要となるため，低所得者に向けて費用の補助をする**成年後見制度利用支援事業**が設けられています。

●任意後見制度

判断能力が不十分になる場合に備え，あらかじめ自分で代理人を選び，代理権を付与する委任契約を結んでおく制度です。任意後見契約には公正証書が必要となります。制度を利用する際は，家庭裁判所に任意後見監督人選任の申立てをします。

❸ 日常生活自立支援事業

日常生活自立支援事業は，認知症や知的障害などのために日常生活を送るのに支障がある人に対して，福祉サービスの利用に関する相談・助言や利用手続き，利用料の支払いなどに関して支援する制度です。「社会福祉法」に規定される「福祉サービスの利用の援助等」に基づきます。

実施主体は都道府県・指定都市の社会福祉協議会で，事業の一部を市町村社会福祉協議会（基幹的社会福祉協議会）に委託できます。利用にあたって社会福祉協議会と利用契約

を結ぶ必要があり，本人に契約締結能力が残っていることが条件となります。

おもなサービス内容は次のとおりです。

①福祉サービスの利用援助……サービス利用開始の手続き，苦情解決制度利用の手続き，行政手続き等の援助など
②日常的金銭管理サービス……年金などの受領手続き，医療費の支払い，日用品の代金支払い，預金の払い戻しなど
③書類等預かりサービス……年金証書や通帳，契約書類，実印・銀行印などの保管

具体的な援助は生活支援員が行いますが，定期的に訪問することで，利用者の生活変化にいちはやく気づくこともできます。

2 社会福祉法による権利擁護

❶ 福祉サービスの質の向上に向けて

福祉サービスの質の向上については，「社会福祉法」第8章「福祉サービスの適切な利用」のなかにうたわれています。事業者や介護職が，利用者に必要で良質なサービスを提供することは当然のことです。その根底には利用者主体や利用者本位であることが求められます。これらの適切なサービスを受けることは，利用者の権利でもあります。

それでは，これらのサービスの内容の良し悪しや，個人の権利を守っているサービス提供であるかどうかは誰が判断するのでしょうか。もちろん，サービス利用者本人やその家族に尋ねればわかることです。しかし利用者やその家族の評価は，ときとして遠慮やひけめがあり，また，誘導された回答をする場合があります。

サービスの質について，事業所あるいは専門職チームは，科学的・客観的・専門的に自己分析・自己評価して，さらに第三者による評価を受けなければなりません。そしてその評価をその後のサービスに反映させてこそプロの仕事になります。

「社会福祉法」では，「福祉サービスの質の向上のための措置等」について，次のように定めています。

> 第78条　社会福祉事業の経営者は，自らその提供する福祉サービスの質の評価を行うことその他の措置を講ずることにより，常に福祉サービスを受ける者の立場に立つて良質かつ適切な福祉サービスを提供するよう努めなければならない。
> 2　国は，社会福祉事業の経営者が行う福祉サービスの質の向上のための措置を援助するために，福祉サービスの質の公正かつ適切な評価の実施に資するための措置を講ずるよう努めなければならない。

この「常に福祉サービスを受ける者の立場に立つて良質かつ適切な福祉サービスを提供

する」ことは，事業所の経営者のみならず介護職一人ひとりにも求められています。

さらに「福祉サービスの質の公正かつ適切な評価の実施に資するための措置」とは，福祉サービス第三者評価事業の実施により，提供される福祉サービスを第三者が公平・公正に調査・評価して公表するものです。利用者の立場からすると，サービスを選択するときの情報源や判断基準となり，よりよいサービス，より自分に合ったサービスを選ぶことができます。事業者の側からすると，提供しているサービス内容について，よいものはよいと評価され，努力が必要な部分については改善するきっかけとなるわけです。

❷ 施設や福祉現場の環境で気をつけたいこと

福祉サービスの提供と個人の権利を守る視点から，施設や福祉現場で陥りやすい負の状況を考えてみます。

①施設は閉鎖的であることが多い

近年では地域に開かれた施設運営をしている施設が増えました。積極的に施設を地域に開放し，地域住民が施設の設備や機能を活用し，施設に集まってきます。利用者も地域へ出ていくことが増えてきました。しかし，外部の人から見れば福祉施設はまだよく知られていません。無関心や無縁からくるかかわりの少ない世界です。一方，そのなかで暮らす利用者にとっては，施設が生活のすべてであることもあります。積極的に外出が可能な利用者はともかく，外出が難しい障害のある利用者は生活の大部分が施設のなかになります。

②閉鎖的環境は自己満足や独善的になりやすい

外部の人の目が届きにくい環境は，施設全体が閉鎖的になりがちで，利用者にもそこで働く人々にも影響があります。施設のなかだけで毎日の生活が繰り返されると，その毎日があたりまえの生活となります。あたりまえの生活は安定していて変化を嫌い，自己満足に陥っていきがちです。利用者の生活は選択の幅が狭められ，施設が用意したサービス以外のものを要求する意欲もなくなります。事業者や介護職も，利用者の個別ニーズにこたえるよりも，従前からのサービスを繰り返し行うことで，仕事に慣れ，安定し安全であると勘違いを起こします。「安全がすべてに優先する」ことは大切ですが，それを口実に，利用者の行動を制限したり，個別ニーズにこたえないとしたら，それは福祉サービスとはいえません。人権侵害にもなりかねません。

③事業者や介護職に求められるもの

そこで事業者や介護職が日ごろから心がけておきたいことがあります。それは利用者本位，利用者利益の優先です。これは利用者の言いなりになることとは違います。事業所や介護職が提供できるサービスには，できることとできないことがあります。物理的・経済的・技術的・人材的・制度的に提供可能なサービスか否かは，プロ集団として責任をもって回答し，対処しなければなりません。

とくに入所施設では大勢の利用者に職員が集団として対応すると，利用者一人ひとりへ

の個別的対応がおろそかにされがちです。職員も職員集団のなかで責任感が薄くなり，一人ひとり異なる利用者へのサービスが，施設内での均一のあるいは平均的サービス提供で終始してしまいがちです。本来，利用者には個別の支援計画が作られており，計画に沿った十人十色の個別の支援が提供されるはずです。

　利用者の個別ニーズにどのように対応するかは，利用者ニーズの正確な把握をもとに，支援計画への利用者と家族の参加と同意，職員間の十分な意思統一，連携が求められます。

❸ 苦情についての事例

実際の事例を通して考えてみます。施設の階段で転倒し，頭と腰を打撲した利用者についてのケースです。

> **事例**
>
> 　Aさん（40歳，知的障害）は，入所して20年以上になります。Aさんには歩行障害が多少ありますが，施設での生活も長いため，施設内の移動にとくに職員の介助はついていません。階段の昇降も，ひとりで手すりを使用してゆっくり行っています。
>
> 　ある日の夕食後の入浴時に，Aさんが服を脱ぐときに痛がる様子を介護職が見て気づき，Aさんに尋ねたところ，階段で転倒して腰を打ったらしいことがわかりました。外見上は異常が認められなかったのでそのまま入浴してもらい，洗髪の介助中に頭部のこぶを発見しました。入浴終了後に看護師に相談し，様子を見ることとし，医師の診察は受けませんでした。
>
> 　翌朝，家族に電話で報告したところ，家族が施設を訪問してAさんと担当職員と面会しました。Aさんは自分からは転倒したことを職員に知らせることができませんでした。入浴時の介護職の気づきから，Aさんは聞かれて初めて答え，時間も状況も正確には伝えられませんでした。結果的にAさんが転倒した場面は誰も見ていなかったことになります。
>
> 　Aさんの家族は，転倒したときの状況を職員が見ていないこと，夜まで気づかなかったこと，診察を受けなかったことなどの不満を職員に伝えました。

　この事例では，Aさんに対する見守りや事故予防に関して不備があったと思われます。少なくとも家族には施設の対応に不満を抱かせてしまいました。

　Aさんが安全で安心して生活できる場所が施設です。利用者の安全確保は利用者の権利です。そのためには，施設において事故防止マニュアル・危機管理マニュアル等に基づいた支援が行われていたのか，事故後の対応が適切だったかなどの調査と確認が必要です。緊急に会議をもち，施設全体で問題や情報を共有し，改善策を立て，支援計画の見直しを含めた検討が求められます。また，家族に対しては，十分な説明責任を果たさなければなりません。利用者や家族には説明を受ける権利があります。

Aさんは，この転倒があったので，今後，施設内での自由な歩行は制限すべきでしょうか。状態によっては制限が必要かもしれません。大切なことは，Aさんの利益を最優先することです。Aさんの歩行能力と施設内の危険個所，状況等を考え合わせて，Aさんにとって何が一番利益となるのか，Aさんと家族といっしょに考え，支援計画を作っていくことが大切です。施設側の都合による一方的な決定，あるいは一方的だと思われてしまうような進め方は避けたいものです。

　そのほかにも検討すべき改善事項のピックアップ，類似した案件からの考察，他の施設の取り組みなども参考になります。

❹ 苦情に対する対応について

　施設などで大勢の人の介護をしていると，そのぶん，ヒヤリ・ハットの経験も多くなります。多くのベテラン介護職がそのような経験をし，そこから多くの学びを得て成長しています。それでも，提供しているサービスに**苦情**が来るときがあります。苦情をマイナスに考えるとつらいですが，これはサービスの質を向上させるチャンスでもあります。苦情はサービス向上の宝と考えましょう。

　介護職は，利用者の最善の利益をサービスを通じて提供する福祉のプロフェッショナルであり，高齢者や障害者の権利を守ることのできる専門職であることを忘れてはなりません。

①当事者間の苦情解決

　「**社会福祉法**」では，「社会福祉事業の経営者による**苦情の解決**」について「社会福祉事業の経営者は，常に，その提供する福祉サービスについて，利用者等からの苦情の適切な解決に努めなければならない」（第82条）と定めています。これは事業者がサービス利用者からの苦情に誠意をもって対応し，まずは当事者間での解決への努力を求めるものです。

　事業者は利用者や家族からの苦情に対しよく耳を傾け，「苦情をよく聞いて，すぐに対応してくれた」と思われなくてはなりません。

　国は，「社会福祉事業の経営者による福祉サービスに関する苦情解決の仕組みの指針」を示しています。それぞれの，施設の設備及び運営に関する基準（省令）にも，事業所における苦情解決の対応について定められています。所属する事業所における苦情解決のしくみを確認しておきましょう。

②運営適正化委員会の活用

　しかし，当事者間の調整がつかないことも想定されます。そのようなときは，都道府県社会福祉協議会に設置されている「**運営適正化委員会**」（「社会福祉法」第83条）を活用します。これは，福祉サービスに関する利用者等からの苦情を適切に解決する機関です。

科目修了時の評価のポイント

- ☐ 生活全体の支援のなかで介護保険制度の位置づけを理解し，各サービスや地域支援の役割について列挙できる。　【→第1章第1節・第2節参照】
- ☐ 介護保険制度や障害者自立支援制度の理念，介護保険制度の財源構成と保険料負担の大枠について列挙できる。
  【→第1章第1節・第2節98・101頁・第3節，第3章第1節参照】
  例：税が財源の半分であること，利用者負担の割合
- ☐ ケアマネジメントの意義について概説でき，代表的なサービスの種類と内容，利用の流れについて列挙できる。　【→第1章第1節・第2節99～111頁参照】
- ☐ 高齢障害者の生活を支えるための基本的な考え方を理解し，代表的な障害者福祉サービス，権利擁護や成年後見の制度の目的，内容について列挙できる。
  【→第3章参照】
- ☐ 医行為の考え方，一定の要件のもとに介護福祉士等が行う医行為などについて列挙できる。　【→第2章参照】

5 介護における コミュニケーション技術

ねらい

● 高齢者や障害者のコミュニケーション能力は一人ひとり異なることと、その違いを認識してコミュニケーションをとることが専門職に求められていることを認識し、初任者として最低限のとるべき（とるべきでない）行動例を理解する。

第1章

介護における
コミュニケーション

第1節
介護におけるコミュニケーションの意義，目的，役割

1 信頼関係の形成

　介護の仕事は表面的にみれば，排泄介助，食事介助のように，身体接触や個別ニーズを充足するというかたちで，人びとのニーズにこたえていくものです。このため，ややもすれば，介護に必要な知識をそうした個別サービスの提供に必要な技術の枠内で考えてしまうことになります。しかし，介護の身体接触の過程においても，そして精神的なサポートにおいても，介護する側と利用者との相互の信頼関係の形成が前提であり，信頼関係がないかぎり，心地よい介護は難しくなります。

　信頼関係の重要性は，介護する技術がどれほど優れたものであっても，その人の人間性を信頼できないとき，利用者が介護職を拒否することもある，というようなことからもわかります。また，自分の身体を預ける人に対する信頼がなくては，どのようにされるのか不安なまま，介護を依頼することにもなってしまいます。

　この意味で，介護においては信頼関係の形成がきわめて大切です。その基礎となるのが，介護職の**自己覚知**（自己について深く知り，理解すること）に基づいたコミュニケーションです。このコミュニケーションによって，相互の**信頼関係**が形成されますし，利用者の

感情的な**自己実現**や気づきによる成長も可能となるのです。

　なお，利用者とのコミュニケーションにあたっては，利用者のコミュニケーション能力を理解しておく必要があります。障害などで十分なコミュニケーションがとれない，また自分の考えを十分に述べられない人もいます。相手のコミュニケーション能力に応じた配慮を心がけます。

2 傾聴

❶ 傾聴の意義とポイント

　傾聴では，第一に利用者の話を徹底的に聞くということが大切です。話を途中でさえぎったりしてはいけません。聞き手の立場からは肯定できないこと，客観的に考えてありえないと考えられることも，まずはそのまま受け入れることです。介護職が話題を変えるようなことは，できるだけ避けなければなりません。十分に時間をかけて，利用者が自分のペースで言いたいことを伝えられることが大切です。

　多くの高齢者や障害者は，**喪失体験**のなかで自信を失っていることがあります。肯定的に物事を考えられないこともありますが，「私が感じ，考えてきたことを受け止めてもらえている」という**感情**が利用者を支えるのです。

　第二に，言葉だけを聞き取るのではなく，表情や話す態度，**身振り**や**手振り**から，そのことを伝えようとする姿勢，感情をも受け止めなくてはなりません。「今日の食事はおいしかったです」という言葉が，浮かぬ表情で語られるならば，「今日の食事は気が進まなかった，食べた気がしなかった」と伝えたいのかもしれません。このような言葉にならないものを，表情から読み取らなくてはなりません。

　第三に，聞いていることを伝えるように，あいづちをうつ，表情の変化で表現する，適切に視線を合わせるなど，身体で表現することも大切です。

　第四に，話の内容をそのまま相手に返して確認する（**繰り返し**），あいまいな内容を整理して示す（**明確化**），別の表現に変えてみる（**言い換え**），適切にまとめる（**要約**）など，能動的にかかわることが必要なこともあります。

❷ 傾聴を進めるための位置関係

　傾聴は，まず利用者とどのように向き合うのかが大切です。利用者と目の高さを合わせるというのが基本であり，たとえば，ベッドで寝ている利用者と立って話すということは傾聴の姿勢ではありません。車いすに座っている利用者と話す場合にいすに座るなど，目の高さを合わせることが必要です（図5-1-1）。

❸ 面接で用いられる効果的な技術

●うなずき，あいづち

うなずきは，相手の目を見ながらそのときの話に合わせて，首を大きく振ったり，小さく振ったり，まばたきをすることです。「うん……うん……」や「ああそうだったんですか」

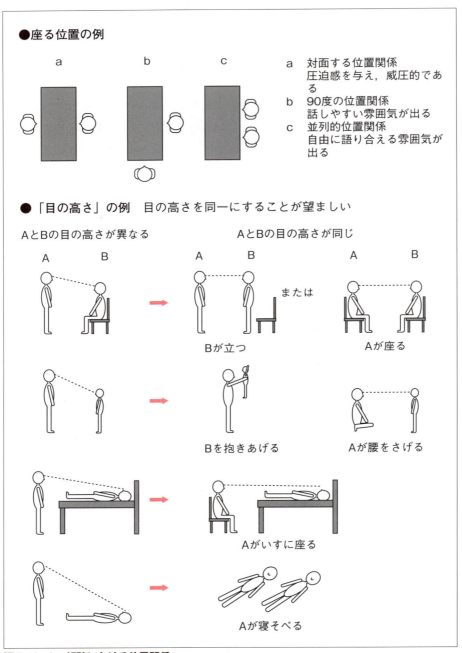

図5-1-1 傾聴における位置関係
資料：社会福祉教育方法・教材開発研究会編『新社会福祉援助技術演習』中央法規出版，2001年，75頁をもとに作成

と，**あいづち**をうつことで，より傾聴する姿勢になります。

● 繰り返し

面接における繰り返しは，傾聴の姿勢を示すポイントになります。繰り返すことで，感情に寄り添うことができます。単なるおうむ返しではなく，利用者の気持ちを受け止めたいという姿勢を示すことが大切です。

繰り返しの技法には，①名詞を繰り返す，②最後の言葉を繰り返す，があります。

①名詞を繰り返す

名詞を繰り返すことで，さらに説明してほしい内容が特定されますし，名詞がキーワードの場合は繰り返しをきっかけに面接の流れが変わっていくこともあります。使い方しだいで距離を近づけてくれる重要なコミュニケーション技術です。

②最後の言葉を繰り返す

たとえば，次のような会話を考えてください。

「ちゃんとやっている」→「ちゃんとやっているのですね」

「自分の楽しみが全然ないんです」→「自分の楽しみが全然ないんですね」

「やるせなくて」→「やるせなくなってしまうんですね」（感情の反射）

繰り返しによって気持ちが伝わり寄り添い，そのときの感情を振り返ることもできます。また，真剣に聞いてくれているという安心感も生まれます。「そこをもっと話してください」とさらなる説明を求めるような展開もできます。

● 質問

面接時は，利用者の状態や状況に合わせて，適切な質問方法を用いることが求められます。質問方法には「**閉じられた質問**」と「**開かれた質問**」とがあります。

閉じられた質問（クローズド・クエスチョン）

話し手が「はい」，「いいえ」で答えられる質問，あるいは「Aですか，Bですか」という質問。話し手が答えやすい

「あなたはお花が好きなんですね」→「はい」

「鉛筆ですか，ボールペンですか」→「ボールペンです」

開かれた質問（オープン・クエスチョン）

話し手が自由にたくさん語れるような質問。会話を広げることができる

「どうしてですか」「なぜそのように思うのですか」「どのように考えますか」

さまざまな場面でなされる話し手の核心に迫るような質問，また核心に向かうように差し向けられた質問は，話し手と聞き手との関係を深めていくのに有効な技術です。この場合も，相手のコミュニケーション能力への理解と配慮が重要です。

● 身を乗り出す

大切な場面では，身を乗り出して聞きます。興味や関心をもっていることが伝わります。

④ 傾聴の事例

> **事例**
>
> 　ホームヘルパー（訪問介護員）は，息子夫婦と同居しているBさん（73歳，女性）の介護をするために，郊外にある家を訪れました。その家への道すがら，部屋の掃除や洗濯の手順，そして食事の準備の手順を考えながら，どのようにすれば手順よく終えられるかを考えていきました。
>
> 　家につくと，Bさんはベッドに横になっており，「ご苦労さま，よろしくお願いしますね」とあいさつされました。「今日はいい天気で，もうすぐ桜が咲き始めますよ」と返事をしましたが，「そうですか」と元気がない様子。なんとなく気になったので，「お元気がないようにみえますが，どうしたのですか」と尋ねると，「そうね，ちょっと元気がないかしら」と返してきました。ベッドのそばのいすに座って話を聞こうかと迷いましたが，考えてきた手順のことが頭をかすめ，まず部屋の掃除をすることにしました。掃除をしながらでも，何か話があれば聞けるだろうと思ったからです。
>
> 　息子夫婦は共働きで，土曜・日曜にはBさんの世話をしていますが，平日はいません。その日は月曜日でしたが，Bさんの部屋にはちり紙や小さなごみが落ちており，土日に掃除がされた気配はありません。掃除機を出し，「音を立ててごめんなさいね」と断って掃除を始めました。掃除を終えたとき，「おむつを替えてもらえますか」と言われたので替え始めると，お尻に打ち身のようなあざがあります。「どうしたのですか，このあざは」と尋ねると，「どうしたんでしょうね」と返事をしてきました。

【考えるポイント】

　ホームヘルパーは限られた時間内で活動しているので，忙しく働いています。このため，傾聴についての基本的な技術を学んでいても，それを実行するのが難しいことがあります。Bさんはこの日，訪問当初から気づいてもらいたいことを発信していましたが，ヘルパーはBさんの発信に気づかず，それに応じることができませんでした。このため，家族のケアにおいて，なんらかのトラブルがあった可能性がありますが，Bさんからそれを聞く機会を逃してしまったのです。

　傾聴を，利用者のおかれた状況のなかで，どのようなときに，どのように実践するかは，専門職としての判断が求められるところです。利用者からの発信に対しての傾聴のあり方は，なぜ元気がないのかの確認や，その場で優先しなくてはいけないこと，緊急性を念頭におきながら進めていかなくてはなりません。

3 共感

❶ 共感することの意義

信頼関係の形成，あるいは介護職が利用者を受容する場合，共感することが大切です。これは，**共感**，もしくは**共感的理解**が大切であると表現されます。また，介護職には利用者に共感する力が求められます。

対人援助の専門職に求められる基本的技法として，**バイステックの7原則**とよばれるものがあります。

> **バイステックの7原則**
> ①個別化：クライエントを個人としてとらえる
> ②意図的な感情の表出：クライエントの感情表現を大切にする
> ③統制された情緒的関与：自らの感情をコントロールして情緒的にかかわる
> ④受容：受け止める
> ⑤非審判的態度：クライエントを一方的に非難しない
> ⑥クライエントの自己決定：クライエントの自己決定を促して尊重する
> ⑦秘密保持：秘密を保持して信頼感を醸成する

これはバイステック（Biestek, F. P.）によって提起されたものですが，このうち，②意図的な感情の表出，③統制された情緒的関与の原則が，共感について述べられたものです。

利用者の悲しみ，怒り，とまどいの感情が，介護職にも共有されているということは，利用者を支えることになります。いいかえれば，人と人がかかわるとき，相手の幸福を願うことなくかかわることの不適切さを表しています。

利用者にとって悲しい事実が，悲しみの気持ちを込められずに伝えられる，患者が医師から，希望を与えられずに不治の病をきわめて事務的に伝えられる，こうしたことは，利用者を，患者を打ちのめすことになります。

介護職に必要な共感をつねに実践するには，共感が必要となる状況のなかで共感する力を発揮しようとするのではなく，つねに利用者の幸せを願い続ける，かかわる人びとの幸せを願い続ける姿勢が必要です。

❷ 過度な共感は弊害を生むことも

共感は，利用者が受容されて感情を表し，適切な自己決定ができる感情的な基盤と信頼関係を築くことが目的なのであり，共感自体が目的ではありません。

なぜ，介護職は感情的なかかわりを抑制しなくてはならないのでしょうか。第一に，利

用者が信頼することを通り越して，介護職に依存するようになるおそれがあるからです。それは利用者の自立を損なうことになります。強い感情的な結びつきは，利用者が介護職の支持を抜きにして自己決定をできなくすることになってしまいます。

第二に，過度の感情的なかかわりは，介護職が公平に利用者とかかわることを妨げる可能性が高いからです。人間をサポートするものとして，感情的なかかわりは不可欠ですが，しかし，原則的には，過度のかかわりは避けなくてはなりません。介護職がひとりの利用者と過度にかかわると，他の利用者へのかかわりを弱くすることになります。

❸ 共感する力を左右する要因

共感する力を左右する第一の要因としては，幼児期に両親から共感され，理解してもらえた体験が大きく影響します。仕事のなかで介護職同士が支え合っていることを実感していれば，その気持ちから他者に共感する力につながります。

第二は，利用者の表情，さまざまな発信を見逃さず受信できる感受性です。ひとりの利用者が発する情報を介護職同士が確認することで，介護職間で連携しながらひとりの利用者を支援することができます。先天的な力と考えずに，日々努力する姿勢が大切です。

第三は，利用者とかかわる時間の長さであるといわれています。あまりに短い時間では共感することも難しいでしょう。さまざまなできごと，機会に立ち会うことで，共感する可能性が高まります。

第四は，介護をする人の体調です。体調が悪いと感受性が鈍りますし，他者を思いやる余裕もなくなっていきます。介護の仕事をするには，ストレスを上手に発散して，できるだけ新鮮な気持ちで人と接することが大切です。

❹ 共感の事例

> **事例**
>
> リウマチで歩行が困難になっていたBさん（68歳，男性）は，さらに脳梗塞の後遺症で左半身の麻痺になってしまいました。病院でのリハビリテーションの効果もはかばかしくなく，不自由な状態で在宅での生活を余儀なくされました。
>
> ケアマネジャー（介護支援専門員）から依頼され派遣されたホームヘルパーに，Bさんは，「こんなに不自由になってしまって，もう死んでしまいたいぐらいだ」「あんたのように元気な人には，私の気持ちなどわからないだろう」と愚痴をこぼしました。ヘルパーは返事に窮し，「私はこの仕事をして，いろいろな人を見てきました」「Bさんは，まだお元気なほうですよ」と返事をしました。すると，「何が私のほうがまだ元気なのじゃ，何も知らんくせに」とますます機嫌が悪くなってしまいました。

【考えるポイント】

障害を負った人の気持ちは，その本人にしか，本当のところは理解しえないでしょう。介護職はその壁を受け止め，完全に理解してあげられないこと，その無念さ，残念さを正直に相手に伝えることが大切です。

4 受容

ここでいう**受容**とは，利用者の意見，生き方，感情を批判することなく，そのまま受け入れることです。すでに紹介したバイステックは，専門職が守るべき7原則のなかで，受容と**非審判的態度**を提起しています。受容は，対人援助において，どのような意義をもっているのでしょうか。

第一に，受容は利用者に精神的な安定をもたらし，適切な自己決定を可能にするということです。対人援助を受ける人にかぎらず，人は周囲の人びとから受容されていることが必要です。社会的な関係のなかでは，人びとの活動は社会が求める基準に従って公正に評価されることが求められます。どのような状況のなかでもその人を支援し続ける，その人を肯定的に受け入れる人，多くの場合は愛し合う家族があって，人は生きていくことができるのです。

第二に，受容されることによって実現される精神的な安定は，利用者の変容・成長をもたらすことにもなります。

第2節 コミュニケーションの技法，道具を用いた言語的コミュニケーション

1 言語的コミュニケーションの特徴

コミュニケーション（communication）とは，伝達，**意思疎通**，通信，情報などの意味があり，一方から他方へと，送信者（送り手）から受信者（受け手）へと伝わっていくことを意味します。人間関係のなかでは，意思の伝達であり，感情の交流であり，**情報の共有**などに有用で，社会生活を営むうえでは不可欠です。

コミュニケーションは，言葉の表現力，理解力が基本となります。さらに，「あのときのあの言葉が終生忘れられない」「あのときに言われた言葉が時を経てあとになるほどに意味がわかってきた」のように，その状況下で意味をなす言葉とあとになってその意味が

わかってくる言葉があり，人間関係のなかで育んできたものが言葉で伝えられ，心に響くコミュニケーションとなり，その後の人生に寄与するほどの影響を与えることがあります。このように言葉がもつ威力は計り知れず，その人の人生を左右するきっかけともなりえます。

このようなコミュニケーションに関する意味合いをふまえて，福祉現場で介護職が行うコミュニケーションについて留意点を述べます。

話し手としては，
・利用者の目と同じ高さで目を見ながらゆっくり，はっきりと話す。
・短い言葉でわかりやすく話す。長い話はわかりにくくなる。
・伝わってないと思えるときには繰り返し話す。そのときの利用者の表情・反応に注意する。
・利用者の言葉が少ないときには，「はい」「いいえ」で答えられるような閉じられた質問（クローズド・クエスチョン）を用いる。
・友達言葉を用いずに敬語を使う。なれなれしい言葉は無礼な印象を与える。

聞き手としては，
・話しやすい雰囲気をつくる。利用者との距離，座る位置などに配慮する。
・しっかりと聞く（傾聴）。少し前傾の姿勢をとる。
・うなずきや「そうですか」などのあいづちで話しやすくする。
・わかりにくいときにはそのつど意味の確認をする。
・内容によっては「どのように思いますか・考えますか」のような開かれた質問（オープン・クエスチョン）を用いて考え方や思いがわかるようにする。
・話してくれたことに対して感謝の気持ちを伝える。

コミュニケーションは，初対面で気心がしれない段階から，言葉にしないでも気持ちが通じるほどわかりあえる段階まで，利用者によりさまざまですので，上述した基本的事項をふまえて段階に応じた柔軟な対応が求められます。

2 非言語的コミュニケーションの特徴

言語によらないコミュニケーションは，言語の補助としての役割があります。また，ときには言語よりも真実の姿をあらわしているともいわれます。それは「目は口ほどに物を言い」とか「背中は真実を語っている」のたとえにもあらわれています。このような言葉以外のすべてを総動員して伝えることも，大切なコミュニケーション方法です。介護職としては以下の基本的な部分についておさえておかなければなりません。
・視線（目の動き）：落ち着いて相手を見ているか，そらしていないか。
・顔の表情：豊かな表情か，平板な表情か。

- 手振り：1つなど数を示す手指の使用，いやなときに手を左右に振るしぐさ。
- 身振り：うれしさを体であらわす，首を振る，背を向ける。
- 身体動作：うれしいときに飛び跳ねる，小走りになる。

　以上はごく一部の例示ですので，日常生活のなかで他にどのような動きが見られるのかについてよく観察し，記録しておくとよいでしょう。たとえば，視線をそらす利用者について考えてみると，話の内容に合わせて都合の悪い部分でときどきそらすのは自然ですが，話の間中ずっと目をそらしている場合があります。それは，内向的な性格から人の目がこわくて合わせられない，過去の体験から人間不信となり，人の顔を見られなくなったなど，そらしてしまう理由はさまざま考えられます。

　また，顔の表情については，たとえば「うれしい」という言葉だけでは平板となりますが，表情が伴うと意味が伝わりやすく，感情表現のしかたによって増幅されていきます。しかしそこで悲しげな表情を示したら，受け手としては表情の矛盾に注意が向けられることになります。

　介護職は，利用者のふだんの表情を観察し，利用者の表情の変化を見逃さないようにすることで，利用者の気持ちや体調の変化を察し，適切な支援につなげていくことができるようになります。

　このように非言語的コミュニケーションは言語的コミュニケーションとともに，相手のメッセージを正確に把握するための方法として大切な役割を果たしています。

3 道具を用いた言語的コミュニケーション

　コミュニケーションの方法として言語的コミュニケーションと非言語的コミュニケーションについて述べてきましたが，さまざまな道具を使うコミュニケーションもあります。障害のある人や病気の人，高齢者のなかには，話し言葉の使用が難しい人がいます。その場合には，実物，写真，絵，文字などを用います。最近では電子媒体によるコミュニケーションエイドの使用も増えてきています。利用者の状況に合わせて道具を選び，わかりやすく工夫しながら使うことが求められます。

第3節
利用者・家族とのコミュニケーションの実際

1 利用者の思いを把握する

　高齢者や障害者は<u>ノーマライゼーション</u>の思想でうたわれているように，普通の人と同じような生活がしたいという思いをもっています。加齢に伴う身体的・心理的・社会的生活の変化から，あるいは障害のあることで福祉サービスを利用しながらの生活をしていたとしても，利用者が求める思いは変わりません。そのような思いを尊重しながら，利用者のニーズにこたえていかなくてはなりません。そのためには十分なコミュニケーションを行う必要があります。

　高齢者が，調理，掃除，買い物が大変になってきてホームヘルパー（訪問介護員）の利用を考えるときに，本人は実際にはその動作がかなり厳しくなってきているにもかかわらず，まだまだ自分でできるという思いが強く，また，自分の家に他人が入ることに対する抵抗が大きくて，なかなかサービスの利用に踏み切れないことはしばしばみられます。このように，本人のできるという思いとできないという客観的状況とのギャップをどのように埋めていくかが，介護職として問われることになります。なぜ，利用者はサービスの利用について消極的になるのか，その思いを解明していくことがキーとなります。

　また，施設入所について考えてみると，独居で起居動作が困難になり，自ら施設に入居したいという意思表示をする人もいますが，多くは施設に入所する・入所させることについて，本人も家族もなかなかすんなりとはいかず，悩んだ末に決めている場合も多くみられます。そのときに必要なのは，本人と家族の間での合意形成がなされているかどうかということです。なされていればそれほどの問題は生じません。しかし，家族が一方的に入所させた場合には，入所後に何かと問題が発生しがちです。本人は入所後にその不満を職員に向け，思うようにいかないと家族や職員のせいにしてしまいます。家族の考えが優先し，入所する本人の思いが十分に聞き入れられなかった結果です。

　施設生活は，環境，職員，他の利用者とすべてが新しく，緊張と不安が最大になります。家での自由が共同生活のために思うようにはきかず，生活への適応がなかなかできない状況に追い込まれがちです。職員の態度や言葉かけが，新しい生活の不安を解きほぐせるか，その後の生活が前向きに考えられるかに大きく影響します。他の利用者との関係性がなかなかつくれずに孤立し，寂しい，居づらい思いが重なっていくと，家に帰りたいという帰宅願望が強くなり，毎晩，勝手に外に出ようとする，「帰りたい」を連呼して職員を困ら

せるなどがみられます。時の経過につれ新しい生活に適応していく人も多いのですが，なかにはうまく適応できずに精神不安定やうつなどの精神的問題が生じる例もあるので，介護職としての見極めが大切です。

　事故等で障害者になった人の場合は，障害を受け入れるまで，さまざまな段階をたどります。自分の障害は一時的なもので絶対に治ると思い込み，医師や家族のいうことを信じない段階から，しだいに自分の身体状況は変わらないとわかり，前向きの気持ちが出てきてリハビリを受けて生活動作ができるようになりたいと思うようになっていきます。このような前向きの努力を**スタミナ体験**といいますが，現状を受け入れながら目標に向かっていけるようになります。このような経過をたどるまでの本人とかかわる専門職や家族，友人等の関係は，本人の思いを方向づける要因となりうる大きな存在です。

2 意欲低下の要因を考える

　サービス利用や施設入所など，しだいに生活への慣れがみられ安定していく利用者がいる一方で，なかなか変化を受け止められずに，不安・緊張が高く，しかめ顔や表情が暗く，身体的**不定愁訴**（ふていしゅうそ）が多くなる利用者もいます。高齢者では，調子がよいとできる日常の動作（食事，トイレ，衣服の着脱等）が介助なしでは進まないというような利用者もみられます。このような利用者に「早くしてください」「どうしてしないの」というような言葉かけは，受け入れられないばかりか逆効果をまねいてしまうおそれもあるので十分に留意します。

　調子の悪さや意欲が低下している原因は何か調べておく必要があります。本人，家族など関係者からの情報収集を行い，対処法を考えます。原因としては，身体の痛み，**ADL**（Activities of Daily Living：**日常生活動作**〈日常生活活動〉）低下などの身体的問題，長年連れ添ってきた夫や妻との死別などの心理的要因，家族から見放されたという家族との関係で起こる要因，もともと神経質で内向的で新しい環境に慣れにくいという性格的要因，以前からうつ傾向があり新しい環境がきっかけとなりうつ症状が強くなったなど，さまざまな要因が考えられます。

　このような場合，介護職として本人へのコミュニケーションやはたらきかけをする際に特段の配慮が必要となります。声かけをせずにただ側にいる，相手の好きそうな作業をいっしょにする，お茶をいっしょに飲むなど，寄り添っている気持ちが伝わるように，そして本人が安心感をもてるように配慮します。このようなはたらきかけを通して，いっしょに作業することをどのように感じているか，利用者の性格や**残存能力**がどうかを観察することもできます。また，本人の好きそうな食べ物や目の前にあるものを話題にしたり，「○○してもよいですか」「○○について知りたいのですが」など，同意を得ることや教えてもらうことを通して，少しずつコミュニケーションがはかれるようにしていき，徐々に利

用者の気持ちが楽になり，意欲が上向きになるようなはたらきかけをします。
　ただし，うつ病などの精神的な問題がある場合には，はたらきかけが逆効果となる場合もあるので，医師の指示にそって対応します。

3 利用者の感情に共感する

　利用者の感情表現の言葉はそのときのその人の気持ちがよく現れ，会話のなかに「……苦しいんですよね」「……つらいんです」と感情が吐露されます。そのようなときには，その感情を打ち消すような言い方をしたり，無視したりするのではなく，「そうなんですか，苦しいんですね」「つらいんですね」と声の調子を低くしてゆっくりと相手の調子に合わせ，相手の気持ちに寄り添うことが大切です。そうすることで利用者の感情に共感しながら，より理解を進める情報が入手しやすくなります。また，言葉を介さず，そのときの表情や態度や雰囲気でも十分に伝わってくるものがありますし，傾聴することで利用者がどのようなことがあって苦しんでいるのか，つらいのかが，しだいに理解できるようになっていきます。
　言葉にとらわれすぎて感情の受け止めが十分ではなかったり，気持ちに寄り添っているつもりでも，それが相手に伝わっていなかったりでは，意味がありません。共感は同情とは異なり，たとえ悲しい気持ちであってものめりこまずに冷静さをもってみられるようにすることが大切で，それが共感していることを相手にうまく伝えられるコミュニケーション技法です。言語のみならず，非言語をも総動員して，トータルに「私の気持ちをわかってもらえた」という感情を抱かせることがポイントになります。

4 家族とのコミュニケーション

① 家族の心理的理解

　家族は家族構成員の集団生活であることから，そのなかで交わされる家族内コミュニケーションは普通に考えられている以上にきわめて複雑で，しかも見えにくいあいまいな部分があります。そこには身体的，知的，情緒的な面と，教育的，経済的な面がそれぞれのレベルで包含され，それがコミュニケーションのなかに反映されています。したがって，一部分の事象だけに着目して物事を決めると全体を見失ってしまうので要注意です。
　たとえば施設利用に関しては本人と家族の合意形成が基本ですが，それでも施設入所させたあとの家族の気持ちには，罪悪感と落ち着かなさ，寂しさなどが入り混じった感情が尾を引き，割り切れなさが残ります。その罪悪感からさらに献身的な介護が続き，バーンアウト（燃え尽き）現象に陥り，自己疲弊をしてしまうこともしばしばみられ，なんのために施設入所を選んだかがわからなくなることもあります。一方，利用者本人も，いざ慣

れない環境で，慣れない他の利用者との生活となると難しい面を実感します。なかには，家族から離れ，施設でも孤立し，居場所を失ってしまったかのような思いにかられる人もいます。介護職としては，このような本人と家族の思いを理解しておかなければなりません。

　また，認知症の進んだ高齢者に被害妄想や徘徊（はいかい）などが出現すると，家族はその言動に振り回されて疲労困憊（こんぱい）してしまい，いくら頭では理解していても心情的には怒りやいらいら感などが頂点に達して，不適切な対応をしてしまうこともあります。目が離せないことから，昼も夜もない介護の日々が続き，家族は精神的健康を保つことが難しくなります。家族に対して，本人への受容的態度と慈愛に満ちた対応を望んだとしても，背景にはこのようなさまざまな問題が見え隠れしていることもありますので，家族の心理を理解するうえでは，微妙な複雑な面があることを理解しておく必要があります。

❷ 家族へのいたわりと励まし

　介護職にとって，利用者と生活をともにしている家族からの情報は欠かせません。本人への介護で日夜奮闘している家族は，つねに本人の健康状態やふだんの様子を細やかに観察し，いつもと違うことを含めて介護職に伝えてきます。家族とのコミュニケーションがうまくとれていると，介護職としては必要な情報が得られやすくなり，適切な支援につながります。家族とのコミュニケーションをうまくとるためには，家族が安心して介護職にまかせられるという信頼関係の構築が必要であり，そのためには，家族へのこれまでの労苦に対し，共感しつつねぎらいの言葉をかけることや，家族の考え方を理解しようとする傾聴の姿勢をもつことが基本となります。

　とくに，在宅介護から施設介護あるいは病院への入院という方向転換が生じる場合などには，介護している家族の身近な相談者として，専門職としての知識を伝え，家族の不安にしっかりと寄り添うなど，かかわってきた介護職の役割は大きいものがあります。

　また，介護の対象となる人は高齢者に限りません。重度の身体障害をもった児童や知的障害のために家事管理が難しい成人など，障害や年齢が異なる利用者の家族への対応が求められることもあります。どのような家族であっても，家族への配慮やいたわりについての基本的な事項は同じです。

　なお，励ましについては，その必要性を確認しながら，十分な配慮をもって臨む必要があります。

❸ 信頼関係の形成

　介護職として支援をしていくうえで必要なのは，本人はもとより家族とのコミュニケーションを十分に図り，個別のニーズにこたえていくことです。その前提となるのが**信頼関係**であり，信頼関係に基づく人間関係が，技術の提供や精神的なサポートを受け入れたり，

④ 自分の価値観で判断，非難しない

　家族が本人を施設に入所させたくないと思っているのに，介護職がもう家族の介護は限界にきていると判断し施設入所を勧めるというように，介護職の価値観を家族に押しつけてしまうことは避けなければなりません。また，施設などの集団生活では，全員に対して同じようにかかわらなくてはなりませんが，専門職の価値に対する理解と重要性の認識が十分になされていなければ，介護職個人の価値観が反映されやすくなります。

　自分の価値観のみにとらわれず，専門職としての観点から検討する視点や基準を得るためには，成文化された基準である**倫理綱領**の理解を深めていく努力も必要です。

5 アセスメントの手法とニーズとデマンドの違い

　アセスメント（assessment）とは，「査定（評価）」，「判定（所見）」という意味で，福祉の領域では，高齢者や障害者などの身体機能，精神機能，生活機能面などを確認し，問題状況を明らかにすることをいいます。チェックリストや検査などの方法を用いて行います。コミュニケーションの状態をアセスメントするものとして，「コミュニケーション能力検査」「ITLA失語症検査」「ウェクスラー言語性検査」「絵画語彙検査」などがあります。

　ニーズ（needs）とは，「必要とする」「入用である」「不足・欠乏する」という意味で，なくてはならないもの，客観的要求ととらえられます。たとえば，生理的に必要な水分や寝たきりの利用者への体位変換の介助などはニーズです。**デマンド**（demand）とは，「要求する」，「必要とする」という意味で，あったほうがいいもの，主観的要求ととらえられます。たとえば，利用者の場合，施設職員の説明を求めたり，巡回を増やしてほしいと希望したりすることがデマンドといえます。

第4節 利用者の状況・状態に応じたコミュニケーション技術の実際

1 視覚の障害とコミュニケーション

　視覚に障害がある場合でも，言語自体を習得するうえではほとんど問題がないといわれています。したがって，視覚障害をもつ人とのコミュニケーションでは，音声による豊か

な会話が可能です。しかし，本人には話し手が見えないため，どのような人か，どのような状況で話をしているのかがわかりません。その結果，自分を守るために必要以上に身構えたりすることがあります。こうした不安を認識しておくことが必要です。

　実際に視覚障害のある人とコミュニケーションを行う場合，視覚の状態（程度・レベル）と障害発生の時期に注意する必要があります。障害が生まれたときから（**先天性**）なのか，生後の病気や事故のため（**後天性**）なのかで，コミュニケーションは大きく異なります。こうしたことを前提に，話し手の言語理解の状態，話をするときの留意点，コミュニケーションの方法について説明します。

❶ 障害発生の時期と障害の状態

　障害が先天性か後天性かにより，また，見え方の状態により，コミュニケーションを行う場合，どのようなことに留意すべきかが異なってきます。

　先天性あるいは生後3歳ぐらいまでに障害を負った全盲の人の場合，視覚を通して認知するさまざまな事柄を言葉で説明するとき，その意味を適切に言いあてることが難しいといえます。たとえば，「虹の色はどんな色ですか？」「火はどのような形で燃えますか？」という問いに対して，すでに獲得した知識から色の名前や火の形を答えることはできても，実際に見たことがないために，虹の印象などを話すことはできません。

　また，全盲の人の場合，平面的な形は触覚でわかりますが，立体感のあるもの，空間に配置されている位置関係など，触覚だけではその形がイメージしにくいことがあります。

　後天的な障害の場合は，視覚的に事物を知覚した経験があるため，先天的に障害のある人に比べて，事物をイメージすることはできやすいといえます。しかし，空間をすぐに知覚できないという点では同様の困難さがあります。また，漢字は忘れてしまう傾向がありますから，漢字で表現された話題に通じにくい場合もあります。

　なお，弱視の人の場合にはある程度空間把握もできるので，このような問題は生じにくいのですが，細かい部分が見えにくいため，見誤ったり，見落としたりすることがありますので，配慮が必要です。

❷ コミュニケーションの補助手段

　視覚障害のある人は普通の文字を読むことができません。そのために，音声によって直接コミュニケーションを行う以外に，点字や音声ワープロ，弱視者用拡大読書器などを使う方法があります。それぞれの特徴を理解しておくことが必要です。

❸ 支援とコミュニケーションでの留意点

　視覚障害のある利用者を支援する場合には，まず，見え方について確認をします。まったく見えない状態（**全盲**）か，少し見える状態（**弱視**）か，少し見える場合にはどのくら

い，どのような見え方をするのか，見える範囲はどのくらいかなどの情報を収集します。

実際に対面して話す場合には，支援者から先に声をかけて名前を言い，軽く握手をし，親近感をもってもらうようにします。利用者にとって初めての場所で話すときには，本人がイメージをしやすいように，周囲の環境，たとえば部屋の広さや家具の配置などについて簡潔に説明します。必要以上に細かい状況説明は不要です。

視覚障害があるからといって，すべてのことに介助が必要というわけではありません。利用者は，生活動作の大部分を自分自身で処理できる力をもっています。全盲と弱視の人ではニーズがそれぞれ異なりますので，憶測でニーズを考えるのではなく，利用者が何を望んでいるのかを具体的に確認します。それに対してどのような介護サービスを適切な形で提供するのかの判断がポイントとなります。主として，未知の環境においての移動動作や，晴眼者とのコミュニケーションで書字の介助をしてもらいたいというニーズが多いので，それを念頭において介護サービスを提供することが必要です。

❹ 視覚障害の事例

> **事例**
>
> Aさん（82歳，男性）は，長くひとり暮らしをしてきましたが，緑内障が進行して，まわりの状況が見えづらくなってきたため，娘の家の近くに引っ越すことになりました。家の中も外も，いままでの環境とは違ってしまったため，行きたいところに行けなくなったAさんは困り果てています。次の2つの声かけを比べてみましょう。
> 「家の中がどのようになっているかを確認しましょう。トイレや食堂も案内しますから，少しずつ覚えていきましょう。眼鏡や財布などの置き場所も決めておくといいですね」
> 「新しいところでの生活はひとりでは危険ですから，介助者が来るまでは動かないほうがいいですよ」

【考えるポイント】

まず，新しい環境に変わったため，いろいろなことがわからないという不安や混乱に陥っているAさんの気持ちを受け止めることが大事です。不安をあおったり，自信を失わせたりするような言葉かけにならないように注意します。

具体的には，場所の位置関係を示すときには時計の○時の方向と表現すると理解しやすくなります。わからない場所について，「さあ，トイレに行ってみましょうか」と一つひとつ確認作業を繰り返しながら進めていきます。また，足元が見えにくいことから，物につまずいて転倒しやすいので，家の中の整理整頓に気を配る，段差への注意喚起の工夫（めだつテープを貼るなど）などを考えましょう。

2 聴覚の障害とコミュニケーション

聴覚の障害には、先天性のものと中途で障害を負った後天性のものとがあります。また、きこえについても、まったく聞こえない全聾（ぜんろう）から大きな声で話せば通じる難聴まで、その程度もさまざまです。

聴覚に障害がない人のなかだけで生活していると、聴覚障害のある人とどのように接してよいのか、ほとんどの人はとまどいます。加齢に伴って難聴傾向が進むため、高齢者施設では聴覚に問題のある人が多くみられます。高齢者施設で働き始めた人は、最初どのようにしてコミュニケーションをとるか迷い、いろいろな方法を模索します。耳元で大きな声で話しかける、それでもだめなら筆談を使う、あわせて身振り、表情を手がかりにしようと必死になります。お互いに手話を習得していないので使えません。しかし、介護職の必死な姿勢が高齢者に伝わり、よい関係を形成していくものです。

このように、聴覚に障害のある人とのコミュニケーションは、伝達方法の問題もありますが、人間関係のなかで相互に理解し合おうとする積極的な気持ちや、人間関係を構築していくプロセスが重要となります。

実際にコミュニケーション能力を高めていくためには、聴覚に障害のある人とできるだけ多く接することで、教えてもらいながら学んでいくという協働作業が必須です。その作業にあたって、まず留意しなければならない基本的な事項を学習します。

❶ コミュニケーションの方法
①手話
手話は方言のように地域差があるので、手話表現の違いに気をつけます。何を意味しているかはお互いに説明をすればわかり合えます。対面での表現は手の形が見やすいように、まぶしさ、暗さ、距離、向き、動き、速さなどに留意します。口話と併用するとわかりやすくなります。

②指文字
指文字は補助的に使用します。多くの場合には、指文字のみでコミュニケーションすることはほとんどありません。手話を併用し、手話表現で通じにくい場合や誤解を生じやすい部分について指文字を使用し、理解しやすいようにします。

③筆談
筆談は書字によりコミュニケーションを図る方法で、片方または双方が手話を知らない場合や手話表現では伝わりにくい場合、正確に伝わらないと困る場合、記録に残しておいたほうがよい場合などに用います。

筆談の留意点としては、読みやすく、ていねいな文字で、伝わりやすいようにできるだ

け短い文章で簡潔に書きます。説明には文章よりも絵や記号で示したほうが理解しやすい場合があります。また，多義語，比喩，二重否定の文章は伝わりにくいので，平易な文章に置き換えるようにします。用紙がない場合には，手のひらや空に書くこともあります。

④読話

話し手の口形で話の内容を読み取る方法です。手話との併用が理解の早道になります。

読話の留意点としては，口形が見やすい位置で，大きな口形でゆっくり，はっきりと自然に話します。できるだけ文章を短く文節で区切るようにし，難しい言葉は他のわかりやすい言葉に置き換える配慮も必要です。内容が理解されているかどうか確認しながら進めましょう。表情や身振りを入れながら話したり，適宜筆談を併用したりするとさらに理解しやすくなります。理解したつもりでも意味のとり方が違っていることもあるので，確認することが大切です。

⑤発話

一般的にはきこえの程度と発話の明瞭度とは関連が深く，きこえがよいほど発話の明瞭度が高くなります。さ行がしゃ行になる傾向がしばしばみられますが，構音の問題である場合と，きこえからの学習の結果である場合があります。

❷ 聴覚障害の事例

> **事例**
>
> Bさん（85歳，女性）は息子家族と同居しています。最近，難聴が進行し，耳が聞こえづらくなってきました。息子が耳元で大きな声で話すと通じるときもあります。周囲にかまわずテレビの音量を最大にしているため，ときどき近所から苦情がきます。息子は補聴器を購入し，装用するように言っていますが，Bさんは補聴器がいやで，すぐにはずしてしまいます。
>
> 聞こえづらいBさんに「Bさん，着替えをしましょうか」と言うときに，伝わりやすい方法としてはどのような方法が考えられますか。また，大切な話が伝わったか否か，理解できたか否かを確認するために，どのような方法がありますか。
>
> Bさんは，聞こえないために，話をすることをあきらめてしまい，ひとりで過ごすことが多くなっています。どのような点に配慮して言葉かけをすればいいでしょうか。

【考えるポイント】

聞こえづらい人と話をするときは，後方からの話しかけは禁物です。顔を見ながら大きく口をあけて，わかりやすく短くはっきりと言います。できるだけ表情豊かに話すようにします。また，話が複雑であるときや，本人の意思確認が必要なときには，筆談を用いると伝わりやすくなります。

聴こえないために相手の話の内容を曲解し，被害妄想的になることや，疑い深くなることもあります。そのような誤解のないように，できるだけ話の仲間に加われるような配慮が必要です。

3 言語の障害とコミュニケーション

言語障害は，言語の理解における障害と発語における障害に大きく二分されます。また，言語コミュニケーションを行う器官が障害を起こしている場合と，そうした器官をつかさどる中枢神経が障害を起こしている場合に分けられます。**失語症**，**脳性麻痺**，口蓋裂，聴覚障害および情緒障害による言語障害などがあります。

言語に障害がある人は，会話や読み書きにおけるコミュニケーションで，自分の言いたいことが十分に言えなかったり，話しているつもりなのに伝わらなかったり，相手の話していることがよくわからなかったりします。このため，日常生活に大きな支障が生じます。

言語障害は外見上明らかな障害と異なり，見えない障害であるので，周囲の人びとから誤解される可能性が高くなります。また，自分の障害を伝える能力自体が障害されているため，その誤解を解消することも困難になります。この障害の回復ないし改善には，長時間（数か月から数年）の訓練を必要とする場合が多く，障害のある人はその間，喪失体験を受けた場合に一般的にみられる苦悩に満ちた過程をたどることになります。

❶ 失語症

言語障害のなかでよく知られているのが**失語症**です。原因は大脳における言語中枢の損傷で，9割が脳卒中（脳血管障害）によるものといわれています。男女の比では2：1の割合で男性に多く，年齢別では60代がもっとも多く，70歳以上で増加傾向があると指摘されています。

大脳の言語中枢の部位が損傷された結果，発話がうまくできないだけでなく，聞き取りや読み書き，さらに計算も困難になります。しかし，失語症は言語機能がまったく崩壊してしまうのではありません。使用頻度の少ない，あるいは抽象度の高い言葉の理解や発語が困難になるのであって，使用頻度の高い抽象度の低い言語の理解は維持されます。一般的には，言語の機能が2，3歳児レベルまで戻った状態に近いといわれています。

●失語症がある人への基本的な配慮

①**信頼関係**を築く

失語症の人は，かつて使用していた言語にかかわる能力を失うことで，その能力だけでなく，自分自身をなくしたかのような喪失感をもってしまいます。そのような人を支えるには，自分のことを理解してくれているという強い信頼関係が必要です。信頼関係を結ばないと，支援は難しくなります。

②症状について正確に知る

　失語症には，ぎこちない発音をする**ブローカ失語**，言葉の意味が理解できないことが多い**ウェルニッケ失語**，発音はなめらかでも人のまねをすることが難しい伝導失語のように，多様なタイプがあります。また，障害の程度にも差異があります。その症状に合った対応，言葉かけをしなくてはなりません。

③障害を受ける前と同じ人間関係を保つ

　言語の機能は障害を受けていますが，他の機能は障害を受ける前と変わらずに維持されています。たとえ他の障害がある場合でも，人間関係，とくに身近にいる家族との関係はとても大切で，以前と変わらないことが本人の励みとなり，生きる意欲にもつながります。家族のなかでの役割を失わないようにし，言語訓練を重視して発語を強いるようなことは避けなくてはなりません。

④人の会話のなかに誘う

　直接，本人が会話をしなくても，会話の輪のなかに入ってもらうことが大切です。まわりの人が本人のあいづちを確認しながら話を進めれば，本人も会話のなかに入ったという満足感をもつことができます。そうした生活における充実感が，本人の気持ちを支えます。

⑤完全さを求めず，推測しながら聞く

　回復が見込める場合であっても，それには根気強い取り組みが必要です。誤りを正すことよりも，言葉を使えるようになる喜びを共有する姿勢が大切です。本人の日常的なニーズを観察などで認識しておき，言語を補足してコミュニケーションを実現します。

●コミュニケーションの方法

①言葉の理解を確かめながら，ゆっくりと話す

　たくさんのことを一度に話すと，途中までしか理解できないことがあります。話を途中で区切り，あいづちや表情で確認しながら，話を進めます。また，文章は最初から最後まで一気に話さず，文節の単位で区切るなどの工夫をします。といっても，一音ずつ区切るのは，自然な言葉の調子を壊してしまうので好ましくありません。また，**難聴**になったわけではありませんので，大きな声で話しかけることはありません。

②繰り返して言う，メモに書くなどの工夫をする

　話したことが理解できない様子のときには，繰り返し話します。説明を補足するために新しい言葉をつけ加えるのはよくありません。理解を助けるために，メモを書くのは有効です。話し言葉の理解が促進されます。

③質問の方法を工夫する

　質問の方法には，「はい，いいえ」で答えられる質問，「Aですか，Bですか」のように選択してもらう質問，そして「いつですか」「何ですか」「どこですか」のように，応答の言葉を自分で考えて答える質問の3通りがあります。この順で，答えることが難しくなります。「はい，いいえ」で答えられる質問には，身振りで答えてもらうこともできます。

また、○と×を書いて、選択してもらってもよいでしょう。本人の意思を確認するためにこうした手段をとることはためらわれるかもしれませんが、本人に対する尊敬の念をもちつつ接することで、気持ちよく回答してもらうことができます。

> **事例**
>
> ホームヘルパー（訪問介護員）は、脳血管障害で右上下肢麻痺の後遺症を負った65歳のBさん（男性）のケアのため、Bさんが家族と暮らしている自宅を訪れました。失語症のリハビリテーションを半年したとのことでしたが、発語は困難な様子です。本人にはいらいらした様子が見られ、家族も発語の困難な場面に立ち会うとつらそうでした。食事は半介助の状態でしたが、自助具を使えば自立の度合いが高まりそうでした。右手がどのように使えるのか確かめるため、発語が困難なBさんに尋ねるのをやめ、そばにいる妻から状態を聞きました。また、Bさんがどうしたいかの確認をとるため、できるだけ家族から本人が何を望んでいるかを聞き取り、Bさんが意思表示しなくてはならない状況を避けるように心がけました。
>
> Bさんの妻は、発語できるようにと、必死で同じ言葉を繰り返してBさんに言わせようと心がけている様子でした。Bさんはあまりそのことを快く思っていないようでしたが、ヘルパーは妻の努力に心を打たれました。妻に、「その努力がきっと実を結びますよ」と声かけをして、最初の訪問を終えました。

【考えるポイント】

失語症という障害ですが、障害を負ったことで本人がどのような心理状況にあるのか、まず、それを考えることが大切です。失語症の利用者への援助でポイントとなることを復習してください。発語が困難でも、できるだけ本人の意思を尊重することが大切です。介護職は、障害についての理解を深め、多様なアプローチを学ばなくてはなりません。家族が訓練を重視していることは理解できますが、本人が快く思っていない訓練を続けることは、長い目で見ると言葉の回復を阻害することにもなりかねません。

失語症の利用者は、言語能力を失うことで深い喪失感を味わっています。家族が本人に対して、夫や父親の役割を求めず、リハビリテーションに打ち込む障害者の役割のみを与えることは、さらに喪失感を深めることになるでしょう。家庭における役割を確認することで、リハビリテーションにも意欲が強まるだろうと思われます。

❷ 構音障害

構音障害は、発語の器官の障害であり、その原因となる病気や障害によって構音の状態や明瞭度が異なります。たとえばさ行がた行あるいはしゃ行に置き換えられるときは比較的伝わりやすいのですが、一部の構音ではなく、話し言葉全体がこもるような感じで音声

としての聞き取りが難しい場合もあり，その程度はさまざまです。

　初対面のときは，利用者の話をまったく聞き取ることができず，話し手も聞き手もとまどってしまうことが多く，なんとかわかろうと焦りと緊張を伴うのでコミュニケーションは成立しにくい傾向があります。このようなときにあっさりと他の職員などに委ねてしまうと，利用者からは自分の話を聞く気がないと思われ，声をかけてもらえなくなる可能性もあり，信頼関係が築けなくなります。慣れないときには非言語的コミュニケーション（身振り等）や道具的コミュニケーション（書字等）を活用してみるのもよいでしょう。また，最初はわからなくても会話を繰り返すなかで何度か聞いているうちに慣れてきて利用者の話が少しずつ聞き取れるようになります。その努力が利用者に伝わると信頼関係ができてきますので，時間がとれるときに，理解しようとする姿勢を利用者に対して示すことです。

　実際に利用者と話をする場合は，単語あるいは短い文章に区切るようにし，理解できている部分については確認しながら聞くとわかりやすいです。利用者についての情報収集ができ，どのような人かがわかると話が伝わりやすくなり，推察できるようになります。

> **事例**
> 例1．「あなたの話は全然わかりません。もう一度はっきり言ってください」「私はわかりませんので他の職員に来てもらいます。」
> 例2．「あなたの話が十分には聞き取れなかったので，すみませんが，もう一度話していただけませんか」「ここまでは聞き取れているように思いますが，よろしいですか」

【考えるポイント】
　上記2つの例について違いを考えてみましょう。

　話し手である利用者の気持ちは，介護職のかかわろうとする姿勢や理解しようとする配慮を敏感に感じ取り，それが信頼関係を築けるかにもつながるので配慮します。介護職としては，利用者が気持ちを閉ざしてしまったり，いらだちを示したりすることのないように，少しでも安心して会話が続けられるように配慮します。

4 認知症とコミュニケーション

　認知症の利用者とのコミュニケーションは，認知症の程度やその障害内容について理解しておく必要があります。年齢相応の物忘れの程度が進行すると，軽度，中度，重度の認知症状に分けられ，コミュニケーションがどの程度とれるかでそのレベルがおおまかには把握できます。その人特有の認知のしかたがあり，誰かがそこにいる，声が聞こえるなどと実在しないことを話したり，必要以上の不安や緊張，おそれを抱き，興奮して大声を出したりというような言動に表れることもあります。本人の認知のしかたや困惑している気

持ちや行動を理解したうえでコミュニケーションを図るよう，十分に留意して臨みます。
　そのほか，認知症の人の特徴としては，話したことを忘れるために同じ話を繰り返す，事実とは異なる話（作話）をする，独り言をいう，話がまとまらないなどが，その程度はさまざまですがみられます。
　介護職の基本的態度としては，受容的態度で接し，安心感を与えるように配慮します。そのためには，利用者の行動傾向をしっかりと観察して把握し，利用者と行動をともにしながら話の接点を見いだしていくようにすることです。コミュニケーションの正確さを求め訂正をする方法や，命令や叱責など攻撃的な言葉は，利用者の感情を逆なでし，混乱をまねきかねない結果となることがあるので注意します。それはまた，利用者との信頼関係がなかなか築けないことにもつながっていきます。
　また，認知症の人は，慣れた環境下では比較的落ち着いてコミュニケーションもとりやすいのですが，まわりの環境や日常の生活パターンに大きな変更がある場合には，変化に対する動揺や混乱をまねきやすいので留意します。変更についてはあらかじめ変更があるということを本人が理解しやすい方法で伝えておくことで，動揺や混乱の気持ちを少なくすることも人によっては可能です。その際，言葉だけではなく，絵や写真など視覚的な方法を用いてわかりやすく繰り返し説明します。
　介護拒否の利用者もみられますが，拒否の理由はさまざまで，特定のいやな職員，入浴などいやな事柄，自己全能感をもち自分でできると思い込むなどにより，介護職への抵抗を示します。一方的に暴言を吐き職員の言葉が耳に入らなくなることもありますが，焦らずに落ち着いてていねいに対応すると相手も落ち着いてきます。

> **事例**
> 例１．「こんにちは，私は職員の○○です。よろしくお願いします。これから○○さんの担当です。仲良くしてくださいね」視線を合わせ笑顔で声かけをする。
> 例２．「そんな大きな声を出して，何が気に入らないのですか」「私はあなたに何もしてませんよ」「まわりの人があなたをへんな人と言ってますよ」

【考えるポイント】
　上記２つの例について違いを考えてみましょう。
　利用者のなじみのある日常生活を尊重する姿勢を示し，わかりやすい言葉で，自分は危害を与える人ではないことを伝えましょう。また，継続的に，定型的に話しかけるようにします。現実を教えて説得しようとしても，けげんそうな顔をするだけでわかってもらえませんし，利用者の混乱をさらに増大してしまいます。利用者が穏やかでいられるようなかかわりや，わかりやすい事象を日常的に見つけて会話をします。職員が利用者のどのような言動にも動揺することなく冷静で，しかも受容的態度で対応していることが大切です。

第2章

介護におけるチームのコミュニケーション

第1節 記録による情報の共有化

1 介護における記録の意義と目的

❶ 記録の意義

　介護の現場は，入所や通所の施設，在宅などさまざまな場所が考えられます。どの現場でも，介護職は，体を動かして利用者に接するだけではなく，日々変化する利用者の状態や，介護職としてどのようにはたらきかけ，利用者がどういう反応をしたのかなどを記録することが求められています。

　口頭による伝言では，最後の人に伝わるまでに内容が変化してしまい，不正確なものになってしまいます。しかし，書く方法では，書き手の観察した内容や行為などが意識的に整理されるため，伝言ゲームのように途中で内容が変化することはありません。ほかの専門職等に情報を正しく伝えるために記録は必要といえるのです。

❷ 記録の目的

　記録を書くためには，記録の目的を正しくとらえることが必要です。ここでは，利用者の求める日常生活を支援する介護サービスの提供，すなわち「よりよい介護サービスの提

供」と「チームでケアを行うために」の2つの視点からみていきます。

通常の基本的な記録として、利用者自身の生活上や身体上の変化、介護内容などを記録します。このような記録は、個人の介護などに関する重要な基本的資料となり、施設サービス計画や訪問介護計画などのケアプランの見直しなどの場合にも用いられますので、家族の反応、ニーズ、要望を記録することが必要です。そうして記録を通して利用者の理解が進み、「よりよい介護サービスの提供」へとつながります。

また介護業務は、個々の利用者に介護職や医療職など多くの専門職がかかわっています。「チームでケアを行うために」記録を通して介護職や医療職が情報を共有して、同じ目標に沿って支援を行うことが必要です。

❸ 在宅や施設での記録の整備

在宅介護では、とくに介護保険制度の導入に伴って、「指定居宅サービス等の事業の人員、設備及び運営に関する基準」で、ホームヘルパー（訪問介護員）の業務に関する記録として、「サービスの提供の記録」や「記録の整備」が規定されました。記録はサービスのひとつといえますので、業務の時間内に記録が書けるように工夫しましょう。

老人福祉施設における記録の整備に関しては、たとえば「特別養護老人ホームの設備及び運営に関する基準」の第9条に規定されています。なお、特別養護老人ホームについては、「**介護保険法**」の**第86条**で「老人福祉法第20条の5に規定する特別養護老人ホーム」を指定介護老人福祉施設と規定して、別途に「指定介護老人福祉施設の人員、施設及び運営に関する基準」が示されているので注意が必要です。

2 記録の書き方

施設の介護職やホームヘルパーから、「記録を書くことが苦手」や「書くべきことはなんとなくわかっているが、どのように表現してよいのかわからない」などの声を聞くことがあります。このことは、記録の書き方の基本を十分に理解していないために起こると考えられます。

ここでは記録の書き方の基本を記します。あとは介護現場での実践のなかで記録を書くことによって、自然に身についてきます。

❶ 記録の基本的な書き方
●記憶が確実なうちに書く

時間がたつにしたがって**記憶**は薄れていきます。事実は、記憶が確実なうちに書くことが必要です。

● 事実を書く

　記録で必要なことは事実を書くことです。事実には，客観的事実（事実そのもの）と主観的事実（物事に対処したときに利用者や介護職に表れる感情や表現など）があります。この事実をきちんと分けて書くことが求められています。次の例のように書くと，客観的事実と主観的事実がわかりやすくなります。

> **例　特別養護老人ホームでの記録**
> ○月○日　Bさんは，17：10ごろ居室から荷物を持って出てきて，「そろそろ家に帰ります」と話す。この行動はひとり暮らしの長男のことが気になることによって起きると考えられる。
> 　　　　　　　　　　　　　　　　　　　　　　　　　　　　　　　　　　　　（記録者名）

● 一読してわかる内容を書く

　記録は一読して内容が理解できることが必要です。**5W2H**を用いるとわかりやすいでしょう。

> **5W2H**
> When／いつ（時間），Where／どこで（場所），Who／だれが（主体），
> What／何を（客体），Why／なぜ（原因），How／どのように（状態），
> How much（How many）／どれくらい（金額・数量）

● 専門的な用語を用いて書く

　より客観的でわかりやすい記録にするために，専門用語の使用も必要です。

● 図を用いて書く

　記録は文字だけで書こうとすると，表現に困ることもあります。そのようなときは図などを用いるとよいでしょう。身体状況を記入するときなどに有効です。

❷ 基本的な記述事項

　書き手は自分勝手に書くことはできません。たとえば，施設や事業所で用いられている経過記録には一定のルールがあります。経過記録で大切なポイントは以下の4つです。これは他の記録を書くときでも同様です。

● 年月日の書き方を統一する

　通常，経過記録では，年月日を冒頭につけることが必要です。「年号を使用する場合」と「西暦を使用する場合」の2つの方法があります。

● 時間をできるだけ記入する

　午前中や夜間などと記入するよりも，時間を記入すると記録の正確性が高まります。

● 情報源を記録する

誰の指示によるものなのか，また，どこからの情報なのかなどを明確に記入することが必要です。

● 記録を書いた人を明確に記入する

記録は公式な文書となりますので，必ず記録者は署名しなければなりません。このことは社会的な責任を明らかにするためにも必要です。また，ボールペンなど消えないインクで記入し，修正する場合には，二重線を引いて修正しましょう。

3 記録の種類

次に介護の現場で用いられている記録を，「個人に関する記録」と「業務に関する記録」に分類してみていきます。また，「在宅と施設で共通する**リスクマネジメントの記録**」と「個別援助計画と介護計画に関する記録」についても記述します。

なお，記録の種類や名称については，施設や事業所ごとに多少の違いがありますので注意が必要です。

● 個人に関する記録

個人に関する記録には，①利用申込み時の記録，②フェイスシート（利用者の概要），③ケアの手順書，④連絡ノート，⑤施設サービス計画書，⑥訪問介護記録と介護記録，⑦個人チェック表があります。

①利用申込み時の記録

利用申込み時の記録を在宅では「訪問介護利用申込みシート」，施設では「インテーク記録シート」とよんでいます。これらのシートは，**ケアマネジャー**（介護支援専門員）からホームヘルプサービス（訪問介護）の提供依頼があった場合や施設の入所依頼があった場合に書く記録です。訪問介護利用申込みシートは，希望する利用者のケアプラン情報や希望するサービス内容などを記入します。また，インテーク記録シートでは，施設のケアマネジャーが入所前に利用者の家庭などを訪問して面接を行い，抱えている問題や望んでいること，現在の生活環境などを調査し記録します。

②フェイスシート

利用者等の個人情報の記録です。ホームヘルプサービスでは，ケアマネジャーからのケアプラン情報をもとにして，サービスを希望する利用者等の自宅を訪問し，実際の生活状況や本人およびその家族から要望などを聞いて作成します。施設では基本的に，入所後にあらためて利用者やその家族と面接して作成します。

フェイスシートは，氏名，住所，生年月日，年齢，介護保険番号，要介護度，介護認定期間，職業，家族状況，緊急連絡先，既往歴，生活歴，要望やニーズ，健康状態，**ADL（日常生活動作〈日常生活活動〉）**，**IADL**（Instrumental Activities of Daily Living：**手段的**

日常生活動作）などの事実を1～2枚のシートに記入するものです。このフェイスシートは，施設サービス計画書や介護計画の作成などの場合にも用いられます。

③ケアの手順書

在宅介護で用いられるケアの手順書は，ホームヘルパーへの具体的な手順を指示したものです。そのため，このシートは時系列で記入します。また使用する物品や使用できない場所なども記載できるようになっています。

④連絡ノート

家族と同居しているものの，日中独居になってしまう利用者等の場合に，家族との情報交換を行うために，在宅介護で使われる連絡ノートです。

⑤施設サービス計画書

このシートには，施設のケアマネジャーがインテーク記録シートやフェイスシートなどの情報をもとに決めた，施設介護の方針が記されています。また，利用者自身やその家族に，施設全体の介護方針を説明し同意を得ることになっています。

⑥訪問介護記録（在宅用）と介護記録（施設用）

在宅・施設において，時間の経過を追って，訪問介護計画や介護計画などに基づいて行われた介護サービスや利用者個人の生活状況などの過程を記録するものです。

⑦個人チェック表

施設で利用者の健康状態把握のために作成します。たとえば，食事摂取表，水分摂取表，排尿チェック表，排泄チェック表などです。

● 業務に関する記録

業務に関する記録には，①業務記録（日誌），②ホームヘルプサービス提供に関する記録，③利用状況の報告書，④夜勤日誌，⑤行事などの計画書や報告書があります。

①業務記録

業務記録は，ホームヘルパーや施設の介護職が介護業務などに関する記録をまとめるシートです。このシートでは，その日の訪問活動状況や施設全体の業務に関する記述と利用者の援助内容の変更や家族への連絡事項などを記述します。

②ホームヘルプサービス提供に関する記録

ケアプランに沿って，ホームヘルプサービスが実施されますが，その内容をホームヘルパーが訪問終了後に記入してから，利用者またはその家族の確認印をもらうシートです。

③利用状況の報告書

訪問介護の実績を個別にまとめるためのシートで，介護保険の請求の資料のもとになるものです。

④夜勤日誌

夜勤者が高齢者等の変化や施設全体の業務などについて記録するための日誌です。

⑤行事などの計画書や報告書

施設では四季折々でさまざまな行事やレクリエーションを実施しています。その企画・実施・報告などを記録したものです。

●在宅と施設での共通する危機管理（リスクマネジメント）の記録

広辞苑によれば，**リスクマネジメント**とは，「企業活動に伴うさまざまな危険を最小限に抑える管理運営方法」としています。つまり，危機管理のことです。**科目3**にもあるように介護の現場でも，介護保険制度導入以降ますます危機管理の必要性が高まっています。

ここでは危機管理の記録として，①苦情対応シート，②事故報告書，③**ヒヤリ・ハットシート**の3つについて記します。

①苦情対応シート

ひと口に苦情といってもさまざまな場面が想定されます。たとえば，施設利用者の家族やホームヘルプサービスの利用者からの職員の態度に関する苦情であったり，ケアマネジャーやほかの専門職からの苦情であったりします。これらの苦情一つひとつにどのように対応したのかを記録に残すことが必要です。どんな小さな苦情でも，真剣に対応することによって，利用者やその家族から信頼されることにつながるのです。

苦情対応シートは，苦情を受けた際にすぐに対応し，そのことを記録するためのものです。内容としては，受付日時，苦情申出者，受付時の対応，その後の対応などを記入します。

②事故報告書

事故が起きた場合は，すみやかに施設や事業所の管理者に報告することが重要です。事故対応の流れについては，**科目3第3章第2節**を参照してください。

事故報告書では，利用者の氏名，事故発生日時，事故の種類，事故発生状況と経過，今後の事故防止策，利用者とその家族への説明，管理者への報告，報告者名などを記入します。

③ヒヤリ・ハットシート

施設の介護職やホームヘルパーが介護サービスを提供しているなかで，事故まで至らなくともひやりとした場面に遭遇することがあります。そのことをヒヤリ・ハットシートにまとめて報告することで，有効な予防対策を講じることができるようになります。なお，ヒヤリ・ハットについては，**科目3第3章第2節**を参照してください。

ヒヤリ・ハットシートの内容では，利用者の氏名，ヒヤリ，ハットとした日時，種類，状況と経過などを記述します。

●個別援助計画と施設サービス計画に関する記録

施設で行われている介護サービスやホームヘルプサービスは，ケアマネジャー等が作成する「施設介護サービス計画」や「居宅サービス計画」がベースになっています。

個別援助計画は居宅サービス計画やフェイスシートをもとにして，ホームヘルプサービスの方針や具体的な介護方法を記入するシートです。施設サービス計画は，施設介護サー

ビス計画やフェイスシートをもとにして，具体的な介護方針や介護方法を定めたものです。
なお，理学療法士（PT）など他の専門職においても同様の計画書が作成されています。

4 観察のポイント

　介護職が記録を書くための基本視点としては，介護職自身が基本的な考え方や知識・技術を習得したうえでの観察力や判断力が求められます。そして判断するには情報が必要です。

　介護職は利用者の日常生活における介護を通して，いつも観察を行っています。その観察が日々積み重ねられることによって，利用者の生活の変化に気づき，対応ができるのです。また，そのことも記録される必要があります。

　具体的な観察の視点として，以下の5つの項目があります。

> **記録に必要な観察の視点**
> ○基本事項の観察項目
> ・寝たきり度や認知症度の日常生活自立度　・現在の病歴，既往歴
> ・知的障害あるいは精神障害の状況　・身体的障害の状況
> ・生活歴，生活背景，経済的背景　など
> ○日常生活に関する事項の観察項目
> ・日常生活の行動様式　・食事や排泄の習慣　・趣味，生活観　・家族状況，住居状況
> ・人間関係　・社会的資源　など
> ○ADLなどに関する事項の観察項目
> ・起居動作　・体位変換，移乗，移動　・入浴，清潔　・洗面，口腔の清潔
> ・着替え，整容の動作　・食事，排泄，睡眠　・家事行為　など
> ○健康状態からみた観察項目
> ・表情，顔色　・目，鼻，耳，喉，皮膚　・体温，脈拍，呼吸，血圧
> ・内服薬　など
> ○行動の症状からみた観察項目
> 　暴言・暴行，徘徊，介護の抵抗，収集癖，不潔行為，異食行動　など

5 具体的な記録の書き方

　施設の介護職やホームヘルパーには社会福祉サービスを提供する一員としての責務を果たすことが求められています。そのひとつとして，利用者の生活の一瞬一瞬を，社会福祉

サービスの担い手として記録に残すことも重要な職務です。

ここでは、いままで学習してきたことをふまえて、具体的な記録方法を考えてみましょう。

❶「よりよい介護サービスの提供」という目的のための記録の書き方

記録は介護の一部として成り立っています。記録者が、利用者の生活の一瞬一瞬を「点」としてとらえるのでなく、連続性のある「線」としてとらえることが必要です。このとらえ方が、「よりよい介護サービスの提供」のための記録の書き方には必要です。しかし、指定介護老人福祉施設などの現場でみられる介護記録には、ただ利用者の行動のみに視点があてられていることがしばしばあります。

> **事例**
> **【事例1】**
> 平成24年3月23日
> 　A子さんは、4時30分ごろに起きて、ひとりでトイレに行った。トイレから居室に戻って、また寝てしまった。
> 　　　　　　　　　　　　　　　　　　　　　　　　　　　　　　　　　（記録者名）

この介護記録には、高齢者の動きのみが記録されていますが、そのときに、介護職として、どのようなはたらきかけをして、高齢者はどういう反応をしたかが記録されなければなりません。このことを日ごろから、つねに意識して記録するようにすると、連続性のある線としてとらえた介護記録になります。

> **事例**
> **【事例2】**
> 平成24年3月23日
> 　A子さんは、通常の起床時刻よりも1時間30分も前に目を覚まして、4時30分に起きた。家では、家族に付き添ってもらいトイレに行っていたとのことで、「田中さん、トイレに行くのですか。いっしょにトイレまで行きましょうか」と尋ねると、「世話にならなくても、ひとりでトイレに行けるから大丈夫だよ」と言って、ベッドから立ち上がり、ひとりでトイレに行った。そのため、トイレから戻るまで注意深く見守ったが、危なげない足どりであった。トイレから居室に戻って、そのまま寝てしまった。
> 　　　　　　　　　　　　　　　　　　　　　　　　　　　　　　　　　（報告者名）

事例1を事例2のようにすると、介護職のはたらきかけに、A子さんがどのように反応したのかがわかり、生活の連続性がみられるようになります。このことは、「よりよい介護サービスの提供」に必要な記録の書き方です。しっかりと身につけられるように、意識

して記録することを心がけないといけません。

❷「事実」を記録に書く方法

連続性のある線としてみることのできる介護記録を書くのに必要な事実には，客観的事実と主観的事実がありますが，この客観的事実と主観的事実については，具体的にはどのように記録していくのでしょうか。介護記録は事実に基づいて書く必要があります。その場合，利用者の言語的側面だけにとらわれて記録を書くのではなく，非言語的側面の事実もとらえて書くことが大切です。介護護が解釈や分析をした場合は，その客観的事実の裏づけが必要です。そして，そのことが介護記録に書かれていなければなりません。

> 事例
> 【事例3】
> 平成24年8月10日
> 　18時ごろから，夏祭りの後片づけが始まったが，B夫さんは，何もせずに非協力的であった。　　　　　　　　　　　　　　　　　　　　　　　　　　　　　（記録者名）

事例3では，B夫さんが「何もせずに非協力的であった」と書いていますが，これは，介護職の価値観による解釈です。この場合は事例4のように，非言語的事実のみを書いたほうがわかりやすくなります。

> 事例
> 【事例4】
> 平成24年8月10日
> 　18時ごろから，夏祭りの後片づけが始まったが，B夫さんは，しかめつらで口もきかずにひとりで玄関先のいすに腰かけたままだった。　　　　　　　　　　　　　　（記録者名）

第2節
報告

1 報告・連絡・相談の必要性

　施設職員やホームヘルパー（訪問介護員）等の介護職と利用者との良好な関係を維持するためには，情報の伝達と共有化が必要です。一貫した介護を維持するためだけでなく，他職種との連携のためにも，「ほう・れん・そう」つまり「**報告・連絡・相談**」が求められます。

2 報告の種類と留意点

　報告の種類には，定期報告と随時報告の2つがあります。定期報告は，勤務交代時の申し送りや引き継ぎなど，定期的に行われます。随時報告は，通常の勤務時に必要に応じて行われます。

　報告のしかたには，「一定の書式による記録」「口頭」「電子メール」などさまざまな方法があります。どの場合も，**情報**を発信する側と受ける側が，共通の認識がもてるよう，正確に伝達しなければなりません。報告の留意点は次のとおりです。

●**情報を発信する側**
・報告事項を確認すること
・報告する場所と時期を考えて報告すること
・事実を正確に伝えること
・簡潔・明瞭に伝えること

●**情報を受ける側**
・メモをとること
・事実と判断を区別して聞くこと
・報告内容を確認すること

3 相談と連絡の留意点

❶相談

　相談での留意点として，次のようなことがあげられます。

・相談すべき事項をまとめ，相談の目的（情報を得る，意見を聞く，判断をあおぐなど）を明確にする
・相談相手を決めておく
・相談の内容はメモ等にして残す
・相談内容の結果を報告する

❷ 連絡

連絡は，すばやく正確に情報が伝えられることが重要です。チーム内での情報を共有できなければ，よい成果を得ることはできません。また，連絡の手段は，対象や内容，緊急度，重要度などによって違います。そのため，以下のような点に留意しましょう。

●急な連絡や簡単な連絡の場合

口頭や電話，ファックスなどを利用する。

●チームなどにまとめて連絡する場合

朝礼や終礼，会議などで連絡する。また，掲示や広報誌などによって行う。また，方針の変更や決定，そのほか重要な連絡などの場合には，個別に文書によって連絡する。

第3節
コミュニケーションを促す環境

1 情報の共有化

チームのコミュニケーションにおいて，情報の共有化は大変重要です。情報の共有化を図る方法として，次のようなことが考えられます。

●記録による情報の共有化

フェイスシート，訪問介護計画書，介護計画書，介護記録，各種会議録などの一定の書式による記録。

●会議などによる情報の共有化

全体職員会議，（施設の介護職やホームヘルパー〈訪問介護員〉による）介護職会議，ケアカンファレンス，多職種会議などによる会議。

●「施設便り」などの広報誌による情報の共有化

利用者や家族向けなどの広報誌。

●緊急時などの情報の共有化

利用者の健康状態の急変や転倒などの緊急時の，口頭報告や記録などによる報告も必要。

2 ケアカンファレンス

施設の介護職やホームヘルパー等の介護職が提供した介護が目標に沿ったものかなどについて，担当の介護職からの報告や介護記録などをもとに検討します。ケアカンファレンスにより，ふだん提供されている介護について客観化され評価されます。必要に応じて，サービス内容の見直しなどを行います。医療や介護など，利用者にかかわるさまざまな職種の情報の共有の場として重要です。

3 会議

❶ 会議の目的

施設や事業所では，全体職員会議，施設の介護職やホームヘルパーの会議などが開催されます。会議の目的には，大きく「決定されている事項を伝達する会議」「なんらかの結論を出すための会議」の2つがあります。参加者が意見交換をしながら意思を決定，問題解決，連絡や伝達などを行うために会議がもたれるのです。会議の目的を理解して臨みましょう。

❷ 会議のもち方

会議のもち方として大切なことは，参加者が同じ土俵の上で論議ができるようにすることです。そのためには，会議を始めるときに「会議の目的」「会議の方向性」「会議の必要性」「会議の位置づけ」「参加者の動議づけ」などを示すことが重要です。このことは，その後の会議の進行にも影響します。会議を終了する前には，「論議のプロセス」「論議のまとめ」「今後の方向性のまとめ」などを行います。

通常は，1つの会議に1つの目的，そして会議の時間は1時間程度とします。長時間にわたる会議が必要な場合は，途中で10～15分程度ずつの休憩を入れるとよいでしょう。

❸ 会議開催の頻度

会議の目的が，決定されている事項の伝達のためのものか，なんらかの結果を出すためなのかによって，開催される頻度は異なってきます。たとえば，前者の場合は，毎月，定期的に開催されると確実な伝達ができるなどの効果があります。また，後者の場合は，開催が定期化することによって，なんらかの結果を出すという指標が，一般的に悪くなるといわれています。そのために不定期開催がよいとされています。

❹ 会議の必要条件

　会議で大切なことは，会議に必要とされる以下の6つの条件が満たされていることです。しかし，初めて開催される会議の場合は，**必要条件**が満たされていないことがあります。このような場合は，司会者が会議の前に，毎回必要条件を読み上げることなどを行い，会議の必要条件を理解してもらうことが大事です。

> **会議の必要条件**
> 1　会議の構成メンバーは少なくとも5～6人以上であること
> 2　会議で決定した事項を守り，実施すること
> 3　会議で決定した事項を勝手に変えないこと
> 4　会議に参加している者は，誰もが自由と平等であること
> 5　会議では，感情的な発言や中傷的な発言は禁止すること
> 6　会議では，積極的な発言（建設的発言，妥協点を見いだす発言など）を行うこと

❺ 介護の現場での会議

　介護の現場では，介護職の勤務が不規則であるために，会議を開催しにくいということがありますが，介護職間や他の職種との連携などのためにも会議の開催は必要不可欠です。介護現場では，以下のようなルールを定めて会議を開催することが必要です。

> **介護現場における会議の基本的ルール**
> 1　会議の開催の通知や会議資料を4～5日前までにスタッフ全員に配布し，意見などをまとめておいてもらうこと
> 2　当日，会議に参加できない職員は，会議の資料に目を通して，意見などがあれば会議開催前までに議長に提出すること
> 3　会議開催後は，職員全員に会議内容を報告すること

❻ 議事録の作成

　会議が終了したら，**議事録**をすみやかに正確かつ簡素にまとめることが大切です。議事録を公正で客観的なものにするためには，個人の意見や評価は入れず，事実に基づいた決定内容を記入することが大事です。

　なお，議事録には以下の項目が必要です。

議事録に必要な項目

会議名，作成日と作成者名，責任者の承認印，会議場所，開催の日時，議事録の内容（開会，報告事項，検討事項，次回の検討事項，まとめ，次回の開催予定など）

科目修了時の評価のポイント

5 介護におけるコミュニケーション技術

- [ ] 共感，受容，傾聴的態度，気づきなど，基本的なコミュニケーションのポイントについて列挙できる。　【→第1章第1節参照】

  共感　【→第1章第1節153～155頁参照】

  受容　【→第1章第1節155頁参照】

  傾聴的態度【→第1章第1節149～152頁参照】

- [ ] 家族が抱きやすい心理や葛藤の存在と介護における相談援助技術の重要性を理解し，介護職としてもつべき視点を列挙できる。　【→第1章第3節参照】

- [ ] 言語，視覚，聴覚障害者とのコミュニケーション上の留意点を列挙できる。

  【→第1章第4節参照】

  言語障害者とのコミュニケーション　【→第1章第4節167～170頁参照】

  視覚障害者とのコミュニケーション　【→第1章第4節162～164頁参照】

  聴覚障害者とのコミュニケーション　【→第1章第4節165～167頁参照】

- [ ] 記録の機能と重要性に気づき，主要なポイントを列挙できる。

  【→第2章第1節参照】

6 老化の理解

ねらい
- 加齢・老化に伴う心身の変化や疾病について，生理的な側面から理解することの重要性に気づき，自らが継続的に学習すべき事項を理解する。

第1章

老化に伴うこころとからだの変化と日常

第1節 老年期の発達と老化に伴う心身の変化の特徴

1 加齢と老化

　生命のある生体は例外なく成長をとげながら，やがて寿命を迎えます。歳をとることで必然的に出現する身体および精神の不可逆的な変化が**加齢**と**老化**です。生命のある個体は，生きているかぎり特有な生命現象を伴います。生命は最小単位である「細胞」から構成され，その集合体で一定の機能を有する「組織」や「器官」が連携と協働することにより生命が維持されています。生体内の細胞や組織は，その核内にある染色体の遺伝子により，成熟期までは増殖と分化を繰り返すために，加齢に伴い恒常性を維持する防衛反応を保ちながら，組織が肥大化して成長と発達をします。いずれは心身機能がそのピークを迎えてから，老化に伴う細胞数の減少や萎縮により，しだいに機能低下を伴いやすくなります（図6-1-1）。

　生命の恒常性を維持する**防衛反応**には，栄養と酸素を摂取してエネルギーを産生して活動することが必要なため，生体内で物質を変化させる代謝が行われます。健康な人体では，恒常性を維持する防衛反応が多少変化しても自然修復する治癒力を有しています。生命を維持する生体が，防衛反応の自律性の範囲を超えて異常となることで病気になります。そ

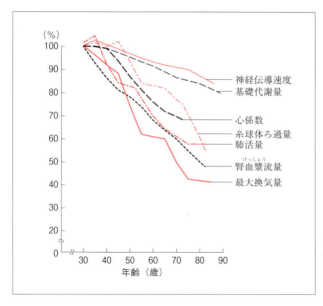

図6-1-1
生理機能の老化に伴う低下の経過　30歳を100として比較する
資料：那須宗一監修『老年学事典』ミネルヴァ書房，1989年，47頁

の病気の原因を把握することが診断であり，その原因を避けることが予防であり，それを修復してできるだけ正常な人体に戻すことが治療です。

　加齢と老化に伴い，人体の構造と心身の機能の恒常性が崩壊するようになります。老化により，防衛反応の変化に伴う生体反応の減退が起こり，人体の恒常性が時間の経過とともに衰退に至る一連の過程があります。それらを要因とする病気や外傷によって，さらにいっそう恒常性の崩壊が早まります。

2　生命の維持と加齢と老化に伴う変化

　生命の維持には酸素と栄養が不可欠であり，それらを体内に取り込んで運搬する呼吸と循環がつねに確保されています。酸素と栄養は血液内に吸収されて，心臓のポンプ作用による血圧により，人体の全身に運搬されます。

　心臓は左右にある心房と心室が，定期的に収縮・拡張する拍動を自動的に繰り返して，血液を出入しています（科目9図9-3-6参照）。同様に左右にある肺も，定期的に収縮・拡張する外呼吸を自動的に繰り返して，空気を出入しています（科目9図9-3-7参照）。血液は，肺で酸素の多い動脈血となって左心房に入り，左心室から体内に送り出されます（**体循環**）。生体の細胞の内呼吸から戻ってくる酸素の少ない静脈血は右心房に入り，右心室から肺に送り出されます（**肺循環**）。加齢と老化に伴い，血管の動脈硬化による狭窄が進むために，血圧がしだいに高くなる傾向となります。

　酸素は血液を通して細胞内に取り入れられて，そこで排出された二酸化炭素は血液を通して肺に送られ，酸素を取り入れて二酸化炭素を排出する外呼吸による**ガス交換**を行って

います。空気は気道を通じて，食道と分離されながら，気管支から肺胞まで至ります。空気が通る気道と食物が通る食道との分離が不全となると，食物が気道から肺に入る<ruby>誤嚥<rt>ごえん</rt></ruby>が起こり，生命にかかわる肺炎に至る危険性を伴います。

呼吸と循環の動態は，血液中の酸素量により微調整されています。とくに酸素の運搬は，短時間でも完全停止すると脳死に至るので，救急救命のためには，直ちに気道の確保，人工呼吸，心臓マッサージなどによる呼吸と循環の回復を確保する必要があります。

<ruby>口腔<rt>こうくう</rt></ruby>内から摂取された水分と栄養は消化器から血液に吸収され，肝臓で代謝処理されてから，心臓を通じて全身に循環します。水分と栄養の老廃物などはおもに<ruby>排泄<rt>はいせつ</rt></ruby>器官である腎臓によるろ過と再吸収で調整されながら尿として排泄され，尿管を通じて<ruby>膀胱<rt>ぼうこう</rt></ruby>に貯められ，尿道から排泄されて体液の水分や電解質などが維持されます。消化器で吸収されなかった水分や栄養は，肛門から便としても排泄されます。このほか，皮膚の汗腺からの水分の排泄などにより，体温等を調節します。加齢と老化に伴い，体内の水分の比率はしだいに低下するため，水分摂取の不足により体液が減少する脱水に留意する必要があります。消化器，泌尿器については科目9第3章第4節も参照してください。

3 老化に伴う心身の機能低下

心身が外界の変化に適応した生活活動をするために，それらの情報をもとに高次機能する脳と<ruby>脊髄<rt>せきずい</rt></ruby>からなる「**中枢神経**」と，それらを伝達する「**末梢神経**」が機能します。中枢神経は各機能が局在して連携と統合することで高次脳機能をしています。高次脳機能には，記憶，思考，言語などの認知機能や精神機能があります。大脳からの情報の指令が，生命活動を調整する脳幹を通じて，脊髄神経等から末梢神経を介して伝えられ，運動器が活動します。大脳を介さないで自動的に運動や姿勢を調整する神経回路による反射機能もあります。

運動器は，末梢神経からの刺激で収縮する筋肉と，可動性のある関節と連続性のある骨などの結合組織から構成され，運動機能を発現します。骨は体重を支持しながら移動を保持するほか，カルシウムなどの無機質の貯蔵，骨髄における造血作用があります。軟骨において発育期に骨が成長して，関節で可動性を有します。

運動器も加齢と老化の影響を受けて，機能低下を伴いながら，骨や筋肉が萎縮し，運動制限や神経反射などが低下します（図6-1-2）。高齢者は，そのような人体の構造の変化や心身の機能低下の**喪失体験**を伴いながら，徐々に要介護状態に陥ることにもなります。

近年，医学や生物学の進歩は著しく，生命現象を原理まで追求しています。介護現場で，それを的確に評価することは困難ですが，それらと生活習慣との関連性を理解する必要はあります。そのためにも，「社会福祉士及び介護福祉士法」第47条（連携）で，その業務を行うにあたっては，福祉サービスおよびこれに関連する保健医療サービスその他のサー

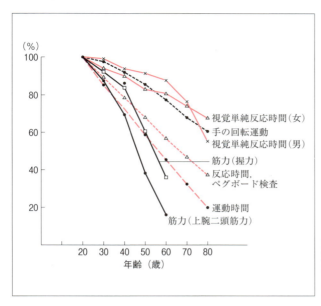

図6-1-2
運動機能の加齢に伴う変化，いずれもほぼ直線的に低下　20歳代を100として比較する
資料：那須宗一監修『老年学事典』ミネルヴァ書房，1989年，75頁

ビスが総合的かつ適切に提供されるよう……福祉サービス関係者等との連携を保たなければならないと定めています。

4 老年期に要介護に至る原因

「介護保険法」において，**要介護状態**とは「身体上又は精神上の障害があるために，入浴，排せつ，食事等の日常生活における基本的な動作の全部又は一部について，厚生労働省令で定める期間にわたり継続して，常時介護を要すると見込まれる状態」をいいます。また，**要支援状態**とは，要介護状態の軽減もしくは悪化の防止にとくに資する支援を要すると見込まれる状態，または身体上もしくは精神上の障害により日常生活を営むのに支障があると見込まれる状態です。介護保険における要介護（支援）認定率は，2015（平成27）年度には17.9％となり，65歳から74歳までの前期高齢者は12.5％，75歳以上の後期高齢者では87.5％となっています。

要介護に至る原因としては，2016（平成28）年では，全体の24.8％が認知症でもっとも多く，次いで脳血管疾患が18.4％，老年期の衰弱が12.1％の順位となっています。要介護度が高いほど，脳血管疾患や認知症を伴う頻度が高くなります。

これらの要因は，相互に関連性をもち，合併することで，より要介護状態を重くすることにつながります。老年期の経過と老化に伴う心身の変化の特徴を理解して，介護予防に努める必要があります。

第2節 老化に伴う心身の機能低下と日常生活への影響

1 老化の定義と原則

　人生のライフサイクルを，胎生期・発育期・成熟期・退縮期に分けて考えてみると，「**老化**」とは，成熟期以後の退縮期に認められる加齢的な心身の機能の退化です。加齢に伴って，それまでの生活に比べて心身機能の障害が著しくなったものをいう，と定義づけられています。なお，高齢者を65歳以上とする定義は，1956年の国際連合の報告書の定義によりますが，諸外国ではその年齢の定義は異なっており，日本の法律上では「**高齢者虐待防止法**」（高齢者虐待の防止，高齢者の養護者に対する支援等に関する法律）において，高齢者の定義を65歳以上としています。

　加齢と老化現象の共通原則として，**ストレーラー**（Strehler, B. L.）は，①普遍性：生体にはすべてに老化を認める，②内在性：あらかじめに老化が規定されている，③進行性：老化は不可逆的に進行する，④有害性：生体にとって老化は有害である，との4つの共通原則があることを提唱しています[(1)]。

　老化に伴う心身の機能低下には**生理的老化**と**病的老化**があります。生理的老化は，白髪やしみ，しわ，老眼，難聴などの人体の老化に伴って普遍的にかつ必然的に認められる心身の機能の低下です。急激に異常な症状を発現することは少ないです。生理的老化だけが発現する場合には，病気や外傷にならないかぎり，最大限の寿命に達する天寿を全うすることになります。病的老化は，長い生活習慣のなかで動脈硬化や高血圧などの病因等が形成されることで，病気などが主因となって心身の障害が著しくなり，日常生活機能が低下し，老化現象が促進され，不可逆的になりやすい病的状態となることです。明らかに急激で異常な症状を発現します。

　しかし，生理的老化と病的老化との境界線は明確ではなく，生理的老化と病的老化の要因が必ずしも同じであるとはかぎりません。

2 心身機能の変化と日常生活への影響

　老化に伴う心身の変化は，**人体の構造面**と**心身の機能面**に分けられます。

人体の構造面の変化
① 細胞数の減少……細胞数が減少することでその配列が不規則となり、細胞の核の大小不同も認められる。その間の結合組織の増加により、弾力性や各組織への血流が阻害され、血液の循環や尿の排泄などが円滑に機能しなくなる
② 総水分量の低下……成年者では体重の約60％が水分であり、そのうち細胞内に約40％、細胞外に約20％の割合で保持されているが、高齢者では成年者の約8割に減少する。とくに細胞内の水分が減少し、細胞外液の減少は少ない。水分の補給や出納に障害を伴うと、脱水をまねきやすくなる
③ 人体の萎縮……心臓を除くすべての臓器や器官が萎縮して機能低下を伴う。とくに肝臓、腎臓、運動器などで機能低下が著明になる

心身の機能面の変化
① 適応機能の低下……生活環境の変化に対応して生体の内部環境を変化させ順応する適応機能が低下する。身体面だけでなく精神面でも適応機能が低下し、生体の内部環境の不適合や日常生活機能の低下をひき起こしやすくなる
② 予備機能の低下……心身の予備機能は残存機能を含めて低下する。ただし、個人差も大きくなる
③ 反応機能の低下……神経機能の低下、瞬時の神経機能の低下に伴い、徐々に反応が遅くなる
④ 防衛反応の低下……おもに免疫機能の低下によって、抵抗力が弱くなり、感染症などにかかりやすくなる。復元力も低下するため、病気などの回復が困難となる
⑤ 代謝機能の低下……代謝量の低下により所要熱量も低下するため、摂取した栄養分が蓄積し、肥満や糖尿病など生活習慣病をまねきやすくなる

　老化に伴う心身の特徴として、遠視による視力障害や白内障、低音よりも高音領域にわたる難聴が生じます。筋・骨・関節などの運動器の変化として、筋力低下やバランス機能低下により運動機能が低下して、骨がもろくなる骨粗鬆症が要因となり、転倒などによる骨折や関節の変形で関節痛や神経痛を伴いやすくなります。心身の恒常性の保持の機能低下に伴って体温を維持する機能も低下してきます。

　そのためにますます身体を使わないことにより、とくに運動器に著しい機能低下の悪循環が起こり、**ADL**（Activities of Daily Living：**日常生活動作**〈**日常生活活動**〉）が低下する**廃用症候群**となります（図6-1-3）。すると、日常生活において、次々にいろいろな運動障害や精神障害をひき起こして、寝たきりや認知症などによる要介護状態になります。それらを避けるためにも、運動器機能の向上する介護予防をする必要があります。

　また、高齢者は、内臓や器官の機能低下から、低栄養、脱水、排尿障害、代謝異常、薬

の副作用などが起こりやすくなります。免疫機能の低下などから感染症にもかかりやすいので，その予防対策を講じる必要があります。食物を飲み込む**嚥下機能**の低下に対して，誤嚥予防や口腔ケアなどで改善を図ります。

3 咀嚼と嚥下機能の低下

咀嚼とは，口唇と歯を活用して口腔内に取り込んだ食物を，かみ砕いて食塊を形成することです。奥の舌を挙上して食物が咽頭に流れ込まないようにし，舌と口蓋で咀嚼に機能する歯や義歯へ運びます。食物の味は，舌の味蕾が感知し，大脳の味覚野で認知され，唾液の分泌や舌と口蓋の運動から消化管の運動や消化液の分泌が促進されます。

その後，食塊は，鼻腔や咽頭腔を閉ざしながら舌により咽頭に送り込まれます。それと同時に嚥下反射により喉頭が持ち上がり，喉頭蓋が喉頭部で気道をふさぎ，食物は前方の気道を通らずに後方の食道に入ります。食塊は食道の蠕動と重力により，胃に送られます。

老年期になると，歯の欠損や口腔の乾燥，咀嚼や嚥下反射の低下，頸や喉頭の廃用症候群によって，咀嚼と嚥下機能の低下が起こります。そのほか，脳血管障害や関係する神経麻痺や内服薬なども原因となります。そのために咽頭部から喉頭部にかけて一連の反射運動の障害で，食塊が誤って肺に入り，誤嚥による肺炎を起こす危険性があります。気づかないうちに肺炎が発症する不顕性の誤嚥も多くあり，口腔機能の向上や頭部を挙上することで予防する必要があります。

咀嚼と嚥下機能の低下による低栄養に対して，胃瘻や経鼻による経管栄養法や中心静脈栄養法などによる人工的水分・栄養補給法などの医療行為が指示されて業務となる場合に

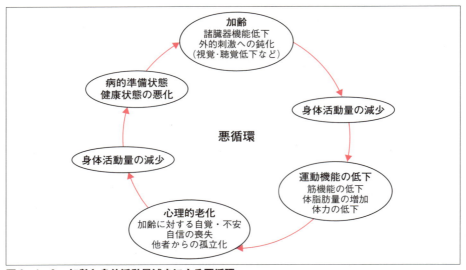

図6-1-3　加齢と身体活動量減少による悪循環
資料：後藤杏里・安保雅博「廃用症候群」大内尉義・秋山弘子編『新老年学　第3版』東京大学出版会，2010年，661頁

は，利用者と医療関係者および介護職とのチームアプローチによる連携が必要となります。

4 体温維持機能の変化

人体には，体温を37℃前後に維持する**体温調節機能**があります。中枢神経の体温調節中枢によって，外気温の変化や更衣，冷暖房の調節による代謝の変化に対応して，筋肉や血管の収縮や弛緩，発汗や外呼吸の増減で調節されています。汗の蒸発による気化熱でも体温の上昇を抑えています。睡眠時には，体温調節神経からの発汗抑制が緩和されるため，多くの汗をかきます。さらに皮膚に対する体圧反射によって，仰臥位の姿勢では上側の身体から発汗が増し，下側の身体の発汗は抑制されます。

老年期になると，いずれの機能も成年者と比較して低下します。そのために感染症や発熱疾患において，高齢者は発熱しにくい傾向があることに留意する必要があります。体温調節中枢の抑制を超えた高い体温になる場合には，脱水にならないように水分摂取を確保します。体温の経過観察ならびに症状の早期把握をして，迅速に医療関係者と連携を保つ必要があります。さらに，感染等に対する防御機能も低下しているため，各種の合併症や廃用症候群もひき起こしやすく，日常生活機能の低下をまねくことがあるので，注意が必要です。

5 精神的機能の変化と日常生活への影響

老化に伴う精神的機能の変化を，知能面と性格面に分けてみます。知能面では，新しい

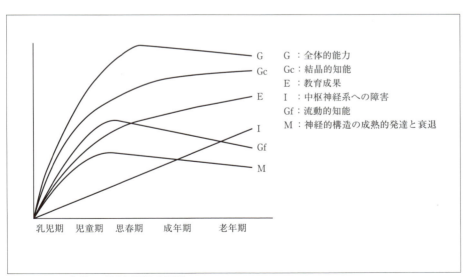

図6-1-4　知能の発達と衰退の経過
資料：市川隆一郎他編著『増補版　老年心理学』診断と治療社，1994年，49頁

ことに創造的に適応する「流動性知能」は，20代をピークに衰え始めます。しかし，長年にわたり積み重ねて習得し続けた「結晶性知能」は，高齢期になっても容易には衰えません（図6-1-4）。性格面は中年期までに固まるものの，老化に伴い，一般的に自己の主張が強くなり，自己の世界に閉じこもりやすくなりがちです。各種のストレスが重なると，精神機能の変化が日常生活にも影響を及ぼします。

また，高齢者の精神的機能として，知的機能と記憶能力が低下して，睡眠障害による不眠や意欲低下などと抑うつや認知症を伴いやすくなることがあげられます。

6 生活習慣と寿命

生命のある個体が生まれてから死ぬまでの生存期間が寿命です。その集団内の0歳時の平均余命の期間が「平均寿命」です。日本人の平均寿命は，保健医療福祉の充実により，第二次大戦後から著明に伸び，2016（平成28）年には，男性80.98歳，女性87.14歳となり，高齢者人口が増大しています。

その平均寿命に大きな影響を与える主要死因は，2016（平成28）年には，第1位が悪性新生物（がん），第2位心疾患，第3位肺炎，次いで脳血管疾患，老衰，不慮の事故，腎不全の順番となっています（図6-1-5）。第1位の悪性新生物は，男性，女性ともに肺がんが多くなっています。近年，高齢者の死因が改善されていますが，これは男性では悪性新生物，女性では脳血管疾患の死因の改善が寄与しています。若年層の死因の改善はほぼ限界に達しており，中高年における生活習慣の改善が死因となる病気を予防し平均寿命に大きく関与していますので，それらを生活習慣病と提唱しています。生活習慣は病因と強い関連性があり，食事と運動習慣で糖尿病・高血圧・脂質異常症などの予防に，禁煙で肺がんや心疾患などの予防に，禁酒で肝疾患などの予防になります。

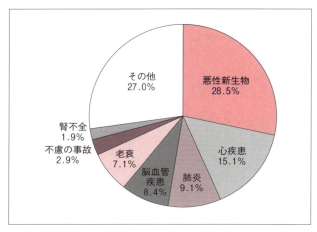

図6-1-5
おもな死因別死亡数の割合
資料：厚生労働省「平成28年人口動態統計」

7 加齢と老化に伴う病気の特徴

　高齢者は，心身の加齢と老化のために，他の年齢とは異なる病気の特徴があります。予備能力，環境の適応能力，抵抗力などあらゆる面で機能が低下するために，病気になりやすく，しかもなかなか健常に戻りにくいのです。

　また，加齢と老化による生体のひずみから，①いくつかの病気を抱える，②合併症を併発する，③非典型的な症状を起こす，④慢性化するなどの特徴があります。介護保険制度では，加齢と関係がある疾病で，要介護状態になる可能性が高い16の病気を特定疾病と規定して，40～64歳の第2号被保険者の適用条件にしています（**p.98**参照）。

　介護は24時間連続の年中無休の生活が基本にあり，病気と障害が生活と共存し，多くの病気や障害，生活問題，社会問題などを抱えることになります。そのために介護職は，介護の実践を行いながらも，利用者からの訴えに対して傾聴や観察を十分に行い，病気や障害と生活を理解することで，日々の変化に気づき，医師その他の医療関係者と連携して対応します。変化や問題点については，他の職種も十分に把握できるようにして，チームアプローチによる介護の提供が必要です。

　老後を健康で元気に楽しむためには，生活の手助けとなる保健医療福祉の**社会資源**をできるだけ活用する必要があります。利用したい人が社会資源の存在を知り，連携できなければ，せっかくの社会資源が利用者の手元に届きません。どのような介護ができるのか，よりよい解決に向けて老化に伴う身体と精神の機能の変化を把握し，互いに連携しながら介護を実践していく必要があります。

引用文献
(1) Strehler, B. L., *Time cell and aging*, NewYork Academic Press, 1962.

第2章

高齢者と健康

第1節 高齢者の疾患と生活上の留意点

1 病的老化と老年病

　老年期は、人体の構造と機能の低下により、簡単に病気になりやすく、すぐには健康に戻るのが困難となります。老年期になると、病的老化である**老年病**の特徴がさまざまな症状で出現します。老年病には、①いくつかの病気を抱えている、②いろいろな病気を併発しやすい、③症状が成年者ほど典型的でない、④病気が慢性化しやすい、⑤寝たきりや認知症になりやすい、⑥薬剤などの副作用が出やすい、⑦終末期ケアや生命倫理が問題となる、⑧チームアプローチで対応する必要があるなどの特徴があります。

　成年者には認められない、老化に伴いながら出現するさまざまな心身の症状群を、「**老年症候群**」（p.218参照）とよびます（図6-2-1参照）。成年者と比較して、早期発見やそのケアが困難となりますので、日常生活で少しでもおかしいと気がついたら、早期に医療関係者と連携する必要があります。

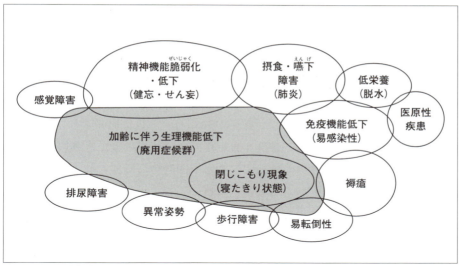

図6-2-1　老年症候群の諸症状・疾患とお互いの関連性
資料：林泰史「老年症候群」『日本医師会雑誌』，127巻第11号，2002年，1815頁

2　老年期の骨折

　加齢と老化に伴い，骨格を形成する骨はもろくなり，とくに女性では更年期において閉経後に急速に女性ホルモンが減少するために，骨に含まれるカルシウム量である骨量が減少する骨粗鬆症に至ることが多くなります。そうなると，転倒しただけで骨折が起こるようになります。

　更年期では，転倒した際に地面に手をつくことで，手関節が腫脹して著しい運動痛が発生する橈骨遠位端骨折を起こしやくなります。また，転倒して手をついたり，肩関節を直接打撲したりすることで，上腕骨近位端骨折を起こしやすくなります（p.217図6-2-4参照）。ただし，これらの骨折は，手術をせずにギプスや三角巾等の固定による保存的治療で治癒することが多いです。

　老年期になると，より骨粗鬆症が悪化して，しりもちや重いものを持ち上げるだけで，脊椎の椎体がつぶれる脊椎圧迫骨折が起こりやすくなります。とくに，胸椎と腰椎の間にかけて起こりやすく，椎体がくさび型に前方につぶれます。そのために，激痛を伴う強い背部痛が出現し，数週間にわたりADL（日常生活動作〈日常生活活動〉）が困難になります。

　後期高齢者になると，骨粗鬆症はさらに進行し，転倒するだけで，股関節部の大腿骨頸部骨折を起こし，歩行不能になります。この場合は，保存的に加療すると長期臥位となり寝たきり等に陥る危険性が高いため，手術による人工関節置換術や固定術を行い，できるだけ早期離床，リハビリテーションをしてADLの向上や歩行訓練をします。

　認知症を伴う場合には，疼痛を訴えないので，骨折に気がつくのが遅れることがあるた

め注意が必要です。骨折を予防するには，日常生活で骨格を刺激する運動をしながら，骨格に体重負荷を増やし，カルシウムを含んだ栄養分を摂取する必要があります。

3 老年期の筋力の低下と動き・姿勢の変化

　老年期になると，まったく心身を動かさない状態が続くと，1日に約5％ずつ筋力が低下します。あるいは病気や外傷のために，身体をまったく動かせずに寝たきりの状態が長く続くと，四肢の筋力が弱ったり，筋肉が萎縮することで関節の可動域を制限する拘縮が起こったり，寝たきり様になった状態である廃用症候群に陥ります。筋力を維持するためには，1日に数回は最大に近い筋力による筋収縮が必要です。

　筋力が低下して寝返りが困難となると，体圧がつねにかかることで，皮膚に骨が突出している仙骨部や足部などの皮膚がただれて潰瘍をきたす褥瘡になりやすくなります。褥瘡を予防するには，定期的な体位変換を補助したり，体位変換器の使用によって，皮膚に体圧があまりかからないようにします。

　さらに，循環機能の低下により，臥位から座位あるいは立位となる急速な体位変換によって低血圧となる起立性低血圧になりやすくなります。廃用症候群による起立性低血圧の予防には，ギャッジベッドやバックレストを活用して少しずつ座位の時間を延長し，自律神経の回復を促すことが必要です。

　歩行は，つねに重力に抗して立位姿勢のバランスを維持しながら，下肢を左右に出して体重を移動する複雑な運動です。老年期になると平衡保持機能が加齢と老化に伴い低下し，

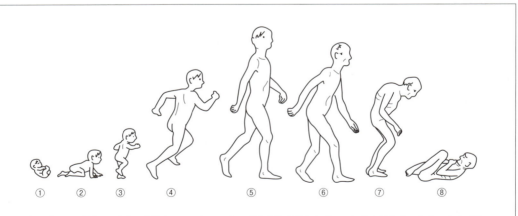

胎児の前頭脳（①）が発達・成熟するにつれ，ヒトは頭と身体を持ち上げて，起立歩行をするようになる（②〜⑤）。このような姿勢と歩行を発達・維持させる脳の部分（前頭葉，線条体，淡蒼球〈たんそうきゅう〉）の機能が衰えるにつれて，ヒトの姿勢はしだいに丸まってきて，ついに四肢は脳性の屈曲拘縮〈こうしゅく〉位となる（⑥〜⑧）。

図6-2-2　ヒトの一生と姿勢・歩行の変遷（Yakovlevの原図を一部修正）
資料：福井圀彦・前田真治『老人のリハビリテーション　第4版』医学書院，1992年，173頁

閉眼片脚立ちの可能な時間は成年者の約4分の1まで低下します。そのために身体のバランスの保持が困難となり、歩行能力やADLが低下します。歩行能力が衰えると手すりや歩行器による一部介助が必要となり、歩行困難となると車いすによる移動と移乗が必要になります。転倒しやすくなると、骨折などの外傷から廃用症候群となり、寝たきりや認知症を伴いやすくなります。図6-2-2にヒトの一生と姿勢・歩行の変遷を示しておきます。

4 老年期の関節痛

関節は、老化に伴って軟骨に変性を生じます。また、筋力の低下がみられます。軽症の場合は、歩きはじめが痛く、歩いているうちに痛みが軽減するのが特徴です。平地より階段の昇降、とくに降りるときが痛く、関節部分にはれがみられます。

痛みのために動かさなくなることが多くなりますが、関節は動かさないと筋肉・腱（けん）・靱（じん）帯（たい）・皮膚などが萎縮し、**関節可動域**が制限される拘縮をつくる可能性があります。その予防のために、無理のない範囲での関節可動域の運動が大切です。

加齢と老化に伴って、関節液が薄くなり、関節軟骨が摩耗して、周囲の骨格の変形により関節面が不規則な形状となる**変形性関節症**に至ります。とくに膝（しつ）関節や脊椎間関節の荷重関節に変形が起こると、つねに関節に運動時痛が生じます。その結果、ますます関節を動かさなくなると、拘縮や筋肉の萎縮を伴うようになり、廃用症候群に移行しやすくなります。そのために介護予防により、運動器の機能向上が求められます。

麻（ま）痺（ひ）や外傷で関節の可動が困難となったり、安楽・安静にするときや一時的に関節を固定したりする場合には、ADLに支障が少ない良（りょう）肢（し）位（い）をとらせることが大切です。関節が拘縮した場合に支障が出る不良肢位になると、ADLや身体介護がとても困難となります。

第2節
高齢者に多い病気とその日常生活上の留意点

1 循環器障害

心血管系の循環器障害は、食生活の欧米化、生活の利便化に伴う運動不足、肥満の増加により近年増加し、1985（昭和60）年以降、脳血管疾患にかわりわが国の主要死因の第2位を占め、現在までその死亡数は増加しています。2016（平成28）年の死亡数は19万8006人で、全死亡者の15.1％を占めています。

❶ 高血圧

●高血圧の定義と現状

血圧とは心臓から出た血液が血管壁に対してつくり出す圧力で、心臓にある心室がもっとも収縮したときの「収縮期（最高）血圧」と心室が拡張したときの「拡張期（最低）血圧」があります。日本高血圧学会の高血圧分類では、高血圧を収縮期血圧140mmHg以上、または拡張期血圧90mmHg以上と定義しています（表6－2－1参照）。

血圧は年齢とともに上昇し、60歳代では男性の49.5％、女性の36.3％が高血圧と診断されており、70歳以上では男性の45.5％、女性の約44.5％が高血圧とされています（厚生労働省「平成28年国民健康・栄養調査」）。

●高血圧の種類と高齢者高血圧の特徴

高血圧には原因がはっきりしない「本態性（一次性）高血圧」と、腎臓や内分泌器官、脳神経などのほかの臓器疾患が原因で起きる「二次性高血圧」がありますが、わが国の高血圧全体の9割は本態性高血圧です。初期の段階では無症状のことが多く、高い血圧が持続すると頭痛や頭重感なども現れてきます。また、高い血圧が持続し動脈硬化の進行により重要臓器の障害を合併してくると、心不全や腎不全、眼底出血や脳血管障害などの症状が出現します。

高齢者の高血圧には、その他の特徴として次のことがあげられます。
①収縮期血圧の上昇に比し拡張期血圧の上昇が緩慢なためその差である脈圧が大きくなる
②血圧が動揺しやすく朝方に高い
③起立性低血圧（起き上がったときに血圧が下がる）や食後の血圧低下が起こりやすい
④血圧を下げ過ぎると、めまいやふらつきなどの症状が出現したり、脳梗塞の危険が増す

血圧は精神的緊張で大きく変動します。したがって血圧測定の際には、血圧の日内変動を考慮して精神的に安定させ、何回か繰り返して測定したのちに、血圧値を評価することが大切です。

分類	収縮期血圧 (mmHg)		拡張期血圧 (mmHg)
至適血圧	＜120	かつ	＜80
正常血圧	＜130	かつ／または	＜85
正常高値血圧	130～139	かつ／または	85～89
Ⅰ度高血圧	140～159	かつ／または	90～99
Ⅱ度高血圧	160～179	かつ／または	100～109
Ⅲ度高血圧	≧180	かつ／または	≧110
（孤立性） 収縮期高血圧	≧140	かつ	＜90

表6－2－1　成人における血圧の分類
資料：日本高血圧学会高血圧治療ガイドライン作成委員会編「高血圧治療ガイドライン2014」2014年

● 高血圧の予防と治療

　高血圧を放置すると，動脈硬化が促進され，心臓（心不全，心肥大），脳（脳卒中），腎臓（腎不全），眼（眼底出血）などの臓器に合併症が出現し，生活の質の低下や生命の予後にも多大な影響を及ぼします。高血圧治療はこの臓器合併症の予防，その進展阻止を目的に行われます。臓器障害や糖尿病などの危険因子がある場合には，さらに降圧目標値が低く設定され，収縮期血圧130mmHg未満かつ拡張期血圧85mmHg未満となります。

　高血圧の予防に関しては，以下の点を念頭におき**生活習慣**を見直すことが大切です。

日常生活における高血圧の予防
- 減塩（高血圧でない人は10g未満/日，高血圧の人は6g未満/日）
- 禁煙（タバコは動脈硬化を促進する）
- 肥満者は減量（BMI＝体重（kg）÷［身長（m）の2乗］が25以下。10kgの減量で血圧が約5〜20mmHg低下する）
- コレステロールや飽和脂肪酸量の摂取を減らし，野菜・果物を積極的に取り入れた食事（野菜や果物のカリウムは余分な塩分を排泄させる作用がある。ただし，糖尿病や腎障害の人は除く）
- 飲酒は適量（1日あたり日本酒で1合程度以下，ビールでは中びん1本程度以下）
- 適度な運動（ウォーキングや軽いジョギング，平地でのサイクリング，水泳などの有酸素運動を毎日30分以上すると，数か月の継続で血圧が約5〜15mmHg低下する）
- 精神の安定（ストレスを早期解消する生活の工夫）

　これらを実践しても適正な降圧が得られないときに薬物療法を併用しますが，降圧剤は生活習慣の改善ができ血圧が調整できたら休薬することも可能です。定期的に臓器障害の評価（眼底，心機能，脳動脈硬化，腎機能検査など）を行い，早期発見して治療に結びつけることが重要です。

❷ 虚血性心疾患

　虚血性心疾患とは，心臓の表面を走行し心筋へ血液を供給する血管である冠状動脈が動脈硬化を起こし発生する疾患です。動脈硬化とは，血管の加齢による硬化に，高コレステロール食や運動不足などの不適切な生活習慣の影響が加わり，動脈血管の内側の空洞（内腔）狭窄と弾性の低下を起こす状態をいいます。

　虚血性心疾患には，冠動脈の内腔が狭くなり心筋への血液低下により生じる「狭心症」と，冠動脈の閉塞により血液停止が起こり心筋が壊死する「心筋梗塞」があります。

● 狭心症

　狭心症では，心筋の酸素要求に見合うだけの酸素が供給されず，心筋虚血となり胸痛が

出現します。一般的には，歩行，入浴などの動作で症状が誘発される「労作性狭心症」，早朝，起床時などに突発的に発生する冠動脈の攣縮による「安静時狭心症」，症状の出現が不安定で進行性の「不安定狭心症」に分類されます。一過性の虚血が生じても胸痛が起こらないものは「無痛性心筋虚血」といい，高齢者や糖尿病患者でみられます。

狭心症の症状は，前胸痛，胸部圧迫感，左肩から左上肢への痛みなどです。胸痛発作の持続時間は1～5分，長くても10分以内です。

狭心症では硝酸剤のニトログリセリン舌下錠（舌の下にある血流から吸収され血管を拡張させる薬剤）がよく効き，数分以内で症状が寛解します。

● 心筋梗塞

心筋梗塞の症状は，激しい胸痛，胸部絞扼感，さらに顔面蒼白や冷汗などが加わります。胸痛は30分以上持続し，狭心症に効くニトログリセリン舌下錠は有効ではなく，心臓への負荷を抑える麻薬のモルヒネで痛みが軽快します。しかし，高齢者では急性心筋梗塞を発症しても，胸痛が軽度であったり，胸痛を訴えないことが多く，心不全や不整脈，ショックなどを初発とした無痛性心筋梗塞が多いので見落とさないように十分な観察が必要です。だるい，食欲がない，活気がないなどのいつもと異なる変化がみられた場合には，注意して経過を観察します。急性心筋梗塞では，心臓収縮力が著しく低下し，ショック，重篤な不整脈，心不全，心破裂を合併し死亡率が高いため，急性心筋梗塞が疑われる場合には，すみやかに応急処置のできる医療機関への転送が必要です。

● 予防と治療

虚血性心疾患の予防は，危険因子である喫煙，肥満，高血圧や糖尿病，高脂血症の管理と運動，ストレスの少ない生活習慣の確立が前提です。治療は，動脈硬化の程度により薬物療法を加えます。それでも動脈硬化の進行を阻止できず高度な狭窄が存在する場合には，心筋梗塞への移行を予防するため，冠動脈再建手術（血管の狭窄部位を拡張したり，狭窄のない血管をつなぐ手術）などを行います。

❸ 不整脈

心臓の拍動をつくり心臓全体へ伝える刺激伝導系の老化や加齢による基礎心疾患の増加で，伝導障害，期外収縮，心房細動などの「**不整脈**」が発生します。とくに心房細動は，心臓などから発生した塞栓で脳血管が詰まる脳梗塞の原因となるため，血液を固まりにくくする薬剤が投与されます。心拍の歩調とりの障害である洞機能不全症候群では，脈と脈の間隔が非常に広く不規則に打つため，めまい，失神発作や心不全などを起こしやすく，人工的に心拍をつくるためペースメーカーの植え込みが行われます。ペースメーカーの近くでの携帯電話の使用は誤作動を起こす危険性がありますので，避けます。

❹ 心不全

心臓のポンプ機能が低下するために心拍出量が減少し，全身の臓器へ血液が十分に供給できなくなる状態を「**心不全**」といい，加齢とともに発症率は増加します。左心室の障害による「左心不全」と右心室の障害による「右心不全」があります。左心不全では，呼吸困難，頻脈，起座呼吸（起きて前かがみ姿勢でする呼吸），咳嗽，血圧低下，チアノーゼ，右心不全では，浮腫（顔面や下腿），食欲不振，腹部膨満，血尿などの症状が出ます。高齢者の心不全では元気がない，食欲の低下などの非定型的な症状が前面に出ることがありますので注意が必要です。

治療は心臓の負担を減らすために，安静，減塩（1日6〜8g以下），禁煙，禁酒が基本です。そのうえに病態によりさまざまな薬剤が使用されます。

❺ 脳血管障害（脳卒中）

●脳血管障害の定義と現状

脳の血管障害により，その血流支配領域の脳機能が障害される疾患を「**脳血管障害**」といいます。突然倒れ急速に神経症状が現れるため「**脳卒中**」ともいいます。

脳血管障害による死亡は，1951（昭和26）年から1980（昭和55）年ではわが国の死因の第1位を占めていましたが，1981（昭和56）年に悪性新生物にかわり第2位となり，さらに1985（昭和60）年は心疾患にかわって死因の第3位となりました。以後死亡数は減少傾向を示し，2011（平成23）年には，肺炎にかわり死因第4位となりました。2016（平成28）年では，死亡数は10万9320人で，全死亡者に占める割合は8.4％となっています。減

	脳梗塞（虚血群）		頭蓋内出血（出血群）	
	脳血栓	脳塞栓	脳出血	くも膜下出血
一過性脳虚血発作の前駆症状	あり	時にあり	なし	なし
発症様式	安静時発症，局所症状の進行は緩徐	突発的に局所症状が出現し，数分以内に完成	活動中発症，局所症状の進行は急速	突発的に起こる激烈な頭痛（嘔気，嘔吐を伴うことあり）
局所症状の有無	あり	あり	あり	なし
意識障害の有無	あり（軽度）	あり（軽度）	あり（急速に昏睡に陥ることあり）	あり（発症時に一過性）
基礎疾患	高血圧，糖尿病，脂質代謝異常	不整脈・弁膜症などの心臓疾患	高血圧	脳動脈瘤の存在，高血圧など
好発年齢	高齢になるほど高い	年齢に無関係	中高年（40〜50歳代に多い）	中高年（40〜60歳代に多い）

表6-2-2　おもな脳血管障害の鑑別点
資料：厚生省「循環器病委託研究班分類」1990年より一部改変

少してきた理由としては，降圧剤の進歩と食塩摂取量の低下，たんぱく質摂取量の増加など食生活の改善によると考えられます。

●脳血管障害の種類

大別すると脳の血管が詰まる「脳梗塞」と，血管が破綻する出血群があります。脳梗塞は動脈硬化部位に血栓が詰まる「脳血栓」と心臓内や頸動脈内でできた血栓や脂肪塊が流れてきて詰まる「脳塞栓」に，出血群は「脳出血」と動脈瘤（血管にできるこぶ）が破裂して出血する「くも膜下出血」に分類されます（表6-2-2参照）。脳卒中の前兆として，脳の局所症状が一過性に出現して24時間以内に完全消失する「一過性脳虚血発作」もあります。

●脳血管障害の症状

脳血管障害の中心的な症状は次のとおりです。

> **脳血管障害の症状**
> ○運動麻痺…神経障害に伴い片側の上下半身の運動機能が低下する片麻痺が起こる
> ○感覚障害…神経障害に伴い感覚機能が低下する
> ○言語障害（失語）…他人の話す内容は理解できても言葉を発せない運動性失語（ブローカ失語）と自分で言葉を話せても他人の話す内容を理解できない感覚性失語（ウェルニッケ失語）がある
> ○失行…運動機能が損なわれていないのに，動作を指示しても実行や理解ができない
> ○失認…感覚機能が損なわれていないのに，対象認識や内容を理解できない

これらの症状は脳の血流障害が起きた部位に応じて出現するため局所症状といいます。「くも膜下出血」では，くも膜と軟膜の間の閉鎖空間に出血が起きるため局所症状が出現せず，激しい頭痛と嘔吐，一過性の意識障害が現れ重篤となります（表6-2-2参照）。

●脳血管障害の予防

脳血管障害は再発を繰り返しながら，そのたびに脳全体の機能を徐々に低下させます。そして「認知症（血管性認知症）」に至らせる原因でもあります。

脳血管障害の予防には，脳血管疾患それぞれの危険因子をうまく管理する必要があります。脳出血では高血圧や飲酒，過労などのストレスや寒暖差の多い生活環境が，また脳梗塞では高コレステロールや高血糖が危険因子です。

脳血管障害は急性期に救命できても，肢体不自由や言語障害などの後遺症を残す場合が多く，高齢者の寝たきりの最大の原因です。寝たきりは，さらに廃用症候群を誘発して，食事，排泄，入浴，移動などのADL（日常生活動作〈日常生活活動〉）の自立を妨害するだけでなく，精神的障害も増強させます。発症した場合は，早期からのリハビリテーションにより，筋萎縮，関節拘縮を阻止し，自立生活への過程を確保する必要があります。

2 神経・精神疾患

❶認知症

「**認知症**」とは，生まれてから成長するまでに獲得した知的機能全般が，脳や身体の病気などで記憶障害を中心として低下し，日常生活上の自立性が維持できなくなった状態を指します。

原因不明で脳が進行性に萎縮する「**アルツハイマー型認知症**」と脳動脈硬化を背景として脳血管障害に引き続いて起こる「**血管性認知症**」が代表的疾患です。中核症状はともに記憶や判断，思考などが侵される知能障害ですが，認知症の種類により感情や意欲障害，精神障害（幻覚・妄想），意識障害（せん妄），行動障害（徘徊）などの**BPSD**（Behavioral and Psychological Symptoms of Dementia：**認知症の行動・心理症状〈認知症に伴う行動障害と精神症状〉**）を併発します。血管性認知症では，障害された血管支配領域の脳機能が低下するため「まだら認知症」となり，アルツハイマー型認知症では，早期より病識がなくなり人格水準が低下する「全般型認知症」を呈します（表6-2-3）。

認知症と同様な症状を示しても適切な治療により症状の改善や治癒ができる例があり，それは「治療可能な認知症」であり，甲状腺機能低下症，慢性硬膜下血腫，梅毒，ビタミンB₁₂欠乏症などがあり，早期に鑑別して治療に結びつける必要があります。

●認知症の予防

予防には危険因子の除去と管理が重要です。アルツハイマー型認知症の危険因子は加齢であり，定期的な運動には予防作用があるとされます。軽度～中程度の認知症であれば症状を緩和する薬剤が治療に使用されます。血管性認知症の危険因子は加齢と脳血管障害です。血液を凝固させない薬剤（抗血小板薬など）を投与し，新たな梗塞を防止します。

	アルツハイマー型認知症	血管性認知症
発症様式	徐々	比較的急激。約8割に脳卒中発作の既往あり
経過	進行性に憎悪。著しい認知症に至る	症状の消長がある。悪化するときは階段状
特徴	全般的認知症	まだら認知症。記銘力低下は目立つが一部の知的能力は保たれる
人格水準	早期より低下する	比較的保たれる
病識	早期よりなくなる	晩期まで保持される
随伴症状	徘徊・多動が多い（90％）	感情失禁が比較的多い（50％）
神経症状	ないか軽い	局所症状を伴うことが多い

表6-2-3 アルツハイマー型認知症と血管性認知症の違い
資料：平井俊策「老年病各論『血管性痴呆』」日本老年医学会編『老年医学テキスト』メジカルビュー社，1997年，145頁を一部改変

●生活上の留意点

　意識障害や多彩な精神症状で一時的に混乱するせん妄症状を訴えるときには，認知症とは異なり一過性でおさまるので，高齢者の訴えの誤りを説得するのではなく，心の中の不安感，とまどいを見据えたうえで，安心感を与え，認知症とは区別する必要があります。

　認知症では，「物盗られ妄想」により大事なものを誰かに盗られたと訴えるときには，「まわりの人は盗っていない」と客観的事実を説得するよりも，共感的態度でいっしょに探しつつ，高齢者自身で発見させるような援助が望ましいです。また，「幻覚」により，隣の部屋やすぐそばに泥棒や妖怪がいると不安を訴えるときには，介護者のそばに移動させ，手を握るなどのスキンシップをしながらしばらくいっしょにいると安心感を与えられます。

❷ 老年期うつ病

●老年期うつ病の定義と原因

　老年期うつ病は，他の年代のうつ病と同様に気分の落ち込みが基本的な病態です。老年期は，近親者との死別や身体機能の低下に加え，社会的役割の喪失なども加わる年代のため，気分障害が誘発されやすい状態にあり，うつ状態は高齢者に高率に認められます。うつ病の好発年齢は老年期にあり，65歳以上の地域住民における有病率は5〜15％との報告があります。老年期にみられる脳神経細胞の数や神経伝達物質の減少が老年期うつ病の気分障害に影響を与えていると考えられています。

●老年期うつ病の症状

　老年期うつ病の症状の特徴は，まず非定型的で多彩な身体的愁訴（しゅうそ）や心気的愁訴が多いことがあげられます。したがって精神症状よりも頭痛，ふらつき，食欲減退，全身倦怠感（けんたい），睡眠障害などの身体症状の訴えが強く，気分・感情の落ち込みが目立たない，いわゆる「仮面うつ病」の形をとることが多く，老年期うつ病の診断を困難にしています。また，初老期では気分の落ち込みが目立たず，対照的に不安・焦燥感が前面に出てくる場合が多いのも特徴です。心気的訴えの強い場合には，自殺念慮，自殺企図が隠れていることがあり，注意が必要です。妄想では，被害的妄想（物を盗られた）が多く，そのほかとして貧困妄想や嫉妬妄想もみられます。

　老年期うつ病では，知的機能低下が高度でないこと（単純な記銘力は保持されている）で認知症と区別されます。

　しかし，活動性の低下で身のまわりのことができなくなりADLに障害が出現したり，会話や思考制止のために記憶を誤まったり，判断力・認知力が著しく低下したりすると認知症と区別がつきにくい状態となります。これを「**うつ病性仮面認知症**」といいます。

●老年期うつ病の治療と予後

　治療は，精神療法と薬物療法が基本です。精神療法としては支持療法（患者の訴えを中立的，非指示的に傾聴する立場で患者の自発的な回復を見守り支えていく治療方法）や家

族療法（患者の身近な家族の連帯感を形成してその力を期待する治療方法），認知行動療法（患者自身に自分の偏った思考を気づかせることで行動の変容を起こさせる治療方法）などがあります。薬物療法では，各種の抗うつ剤が使用されます。

老年期うつ病の予後は，通常の経過で治癒が3分の1，再発後に治癒が3分の1，遅延が3分の1とされます。

❸ パーキンソン病

「パーキンソン病」とは，ドパミン（脳内の神経伝達物質のひとつ）を産生する中脳に異常が起こり，ドパミンが減少して起こる進行性の神経変性疾患です。中高年以降に性差なく発生します。筋固縮（手足の動きに抵抗がある），振戦（安静時に手足などがふるえる），運動減少による無動症（動作が緩慢），姿勢反射障害（身体のバランスが悪く，転びやすい）が四大特徴症状です。

パーキンソン病の症状はそのほかに，顔の表情が乏しい仮面様顔貌や前屈姿勢，小きざみなすくみ足歩行がみられ，そのあとに突進現象のため前かがみの姿勢で早足となり転倒・骨折の危険が大きいのが特徴です。立ちくらみや便秘，発汗異常などの自律神経症状や，抑うつ状態，幻覚妄想，認知症などの精神症状も発生します。

適切な薬物治療（不足したドパミンを補充する）によってある程度まで日常生活の自立が可能です。しかし徐々に進行するために介護が必要になります。転倒予防や嚥下機能維持のためのリハビリテーションの継続が必要です。

3 感染症

❶ 高齢者と肺炎

わが国の主要死因のなかで，肺炎は1975（昭和50）年に不慮の事故にかわり第4位になり，以後漸増してきましたが，2011（平成23）年には脳血管疾患を抜いて第3位となり，2016（平成28）年には死亡者数は11万9300人，全死亡者の9.1％を占めています。

現在の高齢者の死因を見てみますと，高齢になればなるほど心疾患や肺炎，脳血管疾患の割合が増加します。後期高齢者においては肺炎が死因の大きな割合を占めることから，風邪や誤嚥などから肺炎へ移行しないような肺炎対策への配慮が大切となります。高齢者は免疫機能が低下しており，弱い病原体に対しても容易に肺炎や気管支炎を起こしやすいのです。したがって高齢者施設では冬期には集団感染症の予防のためにワクチン接種（インフルエンザ・肺炎球菌など）を積極的に行っています。また，高齢者で嚥下機能の低下がある人は，誤嚥性肺炎を起こしやすくなります。ここでは，肺炎の要因となる誤嚥性肺炎とインフルエンザについて説明します。

● 誤嚥性肺炎

　口腔内の病原菌を含む唾液や肺からの喀痰などを反復して少量ずつ誤嚥したり，病原菌と食物をいっしょに気道内へ誤嚥して起こす肺炎をいいます。脳血管障害があると嚥下運動やせき反射の低下を起こし誤嚥しやすくなります。また，高齢者は下部食道括約筋の機能不全や食道穿孔ヘルニアなどで胃食道逆流を生じやすく，誤嚥性肺炎を起こしやすいのです（表6-2-4）。

　症状は，誤嚥をした数時間から数日以内にせき，痰，発熱，呼吸困難，喘鳴が認められますが，これらの典型的な症状の現れない場合もあります。元気がない，食欲低下，不穏，意識障害，失禁などの非定型的症状で発見されることも多いので注意が必要です。予防は，口腔ケアにより口腔内を清潔に保つこと，食事時に誤嚥を起こさないよう注意すること，嚥下訓練を行い誤嚥のリスクを軽減することなどです。治療は抗生物質などの薬物療法で，喀痰の吸引などが必要となります。

● インフルエンザ

　ウイルス性肺炎のなかで，高齢者や抵抗力の低下している人にとっては生命予後に影響する重篤な疾患です。インフルエンザウイルスはA型，B型，C型の3種あり，とくにA型は伝播性が高く，空気中からの飛沫感染により大流行をひき起こします。症状は，39～40℃に及ぶ高熱，悪寒，倦怠感，筋肉痛，頭痛などの全身症状が急激に出現するのが特徴です。

　予防対策としては，安静にして十分な栄養と睡眠をとる，インフルエンザワクチン接種，

分類	病態
神経疾患	脳血管障害（急性期・慢性期） 中枢性変性疾患 パーキンソン病 認知症（血管性・アルツハイマー型）
寝たきり状態（原因疾患を問わず）	
口腔の異常	歯のかみ合わせ障害 口内乾燥 口腔内悪性腫瘍
胃食道疾患	食道憩室 食道運動異常（アラカシア，強皮症） 悪性腫瘍 胃食道逆流（食道穿孔ヘルニア） 胃切除（全摘・亜全摘）
医原性疾患	鎮痛剤・睡眠剤 抗コリン剤などの口腔乾燥をきたす薬剤 経管栄養

表6-2-4　誤嚥をきたしやすい病態
資料：日本呼吸器学会呼吸器感染症に関するガイドライン作成委員会編『成人院内肺炎診療の基本的考え方——日本呼吸器学会「呼吸器感染症に関するガイドライン」』2002年

外出時の手洗いとうがいの励行，マスクの着用，部屋の保湿，保温などです。感染した場合には，高熱に対して氷冷や補液，場合により解熱剤を使用します。また抗インフルエンザ薬の早期投与は有効です。

❷ 皮膚真菌症

　高齢者に多くみられる**皮膚真菌症**は，白癬と皮膚カンジダ症です。

　水虫といわれる足白癬は，足指間に紅斑・びらんがみられるものと，かかとを中心に足底が肥厚・角化するものがあります。爪白癬は，足爪に出現し，爪の白濁・肥厚がみられます。ときに陰部や体幹に感染します。環状のわずかな盛り上がりのある紅斑の形をとるので，湿疹と誤ることがあり注意を要します。

　皮膚カンジダ症は，寝たきりでおむつを使用している高齢者の陰部に好発します。皮疹は，紅斑，びらん，一部の小膿疱などがみられます。

　生活上の留意点としては，定期的な入浴で清潔を保つことですが，それができない場合には清拭を心がけます。真菌症の治療は，抗真菌薬の患部への塗布などです。

❸ 疥癬

　ヒゼンダニという寄生虫が皮膚に寄生して起こる感染症です。成虫が皮膚に小さなトンネルをつくり，そこで産卵し2週間程度で成虫となり約1か月生存します。**疥癬**の症状は，小水疱（水ぶくれ）や紅色丘疹（赤いぶつぶつ）が，強いかゆみを伴って皮膚の柔らかい部位である，へそのまわり，わきの下，陰部，指間中心にできます。強いかゆみのため皮疹に加えてひっかき傷もみられます。感染経路は，患者との直接接触や衣類，寝具などからです。高齢者施設で，同室者や介護職を介して感染して集団感染を起こすことがあるので注意が必要です。治療は外用薬や抗ヒスタミン剤を使用します。

　生活上の留意点としては，疑いがある場合には早期に皮膚科を受診する，同室者の寝具や機材の共用はせず，個室で健康管理する，衣類やシーツはこまめに洗濯，日光干しなどで清潔保持するなどです。

❹ 帯状疱疹

　小児期に罹患した水痘（水ぼうそう）のウイルスが神経節に潜んでいて，人体の抵抗力が低下したときに再活性化されて生じる病気です。**帯状疱疹**は，どの年齢でも発生しますが，加齢に伴い免疫抵抗が低下している高齢者に多い疾患です。顔面や身体の片側の末梢神経の走行に沿い，赤味を伴う水疱が帯状に配列し，同時に神経痛様の疼痛が出現します。発疹は発赤，丘疹として出現し2～3日後に水疱に変化し，さらにあとでは，かひ（かさぶた）をつくります。ときに後遺症として神経痛が残ります。治療は，十分に休養をとり，抗ウイルス薬を使用します。

⑤ 尿路感染症

腎臓，尿管，膀胱，尿道を尿路とよび，尿路のどこかに感染を起こす疾患を「**尿路感染症**」といいます。女性では，男性より短い尿道から侵入した細菌によって膀胱が炎症を起こす「膀胱炎」が多くみられます。

急性膀胱炎の症状は，頻尿，排尿時痛，残尿感，血尿などです。発熱，悪寒，背部痛がある場合には，急性腎盂腎炎を疑います。尿路感染症の原因菌は大腸菌がもっとも多いですが，高齢者で尿道留置カテーテルの装着が長期にわたる場合には，緑膿菌などの日和見感染（免疫の低下により常在菌が感染症をひき起こす）がみられます。予防は，日常から尿意をがまんせず，飲水量を多くして排尿することです。治療は抗生剤の投与が行われます。

4 内分泌・代謝系疾患

① 糖尿病

●糖尿病の現状

厚生労働省の「国民健康・栄養調査」によると，わが国の「糖尿病」の患者数は年々増加しており，2016（平成28）年で糖尿病疑いの人は約2000万人，このうち強く疑われる者は約1000万人と報告しています。**糖尿病**は，動脈硬化を進行させ，わが国の主要死因である脳血管障害や虚血性心疾患発生を増大させる危険因子です。また，慢性に経過すると重大な合併症を起こし，生命予後や**QOL**（Quality of Life：生活の質）に多大な影響を及ぼすため，予防と対策が急がれます。

	1型糖尿病（インスリン依存型）	2型糖尿病（インスリン非依存型）
発症年齢	若年者（小児〜思春期に多い）	成人（40歳以上に多い）
糖尿病全体に占める頻度	5％以下	95％以上
発生機序	おもに自己免疫を基礎とした膵臓β細胞破壊によるインスリン分泌障害が主病態	遺伝因子に加え，運動不足などの環境因子が加わって発生する。インスリン作用不足が主病態
肥満度	肥満とは関係ない	肥満または肥満の既往が多い
発症様式	一般に急激	緩徐
家族歴	家系内の発生は2型より少ない	家系内血縁者にあり
ウイルス感染との関連	ときにあり	なし
膵島細胞への自己抗体	陽性率高い	陰性
治療	インスリンが必須	食事，運動，経口血糖降下剤，インスリン

表6-2-5　糖尿病の成因による分類と特徴
資料：日本糖尿病学会編『糖尿病治療ガイド2012—2013』文光堂，2012年，14・15頁をもとに作成

●糖尿病とは

　糖尿病とは，さまざまな病因により膵臓からの**インスリン**分泌の欠如や分泌不足，あるいはインスリンの作用不足のために高血糖が持続する疾患をいい，糖質だけでなく脂質やたんぱく質などにも代謝異常が起こり，慢性化すると血管障害などの合併症を発症します。

　糖尿病の種類には，膵臓にある**ランゲルハンス島**（膵島）のβ細胞というインスリンを作る細胞が破壊され，インスリンの量が絶対的に足りなくなって起こる**1型糖尿病**，インスリンが作用不足となり，肝臓や筋肉などの細胞がインスリン作用を発現しにくくなって発生する**2型糖尿病**，その他の特定の機序・疾患による糖尿病（遺伝子の異常，肝臓や膵臓の病気，免疫の異常，薬剤など），妊娠中に発生する妊娠糖尿病などがあります。ここでは，発生頻度の高い1型糖尿病と2型糖尿病の特徴を記載しました（表6-2-5）。

●糖尿病の症状と診断

　糖尿病の初期には高血糖であっても無症状のことが多く，病状が進行してから口渇，多飲，多尿，倦怠感，体重減少などの糖尿病特有の自覚症状が出現します。糖尿病の診断は空腹時血糖検査や血糖負荷テスト（ブドウ糖75g）で行います。

●糖尿病の予防と治療

　予防対策としては，糖尿病予備軍を早期に発見し，糖尿病への移行を防止するための健診体制の充実（二次予防）と生活習慣の改善（一次予防）があります。

　具体的な一次予防としては，過食や脂肪の過剰摂取を抑え，野菜を多めに摂り，質・量ともにバランスのとれた食事摂取をめざすことと，毎日20～30分程度の運動を行うことです。

　糖尿病と診断されたときの治療は，予防同様に食事療法と運動療法が第一ですが，これらでもコントロールが不十分な場合には，1型糖尿病ではインスリン注射（必須）を，2型糖尿病では経口血糖降下薬やインスリン注射（必要に応じて）などの薬物療法を併用します。

●糖尿病の合併症

　糖尿病が長期間続くと網膜症，腎症，神経症という三大**合併症**が発生します。糖尿病性網膜症は失明へ，糖尿病性腎症は腎不全から透析へ，糖尿病性神経症は足のしびれや疼痛へと進行する危険があります。さらに糖尿病で動脈硬化が進行すれば下肢の動脈の閉塞から壊疽となり足の切断を余儀なくされます。しかし，合併症は厳格な血糖管理により予防可能ですので，本人の生活習慣改善への自覚が大切です。

❷ メタボリックシンドローム（内臓脂肪症候群）

　国民健康づくり対策として厚生労働省により2000（平成12）年に策定された「21世紀における国民健康づくり運動（**健康日本21**）」では，一次予防の最重要点に肥満，とくに上半身肥満の防止，解消をあげています。運動をしないと筋肉はやせて，基礎代謝が減るた

腹囲 (へそまわり)	男性85cm以上，女性90cm以上
血圧	・収縮期血圧が130mmHg以上 ・拡張期血圧が85mmHg以上 のいずれかまたは両方
血糖	空腹時血糖が110mg/dL以上
脂質	・中性脂肪150mg/dL以上 ・HDLコレステロール40mg/dL未満 のいずれかまたは両方

表6-2-6
メタボリックシンドロームの診断基準
※腹囲は必須項目。他の3項目のうち，2つ以上該当すると診断される　資料：厚生労働省資料

めに体重が少なくても脂肪の多い「かくれ肥満」になります。肥満は糖尿病の危険因子のみならず，血圧上昇や脂質代謝異常を連鎖的にひき起こします。そして動脈硬化を一段と促進させ，メタボリックシンドロームを発生させます。腹囲が男性85cm以上，女性90cm以上で，脂質異常，高血圧，高血糖のうち2つ以上に該当するとメタボリックシンドロームと診断されます（表6-2-6）。予防と治療は，内臓肥満をなくすための運動療法と食事療法などの生活習慣の見直しが基本です。

❸ 痛風

細胞の核の成分でもあるプリン代謝に異常をきたし血液中の尿酸値が高くなり，尿酸塩結晶が生成されて急性関節炎を起こす代謝性疾患です。体質的な素因と食生活の欧米化で，肉類（プリン体というたんぱく質）とアルコール摂取量が増加したことが原因です。女性にはまれで，成人男性は約1％程度にみられます。高尿酸血症の典型的な症状に痛風発作とよばれる足拇指のつけ根の関節の腫脹と激痛があります。これは関節内の尿酸塩の結晶化，沈着により起こったものです。長期間にわたり高尿酸血症が持続すると，腎障害（痛風腎），腎結石，心臓や脳血管障害，糖尿病などの全身性の合併症を起こします。予防は，尿酸の多い食事を避け，アルコール摂取を減らす食事療法ですが，それでも尿酸値が低下しなかったり，症状が改善しないときには，尿酸生成抑制剤か尿酸排泄促進剤による薬物療法になります。

5 感覚器障害

❶ 白内障

「白内障」は通称「白そこひ」といわれます。種々の原因で水晶体が混濁し（クリスタリン凝集により不溶性たんぱく質が増加するため），進行すると視力障害を起こします（科目9図9-3-5参照）。加齢が原因となる老人性白内障が全体の約90％以上を占め，60歳代で約半数が，80歳代後半ではほぼ全員が程度の差はあれ罹患します。それ以外の原因と

して，外傷性，ステロイド剤の長期内服，アトピー性皮膚炎などでも起こります。

症状は，霧視（霧がかかったように見える），羞明（まぶしい），物が二重に見える，視力低下などで，水晶体の混濁の部位と程度により異なります。治療としては点眼薬がありますがそれほど有効ではなく，手術が治療の中心です。手術は眼内レンズの挿入であり，高齢者でも比較的安全に行えます。

❷ 緑内障

眼房水は，眼球内の毛様体で産生されて角膜や水晶体へ栄養を供給したあとに静脈へと吸収されます。この眼房水の吸収障害により眼内圧（正常眼圧は10〜20mmHg）が上昇して，網膜や視神経が障害される疾患を「緑内障」といいます（**科目9図9−3−5参照**）。昔は「青そこひ」とよばれました。原因は先天性，原発性（原因が不明），続発性（ほかの眼疾患が原因となる）などがあります。

初期は無症状のため気づかないことが多く，進行すると，かすみ眼，視野狭窄，頭痛，吐き気などが起こります。白内障より頻度は少ないですが高齢者にはよくみられます。失明の危険があるため，定期的な眼圧検査が必要です。治療は原因により点眼薬（眼圧降下剤）から手術適応まであります。

❸ 難聴

音は，聴覚器である外耳，中耳，内耳を通り，内耳神経，脳へと伝わり認識されますが，これらの伝導路のどこに障害が起こっても難聴が起こります（**科目9図9−3−5参照**）。難聴は，外耳から中耳の障害（耳垢や中耳炎など）で起こる伝音性難聴と，内耳より中枢部位の障害で起こる感音性難聴があります。老人性難聴は，内耳機能（蝸牛の感覚細胞の減少など）の低下により発生する感音性難聴が主体です。その特徴は，高い音から聞こえにくくなり，やがて低い音に及び，また音が歪んで聞こえるため言葉として理解しにくいなどです。有効な治療法はないため，補聴器の使用が勧められます。老人性難聴は感音性難聴が主ですが，現実には伝音性難聴と感音性難聴が混じった混合性難聴が多いため，伝音性の原因を除去すること（耳垢栓・中耳炎治療）も有効です。

生活上の留意点としては，老人性難聴になると，相手とのコミュニケーションがとりにくくなるため，不安感や精神的ストレスをかかえて孤立しがちになります。したがって周囲の者はコミュニケーションをとるための知識と支援が必要とされます。具体的には，会話の際には大きな低い声で一語一語ゆっくり話すこと，言葉だけでなく，口の動きと顔の表情や動作も添えるともっと理解しやすくなります。

6 運動器（筋骨格）系疾患

❶ 骨粗鬆症

●骨粗鬆症とは

骨粗鬆症とは，低骨量（カルシウムやリンなどのミネラル成分の減少）と骨組織の微小構造の萎縮により，骨の脆弱性が亢進し骨折しやすくなる疾患をいいます（**図6-2-3**）。2015（平成27）年の骨粗鬆症ガイドラインによると，日本の骨粗鬆症患者数は約1280万人で，1年間におよそ100万人が新たに発生していると報告されています。骨は硬く変化しないようにみえますが，つねに古い骨を壊し新しい骨に作り変える骨代謝を繰り返しています。そして骨吸収量（骨を壊す量）が骨形成量（骨をつくる量）よりも多くなると，骨量が減少し骨粗鬆症が発生します。骨粗鬆症は原因となる基礎疾患のない原発性骨粗鬆症と他の疾患に伴って起こる続発性骨粗鬆症に大別されます。

骨粗鬆症の原因には，加齢，遺伝因子，ホルモン（女性ホルモンやカルシトニンの低下），栄養（カルシウムやビタミンD，ビタミンKの摂取不足），運動不足，飲酒，喫煙などの多くの因子が関与しています。

●高齢者の骨粗鬆症

高齢者のほとんどは基礎疾患のない，老化を原因とする骨粗鬆症である「退行期骨粗鬆症」です。骨粗鬆症は圧倒的に女性に多い疾患で，とくに40～50歳以後，閉経後の女性ホルモンの低下で急激に骨量が減少します。男性は腸管からのカルシウム吸収が低下する70歳以降に発症が急増します。65歳以上の高齢者の約3割強が罹患しており，高齢者が寝たきりとなる主要な原因のひとつが骨粗鬆症による骨折・転倒です。

加齢による骨萎縮は，脊椎骨に顕著に現れるため，腰背部痛（荷物を持ち上げたりするときに増強），円背（背中が丸くなる），身長の短縮などの症状が現れます。**高齢者の骨折が多発する部位**は，脊椎椎体，大腿骨頸部，上腕骨近位端，橈骨遠位端（前腕の親指側の長骨），骨盤，肋骨などです（**図6-2-4**参照）。

骨折から起こる寝たきり状態はさまざまな運動器に**廃用症候群**を誘発し，QOLの低下に結びつき，要介護状態をつくり出します（**表6-2-7**参照）。骨粗鬆症による骨折を予防することは高齢者にとって重要な課題です。

●骨粗鬆症の予防

骨粗鬆症を予防し骨を強くするには，次の3つのことを心がける必要があります。

- カルシウムを含んだ食品（乳製品，大豆類，小魚，海藻類）の積極的摂取
- 生活のなかで運動習慣をつける
- 日光浴

厚生労働省は，高齢者の1日のカルシウム推奨量を男性700mg，女性650mgと設定して

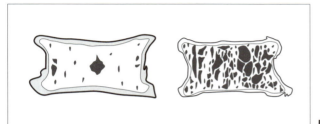

図6-2-3　骨組織の変化・正常と骨粗鬆症

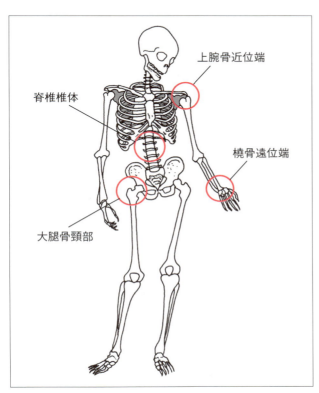

図6-2-4　骨折多発部位

臓器	原因	諸症状・疾患	対策
骨	体重負荷不足	骨萎縮，骨粗鬆症	起立訓練
関節	関節運動の欠如	関節拘縮	関節可動域訓練
筋肉	運動不足	筋萎縮	運動訓練
心臓	運動不足	起立性低血圧，頻脈	運動習慣
肺	胸郭拡張不足	沈下性肺炎，息ぎれ	体位変換
皮膚	長時間の圧迫	萎縮，褥瘡	体位変換など
消化器	不適当な食事，運動不足	便秘，食欲低下	運動習慣
泌尿器	排尿機会の欠如	尿失禁，排尿困難	排尿訓練など
脳・神経	日常的単調，孤独など	認知症，精神活動低下	作業，レクリエーション療法など

表6-2-7　廃用症候群の成因・症状と対策
資料：江藤文夫「老年者のリハビリテーション」『日本医師会雑誌』106巻第10号（臨時増刊号　老人診療マニュアル），1991年，239頁より一部改変

います（日本人の食事摂取基準〈2015年版〉）が，現実の摂取量は500〜550mgとカルシウム不足状態にあるため，積極的な摂取が勧められています。運動は骨に荷重をかけ刺激して骨量を増加させる効果があるので，歩行（1日30分程度，週5日），水中歩行，ジョギング，ゲートボールなどを継続することを勧めています。筋力も鍛えられ，転倒による骨折予防にもなります。日光浴はカルシウム吸収を促進するビタミンDの活性化を促進します。

●骨粗鬆症の治療

予防の3原則で骨塩量の低下防止を図りますが，それでも骨量の減少阻止ができないときに薬物治療（ビスホスホネート，カルシトニン，ビタミンD，ビタミンKなど）との併用により骨折予防を図ります。また，腰背部痛には鎮痛剤の投与やコルセットなどの装具を用います。骨粗鬆症が進行している骨折の手術が不可能な場合は，良肢位の固定と安静，湿布薬などの保存的治療が一時的にとられる場合もあります。

❷ 変形性関節症

「**変形性関節症**」とは，関節軟骨と骨（軟骨下骨層）の変性に始まり，関節の破壊を伴う，中年以降に発症する退行性の変性疾患です。原因が特定できず，老化などの退行性変化による一次性と，外傷，脱臼，関節炎など明らかな関節障害に引き続いて発生する二次性があります。

高齢者には膝関節と股関節や脊椎に頻発します。症状として動作開始時の疼痛と罹患関節の腫脹があり，進行すれば関節可動域の制限が起こる拘縮と関節変形が起こります。肥満の女性に多く認められます。

治療は体重を減少させること，下肢の筋力訓練（大腿四頭筋訓練）などです。疼痛や変形が強いときには，物理療法（温熱療法），薬物療法（関節内注射，鎮痛薬，湿布薬）や手術（骨切り術，人工関節置換）が行われます。

7 老年症候群

「**老年症候群**」とは，高齢者に多発し，原因はさまざまですが治療とケアが必要な一連の症状，所見と定義され，その種類は約50以上あります（図6-2-5）。症候数は加齢に伴い指数関数的に増加し，超高齢者（85歳以上）では平均8個以上になります。疾患に出現する症状で，急性疾患に付随して起こる症候群，慢性疾患に付随する症候群，そしてADLの低下とともに出現する症候群の3種に分類されます。これらのなかで，もっとも頻度が高く介護が重要となるのが，後期高齢者（75歳〜84歳）に急増するADL低下を主とする症候群です。代表的な誤嚥，転倒，失禁，褥瘡の症状について説明します。

❶ 誤嚥

「誤嚥」とは，飲食物や分泌物などの異物が気道内に進入することをいいます。誤嚥の原因には，生理的な加齢現象以外にも，神経疾患などの疾患や薬剤などさまざまな要因があります（p.210表6-2-4参照）。もっとも頻度の多い原因疾患は脳血管障害です。高齢者では，食物や唾液を嚥下する機能低下やせき反射の低下が重なり，不顕性誤嚥が繰り返されており，その結果として誤嚥性肺炎を発生するとされています。とくに夜間や食後，胃食道逆流による誤嚥には注意を要します。

症状は，むせ，せき，痰，発熱，呼吸困難などです。誤嚥の結果，肺炎を繰り返し，窒息の予防のために喀痰の吸引が必要になります。誤嚥の予防には，口腔ケア，栄養状態の改善，食物形態の工夫（ゼリー食・ゼラチン食・かゆ状食・きざみ食などの嚥下食）や摂食訓練，摂食体位の調整（90度に近い座位を保ち，ややあごを引いた姿勢。座位が無理な場合には，健側を下に半側臥位とする）などが重要となります。誤嚥性肺炎などでは，抗生物質が使用され，喀痰の吸引の医療行為を指示される場合があります。

❷ 転倒

「転倒」とは，身体のバランスを崩して倒れ受傷した状態をいいます。転倒後の骨折や外傷により廃用症候群をひき起こすため，要介護状態となる原因のひとつです。

転倒の危険因子は，疾病（平衡機能障害，視力障害，認知機能低下，歩行障害など）や薬剤（睡眠薬や精神安定剤など），加齢などの内的因子と物的環境（床の段差や不十分な照明，通路の障害物など），不安定な履き物などの外的因子など多様です。高齢者では，運動器官の不安定性（筋力低下）による心身の虚弱化が大きいとされます。転倒の7割が居室で発生しており，転倒後の7割に外傷，1〜2割に骨折が認められます。骨折を起こ

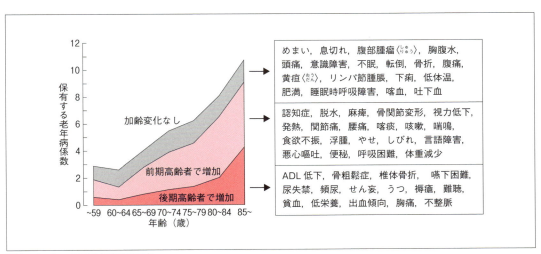

図6-2-5　3つの老年症候群
資料：鳥羽研二「老年症候群」日本老年医学会編『老年医学テキスト　改訂第3版』メジカルビュー社，2008年，69頁

しやすい部位は大腿骨頸部，手首（橈骨），脊椎，上腕骨頸部などです。とくに，大腿骨頸部骨折は，生命予後・機能予後がもっとも不良で手術が必要とされ，寝たきりになりやすい部位です。

症状は，転倒受傷部位に疼痛，腫脹，皮下出血，可動域の制限などが出現します。予防としては転倒の危険因子を少なくすることが第一ですが，筋力トレーニングなどで下肢筋力・バランス能力を向上させること，保護用のヒッププロテクターなどの装着も適用されています。

❸ 失禁

「失禁」とは，自分の意識に反し不随意に尿や便をトイレや尿便器以外で排尿（排便）してしまうことで，尿失禁や便失禁があります。加齢とともに尿失禁頻度は増加し，在宅高齢者の5～15％，施設入所高齢者の30～80％に認められます。

尿失禁は病態により以下の4種類に分類され治療も異なります。

①切迫性尿失禁……急な強い尿意と頻尿を伴うことでトイレに間に合わずに失禁するタイプで，脳血管障害や尿路感染症などを原因としています。治療は膀胱訓練法や薬物療法をします。

②溢流性尿失禁……膀胱に尿が充満して少量ずつあふれでるタイプで，前立腺肥大症や下部尿路閉塞などでみられます。治療は手術や薬剤投与，間欠的自己導尿法（患者自身が自分で，尿道から膀胱内に細い管を挿入し尿を体外に排泄する方法）などがあります。

③腹圧性尿失禁……せき，くしゃみなどの急激な腹圧の上昇に伴って起こり，女性や多産の高齢者，尿道括約筋不全に多く発生します。治療は骨盤底筋群訓練（尿道・肛門・膣を締める訓練で骨盤底筋を鍛え尿漏れを改善する），手術（尿道つり上げ術）などです。

④機能性尿失禁……尿路系に異常はないが認知症による知的機能低下や骨・関節疾患などによるADL低下でトイレに間に合わずに失禁するタイプです。治療は排尿訓練（尿意をがまんする訓練で，短時間から初めて少しずつ時間を延ばしていく方法），おむつパッド，バルーンカテーテル挿入などが行われます。

なお，失禁への援助を行う際には，高齢者の尊厳を傷つけないような行動，言動への配慮が必要です。

❹ 褥瘡

「褥瘡」とは，圧力が長時間皮膚へかかるための血流障害によって起こる虚血性壊死です。その程度により4段階のステージがあります（表6-2-8）。ステージⅢは潰瘍が皮下組織にまで及んでおり，ステージⅣでは筋肉や骨組織まで達しています。症状は，褥瘡のステージや発生要因で多様ですが，皮疹として紅斑，びらんから潰瘍化まで多様であり，同時に発赤や熱感などを伴います。全身症状として発熱，疲労感などが認められます。

褥瘡の発生要因には，外因子としては局所圧迫，ずり応力，摩擦，皮膚の湿潤状態が，内因子としては低栄養，貧血，脱水，活動低下，失禁状態などがあり，複雑に関与しています。**好発部位**はとくに骨盤の後中央部の仙骨部に多く，仰臥位では後頭部，肩甲骨，仙骨部，踵骨部など，側臥位では大転子部，足首の外踝部など，座位では坐骨結節部に発生します（図6-2-6）。

　褥瘡の予防は，発生危険因子を軽減，除去することで，その基本は体圧の分散を図ることであり，2時間ごとの体位変換や体位変換器具と体圧分散寝具の利用，スキンケア（二次感染予防），栄養補給が重要となります。治療は，褥瘡のステージに応じた薬物治療（感染を抑える薬剤，肉芽や上皮形成を促す薬，浸出液を除去する薬など）を行います。予後は，骨にまで褥瘡が及び骨髄炎や多発性関節炎を合併すると悪くなりますので，早期に発見して医療関係者と連携して悪化を防止する必要があります。

分類	症状
Ⅰ度	表皮の剥離，局所充血，表皮に限局し可逆的
Ⅱ度	浅い潰瘍（小水疱，びらん），表皮から真皮に及ぶ
Ⅲ度	深い潰瘍，皮下組織に及ぶ
Ⅳ度	深い潰瘍，皮下組織から筋肉，骨などの支持組織に及ぶ

表6-2-8　褥瘡分類
資料：永川祐三「老年者に特有な兆候・病態　8.褥瘡」折茂肇他編『老年病研修マニュアル』メジカルビュー社，1995年，46頁を一部改変

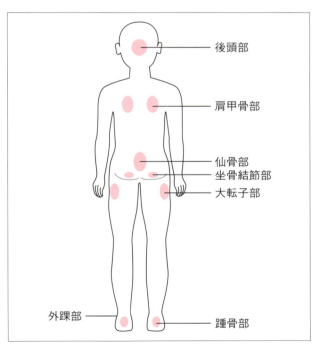

図6-2-6　褥瘡発生好発部位

科目修了時の評価のポイント

- ☐ **加齢・老化に伴う生理的な変化や心身の変化・特徴，社会面，身体面，精神面，知的能力面などの変化に着目した心理的特徴について列挙できる。**　【→第1章参照】

  例：高齢期における社会的立場の喪失感，運動機能の低下による無力感や羞恥心，感覚機能の低下によるストレスや疎外感，知的機能の低下による意欲の低下等

- ☐ **高齢者に多い疾病の種類と，その症状や特徴および治療・生活上の留意点，および高齢者の疾病による症状や訴えについて列挙できる。**　【→第2章参照】

  例：脳梗塞の場合，突発的に症状が起こり，急速に意識障害，片麻痺，半側感覚障害を生じる等

認知症の理解

ねらい

● 介護において認知症を理解することの必要性に気づき,認知症の利用者を介護するときの判断の基準となる原則を理解する。

第1章

認知症を取り巻く状況

第1節 認知症の現状と施策

1 認知症高齢者数

　日本の老年人口は2017（平成29）年9月15日の時点で3514万人（男性1525万人，女性1988万人）となり，全人口に占める老年人口の割合（高齢化率）は27.7％（推定）となりました。今後も引き続き増加する見通しで，2040（平成52）年には35.3％となると予測されています。これらの高齢者のなかで，なんらかの介護や支援を必要とする**認知症高齢者数**は，2014（平成26）年で約462万人，2025（平成37）年には約700万人前後に増加すると推計されています。

　なお，認知症高齢者の日常生活の状態を表す基準として，1993（平成5）年に厚生労働省から出された「**認知症高齢者の日常生活自立度判定基準**」があります。認知症高齢者の日常生活自立度について，ほぼ自立しているランクⅠからつねに介護を必要とするランクⅣまでに区分し，これに医療施設での専門的治療が必要なランクMを加えた5段階で評価します。

2 認知症施策と介護サービス

　高齢化の進展に伴い，認知症高齢者も増え，認知症にかかわる問題が社会において顕在化するようになったのは，1970年代です。当時は，認知症という病気の特性や認知症高齢者の心理がよく理解されず，認知症は不治の病とされ，徘徊（はいかい）などの問題となる行動を抑制する対応がとられてきました。

　1980年代になり，施設職員に対する認知症高齢者についての研修事業が行われるようになり，1986（昭和61）年には認知症高齢者に関する検討を行うため，厚生省（当時）に痴呆性老人対策推進本部が設置されます。その後の高齢者保健福祉施策の進展により，ゴールドプラン（高齢者保健福祉推進10か年戦略），新ゴールドプランが策定され，在宅介護支援センターやホームヘルプサービスなどの在宅サービスの充実が図られ，認知症高齢者対策は徐々に整備されていきます。さらに，2003（平成15）年には，今後の高齢者介護の方向性として「**2015年の高齢者介護**」（高齢者介護研究会報告書）が厚生労働省より発表され，その提言をふまえて2005（平成17）年の「介護保険法」改正では，地域包括支援センターの設置，地域密着型サービスの導入など，認知症高齢者に向けたサービスの充実が図られました。

　2011（平成23）年には厚生労働省に認知症施策検討プロジェクトチームがおかれ，中間取りまとめである「今後の認知症施策の方向性について」（2012〈平成24〉年）と認知症高齢者数の将来推計などに基づき，2012（平成24）年9月に「**認知症施策推進5か年計画（オレンジプラン）**」が策定されました。

　さらに，団塊の世代が75歳以上となる2025（平成37）年に向けて認知症施策を早めるために，オレンジプランを改め，2015（平成27）年1月に「**認知症施策推進総合戦略～認知症高齢者等にやさしい地域づくりに向けて～（新オレンジプラン）**」が策定されました。新オレンジプランでは，「認知症の人の意思が尊重され，できる限り住み慣れた地域のよい環境で自分らしく暮らし続けることができる社会の実現を目指す」ことを基本的な考え方としています。

認知症施策推進総合戦略（新オレンジプラン）の概要
①認知症への理解を深めるための普及・啓発の推進
・認知症の人の視点に立って認知症への社会の理解を深めるキャンペーンを実施する
・**認知症サポーター**を平成32年度末までに1200万人養成する
・学校教育等における認知症の人を含む高齢者への理解を推進する

②認知症の容態に応じた適時・適切な医療・介護等の提供
- 本人主体の医療・介護等を徹底する
- 早期診断・早期対応のための体制を整備する（かかりつけ医の認知症対応力向上研修を平成32年度末までに7.5万人に実施，認知症サポート医の養成研修を平成32年度末までに1万人に実施，**認知症初期集中支援チーム**を平成30年度までにすべての市町村に設置など）
- 医療・介護等の有機的な連携を推進する（**認知症ケアパス**の積極的活用，**認知症地域支援推進員**を平成30年度までにすべての市町村で実施）

③若年性認知症施策の強化
- 若年性認知症と診断された人やその家族に，支援のハンドブックを配布する
- 都道府県の相談窓口に支援関係者のネットワークの調整役を配置する
- 若年性認知症の人の居場所づくり，就労・社会参加等を支援する

④認知症の人の介護者への支援
- 認知症の人やその家族に対する支援をする**認知症カフェ**等を設置する
- 介護者の負担軽減や家族介護者の仕事と介護の両立を支援する

⑤認知症の人を含む高齢者にやさしい地域づくりの推進
- 家事支援や高齢者サロン等の設置を推進する
- バリアフリー化の推進など生活しやすい環境を整備する
- 徘徊などに対応できる見守りネットワークの構築，詐欺などの消費者被害の防止に努める

⑥認知症の予防法，診断法，治療法，リハビリテーションモデル，介護モデル等の研究開発およびその成果の普及の推進

⑦認知症の人やその家族の視点の重視
- 認知症の人の視点に立って認知症への社会の理解を深めるキャンペーンを実施する
- 初期段階の認知症の人のニーズを把握し生きがいを支援する
- 認知症施策の企画・立案や評価への認知症の人やその家族の参画を推進する

第2節 認知症ケアの理念

1 尊厳の保持

　認知症は誰もがかかる可能性がある病気であるという認識やノーマライゼーションの考え方の浸透により、認知症になっても高齢者の尊厳は保持されるべきとの理念が広がり、以降、認知症高齢者へのケアについて、この理念が尊重されるようになっています。

　認知症ケアの基本は尊厳の保持です。認知症の初期で、自立している時期には、自らの希望や欲求を伝えることが可能ですが、進行するに従って自分の意思を伝えにくくなります。その際、介護職は認知症の本人の意思をいかに汲み取り、いかに尊厳を保持しつつ対応するかが問われることになります。

2 パーソンセンタードケア

　パーソンセンタードケアとは、認知症の人を患者としてみるのではなく、ひとりの人間として、その人らしさ（personfood）、すなわちその人独自の存在を認め、受け入れ、尊重してケアしていこうという考え方で、イギリスのキットウッド（Kitwood, T.）によって1997年に提唱されました。

　パーソンセンタードケア（利用者中心のケア）の考え方は、欧米で広がり、わが国の「2015年の高齢者介護」の「尊厳を支えるケアの確立への方策」において、認知症高齢者ケアの確立も取りあげられています。

3 認知症ケアの視点

　認知症のある人の本人の視点に立ったケアの基本は次のようにまとめられます。
①言動の間違いを訂正せず、傾聴しながら受け入れる
②説得しようとせず、本人に納得してもらうようにする
③いろいろな情報を受け入れやすい状況をつくる
④本人のできることに着目し、失敗を指摘しない
⑤「本人らしさ」を理解して尊重する

第2章
医学的側面から見た認知症の基礎と健康管理

第1節 認知症の概念

1 認知症の定義

　認知症とは，生後から正常に発達した知的機能全般が，脳や身体の器質的疾患により持続的に低下して，継続的に日常生活または社会生活に相当な制限を受ける状態をいいます。WHO（World Health Organization：世界保健機関）は，国際疾病分類第10版（ICD-10）のなかで，認知症を「脳疾患による症候群であり，通常は慢性あるいは進行性で，記憶，思考，見当識，理解，計算，学習能力，言語，判断を含む多数の高次脳皮質機能障害を示す。意識混濁はない」と定義しています。

2 認知症の症状

　認知症の症状には，精神障害に伴って必ず生じる**中核症状**（**基本障害**）と，出現頻度に差異がある**周辺症状**があります（図7-2-1）。
　中核症状として，記憶障害，見当識障害，計算障害，判断力の障害，実行機能（遂行機能）の障害などがあります。認知症の記憶障害のひとつである**物忘れ**は，生理的物忘れと

異なり，ゆるやかに進行し，最近の事柄から始まり過去の記憶もしだいに失っていきます。

周辺症状としては，**行動障害**(はいかい)（徘徊，尿便失禁，叫声・奇声，不潔行為，暴力・暴言，興奮など），意識障害（夜間せん妄など），**うつ状態**，幻覚，妄想などがあります。この周辺症状は，認知症の半数以上にみられ，**BPSD**（Behavioral and Psychological Symptoms of Dementia：**認知症の行動・心理症状〈認知症に伴う行動障害と精神症状〉**）という名称でひとつの概念にまとめられています。BPSDは，単に脳や身体の病変のみでは説明がつかず，社会・家庭環境や心理的状況などの要因が相互に関連して発生すると考えられ，本人自身ばかりでなく介護者にも悪影響や障害を及ぼし，介護負担を高める要因となります。

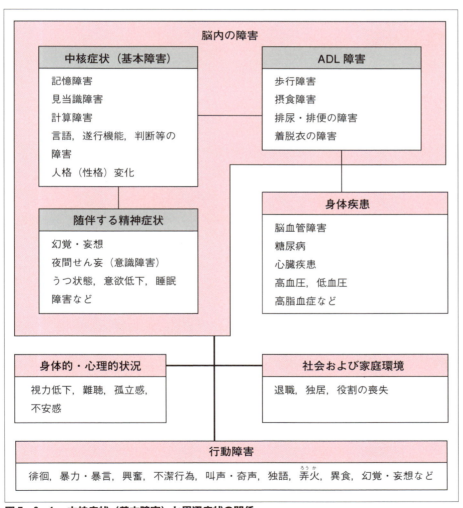

図7-2-1　中核症状（基本障害）と周辺症状の関係

第2節
認知症の原因疾患とその病態，健康管理

1 認知症の代表的な原因疾患

　認知症の原因となる代表的な疾患を表7-2-1にあげました。疾患数は全体で70程度あるといわれますが，認知症の大部分は，**血管性認知症**，**アルツハイマー型認知症**（アルツハイマー病），**レビー小体型認知症**（レビー小体病），**前頭側頭葉変性症**の4つに含まれるため，これらは**4大認知症**といわれます。これらの疾患の特徴を述べていきます。

2 血管性認知症

　血管性認知症は脳血管障害に基づく二次性認知症で，脳血管障害の発症時期とほぼ同時期に発症します。65歳以上の人口の3～4％にみられます。なお，日本では，脳血管障害全体の発生率の低下がみられるため，血管性認知症の有病率も以前より低下しています。脳血管障害の原因は，アテローム硬化，高血圧，糖尿病，心房細動，高脂血症，動脈瘤などの生活習慣病です。

　血管性認知症は，**「まだら」認知症**ともよばれるように，認知症が目立つ症状と機能が正常な症状が混在します。記憶障害が中心ですが，感情失禁やうつ症状なども合併します。緩徐に進行するアルツハイマー病と異なり，脳卒中発作を繰り返して階段状に認知機能が

原因疾患	診断名
脳血管障害	脳出血，脳梗塞（こうそく），ビンスワンガー型認知症
退行変性疾患	アルツハイマー病，レビー小体病，前頭側頭型認知症（ピック病），ハンチントン舞踏病，脊髄（せきずい）小脳変性症など
内分泌・代謝性疾患	甲状腺機能低下症，ビタミンB_{12}欠乏症，ビタミンB_1欠乏症，肝性脳症，透析脳症，肺性脳症，低酸素脳症
中毒性疾患	各種薬物，金属，有機化合物などの中毒，アルコール依存症
感染性疾患	クロイツフェルト・ヤコブ病，各種脳炎ならびに髄膜炎，進行麻痺（まひ），エイズ脳症
腫瘍（しゅよう）性疾患	脳腫瘍，転移性腫瘍
外傷性疾患	頭部外傷後遺症，慢性硬膜下血腫（こうまくかけっしゅ）
その他	正常圧水頭症，多発性硬化症，神経ベーチェット病

表7-2-1　認知症の原因となる代表的な疾患

悪化していきますが末期まで人格は保たれ，病識も認められます。

治療は，脳循環改善薬（脳血管拡張薬および抗凝固薬）または脳代謝改善薬を使用して，脳血管障害の発症や進行を予防します。

ケアの面では，片麻痺や失調歩行などの身体症状のケアが優先されます。また，認知機能はまだらなので，よい部分と悪い部分がみられます。

3 アルツハイマー型認知症

1906年ドイツの精神科医師アルツハイマー（Alzheimer, A.）が最初に報告した疾患です。大脳皮質を中心にアミロイドというたんぱく質が蓄積し，その毒性により神経細胞が死滅します。通常65歳以上に発症し，年齢が上がるに従って増加します。65歳以上の高齢者全体の4〜5％にみられ，また認知症性疾患の約2分の1を占めます。男性より女性に多く，性差があります。緩徐に進行し，全経過は2〜20年，平均11年程度です。健忘（物忘れ）や感情・意欲面の障害（うつ，意欲低下）で始まり，末期は寝たきりとなり，肺炎などで死亡することが多いようです。

アルツハイマー型認知症の発生率は以前より増加しているという報告もありますが，不変との報告もあります。ただし，減少しているとの報告はありません。原因として，遺伝が5％程度にみられますが，それ以外は不明です。危険因子として，加齢，認知症の家族歴や遺伝子の型（アポリポたんぱくE4という遺伝子の関与など）の内的要因などとともに，糖尿病，頭部外傷，アルミニウムの摂取などの社会的要因や環境要因も報告されています。

ケアについては，長田は，非薬物療法に関するエビデンス（根拠）を調査した結果，記憶や見当識の訓練と音楽療法については評価をしていますが，他の療法には根拠がないと，その有効性について懐疑的な意見を述べています。認知リハビリテーションは有効な面がありますが，まずは情緒面を含めたコミュニケーションの確立（なじみの関係）が大切と思われます。

4 レビー小体型認知症（レビー小体病）

日本の小阪憲司が1990年に提唱した疾患です。通常50〜70歳に発症します。有病率は人口10万人あたり30〜81人で，男女比は1.5：1で，男性に多いといわれます。初発症状は，記憶障害が多く，経過中にパーキンソン症状（振戦は軽度で，筋固縮や寡動が中心）などが出現します。また，1日のなかで症状に変動がみられることや，早期に幻覚（幻視が多い），妄想やせん妄を伴うことが特徴です。

治療には，パーキンソン病の治療薬であるL-DOPA（ドパミン補充薬）や抗認知症薬（ドネペジルなど）が有効です。

ケアに関しては、パーキンソン症状による身体症状のケアが優先されます。また、認知機能の日内変動の程度や幻視・幻聴に影響された行動がないか、常時確認しながら支援します。夜間の転倒・転落や行動障害が、レム睡眠行動障害で起こることもありますので、その場合は早めに医療機関の受診が必要です。

5 前頭側頭葉変性症（ピック病または前頭側頭型認知症）

　1892年オーストラリアの医師ピック（Pick, A.）が最初に報告した疾患が中心となっている疾患群です。通常40〜60歳の初老期に発症します。有病率は、アルツハイマー病の3分の1〜15分の1程度です。前頭葉や側頭葉の萎縮により、性格変化（多幸、感情鈍麻など）や行動障害（抑制欠如、落ち着きのなさなど）で発症します。

　協調せずにわが道を行くような行動や**常同行動**（同じことを繰り返す行動。同じ食物を食べる、同じ道を同じ時間に散歩する、同じものを収集するなど）が特徴です。なお、記憶は中期まで保たれます。ときに運動障害を伴い、振戦や動作の緩慢さが出現することがあります。全経過は10年程度で、アルツハイマー病より1〜2年短いようです。

　治療は対症療法が中心で、抗精神病薬や抗うつ薬が使用されます。ケアについては、**前頭側頭葉変性症**、とくに**ピック病**に関する報告は検索した範囲で見あたりませんでした。筆者は環境整備（環境依存症候群を利用した転地療法を含む）が大切であると思っています。また、薬物療法、リハビリテーション（作業療法がレクリエーションよりも有効）も有効なことがあると考えています。

6 若年認知症

　若年期認知症とは、18〜39歳に発症する認知症性疾患の総称で、認知症の原因となる疾患の種類を問いません。また、**初老期認知症**とは40〜64歳までの間に発症する認知症性疾患の総称で、原因となる疾患の種類を問いません。この両者をあわせて**若年認知症**といいます。働きざかりに起こるため、経済的問題や家庭問題が多く生じます。

　ケアに関しては、本人の能力や趣味を重視した個別対応が有効です。

7 認知症の人の健康管理

　運動機能障害が少なく徘徊などのBPSDが発現していた時期を過ぎ、認知症がさらに進行すると、意欲低下や自発性の低下がめだってきます。この時期になると食欲の低下も顕著になり、脱水や低栄養状態になりやすくなります。また活動性も徐々に低下し、寝たきりや廃用症候群に至ると褥瘡や肺炎などの感染症、便秘などが生じてきます。したがって、

認知症の人の**健康管理**として，規則的な日常生活のリズムづくりが重要です。朝起きたら洗面，着替え，食事，排便などに対する支援をします。運動やレクリエーションなどにも積極的に参加することを勧め，身体活動を維持し，腸管運動を刺激して食欲の維持・増進につなげる必要があります。

　誤嚥性肺炎を予防するためには，微生物を含んだ口腔咽頭分泌物（唾液や痰など）の気道への流入を防ぐために，口腔ケアにより口腔を清潔に保つことが大切となります。

引用文献
(1) 長田久雄「非薬物療法のガイドライン」『老年精神医学雑誌』（日本老年精神医学会準機関誌）第16巻増刊号-Ⅰ，2005年，92〜109頁

第3章
認知症に伴うこころとからだの変化と日常生活

第1節 認知症の人の生活障害，BPSDの特徴

1 認知症の人の生活障害

　認知症の人の生活障害について，WHO（世界保健機関）の**ICF**（International Classification of Functioning, disabilities, and health：**国際生活機能分類**）をもとに考えてみます。

　ICFは，2001年にWHOの総会で採択された生活機能を分類するための基準です。人の**生活機能**と障害を，「**心身機能・身体構造**」「**活動**」「**参加**」，および「**環境因子**」「**個人因子**」などの要素でとらえて評価します。できること，できないことの状況判断の指標として使うことができ，また，生活機能と障害と背景因子との関係性を明示することができます。障害のある人のみならず，健康な人に関する分類も可能なように作られているため，それぞれの個人の状況を，領域や構成概念などを評価して記述できます。なお，ICFについての詳細は，**科目2第1章第2節，科目8第1章第1節**を参照してください。

　ここでは，ICFの基本概念図（**科目2図2-1-1参照**）に従って，ある認知症（アルツハイマー病）の人のICFの具体例を示します（図7-3-1）。

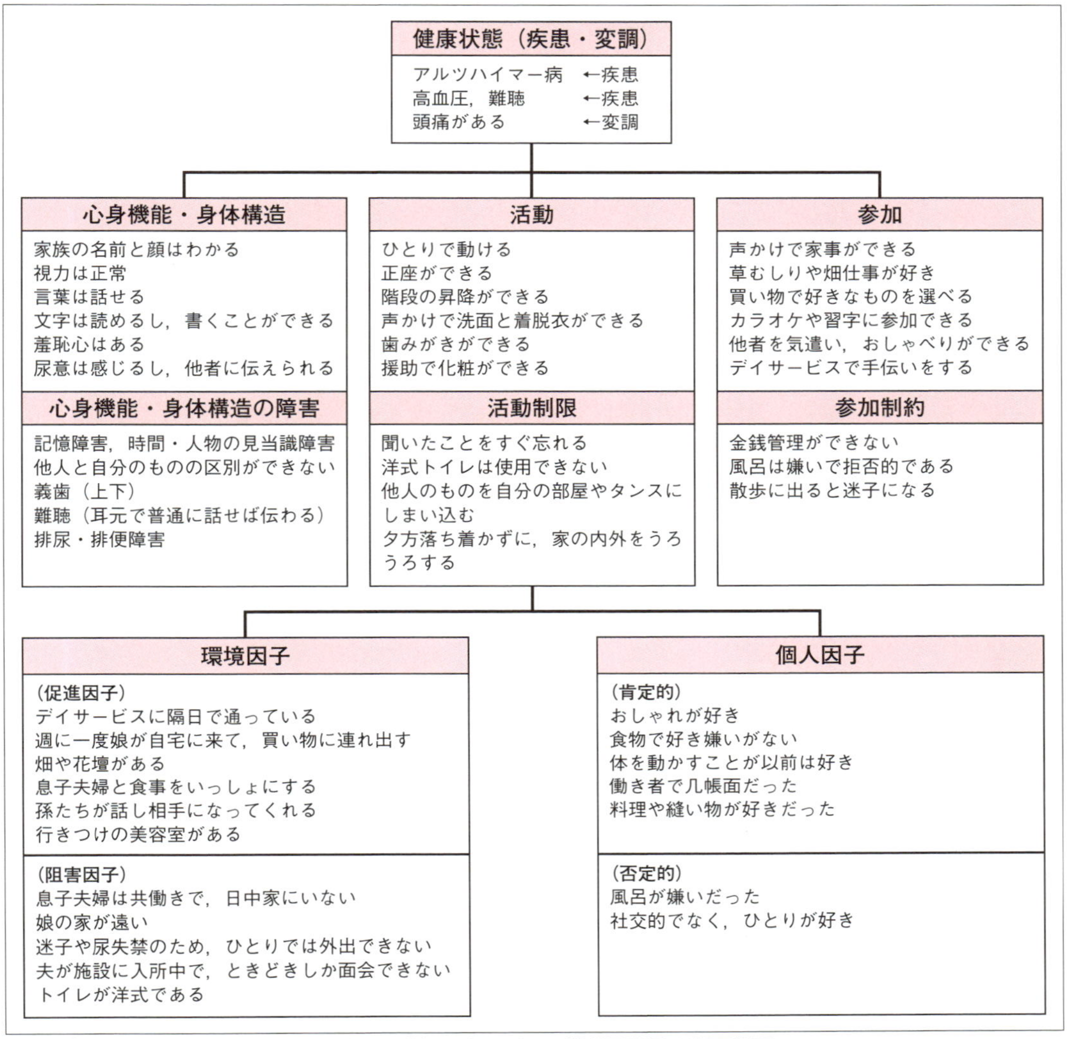

健康状態（疾患・変調）
アルツハイマー病　←疾患 高血圧，難聴　←疾患 頭痛がある　←変調

心身機能・身体構造	活動	参加
家族の名前と顔はわかる 視力は正常 言葉は話せる 文字は読めるし，書くことができる 羞恥心はある 尿意は感じるし，他者に伝えられる	ひとりで動ける 正座ができる 階段の昇降ができる 声かけで洗面と着脱衣ができる 歯みがきができる 援助で化粧ができる	声かけで家事ができる 草むしりや畑仕事が好き 買い物で好きなものを選べる カラオケや習字に参加できる 他者を気遣い，おしゃべりができる デイサービスで手伝いをする
心身機能・身体構造の障害	**活動制限**	**参加制約**
記憶障害，時間・人物の見当識障害 他人と自分のものの区別ができない 義歯（上下） 難聴（耳元で普通に話せば伝わる） 排尿・排便障害	聞いたことをすぐ忘れる 洋式トイレは使用できない 他人のものを自分の部屋やタンスにしまい込む 夕方落ち着かずに，家の内外をうろうろする	金銭管理ができない 風呂は嫌いで拒否的である 散歩に出ると迷子になる

環境因子	個人因子
（促進因子） デイサービスに隔日で通っている 週に一度娘が自宅に来て，買い物に連れ出す 畑や花壇がある 息子夫婦と食事をいっしょにする 孫たちが話し相手になってくれる 行きつけの美容室がある	（肯定的） おしゃれが好き 食物で好き嫌いがない 体を動かすことが以前は好き 働き者で几帳面だった 料理や縫い物が好きだった
（阻害因子） 息子夫婦は共働きで，日中家にいない 娘の家が遠い 迷子や尿失禁のため，ひとりでは外出できない 夫が施設に入所中で，ときどきしか面会できない トイレが洋式である	（否定的） 風呂が嫌いだった 社交的でなく，ひとりが好き

図7-3-1　ある認知症（アルツハイマー病）の人のICFの構成要素間の相互作用

2　認知症の人のBPSD

　認知症の人の約半数は，全経過を通して記憶障害や見当識障害などの中核症状のみが出現するだけで，意欲低下などの軽度の精神症状を伴うことはありますが，かなりの介護負担を伴うBPSD（認知症の行動・心理症状〈認知症に伴う行動障害と精神症状〉）はほとんど認められません。また，認知症の初期で日常生活や社会生活をひとりで過ごすことが可能な自立の時期には，記憶障害などの中核症状が認められてもBPSDはほとんど認められません。一部ないし半介助が必要となる中等度になると，日常生活や社会生活を送るのに必要な適切な判断や適切な行動がとれなくなり，混乱や不安・焦燥・抑うつなどの反応

が起き，それが行動障害や心理症状，すなわちBPSDとして現れます。

　BPSDがなぜ発症するかについては，認知症の人の行動からその心理状態を推測する心理・行動モデルによると，環境の変化に対して適応困難な状態となった結果，行動障害や心理症状が認められると考えられています。しかし，記憶障害などの中核症状が進行・悪化している場合，認知症の人はその状態をうまく家族や介護職に言葉で伝えることができません。認知症の人の行動を見て，本人がどのような心理状態のためにこのような行動をとってしまうのかを注意深く観察し，適切な対応をとる必要があります。支援にあたっては，行動が困難になった内容を検討し，別な方法で解決できるかどうかを検討します。

　また，認知症の人の場合，感情面は残存するといわれますので，イル・ビーイング（尊厳を傷つけるようなよくない状態）になる不適切なケアを避けるよう配慮しつつ，ウェル・ビーイング（好ましい状態）や**QOL**（Quality of Life：生活の質）の向上を図るように対応する必要があります。

第2節　認知症の利用者への対応

1　介護職が対応すべきこと

　認知症とは，外界の情報を適切に扱えなくなって混乱する疾患ですから，日常生活や社会生活での情報量を少なくしたり，内容を整理して混乱や不安などの反応をおさめたりする対応が重要になります。しかし，このような対応は，本人の感情や価値観を配慮せずに，強引に行うことではありません。最初に混乱をおさめる必要はありますが，その後は，①傾聴しつつ，本人の気持ちを推察し，希望を理解すること，②会話や反応を通じて障害の内容と程度を正確に評価すること，そして③障害に対応するための支援内容を確認し，実施することです。支援にあたっては，認知症の人の世界に合わせる，様子や表情などから気持ちを察するようにします。また，認知症の進行に合わせたケアを心がけます。

　認知症になると，感情鈍麻などになるといわれますが，全員ではありません。そのため，軽度や中等度の認知症の人では，健常者と同じような喜怒哀楽の感情をもつばかりでなく，むしろより敏感になっていることを前提に対応すべきです。プライドを傷つけない，失敗しないような状況をつくるなどの配慮が必要です。

　理解力が少し低下しているために，抽象的概念や二重否定（Aではないのではないなど，否定の否定），長文などは苦手になります。言葉の一部にのみ反応したり，話の筋が追え

ずに混乱したりするため，悪意や敵意をもって反応することも多くなるわけです。

2 疾患別の対応方法

❶ 血管性認知症

血管性認知症でもみられる**せん妄**は，脳血流の低下などによって脳機能が低下して生じる症状です。睡眠・覚醒のリズムが障害されることが多いため，日中は覚醒させておく対応（寝かせない，リハビリや散歩に誘う，など）が必要です。

❷ アルツハイマー型認知症

●物盗られ妄想

記憶障害による置き忘れが一因です。最初は，自分が置き忘れたと言いますが，それが頻回になり，つねに探している状態になったり，大切なものを紛失したりする状態になると，誰かが盗ったと言い出すようになります。その際，身近な介護者である「嫁」がターゲットになることが多いようです。本人の大切なものを預かったり片づけたりすることで，逆に安心して妄想が消失することがあります。

●徘徊

場所に対する見当識障害が一因です。いつものように散歩をしようと外出して，家に帰れなくなったり，施設のなかでトイレを探したり，自分の部屋を探して動き回るものの場所がわからず当惑している行動です。部屋の入り口に，本人が理解できるものを貼ったり，目印のものを置くと，迷うことが少なくなります。

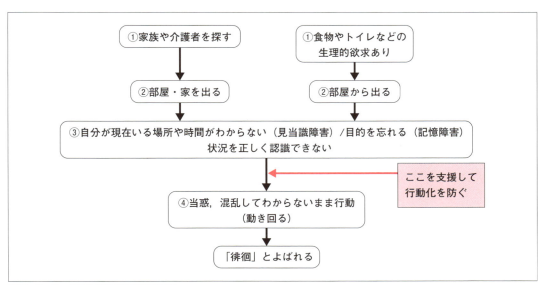

図7-3-2　徘徊の要因と対応の例

なお、徘徊(はいかい)という行動障害には、背景にいろいろな心理反応があり、それらを理解して対応することが大切です（図7-3-2）。

❸ レビー小体型認知症（レビー小体病）

●幻視・幻聴
後頭葉や側頭葉の脳機能の低下で生じる症状です。薬物治療が優先されますが、覚醒レベルを保つため、レクリエーションに誘ったり、散歩や照明が明るい場所に誘ったりすることも症状を抑えるうえで有効です。

●パーキンソン症状（手指振戦(しんせん)、小きざみ歩行など）
薬物療法が優先されますが、あわせて**パーキンソン症状**のための体操や、転倒してけがをしないような環境調整が必要です。

❹ 前頭側頭葉変性症

●脱抑制・衝動性
前頭葉の脳機能の低下で生じる症状です。薬物療法が優先されますが、刺激の多くない環境を整え、通常からコミュニケーションをとったり、散歩をしたりするなど、欲求不満を生じさせないようにする対応が有効です。

●意欲低下・ひきこもり
前頭葉の脳機能の低下で生じる症状です。レクリエーションや本人が興味をもつ活動に誘うことが有効です。薬物療法はあまり効果がありません。

●周徊(しゅうかい)
前頭葉の脳機能の低下で生じる症状（**常同行動**(じょうどう)）です。迷子になることはないので、動きまわっても制止せず、様子観察がよいでしょう。ときどき休息をとるためにお茶に誘うことなどが必要です。薬物療法はあまり効果がありません。

3 施設での対応

認知症が進行するに従って自分の意思を伝えにくくなり、突発的な状況の変化に対応することが困難になります。そのため、環境調整が必要になりますが、基本は、環境の変化を避け、生活の継続性を尊重することです。そのためには、住み慣れた自宅で継続的に介護をすることを原則にすべきです。

やむを得ず施設入所となった場合、施設の基本的理念は、「認知症になった障害者が、プライバシーに配慮した家庭的で落ち着いた雰囲気の住居に少人数で住み、24時間の専門的な介護と医療サービスの提供のもとで居住者本位の生活を送ることにより、認知症の進行を穏やかにし、改善させ、家族の負担を軽減するとともに、精神的に安定した明るい生

活が送れるようにすること」です。施設のあるべき基本理念の一例をあげておきます。
①患者の「家」であること
・コミュニティに溶け込んだ建物であること
・小規模・少人数であること
・家庭的で親しみやすい共用部（キッチン，洗濯室，中庭などを含む）があること
・自分がどこにいるかがわかりやすいデザインであること　→色や形，におい，音などを利用する
・目立たないスタッフ室であること
・機能に応じた部屋を用意し，「多目的」の部屋は設けないこと　→認識障害をもつ人には不向きのため
②ゆとりのある個室であること
・個人の所持品をたくさん置けること　→自分の歴史を大切にするため
・家族や訪問者とともにいられるスペースを有すること

　入所施設の条件を考えると，①地域のなか（町のなか）にあり，かつ地域に開かれている，②個別ケアのスタッフがより多く，かつ多職種に及ぶ，③ユニットの人数をより少人数にすることも必要でしょう。それは，「生活そのものをケアとして組み立てる」ことですし，認知症の人のペースでゆったりと安心して生活できるケアを提供することでもあります。

4　認知症の人への社会対応

　認知症になっても，その人の価値は消失しません。そのため，認知症の人の状態に合わせた社会活動や社会参加のあり方を考慮して，ケアの目標を立てます。

　社会活動を実施する場合，まずその人の**IADL**（Instrumental Activities of Daily Living：**手段的日常生活動作**）を評価します。そのあとでその状態に適切と思われる活動を勧めることが大切です。とくに，移動が自立しているか否か，コミュニケーションがどの程度とれるかは大きな要因です。さらに，本人がそれをすることを望んでいるか，また，それをすることによって本人に充実感や達成感があるかも評価すべきです。社会活動を行ううえで，チェックすべき認知症の人の状態と環境等の内容の例を**表7-3-1**に示します。

5　認知症への進行防止や改善をめざした社会活動・社会参加

　認知症予防については，いろいろな取り組みがあります。ここでは，米国アルツハイマー協会が作成した「脳を健やかに保つ10か条」について紹介しておきます。認知症の予防は，アルツハイマー型認知症も血管性認知症も，基本的には生活習慣病の予防，脳に有用

日常生活・社会活動	チェックすべき内容
階段昇降	階段の傾斜や手すりの使用状況等もチェック
屋内移動	自宅と自宅以外の屋内（通所施設内，病院内）の違いもチェック トイレへの移動，個室内の移動，ドアの開閉が可能かもチェック
屋外移動	場所や床面の状況による違いもチェック
食事	食品の形態によって食事動作に差が出るか，箸やフォークの使用状況，びんや缶開けが可能であるかもチェック
排泄〈はいせつ〉（昼・夜）	トイレの様式による違いや立ち上がり動作，衣服の着脱についてもチェック
整容	洗面，整髪，歯，ひげ，爪の手入れができるか，それらを行う姿勢が座位か，立位かについてもチェック
更衣	衣服と履き物の種類に着目して，着脱の実行状況，適切な衣服の選択かについてもチェック
入浴	浴室での移動，浴槽への出入りが可能かどうか，身体を洗えるかどうかのチェック
コミュニケーション	周囲の人と意思の疎通が可能であるかどうか．困難である場合，とくに表出が困難か，理解が困難かについてチェック コミュニケーションの相手やその手段（手話，非手話）についてもチェック
家事	ごみ捨て，植物の水やり等の活動が可能かについてもチェック
外出	公共交通機関の利用，自動車の運転，自転車の運転が可能であるかチェック

表7-3-1 認知症の人の社会活動・社会参加に関するチェック内容の例

な栄養を含む食物の摂取，読み・書き・計算を含む脳のトレーニング，そして「身体的，心理的，ならびに社会的要素が組み合わさった」余暇活動などの社会活動・参加が大切となっています。

　まさに，認知症の進行予防をめざす社会活動ではなく，社会活動自体が，認知症の進行予防にもっとも役立つものなのです。

> **脳を健やかに保つ10か条**[1]
> 1．頭を第一に：健康は脳から始まります．脳は身体のなかでももっとも大切な臓器の一つです．脳を大切にしましょう．
> 2．脳の健康は心臓から：心臓によいことは脳にもよいのです．心臓病，高血圧，糖尿病，および脳卒中の予防に役立つことを毎日続けましょう．これらの病気があると認知症になるリスクが高くなります．
> 3．測定値に注意を：体重，血圧，コレステロール，および血糖の測定値を望ましい範囲に保ちましょう．
> 4．脳によい栄養を：脂肪が少なく，抗酸化物質を豊富に含む食品を摂りましょう．
> 5．身体をよく動かそう：身体の運動によって，全身の血流がよく保たれ，脳細胞の新生が促進される可能性があります．「1日に30分歩く」といったようにできることからや

ってみましょう。

6．心に適度な刺激を：脳をよくはたらかせることによって，脳の活力は増加し，脳細胞同士の連絡が強化されて脳の予備能が高まります。読み書きをする，ゲームを楽しむ，新しいことを学ぶ，クロスワードパズルを解くなどが推奨されます。

7．人とのつながりを：身体的，心理的，ならびに社会的要素が組み合わさった余暇活動に参加することが，認知症の予防にもっとも役立つ方法かもしれません。人づきあいを大切にして会話を楽しみ，ボランティア活動，クラブ活動，学習会などに参加しましょう。

8．頭のけがに注意：頭のけがは要注意です。自動車のシートベルトをする，転ばないように家の中を整頓する，自転車に乗るときはヘルメットをかぶるなど，あなたの頭を守ることが大切です。

9．習慣を見直そう：不健康な習慣は改善しましょう。喫煙，過量の飲酒，および不正に取引される薬物の使用はやめましょう。

10．将来のために今日から：あなたの将来を守るために，今日できることがあるはずです。

引用文献
(1) 10 ways to maintain your brain. © 2006 Alzheimer's Association. All rights reserved. 布村明彦訳『CLINICIAN』No.548，2006，325～330頁

第4章

家族への支援

第1節 認知症と家族の心理

1 共感的理解がよいケアをもたらす

　家族メンバーが家族介護者という役割を担ったときには，介護負担などによって複雑な感情が交錯します。家族介護者は，自分の気持ちについて次のように表現しています。

①フラストレーション　　②怒り　　　　　③いやになる気持ち
④孤独　　　　　　　　　⑤無我夢中　　　⑥消耗
⑦恐れ　　　　　　　　　⑧不確かさ　　　⑨空虚感
⑩心配

　家族への支援において共感的理解を得るアプローチが大変重要です。**共感的理解**とは，家族介護者の私的な世界を自分自身のものであるかのように感じとり，それを共有しながらも同一化したり感情的なしこりが残ったりしない態度をいいます。これには，感情をわかり合えるといった感覚的側面と，家族介護者の世界を正確に共有し言語化・象徴化していくという認識的側面があるのです。介護職が，家族の気持ちをできるだけ理解すること

がよいケアを提供することにつながります。「私があの人の立場だったら……」とも理解して介護にあたりましょう。他者の困難に共感して理解することが大切です。認知症の人と家族介護者の気持ちを理解するほど，どのように彼らを支援することができるかを認識することにつながるといえます。

さらに，家族を支援する際に重要なのが家族介護者と信頼関係を構築することです。信頼関係が家族への有効な支援の必要条件となるのです。

2 家族介護の受容過程

家族が介護を受容する過程は，介護負担感にも大きく影響することを理解しておくことが大切です。介護の受容過程は一般的に6段階があることが知られています。

介護の受容過程
①とまどいや不安の段階
②ショックや混乱の段階
③否認と過小評価の段階
④怒りや悲しみの段階
⑤適応と葛藤の段階
⑥受容の段階

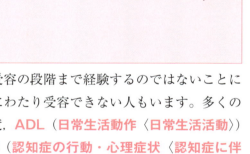

すべての家族介護者が上記の6段階を順番に受容の段階まで経験するのではないことにも注意することが大切です。家族介護を長期間にわたり受容できない人もいます。多くの家族介護者の介護の受容過程は，要介護の進行度，ADL（日常生活動作〈日常生活活動〉）などの心身状況の変化，合併症の有無，BPSD（認知症の行動・心理症状〈認知症に伴う行動障害と精神症状〉）の出現の程度，家族介護者の身体・心理状況などによって影響を受けます。受容過程の各段階を行ったり来たりするといわれています。

3 家族介護の受容過程における支援のあり方

まず必要なのは家族介護者と信頼関係を構築することです。どのような小さなことでも，家族が「よかった」「助かった」という実感がもてるように誠実に継続的に介護することが大切です。

次に，要介護者，家族介護者，介護職の3者間の介護関係の質と，その関係性についてアセスメントします。介護関係の質としては，介護の受け入れが良好で関係が円滑であるか，反対に受け入れに課題があり対立関係にあるか，ということを評価します。介護職は

その情報をもとに介護関係を振り返り、その関係性の改善に努めることが必要です。
　さらに、家族介護者が介護の受容過程のどの段階にいるのかをアセスメントします。それぞれの段階に応じた支援をすることになりますが、時期によっては望ましくない対応をすることがありますので気をつけて支援することが求められます。たとえば、「ショック・混乱」および「否認」の時期に、現実を突きつけて「介護者」となることを説得したり、「がんばりなさい」と励ましたりすることは家族を苦しめることになります。それよりも、家族の気持ちをできるだけ言ってもらい、じっくり聞きながら介護職側の共感と理解を伝えることが大切です。「怒り・悲しみ」や「適応・葛藤」の時期には、家族介護者がさまざまな内面の感情を表出することを支援することが重要です。

第2節　家族介護者への支援

1　家族介護者の介護負担

　家族介護者が経験している介護負担には、身体的介護負担と精神的介護負担があります。身体的介護負担と精神的介護負担は必ずしも比例しないのです。家族介護者の介護負担感に影響する要因として、介護対象者との以前の関係性、コーピングスキル（ストレスに対処する技術）、個人・家族の価値観、認知症の理解と偏見の程度、社会サービス利用に対する理解と偏見の程度、経済面・住居面などの家族の状況などがあげられます。

2　家族のストレスケア

　家族介護者が経験しているストレスには、大きく分けて**身体的ストレス**と**心理的ストレス**があります。

❶身体的ストレス

　ほとんどの家族介護者は、なんらかの身体的変調や疲労感をもっています。その主たるものとして、慢性的な疲労感、腰痛、不眠、頭痛、肩こり、動悸、食欲不振、便秘、下痢などの胃腸症状があげられます。また、精神的な葛藤から心身症（筋緊張性頭痛、発作性頻脈、胃十二指腸潰瘍、過敏性大腸症候群、抑うつなど）を発症する人もいます。

❷ 身体的ストレス軽減のためのケア

　日ごろから家族介護者の健康状態に注意を払うことが大切です。家族介護者は，24時間年中無休で介護にあたっている場合もありますので，ともすると，自分の健康管理は後回しになるか，まったく注意を向けないことがあります。とくに，高血圧や糖尿病などの生活習慣病のある家族介護者には，定期的な医療機関への受診，また服薬の管理など介護者自身の健康を維持するように支援することが大切です。

　一般には，日ごろからバランスのとれた食事をとることと運動の習慣を維持すること，また，主治医を決め，定期的に受診して健康状態をチェックすることを勧めます。休息と睡眠，そして気晴らしや楽しみをもつようにアドバイスすることも大切です。さらに，個々の家族介護者の心身の状況を把握したうえで，必要に応じて心身負荷の少ない介護技術，介護方法の工夫や介護用品，介護機器を紹介します。①すべての介護を自分ひとりでやらなくてもよいこと，②介護に対する新たな意欲とエネルギーを得るために自分の時間と楽しみをもってもよいことを説明し，理解を得ることも必要です。

　家族介護者へのケアのひとつとして**レスパイトケア**があります。在宅で介護をする家族にとって，休息は不可欠という考え方で広がったものです。家族介護者が休息を得るために，訪問系サービス，通所系サービスやショートステイなどの介護サービスの情報を伝え，その利用を勧めることも大切です。また，家族介護者の日ごろの介護の大変さを理解し，その労をねぎらうことも必要なことです。

❸ 心理的ストレス

　長期にわたる介護をするなかで，家族介護者はさまざまな感情を経験します。家族介護者が経験する感情としては，不安，悲しみ，怒り，いらいら感，失望，挫折感，喪失感，孤独感，抑うつ，罪悪感，満足感，喜びなどがあります。介護職は，家族介護者が同時に複数の感情を受容していることを理解することが大切です。

●不安

　アルツハイマー型認知症などの要介護状態の介護から，家族介護者は次のような多くの**不安**や心配を感じています。「（病気の経過が）これから先どうなっていくのか」「治療法はないのか」「経済的にどのように生活していけばいいのか」「在宅で利用できるサービスはあるのか」「最後は死んでしまうのか」「いつまで私のことを覚えていてくれるのか」「最後は必ず寝たきりになってしまうのか」などです。

●悲しみ，怒り

　愛する家族が要介護状態になってしまった悲しみは深く，時間の経過とともに自分の配偶者や親の生活機能が低下し認知症が進行していくのをみていくこと，また要介護者の認知症により家族のことを忘れられてしまうのを認識するのも悲しくつらいことです。また，なぜ自分の家族が，さらになぜ自分がこのような不運に遭うのかという怒りも起こります。

さらに，介護の負担が主たる家族介護者に集中している場合には，なぜ自分だけがこのようにつらい思いをしなければいけないのかという怒りも感じるのでしょう。主たる介護者が要介護者の「物盗られ妄想」の被害者になる場合もありますが，自分を犠牲にして介護している配偶者や親から「泥棒」と非難されるつらさ，悲しさ，怒りは想像に余りあります。

● いらいら感

家族介護者は，病気によるものだと知っていても，認知症の人が同じことを何度も聞くことに対してもいらいら感を抱きます。また，安全面の配慮，たとえば，タバコを吸うときはひとりでライターに火をつけないように，といったことを無視する行動が繰り返されるときにもいらいら感を覚えます。この家族介護者のいらいら感は，介護に対する周囲の家族や親戚の無理解や非協力態勢および介護者自身の疲労感によってさらに高まります。

● 失望，挫折感

家族介護者がどんなに心をこめて必死に介護しても，要介護状態が悪化する場合には，回復が望めないことに対する失望感，挫折感をしばしば味わうことになります。また，家族介護者の行っている介護に対して本人，ほかの家族メンバー，親戚から感謝されないときにも失望感，挫折感が生まれます。

● 喪失感

認知症によっては記憶力および言語的コミュニケーション能力が障害されていくため，家族介護者は，何十年にもわたっていっしょに過ごしてきた配偶者や親との親密な関係性が変化し，失われていく喪失感を味わいます。「いつものこと」がいつものように起こらないのです。また，要介護者が認知症と診断されたことにより家族介護者の日常生活や社会生活は大きく変化します。友人との交際や趣味の活動をあきらめたり，状況によっては，仕事をやめることにもなります。また，妻が夫の介護者になるケースや子どもが親の介護者になるケースでは，社会的役割の変更を余儀なくされるので，家族介護者は大きな喪失感を味わうことになります。

● 孤独感

家族の介護により日常生活や社会生活が狭まり，在宅で介護する家族介護者は，要介護者とふたりきりの生活に陥りやすくなります。また，家族介護者は，ほかの家族や親戚から理解が得られないときも孤立感・孤独感が深まります。

● 抑うつ

家族介護者に抑うつ状態は多くみられます。先に述べた不安やいらいら感の原因が解決しなければ，介護者は一時的な抑うつ状態になる場合もあります。介護者の抑うつ状態が心理的な現実からの逃避という自己防衛から生じることがあります。「介護する自信がない」「介護したくない」という気持ちから抑うつ状態になり，「何もする気がしない」「体がだるい」「考えがまとまらない」「朝起きるのがつらい」などという精神状態や身体症状

を訴えることがあります。

●罪悪感

　家族介護者は，要介護者の要介護状態が悪化していく過程で，悪化するのは自分の介護が不十分だったからではないか，自分の介護方法が悪かったのではないか，という自責の念にとらわれることが知られています。また，在宅での家族介護に限界が生じて，施設や医療機関への入所，入院を余儀なくされたときにも，多くの家族介護者はほっとする反面で自責の念や後悔の念をもちます。とくに，入院，入所したのちに認知症が悪化した場合や寝たきりになってしまった場合，さらに短期間のうちに死亡した場合は後悔の念が深まります。

●満足と喜び

　家族介護者のなかには介護経験を意義のあるものとしてとらえ，介護をいやだと思わずに，満足と喜びを感じることのできる人もいます。介護経験を意義のある満足のいくものとして感じられるには，要介護者との関係性や心理面などが大きく影響すると考えられます。

❹ 心理的ストレス軽減のためのケア

　介護職は，要介護者を介護する大変さ，つらさを理解し，受け入れ，家族介護者の精神的な安定を支援するように，共感的に理解して介護をすることが大切です。家族介護者が安心して不安や心配を相談できる，また愚痴をこぼせる信頼関係を構築することが必要です。できるかぎり介護者のもつ心配やいらいら感の原因が解決されるよう介護することが求められます。医師，看護師といったほかの専門職と連携することも必要です。さらに家族介護者が心理的ストレスを発散し，情報交換を行い，同じ経験をもつ仲間として支え合う場として，**家族会**などへの参加を勧めることも効果的な場合もあります。また，家族介護者の抑うつ状態が続くときや心身症が疑われるときは，その専門家の診断を受けるようにアドバイスすることが大切です。家族介護者の心理的ストレスの状態によっては，社会サービスの導入や病院や施設への入院，入所も視野に入れた介護支援が必要です。

3 社会サービスの活用

　家族介護者はさまざまな介護ニーズをもっています。多様な介護ニーズを満たすためにフォーマルおよびインフォーマルな社会サービスを活用するための情報を提供することが大切です。また，次のような社会サービスの内容は年々変化するので，つねに最新の情報を得ることが必要です。

❶ 保健医療福祉サービス

●介護保険
65歳以上の高齢者はすべて申請可能です。40歳から64歳まででは「加齢に伴う認知症」と認められれば申請可能です。

●医療保険
年齢に関係なく受給できます。
- 外来医療：精神科デイケア，重度認知症患者デイケア，訪問看護など
- 病院医療：精神科一般病棟，認知症疾患治療病棟，認知症疾患療養病棟など

●公的給付制度
- 障害年金：20歳以上であれば申請可能です。指定医の診断書を添えて社会保険事務所に申請します。
- 精神障害者保健福祉手帳：認知症は原因や種類によらず申請できます。
- 介護手当：寝たきりや認知症高齢者を在宅で介護している家族に対して，自治体が現金給付を行う制度です。自治体によって介護手当の支給対象者や支給額が異なります。収入制限もあります。居住している自治体に確認しておくとよいでしょう。
- 特別障害者手当：障害が重度な在宅の20歳以上の人が対象です。収入制限があります。

●公費負担制度
- 自立支援医療制度：通院医療費の原則として90％が公的に補助されます。外来通院と医療デイケアに適用されます。

❷ その他の社会サービス

これらのサービスは，主治医の確保や専門医と認知症の受診などについても支援してくれます。
① 日本各地の認知症の人と家族の会など
② 電話相談（保健所，精神保健福祉センターなどの公的サービスと家族会やNPOなどの私的サービスがある）など
③ NPO家族介護者支援団体など

4 家族相談・助言

介護職としてつねに考えておかなければいけないことは，家族は自分たちの介護ニーズを他者になかなか伝えることができないということです。その理由としては，「他人に迷惑をかけられない」「家庭内の問題を人目にさらすようで恥ずかしい」「サービスを利用する際の手続きが煩雑である」「実際にサービスを受けたときにストレスや失望を受けた」などがあげられます。ですから，家族はなんとか家庭内で問題解決を図ろうとしているの

で，家族が相談，助言を求めてくるときは，家族介護の問題が限界のぎりぎりのところまできている場合もあります。介護職として家族介護者と良好な信頼関係をつねに保ちながら，家族が適時適切な支援を受けられるようにすることが必要です。また，家族介護者の介護ニーズは多種に及ぶので，介護職は自分の能力でできる介護内容とその評価を理解し，自分で対応しきれない家族の介護ニーズについては，ほかの適切な社会資源を導入すること，連絡調整することが必要です。そのためには，多職種との良好なネットワークづくりをしておくことや，各自が日ごろから地域の社会資源について知っておくことが重要です。

科目修了時の評価のポイント

7 認知症の理解

- ☐ 認知症ケアの理念や利用者中心というケアの考え方について概説できる。
  【→第1章第2節参照】
- ☐ 健康な高齢者の「物忘れ」と，認知症による記憶障害の違いについて列挙できる。
  【→第2章第1節参照】
- ☐ 認知症の中核症状と行動・心理症状（BPSD）等の基本特性，およびそれに影響する要因を列挙できる。　【→第2章第1節，第3章第1節参照】
- ☐ 認知症の心理・行動のポイント，認知症の利用者への対応，コミュニケーションのとり方，および介護の原則について列挙できる。また，同様に，若年性認知症の特徴についても列挙できる。　【→第3章第2節，第2章第2節参照】
- ☐ 認知症の利用者の生活環境の意義やそのあり方について，主要なキーワードを列挙できる。　【→第3章第2節参照】
  例：生活習慣や生活様式の継続，なじみの人間関係やなじみの空間，プライバシーの確保と団らんの場の確保等，地域を含めて生活環境とすること
- ☐ 認知症の利用者とのコミュニケーション（言語，非言語）の原則，ポイントについて理解でき，具体的なかかわり方（よいかかわり方，悪いかかわり方）を概説できる。
  【→第3章参照】
- ☐ 家族の気持ちや，家族が受けやすいストレスについて列挙できる。　【→第4章参照】

障害の理解

ねらい

● 障害の概念とICF，障害者福祉の基本的な考え方について理解し，介護における基本的な考え方について理解する。

第1章

障害の基礎的理解

第1節 障害の概念とICF

1 障害の概念

❶ 障害および障害者の定義

　後述するICIDH（International Classification of Impairments, Disabilities and Handicaps：国際障害分類）において，疾病やけがなどにより，身体の構造や形態的異常，四肢・内臓などの機能に異常が生じた状態，あるいは精神や思考などに異常をきたした状態であり，その異常のために身体や精神などの機能が十分にはたらかないことを「**障害**」とよびます。さらに，身体や精神などに障害があり，その障害および社会的障壁により，継続的に日常生活または社会生活に相当な制限を受ける状態にある人を「障害者」といいます。

❷ 障害の原因による分類

　障害の原因はさまざまで，次のようなものがあります。
- **先天性疾患**……生まれつき存在する形態や機能の異常や精神的異常を示す疾患など
- **後天的な疾病**……脳血管障害，内臓疾患，感覚障害，知的障害，精神障害など
- 事故等による損傷……四肢の損傷（切断，骨・関節・筋・神経損傷など）や頭部・脊

髄・内臓の外傷など

❸ 障害の機能に基づく分類

わが国の「**障害者基本法**」などによると、障害は以下のように分類されます。

・**身体障害**

視覚障害、聴覚障害、平衡機能の障害、音声・言語機能障害、咀嚼機能障害、肢体不自由、内部障害（心臓機能障害、腎臓機能障害、呼吸器機能障害、膀胱または直腸の機能障害、小腸機能障害、肝臓の機能障害、免疫の機能障害）の障害別に区分

・**知的障害**　　・**精神障害**（発達障害を含む）

❹ 障害者の全体的状況

身体障害、知的障害、精神障害の3区分で障害者の概数をみると、身体障害者392万1000人、知的障害者74万1000人、精神障害者392万4000人となっています（**表8-1-1**）。これを人口1000人あたりの人数でみると、身体障害者31人、知的障害者6人、精神障害者31人となります。複数の障害をあわせもつ人もいるため、単純な合計数にはならないものの、およそ国民の約6.7％がなんらかの障害を有していることになります。

身体障害の種類別の推移をみると、視覚障害、聴覚・言語障害、肢体不自由はほぼ横ばいですが、内臓障害である内部障害の増加率が高くなっています。これは、人口の高齢化の影響が内部障害の増加に影響を及ぼしているといえます。

		総数	在宅者	施設入所者
身体障害児・者	18歳未満	7.6万人	7.3万人	0.3万人
	18歳以上	382.1万人	376.6万人	5.5万人
	年齢不詳	2.5万人	2.5万人	―
	合計	392.2万人（31人）	386.4万人	5.8万人
知的障害児・者	18歳未満	15.9万人	15.2万人	0.7万人
	18歳以上	57.8万人	46.6万人	11.2万人
	年齢不詳	0.4万人	0.4万人	―
	合計	74.1万人（6人）	62.2万人	11.9万人
精神障害者	20歳未満	26.9万人	26.6万人	0.3万人
	20歳以上	365.5万人	334.6万人	30.9万人
	年齢不詳	1.0万人	1.0万人	0.1万人
	合計	392.4万人（31人）	361.1万人	31.3万人

（　）内数字は、人口1000人あたりの人数。四捨五入で人数を出しているため、合計が一致しない場合がある。
※精神障害の「在宅者」は「外来患者」、「施設入所者」は「入院患者」の数

表8-1-1　障害者数（推計）
資料：内閣府『平成29年版障害者白書』

また、内閣府の障害者施策に関する基礎データ集によれば、外来の精神障害者の疾病別の内訳は、「気分（感情）障害（躁うつ病を含む）」29.8％、「統合失調症、統合失調症型障害及び妄想性障害」16.6％、「神経症性障害、ストレス関連障害及び身体表現性障害」19.7％、「てんかん」6.7％などとなっています。外来患者数の傾向を疾患別にみると、「統合失調症、統合失調症型障害及び妄想性障害」はほぼ横ばいで推移しているのに対し、「気分（感情）障害（躁うつ病を含む）」は1.5倍近い伸びを示しています。

2 ICFに基づく障害のとらえ方

❶ ICIDHとICF

障害に関する国際的な分類としては、1980年にWHO（World Health Organization：世界保健機関）がICIDHを発表しました。これは、疾病による「機能障害」「能力低下」「社会的不利」と一方向に障害を分類したものです。

また、2001年5月には、生活機能・障害・健康の国際分類であるICF（International Classification of Functioning, disability and health：国際生活機能分類）がWHOで採択されました。ICFは人間の生活機能（何ができるかといったプラス面の評価）と障害について、「心身機能・身体構造」「活動」「参加」の3つの次元および「環境因子」「個人因子」「健康状態」等の影響を双方向に及ぼす因子で構成され、その評価は約1500項目に分類されています。障害がある人のみの評価分類にとどまらず、健常者に対しても、できること・できないことの状況判断の指標となります。なお、ICFについては科目2第1章第2節も参照してください。

❷ ICIDHモデルとは

疾病やけがなどにより心身の機能低下あるいは人体構造の異常が生じ、生体の障害が起こります。これを一次レベルの障害（機能障害）とよびます。そしてその機能障害などがあるために、個人の能力低下や活動性の低下が起こります。これを二次レベルの障害（能力低下）とよびます。さらに、能力低下が出現すると、仕事を失ったり、社会参加ができなくなったりすることがあります。これを三次レベルの障害（社会的不利）とよびます。すなわち、疾病やけがなどが原因で機能障害が起こるために、能力低下、さらに社会的不利が出てくるわけです。この一次レベルの障害から三次レベルの障害を包括した障害の分類がICIDHです。

ICIDHモデルは、疾病により機能障害が発生してから能力低下が起こり、その結果として社会的不利が生じる状態になるという医学モデルです（図8-1-1参照）。たとえ機能障害があっても、リハビリテーション医療の実施や福祉用具や自助具などの活用、福祉住環境の整備（バリアフリー化）などにより、機能障害、能力低下や社会的不利を軽減で

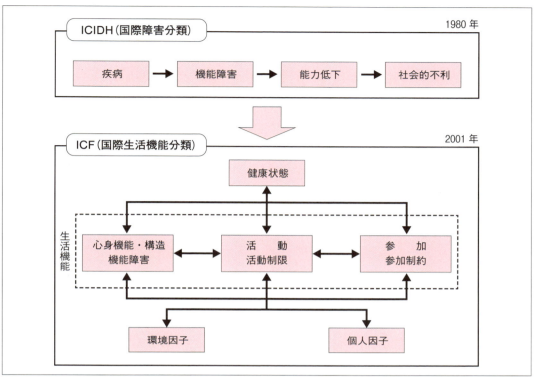

図8-1-1　ICIDHとICF
資料：高齢者リハビリテーション研究会『高齢者リハビリテーションのあるべき方向』2004年を一部改変

きます。

❸ ICFモデルとは

　ICFは、「生活機能と障害」と「背景因子」を評価することにより、生活機能の性質や程度などを評価し、さらに環境因子と個人因子や健康状態を加味することにより、障害者がその障害を許容できているかどうか、リハビリテーションにより障害が克服できたかどうかなどの構成要素で分類でき、ICIDHでは示されなかった生活機能も評価することができるようになっています（図8-1-1参照）。

　まず、心身機能と身体構造を分類しながら、その人の実際行っている活動と参加について分類し、生活機能に大きな影響を与える背景因子を分類して障害全体を双方向に評価します。背景因子は、障害を扱ううえで非常に重要な要素で、環境因子と個人因子があります。

> **ICFの構成要素の概観**
>
> 第1部 生活機能と障害
> - 心身機能（body functions）とは，身体系の生理的機能（心理的機能を含む）である。
> - 身体構造（body structures）とは，器官・肢体とその構成部分などの，身体の解剖学的部分である。
> - 機能障害（構造障害を含む）（impairments）とは，著しい変異や喪失などといった，心身機能または身体構造上の問題である。
> - 活動（activity）とは，課題や行為の個人による遂行のことである。
> - 参加（participation）とは，生活・人生場面（life situation）へのかかわりのことである。
> - 活動制限（activity limitations）とは，個人が活動を行うときに生じる難しさのことである。
> - 参加制約（participation restrictions）とは，個人がなんらかの生活・人生場面にかかわるときに経験する難しさのことである。
>
> 第2部 背景因子
> - 環境因子（environmental factors）とは，人びとが生活し，人生を送っている物的な環境や社会的環境，人びとの社会的な態度による環境を構成する因子のことである。
> - 個人因子（personal factors）とは，性別，人種，年齢，体力，ライフスタイル，習慣，困難への対処方法，その他の因子が含まれている。

ICFモデルは，障害があっても，住環境や福祉用具を整備するなどの物的因子や，周囲の人たちが障害者を理解することや福祉制度などの充実により，障害者の社会参加などが可能となる社会モデルです。

障害者のリハビリテーションを考えるとき，その障害があるために「している活動」に制限が生じ，生活機能として「できる活動」との間に差が生じることがあります。「している活動」とは，生活機能の障害により**活動制限**が起こり**参加制約**を受けている状態であり，適切なリハビリテーションを行うことや背景因子を整えることにより，「している活動」の範囲が広がり，「できる活動」となります。すなわち，「している活動」を「できる活動」に近づけることも，障害のリハビリテーションといえます。

❹ ICIDHとICFによる障害の具体例

ICIDHでは，脳出血を発症した場合，まず脳出血という病気により一次レベルの障害である片麻痺・失語症・失行・失認など（機能障害）が生じ，その結果として二次レベルの障害である歩行障害をはじめとするADL（Activities of Daily Living：日常生活動作〈日常生活活動〉）の障害やコミュニケーション障害など（能力低下）が出現します。さまざ

まなADLの障害が出現することなどにより，三次レベルの障害として失業や趣味の喪失といった社会的不利が生じることとなります。

ICFの概念では，ICIDHの障害が起こっても，麻痺に対する機能訓練を行ったり，福祉用具を使用したりすることにより，「できる活動」が増えて生活機能が向上して，さらに周囲の人の理解や環境整備などにより就労や社会参加が可能となります。

このように，心身機能や身体構造の変調が起こり活動制限や参加制約が起こっても，背景因子や個人因子などを支援することで，健康な人と同じように社会生活を営むことが可能となります。

第2節 障害者福祉の基本理念

1 障害者福祉の基本原則

2011（平成23）年に改正された「障害者基本法」においては，
①すべての国民が，障害の有無にかかわらず，等しく**基本的人権**を享有するかけがえのない個人として尊重されるものであるとの理念
②すべての国民が，障害の有無によって分け隔てられることなく，相互に人格と個性を尊重し合いながら**共生**する社会の実現
③社会参加の機会の確保
④どこで誰と生活するかについての選択の機会が確保され，地域社会において他の人びとと共生することを妨げられないこと
⑤社会的障壁の除去
⑥可能なかぎりその身近な場所において必要な支援を受けられること
などが規定されており，これらの障害者福祉の基本原則などが提示されました。すなわち，障害のある人のすべての基本的人権の尊重と社会参加が実現された，誰もが安心して快適に生活できる地域社会をつくることが障害者福祉には必要なのです。

住み慣れた地域で安心して暮らすために，自立生活に必要な保健・福祉・医療等のサービスが適切に供給される環境の整備を図り，障害の種類や程度にあった福祉サービスを充実させ，障害者が自らの意思で選択しそのサービスが十分に受けられる体制を実現させる必要があります。そのためには，バリアフリーの推進と**ユニバーサルデザイン**を普及させることや，生活環境への適応や社会参加のためのリハビリテーションの充実が必要です。

さらに、心のバリアを取り除くため、障害および障害者についての正しい理解を深め、障害者のスポーツやレクリエーションおよび文化活動などの社会参加の機会を拡大することが必要です。

すなわち、「障害の有無にかかわらず等しく基本的人権が保障され、障害者の人格と個性が尊重され、障害者の自由な選択のもと、可能なかぎりその身近な場所において生活でき、社会的障壁が排除され社会参加の機会が確保された社会づくりをすること」が、障害者福祉の基本原則といえるでしょう。

2 障害者総合支援法における基本理念

2013（平成25）年4月1日から、「障害者自立支援法」を改正して新たに「障害者総合支援法」（障害者の日常生活及び社会生活を総合的に支援するための法律）が施行されました。

「障害者総合支援法」の第1条の2において、次のように、基本理念が規定されています。

> **「障害者総合支援法」の基本理念**
> 第1条の2　障害者及び障害児が日常生活又は社会生活を営むための支援は、全ての国民が、障害の有無にかかわらず、等しく基本的人権を享有するかけがえのない個人として尊重されるものであるとの理念にのっとり、全ての国民が、障害の有無によって分け隔てられることなく、相互に人格と個性を尊重し合いながら共生する社会を実現するため、全ての障害者及び障害児が可能な限りその身近な場所において必要な日常生活又は社会生活を営むための支援を受けられることにより社会参加の機会が確保されること及びどこで誰と生活するかについての選択の機会が確保され、地域社会において他の人々と共生することを妨げられないこと並びに障害者及び障害児にとって日常生活又は社会生活を営む上で障壁となるような社会における事物、制度、慣行、観念その他一切のものの除去に資することを旨として、総合的かつ計画的に行わなければならない。

3 ノーマライゼーションと障害者福祉

ノーマライゼーションとは、どのような障害があろうとも健常者と同等の普通の生活が送れるような社会がノーマルであり、そのような社会をつくっていくことをいいます。知的障害者福祉の分野から始まった考え方ですが、いまでは、障害者福祉の考え方の原則として定着しています。ノーマライゼーションについて詳しくは**科目2第1章第4節**を参照

してください。

　このノーマライゼーションの思想に基づき，わが国の「障害者基本法」では第1条で規定される「全ての国民が，障害の有無によつて分け隔てられることなく，相互に人格と個性を尊重し合いながら共生する社会」の実現に向けて，「地域社会における共生等」（第3条）があげられ，次のように明記されています。

> 第3条　第1条に規定する社会の実現は，全ての障害者が，障害者でない者と等しく，基本的人権を享有する個人としてその尊厳が重んぜられ，その尊厳にふさわしい生活を保障される権利を有することを前提としつつ，次に掲げる事項を旨として図られなければならない。
> 一　全て障害者は，社会を構成する一員として社会，経済，文化その他あらゆる分野の活動に参加する機会が確保されること。
> 二　全て障害者は，可能な限り，どこで誰と生活するかについての選択の機会が確保され，地域社会において他の人々と共生することを妨げられないこと。
> 三　全て障害者は，可能な限り，言語（手話を含む。）その他の意思疎通のための手段についての選択の機会が確保されるとともに，情報の取得又は利用のための手段についての選択の機会の拡大が図られること。

　また，「障害者総合支援法」では，第1条において，「障害の有無にかかわらず国民が相互に人格と個性を尊重し安心して暮らすことのできる地域社会の実現に寄与すること」を目的として掲げ，前に述べた基本理念（第1条の2），市町村等の責務（第2条），国民の責務（第3条）で，居住地域の選択の自由や共生社会の実現などについても規定しています。

第2章

障害の医学的側面, 生活障害, 心理・行動の特徴, かかわり支援等の基礎的知識

第1節 身体障害

1 肢体不自由

肢体不自由とは, 先天的あるいは後天的に四肢や体幹に障害を生じている状態であり, 手・足等の欠損や機能障害, 脳や脊髄の障害により運動能力が低下する状態などが含まれます。さらに, 上肢・下肢に機能障害がある場合, 体幹に機能障害がある場合に分けられます。

「平成18年身体障害児・者実態調査」(厚生労働省) によれば, 肢体不自由となった原因をみると, 18歳未満の障害児および18歳以上の障害者ともに, 病気による場合が事故などの場合を上回っています。原因疾患としては, 障害者では脳血管障害 (14.4%), 骨関節疾患 (13.3%), 障害児では脳性麻痺 (47.5%) が多くなっています。

肢体不自由のなかで患者数の多い脳血管障害, 骨関節疾患, 脳性麻痺と, 高齢化に伴い患者数が増えてきているパーキンソン病, 廃用症候群の障害について述べます。

❶ 脳血管障害

脳血管障害とは, 脳の血管が閉塞したり出血したりすることで脳細胞の壊死を生ずる疾

患であり、**脳卒中**ともよばれます。継続的に医療を受けている脳血管障害の患者は約147万人（高血圧疾患，糖尿病に次ぎ第3位）であり，厚生労働省の「平成28年国民生活基礎調査の概況」によれば，介護保険制度の要介護者のうち，18.4％が脳血管障害がおもな原因となっています。

脳血管障害による機能障害は，**運動障害**（片麻痺，四肢麻痺，運動失調など），**意識障害**，**精神障害**（認知症，抑うつなど），**脳神経障害**（嚥下障害，眼球運動障害，構音障害），**感覚障害**（しびれ，痛みなど），自律神経障害（便秘，失禁，異常発汗，低血圧発作など），**高次脳機能障害**（知識に基づいて行動を計画し実行する精神活動の障害で，知覚・注意・学習・記憶・概念形成・推論・判断・言語活動・抽象的思考などの障害で，失語，失認，失行などを伴う）などであり，脳の損傷部位により，これらの症状が組み合わさって出現します。

発症初期の日常生活自立度が低い場合，重度の**運動麻痺**が残存する場合，非常に高齢である場合，**半側空間無視**（空間の左右いずれかの半側を認知できない状態）がある場合，バランス障害が強い場合，合併疾患が多い場合などは，機能障害や能力低下も著しくなります。なお，脳血管障害については，**科目6第2章第2節**も参照してください。

● 脳血管障害への支援

麻痺の程度はさまざまですが，多くは左右どちらかの半身が麻痺する片麻痺という機能障害をきたします。麻痺に対する支援は，機能障害に対する介護（排尿・排便の介護，褥瘡や肺炎予防のため体位変換，身体を清潔に保つ介護，食事介護，更衣の介護等）を行うことが大切です。発症後の半年程度は不安定ながらも回復する可能性を十分に備えています。この時期には麻痺のある四肢を他動的に動かして関節の可動範囲が制限される拘縮を予防し，麻痺側での運動療法や起居動作・座位保持・起立・歩行を再獲得するリハビリテーションが中心となります。維持期以降も回復あるいは機能低下する可能性があり，どの時期でも，リハビリテーションを続ける必要があります。

脳血管障害では，血管性認知症，うつ病（抑うつ状態），血管性パーキンソン症候群など，生活機能の低下をまねく合併症も多く，介護の負担が増します。また，脳の左半球の障害により右片麻痺となると，**言語障害**（言葉が話せない，言葉が理解できないなどの失語症）が生じることがあり，コミュニケーションが非常に困難になります。

高次脳機能障害を呈する場合には，言葉を理解することや発語が困難となる失語，物事を認識する障害である失認，だんどりをつけて物事を行うことができない失行が起こります。また，意欲や集中を持続することができず，突然興奮する，怒り出すなどの症状もあります。このような場合，介護が非常に困難となりますが，懇切ていねいに根気よく物事を説明し，さらに「自分なら，いまどうしてほしいか」をつねに考えながら，声かけを行い，介護をすることが重要です。

❷ 骨関節疾患

骨関節疾患では，骨代謝性疾患である**骨粗鬆症**が基礎疾患にあり脊椎骨が骨折する**脊椎圧迫骨折**や，上・下肢の長管骨の骨折による機能障害，関節の変形や破壊によって関節の機能を失う**関節リウマチ**や**変形性関節症**が多くみられます。

関節の機能障害の程度はさまざまですが，起きる，座る，立つ，移動するなどの機能障害をきたします。関節リウマチや変形性関節症などが進行したために，歩行ができなくなったり，正座やしゃがむことなどができなくなったりすることもあり，関節の可動域制限が強い場合は，人工関節に置き換える人工関節置換術を行うこともあります。なお，骨関節疾患については，科目6第2章第2節も参照してください。

●骨関節疾患への支援

骨関節疾患に対する支援は，機能障害に対するリハビリテーションとして，関節の運動制限に対して身体的動作能力の回復を図る**理学療法**（関節可動域訓練，筋力強化訓練や起居・起立・移動・移乗訓練など）や応用的動作能力または社会的適応能力の回復を図る**作業療法**（就労，社会参加や日常生活活動における機能訓練など）を行います。

関節機能障害は，関節が破壊されるため，日常生活上の機能障害が生じます。そのため，生活を補助するための装具や自助具を使用することも多くなります。歩行機能障害がある場合には，段差の解消，杖や歩行器などの使用が必要となることもあります。なお，機能障害は徐々に発現することが多いため，多くの人は自助具等を上手に利用し，日常生活においては援助を要さないこともあります。関節の破壊に伴い関節痛やはれが生じるため，薬を使用するなど，関節炎のコントロールが重要となります。

❸ 脳性麻痺

脳性麻痺とは，受胎から生後4週以内の新生児までの間に生じた脳の非進行性の病変により，永続的な，しかし変化しうる運動および姿勢の異常です。症状は満2歳までに発現し，ほかの脳疾患による運動機能障害や知的障害とは区別されます。発生頻度は1000人に1.2人であり，原因は妊娠中の異常（妊娠中毒など），出生時の異常（未熟児，仮死分娩など）や新生児期の病気（髄膜炎，脳炎など）で起こる脳の機能障害の後遺症です。

脳の障害の起こる場所によりさまざまな症状が出ます。麻痺の種類による分類には，手足がこわばって硬くなる**痙直型**，手足が余分に動きすぎる**アテトーゼ型**，バランスがとりにくい**失調型**などがあります。

脳性麻痺の特徴として，頸のすわりや座位保持が遅く，全般的な運動発達の遅れや乳児期に出現する原始反射（モロー反射や首のもち直り反応など）が長く残ることがあげられます。そのため自分の意思に反し手足が自由に動かせないことに対する動作訓練が必要である場合や，日常生活においてなんらかの介護を必要とすることも少なくありません。また，運動障害に加え知的障害，言語障害，視覚や聴覚などの障害を伴うこともあります。

●脳性麻痺への支援

　脳性麻痺は，発症した時点から医療・介護両面からの支援が継続的に必要となります。重度であれば知的障害を伴うこともあり，金銭管理やADL（日常生活動作〈日常生活活動〉）に支障が大きいことが多く，介護を必要としますが，知的障害が軽度の場合は地域で自立生活する人も多いです。手足の痙直や不随意運動が出現するため動作が緩慢であり，買い物や食事のしたくに時間がかかることも多く，外出や買い物の介助や就業支援などが必要となります。

❹ パーキンソン病（症候群）

　パーキンソン病は50歳代から発症することが多い脳の変性疾患で，神経伝達物質が減少し運動の制御がはたらかなくなります。手や足が安静時にふるえる振戦（しんせん）や筋肉のこわばりが生じます。突進しながらも，小きざみな歩行となり，仮面様顔貌などを認める疾患です。なお，パーキンソン病については，科目6第2章第2節も参照してください。

　パーキンソン病と同様の症状は他の疾患でも出現することがあり，これらを**パーキンソン症候群**といいます。その障害の程度の出現が異常な場合には，パーキンソン病と同様の症状が出現する病態を考慮する必要があります。パーキンソン症候群の障害の程度は，ヤールの病期分類で評価します。

ヤールの病期分類

1期：症状は手足の片側のみの時期
2期：両側に症状があるが，普通の生活が可能
3期：姿勢反射障害が出始めるが仕事は可能
4期：歩行に介助が必要
5期：車いすが必要

●パーキンソン病への介護

　パーキンソン病では，病期や障害の程度に適した介護が必要です。ヤールの4期以上の状態では，病状の日内変動が激しくなります。寡動（かどう）（動きがない状態）の強いときは身体介護をおもに行い，動けるときは不随意運動が激しくなるため，転倒に注意を払いながら生活介護を行います。

❺ 廃用症候群

　種々の原因により身体の安静状態（生活の不活発化）が長期に続いた場合に，身体的・精神的機能の低下を中心とした変化が出現し，さまざまな臓器に機能の衰えが生じる一連の機能障害による症状を**廃用症候群**といいます。

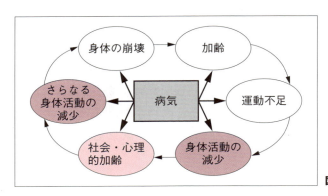

図8-2-1　廃用症候群の悪循環

　廃用症候群の機能障害は，筋力低下，筋肉の萎縮，関節の拘縮，骨の萎縮（骨粗鬆症，骨折など），皮膚の循環障害（褥瘡，皮膚壊死など），自律神経障害（起立性低血圧，便秘，尿便失禁など），呼吸器疾患（沈下性肺炎，肺塞栓など），精神機能の低下（食欲不振・抑うつ状態・認知症など），嚥下障害など，多岐にわたります。また，これらの症状が単独で存在することはまれで，実際にはほとんどの症状が多発することが多いです。

　廃用症候群は悪循環をきたすことが多く，とくに高齢者ではなんらかの原因によって生活が不活発化すると廃用症候群が起こります。臥床状態が短期間でも続くと，筋力の低下が起こり，歩行困難となると転倒の危険が生じます。一度でも転倒の経験があると，転倒に対する恐怖感が現れて，生活はいっそう不活発になります。この状態により廃用症候群はさらに増悪し，身体的・精神的な機能障害をきたして，能力低下が進行し，さらに悪化すると寝たきりとなります（図8-2-1参照）。廃用症候群については，科目6第2章第2節も参照してください。

●廃用症候群に対する支援

　廃用症候群は，なんらかの原因で廃用となった運動器や臓器に生じる障害であるため，その原因を取り除くために早期離床を図ることが優先されます。さらに廃用による症状を進行させないため，介護予防による運動器の機能向上や栄養改善，口腔機能の向上などが必要となります。また，転倒させない環境整備や筋力強化訓練，バランス向上訓練などが必要となります。

2　視覚障害

　視覚になんらかの不可逆的な障害を受けて，視機能の低下をきたし，日常生活，社会生活などに不自由を生じた状態を**視覚障害**といいます。

　視覚障害には，視力自体が低下する視力障害，物が見える範囲に異常をきたす視野障害，色の認識が障害される色覚異常，明るさにより物が見えにくくなる光覚障害（明・暗順応障害）などがあります。また，先天的疾患により生まれつき視力がない場合を「先天盲」，

なんらかの疾病や外傷により後天的に失明した場合を「中途失明」といいます。なんらかの疾病により裸眼視力が極端に低下して、眼鏡やコンタクトレンズを使用しても日常生活が不自由な状態を「弱視」といいます。

なお、視覚障害の原因疾患として、白内障や緑内障、糖尿病性網膜症によるものが多くみられます。これらの疾患については、科目6第2章第2節を参照してください。

視覚障害者は、文字がぼけてしまったり、文字が二重に見えたりするため、情報収集が困難となります。また、歩行中に段差が確認できずにつまずいたり、景色が歪んで見えたり、暗いところでまわりが見えなかったり、明るいところで異常にまぶしかったりします。

● 視覚障害者への支援

視覚障害者は、文章の点字変換、外出援助（点字ブロック、手引き歩行や盲導犬による誘導）などが必要となります。生活介護では、了解を得ずに生活習慣の場における物品の移動や整頓は避けることが必要です。また、視野障害や視空間性障害（半側空間無視など）などでは、視界が認識できず欠損していることを理解し、視野の欠損がない位置で介護することが必要です。

3 言語・聴覚障害

❶ コミュニケーションの障害

コミュニケーションの原点は、会話をかわすことです。会話は、図8-2-2のように言語が伝わります。コミュニケーションの障害として、話すことができない言語障害と、話を聞くことができない聴覚障害があります。なお、言語・聴覚障害におけるコミュニケー

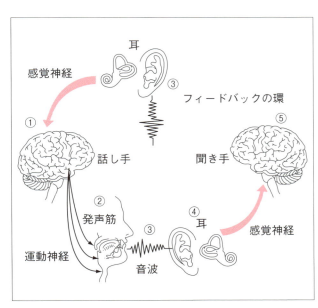

①言語学的レベル：大脳で伝えたいことを思考し、言語化する
↓
②生理学的レベル（出力系）：大脳で組み立てられた言語を「話し言葉」として表出するために、運動神経を通じて声帯、舌、唇などに運動指令が送られる。これらの器官は指令に従って運動し、音声が出る
↓
③音響学的レベル：音声は空気中を音波として伝わり、聞き手の耳に伝わると同時に話し手自身の耳にも伝わる
↓
④生理学的レベル（入力系）：音波を受け取ると内耳で電気信号に変換され、感覚神経を通じて大脳に伝えられる
↓
⑤言語学的レベル：音声情報を大脳で解読し、その意味が理解される

図8-2-2　言語の伝達経路「言葉くさり」
資料：P. Denes & E. N. Pinson, *The Speech Chain*, 1963年

ションの支援については，科目5第1章第4節も参照してください。

❷言語障害

言語障害は，障害を受けた時期や障害を受けた器官や部位によってさまざまで，障害の現れ方もそれぞれ異なります。

子どもの言葉の習得の遅れ
- 聴覚の障害により言語の正しい習得ができないために起こる障害によるもの
- 脳性麻痺など脳の損傷によるもの
- 先天的な器官の障害によるもの
- 知的障害や自閉などの発達障害など対人関係の障害によるもの

成人の言語障害
- 脳の損傷（脳卒中や外傷など）によるもの（失語症）
- 喉頭がんなどの後遺症による発語の器官の障害によるもの（構音障害）

高齢者の失語の特徴
- 流暢性の失語が多い
- 高次脳機能障害や知的障害を合併する場合が多い
- 回復は若年者より悪い

●失語症

失語症とは，いったん獲得された言語機能が，大脳の障害によって障害された状態であり，その症状として，話す・聞く・書く・読むなどができなくなります。運動性失語（ブローカ失語）と感覚性失語（ウェルニッケ失語）に分けられます。

運動性失語：構音をつかさどる口・喉・舌の運動中枢であるブローカ運動中枢の障害で生じる構音障害で，言葉の流暢さを欠き，発語量が少なく，発話の開始や構音そのものに努力を要し（努力性発語），呼称や復唱も障害されます。日常会話の内容は比較的よく理解されています。

感覚性失語：言語の理解をつかさどるウェルニッケ中枢の障害で生じます。言葉は流暢ですが，内容は意味不明（理解障害）となります。片麻痺を伴わない場合が多いことが特徴です。

●言語障害者への支援

言葉や物事の理解ができる場合は，50音表や筆談などでコミュニケーションをとることが可能です。ただし，脳の障害による失語症の場合，会話は困難となることが多いです。

❸ 聴覚障害

聴覚障害は，音声を聞く機能に障害がある状態をいいます。先天性の障害，後天性の障害などさまざまですが，コミュニケーションの障害も伴うため，社会生活における制限が非常に大きくなります。

聴覚障害の代表的なものが難聴で，伝音性難聴，感音性難聴，混合性難聴に分けられます。

●聴覚障害への支援

難聴では補聴器が効果的ですが，感音性難聴では伝音性難聴ほど補聴器の適合がよくありません。高齢者では感音性難聴が多く，大きな雑音が響いたり，個々の音が区別しにくくなったりします。難聴が進行すると，会話が聞きとれないためにあいまいな反応になり，コミュニケーションがとれなくなります。静かな場所でゆっくりと話す，筆談などの視覚的なコミュニケーションを利用することなどが有効です。

高齢者の場合，耳垢の除去や適切な補聴器の使用で認知症が改善する例の報告もあるなど，コミュニケーションは精神機能に対して大きな影響を及ぼします。

4 内部障害

内部障害とは，循環器，呼吸器，腎・尿路系，消化器，免疫系など内臓の機能障害の総称であり，「身体障害者福祉法」では，心臓機能障害，腎臓機能障害，呼吸器機能障害，膀胱・直腸機能障害，小腸機能障害，ヒト免疫不全ウイルスによる免疫機能障害，肝臓の機能の障害を内部障害（内部機能障害）と規定しています。

2006（平成18）年の「身体障害児・者実態調査」の結果では，内部障害患者数は109万人であり，心臓機能障害61.0万人，腎臓機能障害23.5万人，呼吸器機能障害9.8万人，膀胱・直腸機能障害13.6万人，小腸機能障害0.8万人，ヒト免疫不全ウイルスによる免疫機能障害0.1万人となっています。

内部障害は，身体機能の低下をまねき，廃用症候群が出現するために，さらに内部障害の悪化や運動機能が低下するという悪循環に陥りやすいのです。その悪循環を断ち切るためには，臓器の機能障害を配慮した積極的なリハビリテーションを行い，精神・身体機能を維持向上させる必要があります。

●内部障害者への支援

現在，腎臓機能障害に伴う血液透析の新規導入患者の半数以上は糖尿病性腎症であり，また在宅酸素療法を必要とする呼吸器機能障害の主因は，喫煙が原因とされる肺気腫などです。このような生活習慣に起因する病気は予防することが可能ですので，生活指導等の支援が重要となります。

以下に，疾患別の注意点をあげておきます。いずれも身体介護を行う場合は，感染症（肝

・**心臓機能障害**

　不整脈に対しペースメーカーを植え込まれている場合，電磁波による誤作動の可能性があるため，電子機器（電子レンジ，携帯電話など）の使用には注意を払う必要があります。ペースメーカー植え込み，人工血管置換・弁置換，心筋梗塞(こうそく)や不整脈などの疾患ではワーファリンなどの出血しやすくなる薬を服用することが多く，身体介護などの際に皮膚を強く引っ張ることや圧迫することで皮下出血をまねくことがあるので注意します。納豆（ビタミンKの含有量が多い）はワーファリンの作用を打ち消すため，栄養改善などでは注意が必要です。

・**腎臓機能障害**

　人工透析を受けている人は，食事療法や水分の出納に十分注意を払う必要があります。

・**呼吸器機能障害**

　呼吸器疾患では，労作(ろうさ)時の呼吸困難や血液中の酸素が欠乏して皮膚が青色化するチアノーゼに注意を払う必要があります。

・**膀胱・直腸機能障害**

　導尿を行っている場合には，無菌による清潔操作の習得が必要になります。人工肛門を造設している場合は，便を貯留する袋であるパウチの交換時に排泄(はいせつ)口であるストーマの汚染や皮膚のただれなどに注意を払います。

5 摂食・嚥下障害

　脳血管障害や脳性麻痺，神経難病などの中枢神経系疾患，口腔，咽頭(いんとう)，喉頭(こうとう)の疾患などで**摂食・嚥下機能**の障害が生じます。**嚥下障害**により，誤嚥(ごえん)性肺炎や窒息が起こり，生命が脅かされることもあります。簡単な嚥下機能の評価には，反復唾液嚥下テスト，水飲みテスト，フードテストなどがあり，嚥下能力の低下を機能評価します。

●嚥下障害者への支援

　簡単な嚥下体操を行うことでも，嚥下機能の向上は見込めます。飲食前に嚥下体操を実施し，さらにむせを少なくするため，調理に際しては酢を控えめにし，茶や汁物にとろみ剤を使用します。また，臥床での飲食はできるかぎり避けます。

　摂食・嚥下障害の改善にはリハビリテーションが必要です。リハビリテーションの専門職として，言語聴覚士・作業療法士・理学療法士，医師・歯科医師，看護師，歯科衛生士，栄養士などとの連携が求められます。

第2節 知的障害

1 知的障害

　乳幼児期から知的能力の発達が遅れているため，読み書き計算や金銭管理などの日常生活・学校生活において知的行動に支障がある状態を**知的障害**といいい，わが国では，74万人余りが知的障害者とされています（p.253表8-1-1参照）。

　知的障害は，症状程度により4段階（最重度，重度，中等度，軽度）などに分けられ，その原因は，**先天的疾患**（ダウン症候群など），周産期の事故（低酸素脳症など），脳障害の後遺症（脳性麻痺やてんかんなど），とくに脳障害に影響する要因は少ないものの知能指数が低い場合など，多岐にわたります。

　知的障害者は，**多動**（注意の持続困難や衝動性を伴い，学習障害をきたす），**寡動**（動きがない状態），**常同**（同じ行為・言語・姿勢などを長時間にわたって反復・持続するもの），自閉など，行動に異常を伴うため，介護や介助が困難となることがあります。また，肢体不自由や心臓病などの内部障害等を合併している場合（**重複障害**）もあり，重度の障害では長期にわたり日常生活に支援が必要になります。

　運動能力と知能指数による重症心身障害児の分類として，**大島分類**が使用されています（表8-2-1）。

　「境界」は，知能指数70〜80程度。「軽度」は，知能指数50〜70程度で，知的障害者の約8割が含まれるカテゴリーです。本人・周囲とも障害に気づかずに社会生活を営んでいることも少なくありません。健康状態は良好であることが多いです。「中度」は，知能指

1．境界	21	22	23	24	25	70〜80
2．軽度	20	13	14	15	16	50〜70
3．中度	19	12	7	8	9	35〜50
4．重度	18	11	6	3	4	20〜35
5．最重度	17	10	5	2	1	20以下
	走れる	歩ける	歩行障害	座れる	寝たきり	知能指数IQ
	運動能力					

※知能指数と運動能力の程度により，1〜25のカテゴリーに分類。1〜4は重症心身障害児。5〜9は重症心身障害児の定義にあてはまりにくいが，絶えず医学的管理下におくべきものなどが多く，周辺児とよばれる

表8-2-1　大島分類
資料：大島一良「重症心身障害児の基本的問題」『公衆衛生』35巻11号，1971年，648〜655頁

数35〜50程度。「重度」は，知能指数20〜35程度で，重複障害を認めることが多いです。「最重度」では，知能指数20以下であり，重複障害では寝たきりの場合もあります。運動機能に問題がない場合は，多動などの行為が問題になる場合もあります。

1〜4のカテゴリー（知的障害が重度以上で運動能力がきわめて低い）に入る場合，介護を必要とされることが多くあります。

2 知的障害児・者への支援

知的障害児・者の支援をする場合，簡単な言葉できちんと伝わるように話し，納得するまで根気よく話すことが必要です。また，急に予定や内容，順序や方法などを変更すると混乱をまねくのでできるかぎり変更しないようにすることや，理解を促すために「言ってみて，やって見せて，やらせてみる」という方法をとることがあります。ADL（日常生活動作〈日常生活活動〉）の支援においても，つねに声かけをしてからの援助を忘れてはいけません。

最重度・重度の知的障害は，運動能力の障害があると単独での生活は困難であることも多く，行動上著しく困難である場合は，危険を回避するために行動援助が必要となります。また，重症心身障害児の場合は24時間の援助体制が必要であることが多く，居住系のサービスが必要な場合も多くなります。

第3節
精神障害

1 精神障害とは

統合失調症，**中毒性精神病**，**知的障害**，精神病質その他の精神疾患をもち，精神面において障害を伴う状態であるため，日常生活または社会生活上相当な制限を受けたり，精神疾患のため本人が悩んだり，周囲の人が不自由さを感じる状態を**精神障害**といいます。

重症の精神疾患では，幻覚・妄想状態，躁状態，うつ状態などの精神症状を認め，周囲に影響を及ぼす場合や生命を脅かすことも少なくありません。

なお，本稿では，その他の精神疾患として，高次脳機能障害と発達障害を精神障害に含めて，第4節の「その他の心身の機能障害」にまとめています。

2 統合失調症

統合失調症は，思考，感情，意思といった精神機能がうまく調整して統合できなくなる病気です。発症頻度は人口1万人に約100人程度です。症状は，幻覚，幻聴，妄想などの通常はない精神機能が出る陽性症状と，感情鈍麻，意欲低下，無為，自閉，昏迷などの通常はある精神機能を失う陰性症状があります。多彩な症状により，破瓜型（思考障害，感情の平板化，無為，自閉的態度），緊張型（急激な興奮，昏迷などの行動面での症状），妄想型（幻覚や妄想とそれに支配された行動）などに分類されます。

前兆期，急性期，消耗期，回復期などのさまざまな経過をとり，急性期には陽性症状が目立ち，前兆期には軽度の陽性症状が多く，消耗期は陰性症状が目立ちます。陽性症状の治療は向精神病薬の投与が中心ですが，陰性症状に対しては精神機能を高めるリハビリテーションが必要となります。

3 気分障害（感情障害）

気分障害は，病的なうつ状態や病的な躁状態が出現する精神障害を呈し，症状により，うつ病（うつ状態が主），躁病（躁状態が主），躁うつ病（躁とうつ状態の両極性障害）があります。

気分障害が出現する前の性格は，躁うつ病では社交的で活動的，うつ病では責任感が強く，仕事熱心で執着気質であることがよくみられ，本人にとってきっかけとなる大きな出来事があったあとに症状が出現することが多いです。

うつ病の症状は，抑うつ気分，自信喪失，睡眠障害，食欲不振，さまざまな心身の不定愁訴などがあり，症状の日内変動（朝は調子が悪く，午後になると気分がよくなる）がみられることも多くあります。うつ病の症状が強いときには，何もする気にならず自殺企図はありませんが，症状が改善してきたときに自責の念や体調の悪さなどを苦に自殺することが多いので注意する必要があります。

躁病の症状は，多弁，活動的となり，ささいなことで他人と衝突したりします。

4 認知症

WHO（世界保健機関）の国際疾病分類（ICD-10）では，認知症を症状性を含む器質性精神障害（F0）に含めています。認知症については，科目7を参照してください。

5 精神障害者への支援

統合失調症や気分障害などの精神疾患は，薬によるコントロールが重要です。ただし，向精神病薬や抗うつ薬などでは副作用の出現が多いため，注意を払わなければなりません。

精神疾患がある場合，薬物療法やカウンセリングなどの精神医療的アプローチによる治療が優先されますが，就労能力や対話能力，生活能力が低下するために社会への適応ができないことが多く，精神科リハビリテーション，カウンセリング，レクリエーション，作業療法，社会生活への適応訓練や就労訓練などで支援されます。

第4節 その他の心身の機能障害

1 高次脳機能障害

脳血管障害などの疾病や頭部外傷など脳の器質的病変など高次の脳機能障害のために，**記憶障害**，**注意障害**，**遂行機能障害**，社会的行動障害などの認知障害が生じ，日常生活や社会生活への適応が困難になるものを，**高次脳機能障害**といいます。

一見したところ障害とわかりにくいため，周囲の理解が得られず，社会生活において大きな支障をきたすことが多くあります。

❶ 高次脳機能障害の症状

●記憶障害

「約束を忘れる」「約束を守れない」「大切なものをどこにしまったかわからなくなる」「作り話をする」「何度も同じことを繰り返す」「新しいことを覚えられなくなる」など，物事が覚えられなくなったり，忘れたりする場合があります。

●注意障害

「作業が長く続けられない」「人の話を，自分のことと受け取って反応する」「周囲の状況を判断せずに，行動を起こそうとする」など，注意力が散漫となり状況の判断ができない場合があります。

●遂行機能障害

「慣れている作業も完了することができない」「約束の時間に間に合わない」「どの仕事

も途中で投げ出してしまう」「作業工程などを約束どおりにできない」など，ゴールのセッティングができない場合や作業工程が理解できない場合があります。

●コミュニケーション障害

「話がまとまらない」「その場に不適切な発言をする」「冗談・いやみ・比喩を理解できない」など，社会性の低下を認める場合があります。

●社会的行動障害

「興奮する，大声を出す，暴力をふるう」「他人につきまとって迷惑な行為をする」「不潔行為やだらしない行為をする」「自分が中心でないと満足しない」「万引きをしたりする」など，感情や欲求をコントロールする能力が低下する場合があります。

❷ 高次脳機能障害への支援

日常生活能力や社会活動能力を高め，日々の生活の安定と，より積極的な社会参加が図れるようにすることを目的として，高次脳機能障害に対する認識を高め，その代償手段を獲得することが大きな課題です。

本人に対する直接的な訓練のみならず，家族へのはたらきかけも含めた生活環境調整が重要となります。規則正しい生活習慣を身につけてもらうことや，日課の流れにそって生活できるよう，そのつど，声かけ，誘導，確認などを行っていきます。また，地域での生活に向け，買物・市街地移動・一般交通機関利用などの外出訓練，調理訓練，あるいは一戸建ての建物を利用しての生活体験実習などを実施します。

2 発達障害

発達障害とは，「発達障害者支援法」において，「**自閉症，アスペルガー症候群**その他の**広汎性発達障害，学習障害，注意欠陥多動性障害**その他これに類する脳機能の障害であってその症状が通常低年齢において発現するものとして政令で定めるもの」と定義されています。また，発達障害者とは発達障害を有するために日常生活または社会生活に制限を受ける者をいい，発達障害児とは，発達障害者のうち18歳未満のものをいいます。ただし，「障害者基本法」では，精神障害に発達障害を含めています。

発達障害の種類

広汎性発達障害（PDD）……①相互的な対人交流の障害，②コミュニケーションの障害，③限局的・反復的・常同的パターンの行動，興味，活動，の行動特徴で定義され，自閉症，アスペルガー症候群，特定不能の広汎性発達障害などが含まれる。

自閉症……自閉症とは，3歳くらいまでに現れ，①他人との社会的関係の形成の困難さ，

②言葉の発達の遅れ，③興味や関心が狭く特定のものにこだわることを特徴とする行動の障害であり，中枢神経系になんらかの要因による機能不全があると推定される。

(平成15年3月文部科学省「今後の特別支援教育の在り方について（最終報告）」参考資料より抜粋)

高機能自閉症……高機能自閉症とは，自閉症のうち，知的発達の遅れを伴わないものをいう。また，中枢神経系になんらかの要因による機能不全があると推定される。

(平成15年3月文部科学省「今後の特別支援教育の在り方について（最終報告）」参考資料より抜粋)

注意欠陥／多動性障害（ADHD）……ADHDとは，年齢あるいは発達に不釣り合いな注意力，および／または衝動性，多動性を特徴とする行動の障害で，社会的な活動や学業の機能に支障をきたすものである。また，7歳以前に現れ，その状態が継続し，中枢神経系になんらかの要因による機能不全があると推定される。

(平成15年3月文部科学省「今後の特別支援教育の在り方について（最終報告）」参考資料より抜粋)

学習障害（LD）……学習障害とは，基本的には全般的な知的発達に遅れはないが，聞く，話す，読む，書く，計算するまたは推論する能力のうち特定のものの習得と使用に著しい困難を示すさまざまな状態を指すものである。その原因として，中枢神経系になんらかの機能障害があると推定されるが，視覚障害，聴覚障害，知的障害，情緒障害などの障害や，環境的な要因が直接の原因となるものではない。

(平成11年7月文部科学省「学習障害児に対する指導について（報告）」より抜粋)

3 難病

　難病は，①原因不明，治療法未確立であり，かつ，後遺症を残すおそれが少なくない疾病，②経過が慢性にわたり，単に経済的な問題のみならず，介護などに著しく人手を要するために家庭の負担が重く，また，精神的にも負担の大きい疾病，と定義されています（「難病対策要綱」）。難病対策としては，130疾患の調査・研究を推進する**難治性疾患克服研究事業**が実施されており，その対象疾患のうち，診断技術がいちおう確立した疾患について，医療費の助成を行う**特定疾患治療研究事業**が行われています。なお，2014（平成26）年に「**難病の患者に対する医療等に関する法律**」が制定され，難病患者に対する医療費助成の法定化が図られました（施行は2015〈平成27〉年1月1日）。これにより，医療費助成の対象疾患（指定難病）は306疾病に拡大され，医療費の自己負担は原則2割，収入と症状の程度により自己負担の上限額が設定されています。

　指定難病の2例を示します。

●**筋萎縮性側索硬化症（ALS）**

　筋肉を動かし，運動をつかさどる神経（運動ニューロン）が障害される原因不明の神経

変性疾患で，中年以降の男性により多く発症し，運動麻痺と筋萎縮が進行します。意識障害や感覚障害を伴わないことが一般的です。筋萎縮の進行に伴い，最終的には呼吸筋の麻痺で死に至るまで，喀痰吸引や常時の身体介護が必要となります。日本には約8500人の患者がいます。

●脊髄小脳変性症

　脊髄，小脳に病変が起きる神経変性疾患で，運動失調（ふらつき，手のふるえ，言語不明瞭など）が主症状です。とてもゆっくりと進行しますが，自律神経機能障害，末梢神経障害によるしびれなどを伴うことがあります。

　難病のなかには，生活のうえで障害を伴うものも多く，生命予後の悪いものもあり，2013（平成25）年4月施行の「障害者総合支援法」（障害者の日常生活及び社会生活を総合的に支援するための法律）においては，「治療方法が確立していない疾病その他の特殊の疾病であって政令で定めるものによる障害の程度が厚生労働大臣が定める程度である者」が，障害児・者の範囲に含まれ，障害福祉サービスの対象となることが明記されました。

第3章

家族の心理，かかわり支援の理解

第1節
家族の抱えるストレスの理解

1　障害者およびその家族

　生まれつき存在する先天的な障害や，事故や疾病が中途で生じたその後遺症として障害が残るものなど，障害の発症時期や程度は多種多様です。そのような状況のなか，障害者（障害児を含む。以下同じ）の支援はもとより，障害者の家族の支援が必要となることもしばしばあります。

　障害者は，健常者に比べて継続的に日常生活または社会生活に相当な制限を受ける状態にある者が多く，そのために将来への不安が大きくなったり，社会から疎外されたりすることがあります。また，人と違うことや能力が劣ることで，孤立感などの**精神的ストレス**を抱えることもあります。

　身体障害，知的障害，精神障害などでは，コミュニケーションがうまくとれないこともしばしばあり，自分の思いが相手に伝えられないもどかしさや，相手に理解されないことに対する怒りが生じることもあり，支援者に対する暴言や暴力に発展することもまれにあります。そのため，支援者と障害者との間でわだかまりが生じ，逆に支援者が障害者に対し精神的・肉体的な虐待を行ってしまうこともまれにあります。そうなると，障害者と支

援者との信頼関係は崩れ，さらに支援しにくい状況が起こってしまうことになります。

この章では，家族（支援者）の心理について考え，家族の抱える悩みや精神的なストレスなどについて触れ，家族を支援していくための方法について述べていきます。

なお，障害者に対する支援については，第2章でそれぞれの代表的疾病や状態ごとにまとめてありますので，参照してください。

2 家族の抱えるストレス

①障害を受け止めるときに生じるストレス

先天性の障害ももちろんですが，中途障害の場合，まず外傷や疾病が生じたことすら信じがたい出来事といえます。そのうえ，さらに障害が残ることは，本人も家族も受け入れがたいことです。さまざまな過程を経て，障害のあることを認め，それを受け入れていく障害受容の過程は，人によっても異なりますが，おおむね長い経過をたどります。

> **障害受容の過程**
> ①障害の否認やショック
> ②障害に対しての怒りや憤り
> ③障害からの逃避反応や混乱
> ④障害の適応への努力
> ⑤障害の受容

また，障害の程度が，今後改善するものか悪化するものか不安であるため，障害が生活にどのように影響するかもわからず，大きなストレスを抱えることになります。

②生活面でのストレス

今後の生活を考えた場合，障害者にかかる金銭的負担や将来の展望が予測できない不安が家族にのしかかります。

③意思疎通ができにくいストレス

障害があっても，意思疎通がうまくできる場合は比較的精神的なストレスが小さいことが多いのですが，意思疎通が障害された場合は障害者も支援者も感情的に接してしまうことがまれにあります。感情的に接することで，障害者のほうでも支援者に対する不満や恐怖感がふくらみ，お互いがさらに感情的にぶつかり合うこともまれにあります。

④支援や介護によるストレス

障害者から片時も目を離すことができない支援者や介護者は，自分の時間をもつことが難しく，睡眠障害や精神的に衰弱した状態になることもあります。あるいは，腰痛をはじめとする健康面での不具合を生じることもしばしばあります。

このように，さまざまな要因があり，それぞれの要因がからみ合ってストレスを増幅させます。介護や経済面などの相談に乗ってくれる相談相手の有無，支援や介護を手伝ってくれる人の有無によってもストレスの大きさは異なります。

第2節 家族への支援

1 家族をサポートする支援

①適切な情報提供・助言

市町村に置かれる福祉事務所や地域包括支援センターなどの総合相談窓口，病院や施設などの各専門相談窓口などがあります。的確な助言を受けることでストレス軽減につながることがあります。

②福祉サービスの利用

訪問介護，援護，包括支援，通所施設，デイサービス，ショートステイなどの介護給付を上手に利用することで，介護者の負担を軽減することもできます。専門職からアドバイスを受けることにより，本人にも介護者にも負担が少なくなる介護の方法を教わることもできます。

③同じ悩みをもつ人との交流

最近では，障害者の家族を支える会や家族会など，さまざまな集まりが増えています。悩みを打ち明け，解決方法を教え合ったり，疾病や制度について勉強したりする場所になっています。同じ立場の人どうしで互いに体験的な知識等を教え合う活動を**ピアカウンセリング**といいますが，同じような状況の家族などからのアドバイスは，何ものにも代えられない助けとなることも多くあります。

④本人の生活能力を向上させる

補装具の支給を受けたり，住環境の整備をしたりすることにより自分でできることが増えたり，リハビリテーションなどを行うことで障害の改善が可能となったりすることがあります。

⑤その他

自立支援医療，日常生活自立支援事業，成年後見制度などの制度的支援，精神科医療との連携などもあります。

2 レスパイトケア

　障害者の家族への調査によれば、介護者は慢性的な睡眠不足や過労の状況にあり、持続的にストレス、緊張状態を抱えています。障害者を支える家族が疲弊した状態であることは、本人にとっても家族にとっても良好な状態とはいえません。

　このような家族への支援を目的に、専門機関などに障害者を短期に入所・入院させたり、専門職などが訪問介護や包括支援などを行ったりして、一時的に休息をとってもらうことを**レスパイトケア**といいます。

　このようなレスパイトケアの充実など、障害者を支える家族への支援を充実させ、介護者が疲弊しないしくみを、住み慣れた地域のなかで多職種・多施設が協力してつくり上げていく必要があります。

　なお、**科目7**でも第4章で家族への支援をとりあげています。そちらも参照してください。

科目修了時の評価のポイント

- [ ] 障害の概念とICFについて概説でき，各障害の内容・特徴および障害に応じた社会支援の考え方について列挙できる。

    障害の概念とICF　【→第1章第1節参照】

    各障害の内容・特徴および障害に応じた社会支援　【→第2章参照】

- [ ] 障害の受容のプロセスと基本的な介護の考え方について列挙できる。

    【→第3章参照】

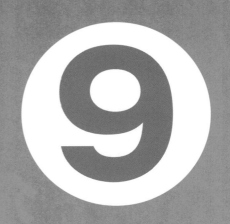

こころとからだの しくみと 生活支援技術

ねらい

- 介護技術の根拠となる人体の構造や機能に関する知識を習得し，安全な介護サービスの提供方法等を理解し，基礎的な一部または全介助等の介護が実施できるようにする。

- 尊厳を保持し，その人の自立および自律を尊重し，もてる力を発揮してもらいながらその人の在宅・地域等での生活を支える介護技術や知識を習得する。

第1章

介護の基本的な考え方

第1節
法的根拠に基づく介護

1 国家資格である介護福祉士の定義

　介護福祉士は、介護現場で介護職のリーダーとしての役割が期待されている国家資格です。介護職が提供する専門的な介護の法的位置づけを理解するために、まず介護福祉士の定義を確認しておきましょう。

　介護福祉士は、1987（昭和62）年に法制化された「**社会福祉士及び介護福祉士法**」により社会福祉士（相談援助の専門職）とともに国家資格として位置づけられました。その後、この法律は介護や社会福祉を取り巻く状況から、人材の確保や質向上を図るために2007（平成19）年に大幅な改正がなされました。さらに、地域包括ケアシステムの実現に向けた「介護サービスの基盤強化のための介護保険法等の一部を改正する法律」に基づき、2011（平成23）年にも一部改定され、そのなかで介護福祉士は次のように規定されています。

> **介護福祉士の定義**
> 専門的知識及び技術をもつて、身体上又は精神上の障害があることにより日常生活を営む

のに支障がある者につき心身の状況に応じた介護（喀痰吸引その他のその者が日常生活を営むのに必要な行為であつて，医師の指示の下に行われるものを含む。）を行い，並びにその者及びその介護者に対して介護に関する指導を行うことを業とする者

（「社会福祉士及び介護福祉士法」第2条第2項）

この定義に基づき，介護の対象者や介護の内容・範囲について整理してみましょう。

①対象者……身体・精神上の障害により日常生活を営むことに支障がある人，つまり高齢者だけでなく，障害者や障害児をも対象としている。
②内容・範囲……心身の状況に応じた介護を行うこと。
・身体面だけでなく，認知症等の要介護者の心理面にも対応した日常生活支援を総合的に担う。
・痰の吸引については，医療的ケアとして位置づけられ，2015（平成27）年度以降は介護福祉士が業務として行うことになったため，新たな教育の必要性が定められた。
③対象者と内容……介護に関する指導を，①の者とその介護者に行うこと。
・①の対象者とともに，家族やホームヘルパーなどの介護者への介護に関する指導を行うこと，つまり相談援助の対応も求められている。

2 介護福祉士の義務規程と倫理

　国家資格である介護福祉士が介護を職務として展開するには，さまざまな義務を伴います。2007（平成19）年の「社会福祉士及び介護福祉士法」の改正で，**介護福祉士の義務規定**に「**誠実義務**」と「**資質向上の責務**」が新たに加わりました（科目3第2章第1節参照）。

　また，介護福祉士の職能団体である社団法人日本介護福祉士会の**倫理綱領**には，介護実践を遂行するうえで遵守すべき判断基準が示されています。

日本介護福祉士会倫理綱領（1995年）（一部抜粋）
（専門的サービスの提供）
・常に専門的知識・技術の研鑽に励むとともに，豊かな感性と的確な判断力を培い，深い洞察力をもって専門的サービスの提供に努める。
・介護福祉サービスの質的向上に努め，自己の実施した介護福祉サービスについては，常に専門職としての責任を負う。
　他に，「利用者本位，自立支援」「プライバシーの保護」「総合的サービスの提供と積極的な連携，協力」「利用者ニーズの代弁」「地域福祉の推進」「後継者の育成」があげられ

ている。
※2012（平成24）年には，倫理綱領に基づき倫理基準（行動規範）が策定された。

以上のことから，一人ひとりの介護福祉士は，専門的介護の質的向上を図り，サービス提供に最善をつくすために，介護職自身が自己覚知を深め，専門職としての倫理観の向上に資することが求められているのです。

第2節 理論に基づく介護——ICFの視点に基づく生活支援

1 理論に基づく介護の重要性

理論に基づく介護とは，専門的な介護の知識・技術・理念に裏打ちされた個別ケアを実践するための**介護過程**（**第13章**参照）や，実際に利用者に提供される生活支援技術の原則といった理論に基づいて展開される介護のことをいいます。生活支援技術とは，食事や排泄等に対する個別の介護技術だけを指すのではなく，介護を生活全体を支援するための技術としてとらえようとするものです。

初任者研修ではおもな介護現場で働くために必要な基本的な生活支援技術を学びますが，実際の介護現場では研修で学習していない場面に遭遇する場合もあります。そのような場合は，我流介護（自分勝手で自己流の介護）にならないよう，OJT（On the Job Training：職場における職務を通じた教育や指導）を通じ，研修での学びに立ち戻ることが大切です。このように，理論に基づく介護を修得するには，実践での振り返りが欠かせません。

次の例が示すような我流介護のあり方を排除することが，介護現場では重要です。

> **事例**
>
> 長期にわたり，「母親がしてきてくれたように介護をしてほしい」と希望する利用者の要望どおり，訪問介護を担当していた場合について考えてみましょう。その訪問介護員が訪問介護計画での方法を重視していなかったり，職場内の研修も十分に受けていなければ，その利用者のみに通用する介護となります。
>
> 介護職として，このような介護方法に疑問をもち先輩に質問しても，「重介護をしてい

> るのだから，経験にもなるわ。利用者の希望に沿った介護がいちばん大切だわ」というような誤った理論による指導を受ければ，我流介護を継続させることになります。

つまり，我流介護を排除するためには，介護職個人が研修で基本的な知識や技術を学ぶことはもちろんですが，多様な介護現場に通用する理論が確立していることが前提となります。

介護職のみで要介護者の複雑なニーズを実現することは難しいため，介護職は，チームアプローチの実現に向け，多職種が共有できる考え方を介護の理論のひとつとして理解することが求められます。このことは，介護福祉士の倫理綱領で確認したように，利用者ニーズの代弁を担う介護職にとって大切な責務なのです。

2 ICFの視点に基づく生活支援

❶生活支援の基盤となる生活機能の理解

従来の清潔に対する介護技術では，おもに要介護者の身体面や衛生面を中心に清拭時の方法（姿勢，場所），褥瘡予防の皮膚観察やマッサージ等に重きがおかれていました。しかし，清潔の生活支援技術では，入浴時の嗜好（アロマ風呂や個浴）に配慮したり，入浴後の髪型を考えたり，おしゃれをして入浴剤を買いに行ったりすることなどまで支援を広げることが重要です。

利用者の生活支援を担う介護職は，生活のはたらき（機能）について理解することが大切です。生活の機能とは，その人の生活の安定・維持・発展を促すはたらきを意味しています。本来，生活は個別性が高いといった特徴があるため，介護を要するさまざまな人びとの生活支援には，個別支援のための理論が必要となります。このような生活支援の基盤となる理論は，日常生活に支障がある人の生活や人生が，心身面のみならず社会面も含め全人的に理解できるものである必要があります。

❷生活機能を把握するICF

人の生活機能を理解するために活用できるものが，**WHO**（World Health Organization：**世界保健機関**）が2002年に提示した「**ICF**」（International Classification of Functioning, disability and health：**国際生活機能分類**）です。今日，リハビリテーション分野や介護分野などに広く浸透しつつあります。ICFについては，**科目2**や**科目8**でも学習しますが，あらためて生活支援の立場でみていきます。

ICFは**生活機能**について，生命レベルである「**心身機能・身体構造**」（心身の動き），生活レベルである「**活動**」（身のまわり動作などの生活行為），人生レベルである「**参加**」（家

族や社会のなかでの活動）の全体を包括した概念であり，これらの間には相互作用があることを示しています（**科目２図２－１－１参照**）。また，ICFでは生活機能におけるプラス面を重視し，「障害」は生活機能へのマイナス面（問題）を抱えることを意味しています（図９－１－１）。

ICFでは，「健康状態」を「心身機能・身体構造」「活動」「参加」の３つの要素と，そ

図９－１－１　ICFにおける生活機能と障害のとらえ方

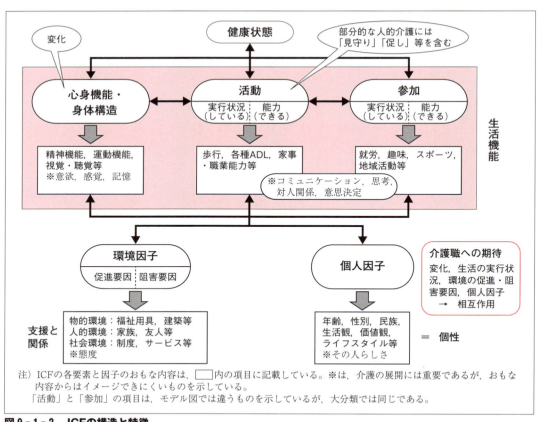

図９－１－２　ICFの構造と特徴
資料：厚生労働省「生活機能分類の活用に向けて－ICF（国際生活機能分類）：活動と参加の基準（暫定案）」2007年，「概念図」をもとに筆者加筆修正

れらに影響を及ぼす背景因子である「環境因子」「個人因子」の2因子で構成します。それらが相互に影響を与え合う関係にあることが特徴です（図9-1-2）。ICFにより、いかなる健康状態の人でも、「生きることの全体像」を客観的に把握できるため、全人的な理解や支援が可能となりました。

❸ 介護職に求められるICFの理解

ICFを構成する6つの要素に相互作用があるということは、その関係や変化を評価することが重要となります。介護職は、環境因子に含まれる社会環境のひとつであり、利用者や生活・環境の変化や状況を把握しやすく、その態度や支援内容が利用者との関係性にも影響をもたらす、といった特性があります。そのため、介護職には次のような観点から、ICFへの理解を深め、生活支援に役立てることが期待されます。

① 「心身機能・身体構造」の変化をとらえることが重要である。
② 「活動」や「参加」の要素は、「能力」（最大限で発揮できる）とその「実行状況」（日常的にしている）に区分されている。
③ 「環境因子」（介護職もその一部である）には、促進要因と阻害要因がある。
④ 「個人因子」にも、肯定的側面と否定的側面を見いだすことができる。

図9-1-2について、認知症を有する高齢者をもとに例示します。

> ・「活動」のコミュニケーション（会話）の実行状況から、「心身機能・身体構造」である記憶がよくなっている（変化）ことを把握する。
> ・ライフスタイル（個人因子）や「環境因子」の促進因子（歌番組）の影響を確認し、音楽会への外出（参加）を目標に、発声練習（活動）を促す。

❹ ICFに基づく生活支援

ICFは、根拠のある個別支援を展開するためには、大切な考え方であることがわかります。すでにICFは、ケアマネジメントや介護過程のアセスメントに導入されていますが、利用者にもっとも身近な専門職である介護職自らが、利用者の個別支援に必要な情報提供や生活場面において、各要素間の相互作用を理解し、ケアすることが求められます。

介護職がICFに基づき自立支援を目標とした場合、次のように利用者の身体面のみならず、精神的な自立として重要な自己決定（活動）や意欲（心身機能）へはたらきかけることにより、日々の「活動」から社会的な「参加」促進を図ることができるのです。リハビリテーションの専門職が、利用者の「できる活動」におもにその専門性を発揮することをイメージすると、介護職への期待が理解できるでしょう。

> **介護職のはたらきかけ**
> 　介護職は「している活動」へのはたらきかけとともに、ケアを通じて、心地よさ（感覚）や楽しい思い出（記憶）、コミュニケーション（活動）による介護職との関係形成（環境）などをもとに、利用者の強さ（ストレングス：個人因子）に着目し、利用者のもてる力を高めることができる。

　これら一連のかかわりから、多くの「したい活動」（意欲・思考）を見いだし、生活と人生をつなぐといった相互作用をもたらすことができるのです。介護職は、「している活動」にはたらきかけができるだけでなく、多くの「したい活動」を見いだすことのできる唯一の専門職であることを自覚しておくことが大切です。

❺ 活動・参加について

　「参加」は、複数の生活行為「活動」の具体的なものであり、明確に区別できない場合もあります。このような「活動」や「参加」は、具体的にはどのような領域を示しているのでしょうか。

　ICFにおける「**活動**」と「**参加**」の項目は、同じです。これは、分類し難いこともあり、その評価方法を同様にするかどうかについて等の判断は、活用する側に任されています。前述したように、介護職は、利用者が日々の「活動」から社会に向けた「参加」へと変化する過程にもかかわることができる重要な職種であることから、これらについての知識を深めることが必要です。

> **ICFにおける「活動」と「参加」のおもな内容**
> ①学習と知識の応用（目的をもった感覚的経験、基礎的学習、知識の応用）
> ②一般的な課題と要求（複数課題や日課の遂行、ストレスなど心理的要求への対処）
> ③コミュニケーション（コミュニケーションの理解、コミュニケーションの表出、会話ならびにコミュニケーション用具および技法の利用）
> ④運動・移動（姿勢の変換と保持、運搬・移動・操作、歩行、交通機関や手段を利用しての移動）
> ⑤セルフケア（身体を洗う、身体各部の手入れ、排泄、更衣、食べる、健康に留意すること）
> ⑥家庭生活（必需品の入手、家事、家庭用品の管理および他者への援助）
> ⑦対人関係（一般的な対人関係、特別な対人関係）

　生活支援を展開するにあたっては、④運動・移動、⑤セルフケア、⑥家庭生活の項目を

中心にしつつ，すべての項目・領域にかかわるものとして，①学習と知識の応用，②一般的な課題と要求，③コミュニケーション，⑦対人関係が位置づけられます。

介護職は日常生活場面での介護を通じ，ICFの6つの要素の相互作用のなかでも，さらに，「活動」や「参加」の項目間についても，理解することが期待されます。

3 理論に基づく介護——法とICFの理解

介護職は，他の保健医療福祉専門職と同様，利用者にとっては環境の一部ですが，利用者と生活行為を共有しながら，介護過程の目標をふまえて利用者の生活全体を支援する専門職であることが特徴です。

介護職は利用者の心身の状況に応じた統合的な援助を通じ，関係性を深め，利用者の生活機能や個人因子と相互作用をもたらすことができるのです。

第1節で述べた法をふまえてICFを枠組みとすると，理論に基づく介護は，図9-1-3のように図示できます。

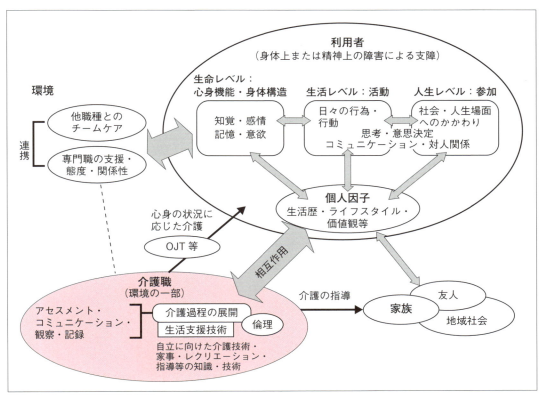

図9-1-3　理論に基づく介護

第2章
介護に関するこころのしくみの基礎的理解

第1節 学習と記憶の基礎知識

1 学習のメカニズム

❶ 学習とは

　日常生活において,「学習する」や「学ぶ」といえば,ほとんどの人は「勉強する」ことを意味していると答えるでしょう。ここでいう「学習」とは,もう少し広い意味での学習を指し,「一定の経験によって,永続的かつ進歩的に行動が変化すること」をいいます。もう少しやさしく言い換えると,「経験やトレーニングなどによって,いままでできなかったことができるようになること」を**学習**とよびます。たとえば,クリスマス会で新しいゲームを教えて,それができるようになることも学習といえます。学習がどのようなメカニズムによって成立するのか,みていきましょう。

❷ 古典的条件づけ

　古典的条件づけとよばれる学習のメカニズムは,「**パブロフの犬**」として有名です。この学習メカニズムは,ロシアの生理学者パブロフ(Pavlov, I. P.)が,消化腺の研究のためにイヌを対象とした実験を行っていたときに偶然発見されました。

イヌはえさを食べるとき，唾液を分泌しますが，それより先にえさを与えてくれる人の足音が聞こえただけで，唾液が分泌されるようになります。このことは，足音が聞こえることでイヌがえさを思い浮かべることによって生じたものだと考えられます。この現象に興味をもったパブロフは，足音の代わりにベルが鳴る音を聞かせても，同じようにイヌが唾液を分泌することを発見しました。まず，イヌにベルが鳴る音を聞かせ，その直後にえさを与えると，イヌは唾液を分泌します。これを繰り返していくと，そのうち，イヌはベルが鳴る音を聞いただけで唾液を分泌するようになるのです。すなわち，ベルが鳴る音を合図（これを「刺激」という）として，唾液の分泌という反応がセットになったのです。このように，本来はセットになることのない刺激（これを「条件刺激」という）が反応と結びつくこと（これを「連合」という）を古典的条件づけ，またはレスポンデント条件づけとよんでいます。

❸ 道具的条件づけ

　パブロフによる学習は，受動的に刺激を受けることによって成立するメカニズムですが，スキナー（Skinner, B. F.）による学習は，自発的に行動することによって成立するという考えです。たとえば，ペットのイヌがおすわりをうまくできたとき，飼い主がほうびを与えることで同じような状況でたやすくおすわりという行動ができるようになったり，あるいは，ほうびを与えないことで行動をしなくなったりすることも，その一例です。これは，**道具的条件づけ**，または**オペラント条件づけ**とよばれています。スキナーは，スキナー箱とよばれる装置を作って，ネズミやハトを対象にした実験を行いました。

　スキナー箱にはレバーが取りつけられており，レバーを押すとえさが出るしくみです。ネズミは，箱の中を動き回っているうちに，偶然レバーを押し，えさにありつけることがあります。このように偶然レバーを押してえさを食べるという経験を何度も繰り返していくと，ネズミは自らレバーを押してえさを食べるようになります。つまり，自発的に行動するようになります。これは，えさが出るというほうび（これを「報酬」という）によって，レバーを押すという行動が促されたからです。

　このように，報酬を与えることによって，ある特定の行動を学習するメカニズムをオペラント条件づけとよんでいます。このとき，特定の行動を促すために報酬を与えることを「強化」，強化に用いる報酬のことを「強化子」といいます。水族館で行われるイルカショーやアシカショーで，見事な芸を披露した後にスタッフがえさを与えている様子を見たことがあると思います。これは，オペラント条件づけによって学習が成立しているのを示すよい例です。見事に成功した芸（ある特定の行動）を強化するためにえさ（報酬＝強化子）を与えているのです。

④観察学習

条件づけによる2つの学習はいずれも,学習する本人自らの反応や自発的行動をもとに行われるもの,つまり直接的な体験によるものでした。しかし,日常場面においては,間接的な体験による学習もあります。たとえば,入門したての若い弟子が,先輩の芸を見て,必死に芸を盗もうとする,これはモデルとなる人物の行動をまねようとしているのです。

これをバンデューラ(Bandura, A.)は,「**モデリング**」といい,それによって成立する学習を**観察学習**とよびました。観察学習とは,報酬が与えられなくても行動を観察するだけでその行動を身につけるという,強化なしに学習が成立するメカニズムです。

2 記憶のメカニズム

①記憶の貯蔵システム

記憶というのは,人びとが生活していくうえで必要不可欠な心のはたらきといえます。朝起きたとき,自分が誰であるかわかるのは自分の名前を覚えているからです。それだけではなく,歯をみがいたり,顔を洗うという行為も,記憶しているからこそできるのです。ガスに火をつけ湯を沸かしてコーヒーを入れる,また,パンをトースターで何分間焼けばちょうどいい焼き具合になるのか,というのも記憶なしにはできません。このような記憶のしくみについて考えてみましょう。

記憶は,3つのプロセスに分けて考えることができます。すなわち,なんらかの事柄を「覚え」,覚えたものを忘れないように「覚え続けて」おき,そして覚え続けておいたものを「思い出す」というものです。これらはもともと「**記銘**」「**保持**」「**想起**」とよばれていましたが,現在では,人の記憶のメカニズムを情報処理にたとえて説明することがあり,それぞれ「**符号化**」「**貯蔵**」「**検索**」とよばれています(図9-2-1)。パソコンでたとえ

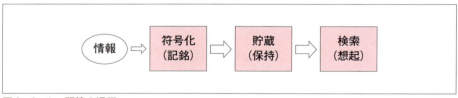

図9-2-1 記憶の過程

図9-2-2 記憶のボックスモデル

れば，キーボードを使って入力した情報を，適切なファイル形式で保存し，必要なときにパソコン内から見つけ出す作業のようなものです。

❷ 短期記憶と長期記憶

アトキンソンとシフリン（Atokinson, R. C. & Shiffrin, R. M.）は，「覚え続けておく」ための貯蔵庫が3つの段階からなっているというモデルを提唱しています（図9-2-2）。このモデルを記憶のボックスモデルといい，外部から入力された情報を「感覚記憶」「短期記憶」「長期記憶」とよばれる3つの記憶システムとしてモデル化しています。

●感覚記憶

感覚記憶とは，ほんの一瞬だけ情報が保持されるもので，多くの場合は1秒以内に消失してしまうと考えられています。人は，日々絶え間なくさまざまな情報があふれ続けている世界で生活していますが，目や耳から入ってくる情報が，注意を向けたもの以外はすぐに消え去ってしまっているからこそ，暮らしていけるのです。目にするものや，耳にするものすべてを記銘し，保持してしまったら，瞬時に頭の中は情報であふれかえってしまい，何もできなくなってしまいます。

●短期記憶

短期記憶とは，数秒から10数秒程度保持される，一時的な記憶のことをいいます。覚えた内容を頭のなかで繰り返し唱え続けること（これを「リハーサル」という）によって，保持し続けることができます。たとえば，電話中に手元にメモ用紙がなく，相手の電話番号を覚えなければいけない場合を考えてみてください。一度聞いただけでは，すぐに忘れてしまいますが，何度もリハーサルを行うことによって，覚え続けることができます。

短期記憶で保持できる容量を「記憶範囲」といい，数字の場合は平均で7個であることがわかっています。人によって，この記憶範囲には誤差がありますが，おおむね5個から9個の範囲であり，これをミラー（Miller, G.）は「マジカルナンバー7±2」とよんでいます。ただし，短期記憶の容量は最大で平均7個ではなく，情報としてのまとまりとして7±2であるということであり，この情報のまとまりをチャンクとよびます（図9-2-

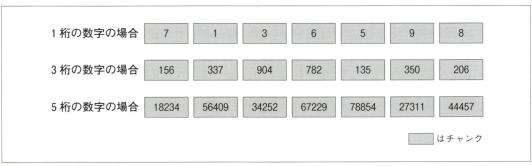

図9-2-3　マジカルナンバー7±2

●長期記憶

　リハーサルを続けていくうちに，もはやリハーサルなしに電話番号を思い出すことができる状態になったとき，その電話番号は短期記憶から長期記憶に転送されたことになります。**長期記憶**とは，外部からの情報を比較的永続的に保持することをいい，人がもっている知識は，この長期記憶のひとつです。

　長期記憶は，保持する情報の内容によって，大きく２つに分けることができます。ひとつは，自転車の乗り方や自動券売機での切符の買い方のような，何かを行う手続きに関する情報が保持されるもので，これを「**手続き的記憶**」といいます。それに対して，言葉によって言い表すことができる事実に関する情報が保持されるものを「宣言的記憶」といいます。さらに，この宣言的記憶には，「いつ」「どこで」という時間と場所の情報を伴う出来事の情報が保持される「**エピソード記憶**」と，一般的な知識として保持される「**意味記憶**」に分類することができます。「先週木曜日に食べたミカンは水っぽくって味が薄かった」というのはエピソード記憶であり，「ミカンは甘酸っぱい」というのは一般的な知識としての意味記憶であるといえます。

　エピソード記憶は，個人が直接経験したものであるため，強い現実感を伴いますが，意味記憶は直接体験したものや知識として学んだものをもとに抽象化あるいは一般化されたものであるため，エピソード記憶のような具体的な実感は薄いといえます。

❸ 日常記憶

　ここまで紹介してきたさまざまな記憶の分類は，日常場面とは異なる人工的な場面（心理学ではこれを実験場面という）のなかで明らかにされてきました。しかし，最近になって，より日常的な場面のなかでみられる記憶について明らかにしようとする試みが行われています。

　私たちは生まれてから今日まで，さまざまな出来事を経験しています。生涯で自分が経験してきた出来事の記憶を「**自伝的記憶**」とよんでいます。この記憶は，自分のいわば個人史についての記憶であり，「あのころ，こんなことがあった」とか「あの日，私はこんな状態だった」のように自分自身の過去の経験として想起する記憶も自伝的記憶に含まれます。このことから，自伝的記憶はエピソード記憶のなかでも自己概念と密接なかかわりがある記憶であることがわかります。

　ルービンら（Rubin, D. C. et al.）は，成人を対象として，自伝的記憶を想起する際の手がかりとして一連の単語を見せ，それぞれの単語から最初に頭に浮かぶ過去のエピソードを報告してもらう方法を用いて，自伝的記憶を調査したところ，最近の出来事ほど想起されやすいことを明らかにしています。しかし，昔のことになるほど，右下がりに想起されにくくなるのではなく，10歳から30歳のころの出来事は例外的に多く想起されることがわ

かりました。これをレミニセンス・ピークと名づけています。この時期は青年期にあたり，進学や就職，結婚や出産など，その後の人生を左右する重大な出来事で満ちあふれています。人生のなかでもっとも華やかな時期の記憶は，時がたっても色あせることなく，その人の心のなかに焼きついているといえます。

第2節 感情と意欲の基礎知識

1 感情

❶ さまざまな感情

俗にいうポーカーフェイスの人は，対人関係を築いていくうえで得なのでしょうか，それとも損なのでしょうか。いちがいに決めつけるわけにもいきませんが，もし無表情でいることで，相手に自分の本当の気持ちが伝わらないのであれば，それは損をしているといえるでしょう。

私たちの気持ちを表す言葉のひとつに「**感情**」があります。感情には，喜怒哀楽だけでなく，驚きや恐れなども含まれます。では，なぜ感情にはさまざまな種類があるのでしょうか。それは，感情は行動をひき起こし，方向づけることができるからです。恐怖という感情が生じれば，人は逃げるという行動を起こします。また，ある人に怒りを感じれば，その相手を攻撃しようとするでしょう。罪悪感を感じれば，なんとかして心を改めようとするかもしれません。このように感情は行動をひき起こす源のひとつであるといえます。スミスら（Smith, E. E. et al.）は，感情によってひき起こされる思考─行動傾向を**表9-2-1**のようにまとめています。

感情	思考─行動傾向	感情	思考─行動傾向
怒り	攻撃する	喜び	遊ぶ
恐れ	逃避する	興味	探求する
嫌悪	はき出す	満足	楽しむ，まとめる
罪悪感	改心する	誇り	大きな夢を見る
恥	姿を消す	感謝	向社会的になる※
悲しみ	身をひく	高揚	よい人物になる

※人のためになるような，利他的な（筆者注）
表9-2-1 感情と思考─行動傾向
資料：スミス，E. E.他／内田一成監訳『ヒルガードの心理学』ブレーン出版，2005年，516頁

❷ 感情の伝達

　私たちは，ある相手に本心を悟られないようにするとき，黙して語らずにいれば，相手にはわからないだろうと考えがちです。しかし，言葉に出さないだけではそのときの感情をうまく隠しきれないかもしれません。この節の冒頭にあるような，よほどのポーカーフェイスであれば別ですが，多くの人は表情や声色，身振りや姿勢などの言葉以外の部分から感情が漏れ出していきます。これらは言語的行動に対して非言語的行動とよばれ，一般的に言葉のほうが建前で，本当の気持ちは非言語的行動で表しているともいわれています。私たちは，非言語的メッセージを手がかりとして，相手の気持ちを読み取っているといえます。

2　意欲

　日々生活していくなかで，何かのきっかけでたまらなく何かをしてみたいと思ったり，何かに夢中になった経験は少なからずあると思います。たとえば，野外での音楽イベントに行ったのがきっかけで，気に入ったアーティストに関するグッズを買ったり，アルバムを聴いてみたくなったりします。あるいは，ある資格を取得するために勉強を続けているうちに，勉強に打ち込むことに楽しみを感じて，よりいっそう勉強に励むこともあるでしょう。このような**意欲**，ないしはやる気のことを「**動機**」または「**欲求**」とよんでいます。

　欲求は，人が行動を起こす要因となるもので，とくに人の内部にあるものを「動因」，外部にあるものを「誘因」とよんで区別しています。動因のなかでも飢えや渇きによるものや，睡眠，排泄といった人間にとって基本的な欲求を生理的欲求とよんでいます。これらは人が生きていくうえで必要不可欠なものであり，一次的欲求ともよばれています。

　生理的欲求が満たされると，ついで別の欲求が生じることになります。たとえば，ある利用者が，食事をすませたあとで，朝刊やテレビドラマを見ようとしています。これは，見てみたい，という人の内部から生じた欲求ともいえますが，偶然誰も読んでいないから朝刊を手にとった，あるいは放送予定のスポーツ中継が雨で中止になったため，たまたまテレビドラマが見られたのだとすれば，人の外部からの欲求，すなわち誘因によって，その人の行動がひき起こされたといえます。外部からの欲求が強ければ，動因がそれほど強くなくても行動はひき起こされます。このように，人が一定の目標に向かって行動を開始し，それを持続する一連のはたらきを「**動機づけ**」とよんでいます。

　なお，生理的な一次的欲求と，それが満たされることによって生じる二次的欲求については，**マズロー**（Maslow, A. H.）の**欲求階層説**がよく知られています（科目2第2章第1節参照）。

第3節
自己概念と生きがい

1 自己概念

　自己, すなわち, 自分とはいったい何なのでしょうか。自分にとって, いちばん身近なのは自分自身ですが, いちばんわからない存在もまた, 自分自身なのかもしれません。**自己概念**とは, 人が自分について知っている, あるいはそうだと信じていることの総体をいいます。

　「私は, ＿＿＿＿＿＿だ」という文章を完成させるとき, どのような表現を思い浮かべるでしょう。自分に関する具体的なエピソードや身につけた技能, さまざまな知識や考え, 好みなどで自分を言い表すことができると思います。また, 自己概念は自分のなかだけで

番号	項目内容
「自己実現と意欲」	
1	自分が向上したと思えることがある
2	私には心のよりどころ, 励みとするものがある
3	何か成し遂げたと思えることがある
4	私にはまだやりたいことがある
5	私には家庭の内または外で役割がある
6	他人から認められ評価されたと思えることがある
「生活充実感」	
7	何もかもむなしいと思うことがある＊
8	何のために生きているのかわからないと思うことがある＊
9	毎日なんとなく惰性〈だせい〉で過ごしている＊
10	いまの生活に張り合いを感じている
11	今日は何をして過ごそうかと困ることがある＊
「生きる意欲」	
12	まだ死ぬわけにはいかないと思っている
13	世の中がどうなっていくのか, もっと見ていきたいと思う
「存在感」	
14	私は家族や他人から期待され頼りにされている
15	私は世の中や家族のためになることをしていると思う
16	私がいなければだめだと思うことがある

「はい」を2点,「どちらでもない」を1点,「いいえ」を0点として得点化する。
＊の項目は逆転項目。「はい」を0点,「どちらでもない」を1点,「いいえ」を2点として得点化する。

表9-2-2
高齢者向け生きがい感スケール（K-I式）
資料：近藤勉・鎌田次郎「高齢者向け生きがい感スケール（K-I式）の作成および生きがい感の定義」『社会福祉学』日本社会福祉学会, 2002年, Vol.43-2, 93～101頁

なく，周囲の人びととの相互交流のなかから新たに生じることもあります。そのため，人生を通じて，自己概念は変化していくといえます。

2 生きがい

20歳以上の男女2000人を対象に行った調査によると，生きがいを「もっている」と回答した人は，全体で76.3％（男性77.8％，女性75.0％）であり，ほとんどの人がなんらかの生きがいを感じて過ごしています（中央調査社「『生きがい』に関する世論調査」2010年8月実施）。

程度の差こそあれ，人は，どんな人であっても人生を通じて何らかの**生きがい**を求めて生活しているといえるのではないでしょうか。ここでは，近藤勉・鎌田次郎が作成した，高齢者向け生きがい感スケールを紹介します（表9-2-2）。16項目について，「はい」「どちらでもない」「いいえ」で回答し，生きがい感の高いほうから，それぞれ2点，1点，0点として得点化します。

3 高齢者のための国連原則

1991年の国連総会で採択された「**高齢者のための国連原則**」は，「自立」「参加」「ケア」「自己実現」「尊厳」の5つの原則からなっています。国連は，各国の政策や実際の計画ならびに活動に組み入れるよう奨励しており，今後はこのような高齢者社会における国際的な枠組みを理解しておくことも，さらに必要となるでしょう。

高齢者のための国連原則

1) 自立（Independence）：収入や家族・共同体の支援および自助努力を通じて十分な食料，住居，医療等へのアクセスの確保，仕事を得る機会や適切な教育や職業訓練に参加する機会の確保，可能なかぎり自宅に住むことができること等
2) 参加（Participation）：自己に直接影響を及ぼすような政策の決定に積極的に参加し，若年世代と自己の経験と知識を分かち合うべきことや，ボランティアとして共同体へ奉仕する機会の確保，集会や運動を組織できること等
3) ケア（Care）：家族および共同体の介護と保護を享受できること，医療を受ける機会や施設の利用の確保，自己の介護と生活の質を決定する権利等の基本的人権の享受等
4) 自己実現（Self-fulfilment）：自己の可能性を発展させる機会の追求，社会の教育的・文化的・精神的・娯楽的資源を利用できること等
5) 尊厳（Dignity）：尊厳および保障をもって肉体的，精神的虐待から解放された生活を

> 送ること，いかなる場合も公平に扱われ尊重されること等

第4節 適応行動とその阻害要因

1 適応

❶ 適応と不適応

　周囲の人びとや社会といった環境の状況に応じて，自分をうまく合わせていくことを**適応**といいます。たとえば，施設で利用者が生活していくなかで，大なり小なりさまざまなトラブルが生じますが，それをうまく乗り切ることが適応といえますし，乗り切ることができず，フラストレーションや葛藤が生じることを**不適応**とよんでいます。

❷ フラストレーションと葛藤

　ある高齢者が穏やかな秋の日差しのなかで，趣味の編み物を楽しくしている場面を想像してみてください。しかし，ある日手足のしびれから，思いどおりに編み物ができなくなってしまいました。このように，ある目標を達成したいという欲求が生じ，その結果，動機づけられて行動しているときに，なんらかの障壁によって行動の持続が阻止された状況になることを「**フラストレーション**」とよびます。このような不快な心理状態にあるときは，まわりの人々や物に対する攻撃的な反応や，子どもがだだをこねるような退行的なフラストレーション反応がみられます。

　ただ，どんな人も同じ状況でフラストレーションに陥るわけではなく，不適切な反応に訴えることなく耐えることができる人もいます。このようなフラストレーションに耐えることができる能力を「**フラストレーション耐性**」とよんでいます。思いどおりに編み物が

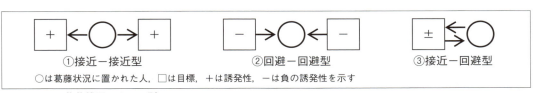

図9-2-4　葛藤状況の3つの型
資料：レヴィン, K./相良守次・小川隆訳『パーソナリティの力学説』岩波書店, 1957年

できないときでも，それとなく乗り越えられる人は，このフラストレーション耐性が高い人なのかもしれません。

フラストレーションとは不適応のうち，1つの欲求が満たされない状況をいいますが，複数の欲求が，それぞれ同じ程度に行動へひきつける力（これを「誘発性」という）をもっているため，同時に満たされない状況を「葛藤」とよんでいます。葛藤状態とは，欲求を別々の方向に向かって引っ張り合っている，いわば綱引き状態といえます。

レヴィン（Lewin, K.）は，葛藤を図9－2－4の3種類の型に分類しています。接近―接近型は，2つの同じ程度の正の誘発性をもった目標のうち，どちらかを選ばなければならないという葛藤です。施設で行われる恒例の外食会で，そばも食べたいが，うどんも食べたい，でもおなかがいっぱいになってしまうので，どちらかを選ばなければならないという場合です。この葛藤は，選んだ方向に向かって強くひかれていくので，解決には困りません。次に回避―回避型は，どちらも避けたい，すなわち負の誘発性をもった2つの目標が同時にあるが，どちらか一方を選ばなければならないという場合をいいます。これは，リハビリをしなければ足が弱る，でもリハビリはめんどうでしたくない，歩けなくなるのもいやだ，といった状況です。どちらの目標も不快感を伴うので，その状況から逃れようとすることもあります。3つめの接近―回避型は，1つの目標が正の誘発性と負の誘発性の両方をもっている状況です。高層ビルからの夜景を楽しみたいが，高所恐怖症だ，といった状況です。いざエレベータで昇り始めたら，手に汗をかいてきて，もはや眺望どころではなくなったという経験をしたことがある人は，この葛藤の最中にいるといえます。

2 ストレス

老若男女を問わず，人は現代社会のなかで多くのストレスにさらされているといえます。たとえば，職場や学校での人間関係や家庭内でのトラブル，仕事へのプレッシャーからくるストレス，空調の効き過ぎや絶えず耳に入ってくる騒音のような環境的なストレス，病気やけがなどの身体的ストレス，大切な人との別れやかわいがっていたペットの死のような体験もストレスです。一般的に**ストレス**とは，「身体的健康や心理的幸福感への脅威と自覚される出来事」をいいます。そして，そのような出来事を「**ストレッサー**」とよび，ストレッサーに対して起こる反応を「**ストレス反応**」とよんでいます。

しかし，同じストレッサーを経験しても，すべての人がストレス反応を示すわけではありません。たとえば，施設での人間関係がうまくいっていないとき，不安になったり，落ち込んだり，夜眠れなくなったり，胃腸の具合が悪くなったりする人がいる一方で，同じように施設でのトラブルがあるにもかかわらず，何も問題なく，そのストレッサーを乗り越えることができる人もいます。

ラザラスとフォークマン（Lazarus, R. S. & Folkman, S.）は，①自分の力でストレス状

況を排除できるという信念をもち，②ストレス状況が起こることを予測可能で，③ストレス状況を自分にとっての挑戦状として前向きにとらえることができるか，によって，人はそのストレッサーである出来事を何の問題もなく乗り越えることができると述べています[1]。すべてのストレス状況がこの考え方で乗り越えられるわけではありませんが，ストレス状況にただ押し切られるのではなく，立ち向かうことも必要といえるでしょう。

3 こころとからだ

　同じようなストレッサーを経験しても，すべての人がストレス反応を示すわけではないと述べました。つまり，ストレス反応には個人差がみられます。このストレス反応を促進させるような要因もあれば，抑制させる要因もあります。

　たとえば，「××しなければならない」や「○○であるべきである」というものの考え方をエリス（Ellis, A.）は「不合理な信念」とよんでいます。この思考体系をもっている人は，事実に基づかず，論理的な必然性に欠け，気持ちをみじめにさせる特徴をもっています。このような心のもちようは，ストレッサーに対する評価をゆがめてしまい，過剰に反応してしまうため，ストレス反応が増大してしまう場合があります。また，楽観性（将来に対してポジティブな期待をもとうとする傾向）や自尊心（自分が価値のある，優れた存在であるという感覚），ハーディネス（ストレス状況下で健康状態を維持しようとする特性）のようなパーソナリティ傾向が強い人は，ストレッサーにさらされても，それを脅威と感じず，しかもストレッサーに対するコントロール感が高いことが知られています。目の前にある壁を見て「高い壁だなあ」と諦めてしまうか，それとも「まずは昇ってみよう」と行動するかは，心のもちようで大きく異なるといえるでしょう。

　心のもちようだけでなく，身体の状態によってもストレスを緩和させる効果があります。身体を動かすこと，すなわち運動のもたらす心理的効果もそのひとつといえます。竹中晃二は，運動によるストレス低減効果として，①ストレッサーに対する認知的評価が変わること，②定期的な運動によって，体力だけでなく精神的な粘り強さが形成され，ストレッサーに対処するのを手助けすること，③運動習慣の形成によって，ストレス反応を抑制すること，④発生したストレス反応を緩和させること，などをあげています[2]。しかし，運動を含む身体活動は，それ自体がストレッサーのひとつでもあるため，過度な運動はかえって悪影響を及ぼすことも知られていますので，適切な運動習慣を心がける必要があります。

引用文献
(1) Lazarus, R. S. & Folkman, S., *Stress, appraisal, and coping*, NewYork：Knopf., 1984.
(2) 竹中晃二「運動と心のストレス――運動が果たすストレス対処効果」竹宮隆・下光輝一編『運動とストレス科学』杏林書院，2003年，171～183頁

第3章
介護に関するからだのしくみの基礎的理解

第1節 人体各部の名称と動きに関する基礎知識

1 細胞と組織

　人体を構成している最小で基本的な要素は細胞です。人体を構成する膨大な細胞群は，すべてが同質な細胞ではなく，分化を繰り返し，局在する部位によってさまざまな機能をもつ細胞の集合体を形成します。

　最初の細胞は，父親からの精子と母親からの卵子が合体した受精卵で，母親の胎盤のなかで膨大な分裂と増殖を繰り返します。さらに，受精から出生までの出生前期，生後4週間までの新生児期，1歳までの乳児期，満1歳から6歳までの幼児期，満6歳から12歳までの学童期，その後の思春期を経て成熟期を迎えるまで，細胞群は分裂と増殖により増大し続けます。成熟期において，人体は約60兆個から100兆個の細胞群で構成されているといわれています。その後は加齢と老化に伴って，細胞群がしだいに減少して退縮し，老化現象が出現するようになり，最終的には生命の活動を終了する死に至ることになります。

　受精卵から成熟期までの過程において，ある特定の目的をもった細胞群が分化して成熟することで組織を形成し，複数の組織が組み合わさって特有の構造と機能をもつ器官を形成します。細胞の分化により，特有な細胞機能を有するようになり，特定の人体の構造と

心身の機能を発揮するようになります。それぞれの組織や器官が，一定のしくみと調和を保つことによって，人体は生命活動を一定の状態に維持しようとする恒常性（ホメオスタシス）を保持しています。人体の生命活動を理解するためには，その基本的な単位である細胞，組織，器官の構造と機能を理解する必要があります。

❶ 細胞

細胞は，細胞を取り囲む細胞膜と，そのなかに存在する核と細胞質から構成されています（図9-3-1）。細胞膜は，細胞の内外を区分して選択的に物質の交換や外部情報を受容します。細胞質の内部では，核が遺伝子情報をデオキシリボ核酸（DNA）やリボ核酸（RNA）として保有しています。細胞質には，核のほか，細胞内呼吸によりエネルギーを発生するミトコンドリア，たんぱく質を作成する粗面小胞体などの細胞内小器官があります。細胞には，分裂して増殖する原点となる幹細胞，それから分裂して特有の機能に分化した細胞があります。

❷ 組織

人体の細胞は一定の集合体を構成して，特定の機能をもった細胞集団である組織を形成しています。人体の組織には，上皮組織，結合組織，支持組織，骨・軟骨組織，筋組織，神経組織などがあります。組織内の細胞と細胞の間には，さまざまな構造や機能をもった細胞間物質と，液体成分である体液や組織間液などに多量の水分が存在します。

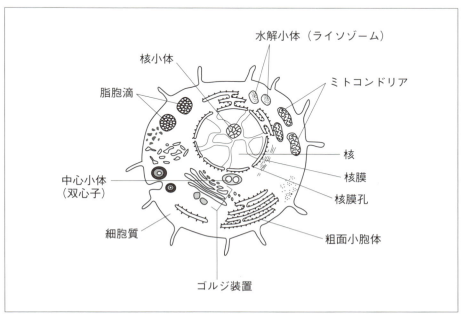

図9-3-1　細胞の微細構造
資料：住居広士編『介護福祉士養成テキストブック⑬　こころとからだのしくみ』ミネルヴァ書房，2009年，11頁

2 人体の部位と区分

　人体は大きく，**頭部**，**頸部**，**体幹**，**体肢**に区分されます。さらに体幹は，胸部，腹部，背部，腰部，臀部に区分されます（図9-3-2）。

　頭部には，目・耳・鼻・口などの感覚器や呼吸器・消化器の入口が存在します。頭部内には，神経系の中枢である脳が頭蓋骨で覆われて保護されています。**頸部**は，頭部と体幹をつなぐ部分で，前方から気道・食道・脊髄神経などが連なっています。**体幹**にある胸部と腹部には，それぞれ胸腔と腹腔の空間が存在して，胸腔には肺・心臓・食道などの胸部臓器が，腹腔の上中部には胃・小腸・大腸・肝臓・膵臓・脾臓などの腹部臓器が，下部には腎臓・膀胱・直腸のほかに，男性では前立腺，女性では子宮・卵巣などが納められています。頭部から体幹の後方中央部に脊椎が貫き，その内部空間である脊柱管に脊髄が頭部の脳と連なっています。**体肢**には，左右の上腕・前腕・手から構成される上肢，左右の大腿・下腿・足から構成される下肢があります。

　対象者の人体の右を右側，左を左側とよびます。人体の前方を腹側，後方を背側とよびます。人体の中心に近い部位を内側，中心から遠い部位を外側とよびます。体肢では，体幹に近いほうを近位，遠いほうを遠位とよびます。人体が立位のとき，頭部に近いほうを上方，足部に近いほうを下方とよび，深さでは表面に近い部位を浅部，深い部位を深部と

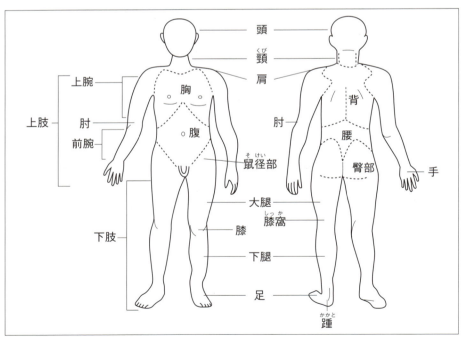

図9-3-2　人体の部位
資料：石井享子監修『MINERVA福祉資格テキスト　介護福祉士　こころとからだのしくみ編』ミネルヴァ書房，2012年，13頁

よびます。

3 器官と臓器

さまざまに分化した人体の細胞は組織化され，その組織の役割によって各種の器官に分類されます。その器官ごとに各種の臓器が属して機能しています。

人体を支持・運動する**器官**には，支持・運動するための骨・筋肉・結合組織から構成される運動器，支持・運動の調整と統合をする神経器官，運動の知覚や感覚をとらえる感覚器などがあり，姿勢や体位の動作などを制御します。

エネルギー代謝に関与する役割の器官には，酸素を取り込んで二酸化炭素を排出する呼吸に関与する呼吸器，エネルギー代謝の原材料である栄養素を消化して吸収する消化器，血液中に取り込んだ酸素や栄養分などを運搬する循環器などがあります。

そのほか，代謝の恒常性の維持と排泄に関与する泌尿器，臓器間の調整と制御をする内分泌器，感染や異物の侵入を排除する免疫器などがあります。

第2節 骨・関節・筋に関する基礎知識，ボディメカニクスの活用

1 骨格と骨

人体の構造と体積を支持するもっとも基本的なしくみであり，重要な器官や臓器などを保護します。**骨格**は，骨と軟骨や靱帯などの結合組織から構成されます。約200個の骨で，頭蓋骨，**脊柱**，胸郭，骨盤，上肢骨，下肢骨などを形成します（図9-3-3）。

脊柱は，椎骨が積み重なって構成される体幹の柱であり，頸椎は7個，胸椎は12個，腰椎は5個の椎体と仙骨と尾骨を連結して形成されます。脊柱管には脊髄が収まり，脊柱は仙骨で骨盤骨と連結します。胸郭は12個の胸椎と12対の肋骨，1つの胸骨で形成され，内部の左側に心臓，両側に肺を収めています。上肢骨は，胸郭から鎖骨と肩甲骨・上腕骨で肩関節，上腕骨と橈骨と尺骨で肘関節，橈骨と尺骨と手根骨で手関節，手根骨と中手骨と指骨で手指関節が形成されます。骨盤は腸骨と坐骨と恥骨が融合して形成され，内部に膀胱，直腸，子宮，卵巣，前立腺などを収めています。下肢骨は，骨盤から大腿骨で股関節，大腿骨と膝蓋骨と脛骨と腓骨で膝関節，脛骨と腓骨と足根骨で足関節，足根骨と中足骨と趾骨で足部が形成されます。

骨は，表面の緻密で強固な皮質骨と内部のスポンジ状の海綿骨から形成されます。皮質骨の表層には血管に富む骨膜があり，海面骨の空洞にある骨髄組織は血球を形成する造血器官となっています。骨成分の主体はリン酸カルシウムで，骨代謝によりつねに破骨と造骨を繰り返しています。加齢と老化による骨代謝の低下により，カルシウムの貯蔵量が減少し，骨がもろくなる骨粗鬆症になります。カルシウムの摂取，運動による予防が必要です。

2 筋肉

骨格筋，**心筋**，**平滑筋**の3種類があります。骨格筋は，筋肉が横紋に見える横紋筋で構成され，骨格を動かして身体の活動を行います。咀嚼に関係する咀嚼筋，表情に関与する表情筋，四肢の運動や呼吸に関与する筋肉，脊柱を支えるさまざまな約400もの筋肉があります。神経の刺激により筋肉内のカルシウムイオンが放出され，細いアクチン繊維が太いミオシン繊維の間に滑り込むことで筋線維が収縮し，その対立筋で伸張されます。

骨格筋の骨格に付着している部位は，体幹に近いほうが起始，体幹から遠いほうが停止とよばれ，関節にまたがる骨格にそれぞれ結合組織や腱で付着しています。起始の付着する部位の分離によって，上腕二頭筋あるいは大腿四頭筋などとよばれ，その一部は2つの関節にまたがると二関節筋とよばれ，骨格のバランスの保持に有効なはたらきをします。

筋肉の収縮様式には，同じ長さで張力の異なる等尺性収縮，同じ張力で長さの異なる等

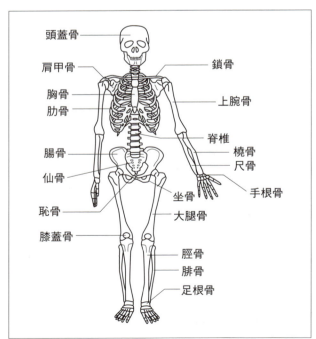

図9-3-3　人体を構成する骨格
資料：石井享子監修『MINERVA福祉資格テキスト　介護福祉士　こころとからだのしくみ編』ミネルヴァ書房，2012年，14頁

張性収縮，同じ角速度で収縮する等速性収縮などがあります。1日に数回は最大筋力の3分の2以上の筋力を加え，筋肉が萎縮しないように介護予防します。

3 関節

骨格と骨格をつなぎ，可動性をもたらす運動器が<u>関節</u>です。骨格に付着している骨格筋が収縮することによって関節が可動します。可動性を保持するため，関節の表面は関節軟骨で覆われ，安定性を保つために靱帯が付着しています。関節には，固定された可動軸があり，関節により軸の数が異なります。1軸の膝関節では骨間を離す伸展と骨間を近づける屈曲の可動性があります。2軸の手指の関節では，それに加えて体幹に近づける内転と離す外転の可動性があります。3軸の肩関節や股関節では，さらに長軸に向けて外側に向かう外旋と内側に向かう内旋の可動性があります。

関節の可動域の測定は，起立で立位した基本肢位を0度とし，各関節の伸展―屈曲，外転―内転，外旋―内旋の関節可動域（Range of Motion：ROM）を計測します。関節可動域の訓練では，自分の力だけで関節を可動する自動運動や他人の力を介する他動運動があります。加齢と老化による廃用症候群や脳血管障害では，関節可動域が制限される拘縮を予防する必要があります。

第3節
中枢神経と体性神経に関する基礎知識

1 神経組織

<u>神経組織</u>は，人体内外の情報を収集して，それらを統合して処理し，各器官に伝達して，人体を生活環境に適用しながら活動させる役割を果たします。情報を統合して処理する脳と脊髄の<u>中枢神経</u>と，中枢神経と支配器官を結び，情報を各器官に伝達する<u>末梢神経</u>からなります。末梢神経には，中枢神経に直結して運動器ならびに感覚器の情報を伝達する<u>体性神経</u>と，内臓臓器の活動や環境の恒常性を保つために不随的に制御している<u>自律神経</u>があります。

神経組織は，信号の情報を伝える神経細胞とそれを支持する支持組織から形成されています。神経細胞からは，1本の長い突起である軸索が伸び，次の神経細胞や末梢の筋肉組織に神経からの信号の刺激を伝達します。神経細胞から短く枝分かれした樹状突起と軸索

の先端で情報の受け渡しを行う部位を**シナプス**とよび、神経細胞とそれらの突起を合わせて**ニューロン**とよびます。ニューロンは神経細胞の機能的単位となります。

2 中枢神経

中枢神経は脳と脊髄から構成され、それぞれ頭蓋腔と脊柱管に収められています。外表から硬膜、くも膜、軟膜の3層の髄膜に覆われ、くも膜と軟膜の間に脳脊髄液が満たされ、浮かんだ状態で保護されています。

中枢神経組織には、神経細胞が多く集まる灰白質と、神経線維が多く集まる白質があります。脊髄と脳幹では、灰白質が中心部に白質が外層にあり、大脳や小脳では、表層の皮質や中心部の核に灰白質が存在し、それ以外が白質である髄質で構成されています。

❶大脳

大脳は、右半球と左半球に分かれ、表層の皮質と深部の髄質に分かれています。半球どうしは脳梁とよばれる白質で連結されます。大脳半球の表面は、くぼみである溝と高まりである回で覆われ、神経細胞は置かれた位置により機能が変わる機能局在をしています。位置と機能により、前頭葉・頭頂葉・側頭葉・後頭葉に分けられます（図9-3-4）。

前頭葉には、もっとも人間で発達した知的活動である高次脳機能があり、その後方部に運動神経にかかわる運動野があります。運動野からは随意な運動をつかさどる運動ニューロンが出て、延髄で左右に交差する錐体路を形成し、脊髄を介して末梢神経で運動器に伝達しています。それ以外の不随意な運動は、大脳の深部の基底核や小脳などを経由する錐体外路により調整されています。コミュニケーションに関与する言語中枢は、おもに左大脳半球に高次脳機能が局在しています。そのために、右片麻痺に失語が多くなります。嗅覚野や聴覚野と記憶中枢は側頭葉に、視覚野は後頭葉に機能局在しています。

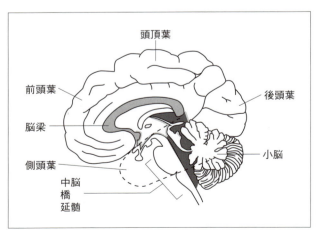

図9-3-4 脳の矢状断面
資料：住居広士編『介護福祉士養成テキストブック⑬ こころとからだのしくみ』ミネルヴァ書房、2009年、16頁を一部改変

❷ 間脳

間脳は，**大脳半球**と脳幹の間に存在し，視床，視床下部，下垂体，大脳辺縁系などから構成されています。視床は，感覚神経からの情報を脊髄や脳幹から受け取り，大脳の頭頂葉にある知覚野に伝えます。視床下部は，自律神経の中枢でもあり，ホルモンによる内分泌を調整することによって，全身の内分泌器官を調整しています。大脳辺縁系は，感情や欲望の中枢として機能局在しています。

❸ 脳幹

脳幹は，中脳・橋・延髄から構成され，大脳皮質と脊髄や小脳を結ぶ神経線維の通路でもあり，生命活動に重要な機能である意識・呼吸・循環などに関与しています。そのため，脳幹部の機能の停止をもって，脳死と判定されています。

❹ 脊髄

脊髄は，脊柱管の中に存在して，上方は延髄に，下方は末梢神経につながります。中心部の灰白質は，前方部を前角，後方部を後角とよばれ，それぞれ運動神経と感覚神経が機能局在しています。大脳の運動野からの運動情報を，脊髄の前角から，運動伝導路である運動性神経線維は前根として末梢神経が筋肉まで伝達します。人体各所の感覚情報は，知覚伝導路である感覚性末梢神経から，感覚性神経線維は後根として脊髄の後角に入り，視床まで知覚情報を伝達します。

3 感覚器

人体外部からのさまざまな刺激は，感覚器により受容されて神経情報に変換され，感覚神経を通じて中枢神経まで伝達されます。感覚には，痛覚・触覚・圧覚・温覚などの皮膚感覚，筋肉の体性感覚，内臓感覚，嗅覚・視覚・聴覚・平衡覚・味覚などの脳神経による特殊な感覚などがあります。

❶ 視覚器

視覚は，外部からの光線が，眼球の角膜・水晶体・硝子体を通じて，網膜に映像として写され，その情報を視神経を通じて後頭葉に伝達することで認識されます。レンズの役割をする水晶体の厚さが毛様体で調整されることで，網膜上に映像が写るしくみです。光線の量は瞳孔を形成する虹彩で調整されます（図9-3-5）。水晶体が濁ることで，白内障になります。脳死では，瞳孔が固定して光に反応しなくなります。

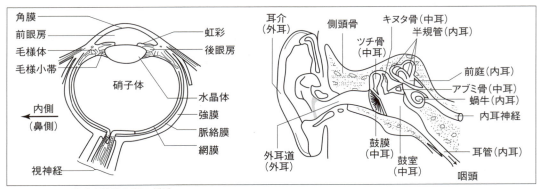

図9-3-5 眼球の構造と耳の構造
資料：石井享子監修『MINERAVA福祉資格テキスト　介護福祉士　こころとからだのしくみ編』ミネルヴァ書房，2012年，195頁

❷ 聴覚器と平衡器

　聴覚は，外部からの音が，耳介で集積され，外耳道を伝わって鼓膜が振動し，中耳にある耳小骨にて伝達・増幅され，内耳の蝸牛から内耳神経を通じて中枢神経の側頭葉の聴覚野に達して認識されます（**図9-3-5**）。

　中耳にある三半規管と内耳の前庭にあるリンパ液の流れにより，頭部の傾きや回転具合などが有毛細胞により感知され，神経情報となって前庭神経を通じて中枢神経に伝達され，**平衡感覚**が認識されます。老年期の聴力の低下は高音から発生し，次第に低音に広がります。

❸ その他の感覚器

　皮膚は，全身を覆って，汗腺からの水分の放出などによる体温調節や外部からの衝撃や刺激を保護する役割をもち，同時に，痛覚・触覚・圧覚・温覚などの体性感覚器もあります。表面から，表皮，真皮，皮下組織の3層で形成されています。真皮の表層にある乳頭の突起には，触覚を感知するマイスナー小体があり，皮下組織には圧覚を感知するファーテル・パチニ小体が局在しています。

　味覚は，おもに舌粘膜にある味蕾によって，甘味，苦味，酸味，塩味などを受容し，中枢神経の味覚野に達して認識されます。嗅覚は，臭気が鼻腔の奥に局在する嗅細胞で受容され，中枢神経の嗅覚野に達して認識されます。

第4節 自律神経と内部器官に関する基礎知識

1 自律神経

　自律神経は，人体の代謝のバランスを維持するため，各臓器や組織の連携の調整を行い，循環器・消化器・呼吸器・腺分泌などの機能を無意識的に自動調節しています。自律神経には，互いに拮抗する作用をもつ交感神経と副交感神経があり，両者の二重支配による調整がされています。

　交感神経の機能は，人体の緊張や興奮状態をひき起こし，心拍数の増加，血圧の上昇，血糖値の上昇，発汗の促進，消化器機能の低下，皮膚血流の低下，骨格筋内の血管の拡張などを生じます。**副交感神経**は，交感神経とは正反対の機能をもち，人体の弛緩状態や安静状態をひき起こし，心拍数の低下，血圧の低下，血糖値の下降，発汗の停止，消化器機能の亢進，皮膚血流の上昇，骨格筋内の血管の収縮などを生じます。

2 循環器

　循環器は，血液の循環にかかわる器官で，心臓と血液の通路である血管や組織液の循環にかかわるリンパ管が属します。血液循環には，人体の各組織や器官を循環する**体循環**と，肺組織で血液に酸素を取り込む**肺循環**があります。心臓から血液を出す血管を動脈，心臓に血液が戻る血管を静脈といい，それらは末梢組織における毛細血管を介してつながっています。

❶ 心臓

　心臓は，全身に血液を送り出すポンプ作用があり，左胸腔内に位置して，心嚢に包まれています。強いポンプ作用を継続できる心筋で構成され，内部は右心房，右心室，左心房，左心室の4つの部屋に区分されています（**図9-3-6**）。周期的に収縮と弛緩を繰り返すために，右心房からの刺激伝導系から収縮と弛緩のリズムを心房や心室に向けて伝えています。

　全身を循環してきた血液は右心房に入り，収縮により右心室に送られます。右心室の収縮により，二酸化炭素の多い静脈血が肺動脈から肺組織に送られ，血液中の二酸化炭素と肺組織で取り込まれた酸素とのガス交換が行われます。その酸素の多い動脈血が，肺静脈

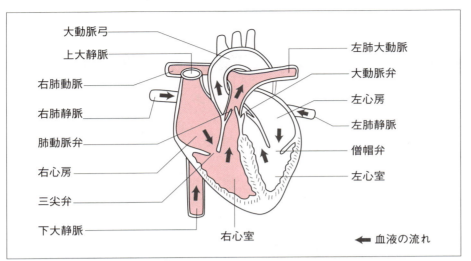

図9-3-6　心臓の4室と弁，血管
資料：石井享子監修『MINERVA福祉資格テキスト　介護福祉士　こころとからだのしくみ編』ミネルヴァ書房，2012年，194頁

によって左心房に入り，左心房の収縮により左心室に送られます。左心室の心筋の壁はとくに厚く，この左心室の収縮により，大動脈を通じて血液が全身に押し出されます。

　血液の逆流を防ぐため，心房と心室の間には弁が形成されています。右心房と右心室の間には三尖弁，左心房と左心室の間には僧帽弁，肺動脈には肺動脈弁，大動脈には大動脈弁があります。大動脈の起始部には，心臓自身に栄養と酸素を供給する冠状動脈が出ており，冠状動脈が狭窄や閉塞を起こすと狭心症や心筋梗塞などの心臓病となります。

❷ 血管

　酸素の多い血液（動脈血）を全身の組織に運ぶ動脈は，末梢組織で枝分かれをしながら**毛細血管**となり，毛細血液と末梢組織の間で，酸素と二酸化炭素のガス交換や栄養素の物質交換が行われます。二酸化炭素が多くなった血液（静脈血）は，静脈によって心臓の右心房まで運ばれ，肺循環を経て酸素が多くなった血液（動脈血）が左心房内から左心室に運ばれて，体循環に送り出されます。

　血管外の余分に貯留した組織液の一部は，リンパ管を通じて，胸管から静脈系の体循環に入り，血液といっしょに循環します。

3　血液

　血液は，血球成分と血漿成分から構成されています。血球成分は骨格内の骨髄でつくられ，血漿成分は血球成分以外の栄養分や電解質などを含む液体成分です。

❶ 血球成分

血液中で血球成分は約45%を占め，赤血球，白血球，血小板から構成されています。

赤血球は，酸素との結合能力の高い多量のヘモグロビンを含有し，酸素を末梢組織まで運搬します。酸素濃度の高い肺組織でヘモグロビンは酸素と結合して，酸素濃度の低い末梢組織で酸素を切り離します。血液中の赤血球数やヘモグロビン量が減少すると貧血になります。白血球には，顆粒球，リンパ球，単球などがあり，生体防御のしくみである免疫に重要な役割を果たします。体内に異常な炎症反応が起こると白血球数が増加するため，白血球数で炎症の有無を知ることができます。リンパ球は，異物などの抗原に対する防御反応を感知して免疫機構をはたらかせるTリンパ球，抗原と結合する抗体を産生するBリンパ球などで構成されています。血小板は，出血部位に集積して，止血作用を果たします。

❷ 血漿成分

血液中で血漿成分は約55%を占め，水分のほか，栄養素（糖・脂質・たんぱく質など）や電解質，内分泌に関与するホルモンや代謝産物のアンモニア，尿素，尿酸などが含まれます。泌尿器である腎臓においてろ過され，再吸収されることで尿が排泄され，血漿成分は中性で電解質の恒常性が保たれています。成分中の糖はエネルギー源に，脂質は細胞膜や脂肪組織に使われます。また，たんぱく質は，人体の重要な構成成分となり，浸透圧に関与するアルブミンや免疫に関与するグロブリン，血液凝固に関与するフィブリノーゲンや凝固因子などがあります。

4 呼吸器

生命活動を維持するためには，エネルギーを産生する代謝に酸素が不可欠であり，また，その結果として生じた二酸化炭素の排出が必要です。酸素の取り込みと二酸化炭素の排出を呼吸といいます。呼吸は，呼吸器による外呼吸と，細胞や組織内で酸素の取り込みと二酸化炭素の排泄を行う内呼吸に分けることができます。

呼吸器は，空気を吐き出す呼気と空気を吸い込む吸気を繰り返すことで，血液中に酸素を取り込み，二酸化炭素を排出しています。空気が出入りする空洞には，鼻腔・口腔・咽頭・喉頭までの上気道と，気管・気管支・肺組織までの下気道があります（図9-3-7）。

❶ 上気道

鼻腔あるいは口腔から入った空気は，その粘膜を通過することで，加温や加湿，防塵がされます。その後，免疫機能をもつリンパ組織である扁桃のある咽頭を通過し，声帯が付属する前方の喉頭に至ります。喉頭の後方には食物が通過する食道があります。喉頭蓋が喉頭を食物の嚥下時に閉じることで，食物が気道に入らずに食道に入るしくみです。これ

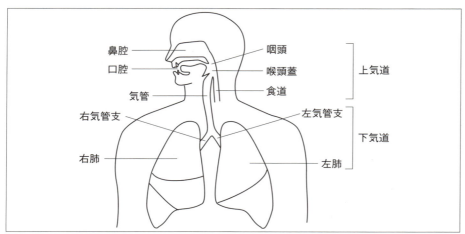

図9-3-7 呼吸器の全容
資料：黒田研二・住居広士編著『MINERVA社会福祉士養成テキストテキストブック⑳ 人体の構造と機能及び疾病』ミネルヴァ書房，2009年，46頁

により食物を嚥下することができますが，機能不全を起こすと誤嚥して肺組織に食物が迷入し，肺炎を起こしやすくなります。

❷ 下気道

上気道の喉頭に引き続いて気管となり，**気管**は下方で分岐して**気管支**となり，左右の肺組織の末端組織である肺胞にまで空気が運ばれます。左肺は上葉・下葉の2つに，右肺は上葉・中葉・下葉の3つに分離しています。左右の気管支は，左気管支が急に，右気管支がゆるやかに曲がっており，そのために誤嚥した場合には多くは右肺に入って肺炎をひき起こす危険性が高くなります。肺胞は小さな袋状を形成し，薄い壁を通じて毛細血管の血液との間でガス交換がされます。

呼吸器は，肺組織を覆っている胸膜腔が，横隔膜や肋間筋の収縮により陰圧になることで，肺組織が拡張して空気を取り込み，弛緩により陽圧になることで空気を吐き出します。呼吸運動は，脳幹で無意識的に制御されています。

5 消化器

消化器は，体内に栄養や水分を補給するために，食物を機械的かつ化学的に分解し，栄養素や水分を吸収する器官です。口腔から始まり肛門に至る**消化管**と，唾液腺・肝臓・膵臓・胆嚢などの**消化腺**から構成されています（図9-3-8）。

❶ 消化管

食物は最初，口腔の中で歯と舌と唾液で咀嚼されます。唾液腺から，でんぷんを分解す

るアミラーゼが放出されます。咀嚼後に、食物を飲み込む嚥下により、咽頭で鼻腔に逆流しないように、喉頭で気道に誤嚥しないように閉じて、食物と空気が分けられて食道を通過して、胃に入ります。食道と接する噴門と十二指腸に接する幽門が閉鎖し、食物は胃に一時的に貯留され、酸性のたんぱく質の分解酵素であるペプシンが分泌されます。その後、小腸である十二指腸に運ばれ、膵臓からの膵液や肝臓からの胆汁により、栄養素にまで分解されます。次いで、長い空腸と回腸を通過する間に、内面の絨毛を通じて栄養素が吸収されます。血液中に吸収された栄養素は、門脈を通じて肝臓に運ばれます。

大腸は、盲腸・結腸・直腸・肛門から形成され、小腸を通過してきた食物残渣から水分を吸収し、それ以外を糞便として肛門から体外に排泄します。

❷ 消化腺

肝臓は、横隔膜の右下にあり、人体でもっとも大きな臓器で、大きい右葉と小さな左葉で形成されています。赤血球のヘモグロビンの分解産物であるビリルビンなどを含む胆汁を合成して、胆管を経て胆嚢に貯留し、総胆管を通して十二指腸に分泌します。また、消化吸収された栄養素は、門脈を通じて肝臓に入り、たんぱく質の合成やブドウ糖からのグリコーゲンの合成など、あらゆる物質の代謝や解毒にかかわります。

膵臓は、消化液である膵液を十二指腸に排出します。また、血液中のブドウ糖（血糖）を一定濃度に下げるために、ランゲルハンス島の内分泌腺からインスリンを門脈を通じて分泌します（p.317図9－3－10参照）。

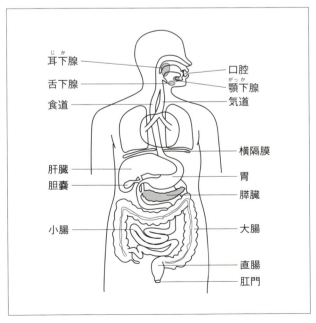

図9－3－8　消化器官
資料：住居広士編『介護福祉士養成テキストブック⑬　こころとからだのしくみ』ミネルヴァ書房、2009年、22頁

6 泌尿器

　泌尿器は、体内の水分や電解質等の恒常性を一定に保つために、人体を循環する血液から余分な水分や老廃物を腎臓でろ過と再吸収し、尿管と膀胱から尿道までの尿路を通じて尿として排泄するはたらきをします。左右の腎臓で尿が生成され、尿管を下って膀胱に貯められ、一定量に達すると尿道から排泄されます（図9-3-9）。

　人体では、体重の約60％が水分で構成されており、その水分を一定に保つために、出入りする水分の量が調整されています。1日に約2.5Lの水分の出納があります。人体から水分が失われた状態が脱水であり、高齢者は成人に比べ水分量の貯留が少ないため熱中症や下痢・嘔吐などで脱水になりやすいので、注意が必要です。

❶ 腎臓

　腹部の後背部に左右で2個あり、表面から皮質・髄質・腎盂に区分されています。微細組織には、腎小体と尿細管と集合管があり、腎小体の内部には毛細血管が網状になった糸球体とそれを取り囲むボーマン嚢があります。糸球体内でろ過された尿は、ボーマン嚢から尿細管と集合管を流れる間に99％が再吸収され、残りの1％が尿として、1日に約1.5Lが排泄されます。血液のろ過と再吸収により、人体の水分量や電解質のバランスを保つように尿量が調整されます。血液中に過剰なブドウ糖分があり、それが尿とともに排泄されるのが糖尿病です。

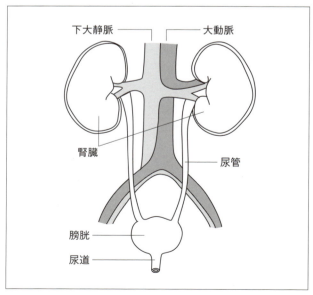

図9-3-9　泌尿器官
資料：黒田研二・住居広士編著『MINERVA社会福祉士養成テキストテキストブック⑳　人体の構造と機能及び疾病』ミネルヴァ書房、2009年、52頁

❷ 尿管と膀胱

腎臓で生成された尿は，腎盂を通って尿管へ流れ込み，尿管の壁にある平滑筋によって膀胱まで押し出されます。膀胱は平滑筋で形成された袋状の構造で，そこで尿が一時的に貯留します。膀胱内の尿量が約150〜300mLになると，膀胱壁の圧力が神経を通じて仙髄にある排尿中枢から脳の排尿中枢に伝達されて尿意を感じ，仙髄の排尿中枢からの神経伝達により膀胱の収縮と膀胱括約筋の弛緩が起こり排尿されます。

❸ 尿道

尿道は，膀胱からの尿の通路で，その長さには性差があります。男性は約25〜30cmで，膀胱から前立腺を通り，陰茎の中を通って尿が排泄されます。女性は，男性に比較して約4〜5cmとかなり短く，前立腺や陰茎を経ずに尿が排泄されます。そのために，男性では，尿道結石や加齢に伴う前立腺の肥大によって尿が出にくい排尿障害が起こります。尿は無菌ですが，女性は，陰部からの逆行性の尿路感染症や，尿が漏れる尿失禁になりやすくなります。

7 内分泌器

内臓器の恒常性を保つため，自律神経による調整も行われていますが，その作用は局所的であり作用時間も短くなります。そのほかに，ホルモンによる調整がされており，その

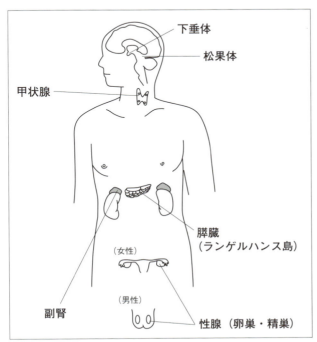

図9-3-10　全身の内分泌器官
資料：石井享子監修『MINERVA福祉資格テキスト　介護福祉士　こころとからだのしくみ編』ミネルヴァ書房，2012年，198頁を一部改変

分泌を行うのが内分泌器です（図9-3-10）。内分泌腺で分泌されたホルモンは血液中を流れ，標的とする臓器に受容されて内臓器の調整が行われます。作用が効くまでに時間がかかりますが，作用時間は長くなります。

❶ 下垂体と松果体

下垂体は，間脳の視床下部の下先端にあり，前葉と後葉に分かれます。前葉からは，成長ホルモン，甲状腺刺激ホルモン，副腎皮質刺激ホルモン，性腺刺激ホルモンなどが分泌され，おもに内分泌器官のホルモンの分泌を調整しています。これらのホルモンの分泌は視床下部からのホルモンによって微調整されます。後葉からは，視床下部で生産され出産や授乳に関与するオキシトシンや尿量を減少させる抗利尿ホルモンなどが分泌されます。

松果体は，間脳の後方にある内分泌器官で，メラトニンが分泌されて，昼と夜の日周リズムに関与し，睡眠と日中活動に大きくかかわります。

❷ 甲状腺と上皮小体

甲状腺は，喉の前下方で気管の前面に位置した蝶形状の器官で，上皮小体はその裏面に4個の小豆大として局在しています。甲状腺からはサイロキシンが分泌されて，全身の代謝機能を高め，基礎代謝の恒常性を維持しています。また，骨や腎臓に作用して，血液中のカルシウム濃度を降下するカルシトニンが分泌されます。逆に，上皮小体からのパラソルモンは血液中のカルシウム濃度を上昇して，カルシトニンに拮抗する作用をもちます。

❸ 膵臓と副腎

膵臓には**ランゲルハンス島**（膵島）という内分泌組織が散在し，血糖を下げるインスリンと上昇させるグルカゴンが分泌されます。血糖を下げる作用をもつのはインスリンだけで，その作用低下や分泌低下により，血糖の上昇により尿から多量の糖分と水分が出る糖尿病がひき起こされます。

副腎は，左右の腎臓の上部にある長さ約4cmの内分泌組織で，表面の皮質と内部の髄質に区分されます。副腎皮質からは，コルチゾール（血糖の上昇と炎症の制御など），アルドステロン（腎臓でのナトリウム再吸収の促進など），男性ホルモンなどが分泌されます。副腎髄質からは，アドレナリンとノルアドレナリンが分泌され，全身的な緊張状態やストレスに対応して，循環器の促進と消化器の抑制などをします。

8 生殖器

生殖器は，次世代を生み出し種族を保持する機能をもちます。男女で機能が大きく異なり，男性は精子を，女性は卵子を生成し，それらが女性の胎盤で受精して胎児となります。

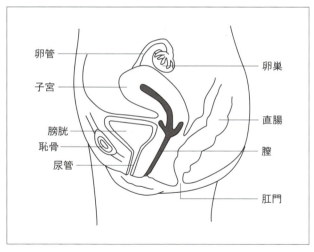

図9-3-11 生殖器の構成（女性）
資料：黒田研二・住居広士編著『MINERVA社会福祉士養成テキストテキストブック⑳　人体の構造と機能及び疾病』ミネルヴァ書房，2009年，63頁

❶ 男性生殖器

　精巣が精子を生成し，精管が精子を送り出し，前立腺と**精囊**で精液を分泌して溜め込み，陰茎で交接をして精子を放出します。精巣は，陰囊に囲まれて左右で2個あり，内部の精細管で精子を形成して，またライディッヒ細胞が男性ホルモンを分泌します。精巣上体で精子が成熟して，精管を通り精囊に貯まり，射精によって尿道から放出されます。

❷ 女性生殖器

　子宮は，体側から見ると，骨盤腔底と直腸と膀胱に挟まれて位置しています（**図9-3-11**）。左右2個の**卵巣**から，卵管が子宮まで伸びています。子宮下部に腟の通路があり，外陰部に開口しています。卵巣が成熟した後，定期的に排卵が起こり，更年期の閉経まで継続されます。卵巣で成熟した卵胞から卵子が卵管に放出され，排卵後の卵胞は黄体に変成します。卵管内で，卵子は精子と受精し，受精卵は分裂を繰り返しながら，約1週間で子宮の壁に着床，約10か月間で新生児にまで成長し，出産されます。卵子が受精しない場合には，子宮内膜が脱落する月経となり，約28日周期で繰り返されます。卵胞からエストロゲン，黄体からプロゲストロンの女性ホルモンが周期的に調節されて分泌されます。

第5節
こころとからだを一体的にとらえる

1 こころとからだの理解

　こころとからだを一体的にとらえるために，前述した人体の構造と身体の機能を熟知するだけでなく，こころにおける精神心理的特性を理解する必要があります。**ICF（国際生活機能分類）** によれば，**人体構造・心身機能** だけでなく，**健康状態** や **個人因子**，**環境因子** などによる精神心理的特性や障害の受容の影響が，活動から参加に向けた生活機能に大きな変化をもたらします（第1章図9-1-2参照）。

　人類で発達した大脳は，こころに関与する高次脳機能を備えていますが，現代科学ではまだ十分には解明されていない未知の領域です。人体の構造や身体の機能と関連している部分もありますが，こころがどのように考え，人体をどのように活動に移しているのかを，十分に理解することは困難です。しかし，完全な理解は難しいとしても，よりよい介護のために，こころとからだを一体的にとらえることを心がける必要があります。

2 生理的欲求をとらえる

　人間が生活していくためには，生命を保持する**生理的欲求**が必要条件となります。

　生理的欲求は，生体の恒常性を維持するために，生理的な過不足状況を補正する必要性から生じます。たとえば脱水であれば水分の補給の欲求，空腹であれば食事摂取の欲求などです。十分なコミュニケーションがとれない場合には生理的欲求に気がつかないこともあります。また，アルコールや薬剤などの依存症の場合，それらが生理的欲求となることもあるため，注意する必要があります。

　生理的欲求により，より多くの刺激などを求めることは，一般的な固有の欲求として認められています。逆に，まったく刺激や感覚が遮断された状態に置かれると，その欲求が途絶えるだけでなく，しだいに錯乱状態に陥ることもあります。こころの恒常性を維持するためには，生理的欲求を満たすことも必要条件であることを理解する必要があります。要介護者などを身体拘束した状態にすると，こころの恒常性が維持できなくなることも留意しておく必要があります。

3 社会的欲求をとらえる

　生理的欲求が満たされても，主観的な幸福感や生活の質の向上は十分には満たされるとはかぎりません。人間は人間との共同社会に属しているために，社会的欲求を求める習性があります。生理的欲求が満たされてくると，人びととかかわりをもちたい，人びとから好意や愛を求められたい，人びとから賞賛を受けたいなどの**社会的欲求**をもつようになるのです。そのような社会的欲求があることで，お互いの欲求を認め合いながら，人間関係を構築することができるのです。

　要介護者等が独居などによって社会的欲求が満たされない場合，社会的・感情的な孤独感から抑うつ状態に陥ることも留意します。どのような状態の人に対しても，生理的欲求である食事・排泄・入浴の三大介護だけでなく，社会的欲求も満たしながら心身の状況に応じた介護が必要です。

4 自己実現の欲求をとらえる

　生理的欲求ならびに社会的欲求が十分に満たされてくると，いろいろな障害を乗り越えて自らできることを成し遂げたいという自己実現の欲求が生まれてきます。心理学者の**マズロー**（Maslow, A. H.）は，人間のもっている欲求を，ピラミッド型の5つの階層性構造として提唱しましたが，その最終段階に自己実現の欲求を掲げています（科目2第2章図2-2-1参照）。そのために人間は，下位の生理的欲求が満たされることで，それが必要条件となり，中位の社会的欲求を求めるようになり，それが満たされて必要条件となり，高位の自己実現の欲求を求める段階に至るとしています。

　介護が必要な人であっても，生理的欲求や社会的要求が満たされると，自己の能力をできるだけ発揮して，自分が納得できる，独自のライフサイクルを送りたいと念願する自己実現の欲求が出てくるのは当然です。生理的欲求と社会的欲求は必要条件であり，それらに基づいて幸福の追求や生活の質の向上を求めるようになり，最終段階として自己実現の欲求が生まれてくるのです。自己実現に至らなくても，尊厳のある生活を支援する必要があります。要介護者等がそれぞれどの段階の欲求があるのかを理解することが，こころとからだを一体的にとらえるためにも大切です。

第6節
利用者の心身の違いに気づく視点

1 健康チェックとバイタルサイン

　高齢者や障害者の場合，心身の不調の兆候が穏やかに潜在してから現れることも多く，見落としやすくなります。より健康な生活を保持するために，介護職は異常を早期に発見し，適切に医療関係者と連携をとることが重要です。心身の観察を通して日ごろの健康状態と比較すれば，早い医療関係者との連携や心身の状況に応じた介護につながります。

　バイタルサインは，生命の状態を示す基本的指標で，体温，脈拍，血圧，呼吸，意識レベルなどがあります。正常か異常か，生命の危機に瀕しているかを判断する重要な手がかりです。バイタルサインには基準値があり，ふだんの値と状態を比較して異常や健常を早めに判断し，医療関係者との連携や心身の状況に応じた介護を行います（表9-3-1）。

	基本的な基準値	観察事項
呼吸	新生児…30〜40（回／分） 学童……20〜25 成人……14〜20 老人……16〜18	呼吸困難，喘鳴〈ぜんめい〉，チアノーゼ，せき・痰，呼吸の回数と変化
脈拍	新生児…120〜140（回／分） 学童……70〜90 成人……65〜85 老人……60〜70	数やリズムが正確
体温	成人……36.5±0.2〜0.3℃ 個人差が大きいため，日ごろの値を知っておく	微熱……37.0〜37.9℃ 高熱……39.0℃以上 低体温…36.0℃以下
血圧	140／90mmHg以下 （WHOによる正常値）	高血圧…160／95mmHg以上
意識	清明であること	覚醒している…名前を答えるのが困難 傾眠状態…刺激を受けると目覚める 昏迷状態…傾眠より強い刺激で反応 昏睡状態…すべてに反応しない

表9-3-1　バイタルサインの基準値と観察事項

2 病気の症状

病気によって生じる症状は生命の維持に直結し、その知識はとても重要です。症状に対する的確な判断や対応が大切です。症状に変化や異常があるときは、報告・連絡など、医療職との連携や心身の状況に応じた介護が必要になってきます。

●せきと痰

せきは、呼吸器が刺激を受けて反射的に起こる運動で、気道の中の分泌物や異物を排出する防御反応として重要です。痰を伴わない乾性のせきと痰を伴う湿性のせきに分けられます。痰は気管支粘膜の分泌物で、炎症による滲出液や細菌、ほこりなども含みます。1日に100mLほど分泌され、呼吸器の炎症や感染症により増加し、性状も変化します。肺炎などで痰が多量に出ると喀痰の吸引が必要になります。呼吸器の病気により口腔から出る出血は喀血であり、酸素を含んでいると真っ赤で泡を伴います。

●呼吸困難と胸痛

呼吸困難は、**吸気性呼吸困難**（息を吸うとき）と**呼気性呼吸困難**（息を吐くとき）、**混合性呼吸困難**（息を吸うときと吐くときの両方）があります。吸気性呼吸困難は異物や腫瘍などで、呼気性呼吸困難は気管支喘息や慢性気管支炎などで、混合性呼吸困難は肺炎などで認められます。胸痛は、原因も多く、ひき起こす臓器や組織も多岐にわたります。心筋梗塞など生命にかかわる疾患もあるため、注意深い観察と医療関係者との連携、的確な判断が必要です。

●嚥下困難

嚥下により、口腔に入った食塊や液体が咽頭・喉頭・食道を経て胃に送られます。嚥下障害には、口腔内の炎症（口内炎や歯肉炎、舌炎など）、咽頭の炎症（急性咽頭炎、急性扁桃腺炎など）などがあります。誤嚥して、肺組織に食物が迷入すると肺炎が起こります。嚥下運動に関係する舌下神経や大脳皮質の障害によっても起こります。

●食欲不振と吐き気

食欲不振は、食事を摂取しようとする意欲が低下した状態をいいます。原因としては消化器疾患が多いですが、内分泌障害の甲状腺機能低下や感染症、神経疾患などさまざまにあります。腹部や心窩部（みぞおち）に不快を感じ、嘔吐を伴うこともあります。吐き気や嘔吐が強く、腹部に痛みがある場合は急性腹症も疑い、頭痛や意識障害を伴う場合は脳血管障害も疑い、すぐに医療関係者と連携する必要があります

●腹痛と吐血・下血

腹痛は、消化器疾患によるものがもっとも多く、泌尿器や婦人科疾患でも現れます。医療職と連絡をとり適切な処置を必要とする場合が多くあります。腹部全体の疼痛は、急性腸閉塞などのような緊急処置を必要とするものから、単に慢性の便秘や腸炎などのことも

あります。
　消化管からの出血は、吐血または下血の形をとって体外に排出されます。吐血は、血液が消化管から口腔を通して吐き出されるもの、下血は便通によって肛門を通して排泄されるものです。消化器の病気から出ることが多く、吐血の色はコーヒー残渣様で、下血の色は一般的に黒色となりタール便といわれます。

● **下痢と便秘**

　下痢は、便の水分の量が増加して、液状や泥状になったものを排泄します。下痢のときは排便回数が増加します。細菌による感染症や精神的な原因でも起こります。栄養不良性となる下痢は、消化器の機能が低下して生じるもので、その場合には脱水や栄養不良などの注意が必要です。

　便秘では、排便回数が少なくなり、便が硬く、排便に苦痛を伴います。重篤な腸閉塞などを伴う場合もあり、医療関係者との連携が必要です。

　一般的に排便は、1日1回有形便の排泄をみますが、個人差が大きく回数や便の硬さが異なるので、生活習慣の把握が大切です。

● **その他の訴え・症状と疾病**

　高齢者の浮腫は、下肢や全身のむくみが出現する心不全の症状などとしてみられます。心不全による浮腫は心身の状況に応じて安静をとりますが、廃用症候群の予防のためには、日常生活を活動的に過ごすことも必要です。皮膚の老化により皮膚がかゆくなるものが掻痒症で、高齢者に特有な皮膚掻痒症や皮脂欠乏性湿疹、抵抗力の弱い高齢者に発生する皮膚真菌症、ダニによって集団発生しやすい疥癬などがあります（科目6第2章参照）。

3　緊急時と終末期の対応

　高齢者は、心身機能の低下から、日常生活で生命にかかわる多くの病因を伴っています。高齢者の多くは、機能や体力が低下し、病気や事故などにあいやすくなります。発見したら直ちに手当てをしないと生命にかかわる場合があります。日ごろから注意を払い、病気や事故の予防策を講じるとともに、緊急時には適切な対応と医療関係者との連携が求められます。病気をもつ高齢者も多く、医療職と介護職の連携は大切です。緊急時に備えて連携をとり合い、心身の状況に応じた介護をするようにします。

　また、超高齢社会を迎えて、死と向き合うことを考えることも必要になりました。死も人間の生命の一部であり、死が来る最期の日まで尊厳のある生活のための介護が求められます。終末期を迎える人びとは、多くの支援と介護を必要としています。介護職は、利用者や家族に対しても細やかな心遣いと心身の状況に応じた介護をすることが大切です。

第4章

生活と家事

第1節 家事と生活の理解

1 生活の枠組みと社会

　私たちがあたりまえに生活を送っている拠点が家庭です。家庭での生活が成り立ってきた過程に，過去があり，現在があり，未来があります。これは家庭に限ったことではなく，生活そのものの考え方がこれまでの，これからの社会の動きとともにあるということです。生活と家事について理解するためには，歴史に触れることが必要不可欠です。

❶ 高齢化する団塊の世代

　第一次ベビーブームという用語があります。1947（昭和22）年から1949（昭和24）年に生まれた人たちを指し，別名，「**団塊の世代**」ともいいます。図9-4-1を見るとわかるように，出生数が突出して多く，この3年間で約800万人の赤ん坊がこの世に誕生したことになります。1971（昭和46）年から1974（昭和49）年は**第二次ベビーブーム**とよばれますが，これは団塊の世代の子ども世代にあたります。

　戦後の**平均寿命**は，1947（昭和22）年では男性50.06歳，女性53.96歳でしたが，2016（平成28）年には男性80.98歳，女性87.14歳となりました。この間に，平均寿命が男性は約30

年，女性は約33年と伸びたことになります。人口ピラミッド（図9-4-2）から，第一次ベビーブームで誕生した世代が高齢期を迎えていることがわかります。

❷ 生活の変化

現在，高齢期を迎えている人たちの生活を理解するためには，その人たちの生活の背景

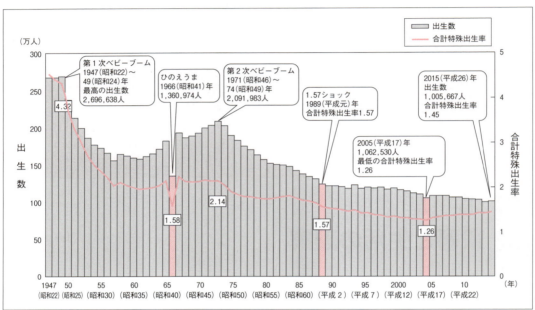

図9-4-1　出生数および合計特殊出生率の年次推移
資料：内閣府『平成28年版　少子化社会対策白書』

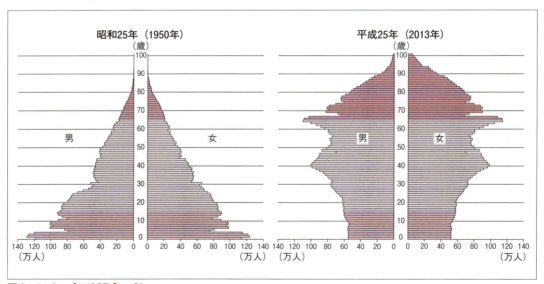

図9-4-2　人口ピラミッド

となった昭和時代の変化を知ることが大切です。

地方から都市部への人口の移動により，1955～73（昭和30～48）年の20年近くの間，日本経済は成長率が年平均10％を超え，**高度経済成長期**といわれました。団塊の世代は長く続いてきた家長制度にみられる生活スタイルではなく，教育のなかに取り入れられた「男女平等」「自由」「民主主義」の考え方を生活スタイルに持ち込みました。夫婦と子ども世帯が中心となる家族形態が多くなりました。

1955（昭和30）年ごろまでは1世帯の構成人数の平均が5人でした。8人，10人という世帯もありました。それが，昭和40年代に入ると3人台となり，2005（平成17）年では2.55人に減少しています。高齢者との同居率の低下の傾向がみられてきたのもこのころからです。2016（平成28）年現在，65歳以上の高齢者のいる世帯は約2416.5万世帯といわれ，全世帯の48.4％を占めています。高齢者のいる世帯は増え続けており，三世代世帯は減少傾向である一方，単独世帯は増加傾向にあります。

❸ 生きてきた背景が生活をつくる

私たちがひとりの人を見るとき，その人が生きてきた背景をイメージし，そのうえでその人自身に話を聞くことで，理解は深まります。

たとえば，戦争を経験し，食べるものにこと欠く日々を過ごし，嫁入りのときにもってきた大切な着物を子どもたちのために食べ物にかえなければ生きていけない時代を送った母親がいます。その母親の姿を見て育った人と，現代のように食べ物に苦労することのない時代を生きている親を見て育った人では，食べ物に対する考え方，金銭感覚などについて違いが大きくなるのは明確です。育った時代により，ものを大切にする年代，捨てられない年代がいます。また，暮らした地域性も大きく人生に影響しているものです。長い人生を自然に積み重ねて，いまがあります。その人自身も，時代背景がもつ違いに気づかずにいる場合が少なくないように思われます。

生活全体を理解して支援につなげていくためには，その人の**生活歴**の把握が必要です。

2 家族は生活をともにする社会のなかの小さな集団

私たちが生活を続けていくうえで大切な集団は家族です（図9-4-3）。そして，多くの人が家族との生活が時代とともに変化していることを感じているのではないでしょうか。

多くの人がテレビの前にくぎづけになったといわれているNHK朝の連続テレビ小説『おしん』（1983〈昭和58〉年4月から1年間放送）は，明治・大正・昭和にわたる時代の激しいうねりを受けながら強く生きた女性の生涯を描いたドラマでした。冬になると大雪に覆われる山形の貧しい農家に生まれた「おしん」は，7歳で材木問屋に子守奉公に出されるなど，現在では考えられない環境のもとで生活し，成長していきます。前向きに生きる

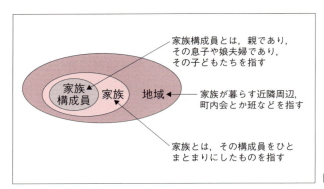

図9-4-3 家族のとらえ方

「おしん」から発せられるメッセージが、見るもの一人ひとりに感動を与えました。「おしん」には、貧しい生活環境のなかでも、道徳や倫理、生きるということを教えてくれる家族があり、このことが「おしん」が強く生きるうえでの支えとなったのです。

家族の生き方、生活のしかたは、その家族構成員に大きく影響を与えてしまうようです。家庭はそれほど大切な場です。仕事が終わったら、寄り道をしたとしても家に帰ります。友達との遊びに興じていた子どもも、夕方には家に帰ります。家庭はごく自然に帰る場として存在します。それが生活の単位なのです。

このような生活のまとまりを世帯といいますが、複数の家族と暮らしている場合もあれば、単身で暮らしている場合もあることから、「世帯とは住居と生計をともにする人の集まり、またはひとりで住まいを維持し生活を営む者」ということができます。

3 家庭における家事

家事は生活を継続するために、人間が生きていくためになくてはならない行為です。家事が生活に潤いをもたらしたり、楽しみにつながったり、家族や地域を結んだりします。

代表的な食事作りを例にあげてみますと、家族の健康状態を思い浮かべ、体調の悪い人がいれば、その症状に合った、消化のいいメニュー、体を温めてくれるメニュー、体力をつけてくれるメニューを考え、また、経済面や残っている食材なども考慮して、食材を選択し、購入します。家族の嗜好に合った、健康を考えた食事作りが終わると、家族といっしょに今日の出来事などを語り合いながら食べます。食後の片づけは興味をひくものではありませんが、必ず行わなければならない行為です。このような日々の繰り返しが家事であり、生活そのものなのです。

また、掃除はどうでしょう。以前は、窓を開けてはたきをかけ、ほうきで掃き、窓のさんを拭き、雑巾で床拭きをしたものです。今日では、はたきはほとんど使われません。掃除機をかけ、腰や膝に負担をかけずに拭き掃除ができる柄つきヘッドにシートがついた掃除用具が一般的になっているようです。掃除の形態はずいぶんと変わってきましたが、環

境整備のための掃除という家事は変わらずに存在しています。ただし，掃除の外部委託という考え方もあり，掃除を誰に行ってもらうかという選択肢は増えたことになります。

第2節 家事援助に関した基礎知識と生活支援

1 介護保険制度における家事援助

❶身体介護と生活援助を一体的にとらえる視点

　介護保険制度では，**家事援助**を「**生活援助**」とよびます。生活援助に関する一連の流れについては，2000（平成12）年3月17日に当時の厚生省から「訪問介護におけるサービス行為ごとの区分等について」（老計第10号）という通知が出され，個々のサービスの内容が例示されました（p.330参照）。そのなかで，**身体介護**のなかに生活援助の行為が組み込まれている点について留意してください。たとえば，「1-6　自立生活支援のための見守り的援助」は身体介護ですが，利用者とともに家事行為を行うことがその大切な内容となります。「ともに」がキーワードです。このように，身体介護と生活援助は別々のものではなく，ともに生活に必要な，一体的なものととらえることができます。

　介護保険制度の柱については，**科目4**などで学んでいると思いますが，介護保険制度創設のねらいのひとつに「利用者本位のサービス提供」があります。これは，利用者が自らの選択により，多様なサービス提供事業者から，適切なサービスを総合的・一体的に受けられるようにするということです。しかし，研修会などでは，「ケアプランを立てる役を担う方々は，本人の思いや願い，生活の困難性をきちんと聞いているだろうか。アセスメントがきちんとされていないように思われる」というような発言がしばしばなされます。

　本人と向き合って，本人が何を望んでいるのかを引き出すには，その関係づくりがとても大切なことなのです。介護の場で介護サービスを必要とする利用者に向き合っていると，「利用者本位のサービス提供」が，現在でも不十分だということがわかります。

　利用者の生活に合った家事援助を提供するために，先の通知に記されている内容の確認・理解とアセスメントをすることをあたりまえにしていきたいものです。

訪問介護におけるサービス行為ごとの区分等について（老計第10号・一部抜粋）

※下線部分は「身体介護」に組み込まれる生活援助（家事援助）の行為

1 身体介護
 1－1　排泄・食事介助
  1－1－1－2　ポータブルトイレ利用
   ○安全確認→声かけ・説明→環境整備（防水シートを敷く，衝立を立てる，ポータブルトイレを適切な位置に置くなど）→立位をとり脱衣（失禁の確認）→ポータブルトイレへの移乗→排便・排尿→後始末→立位をとり着衣→利用者の清潔介助→元の場所に戻り，安楽な姿勢の確保→ポータブルトイレの後始末→ヘルパー自身の清潔動作／○（場合により）失禁・失敗への対応（汚れた衣服の処理，陰部・臀部の清潔介助）
  1－1－1－3　おむつ交換
   ○声かけ・説明→物品準備（湯・タオル・ティッシュペーパー等）→新しいおむつの準備→脱衣（おむつを開く→尿パットをとる）→陰部・臀部洗浄（皮膚の状態などの観察，パッティング，乾燥）→おむつの装着→おむつの具合の確認→着衣→汚れたおむつの後始末→使用物品の後始末→ヘルパー自身の清潔動作／○（場合により）おむつから漏れて汚れたリネン等の交換／○（必要に応じ）水分補給
  1－1－2　食事介助
   ○声かけ・説明（覚醒確認）→安全確認（誤飲兆候の観察）→ヘルパー自身の清潔動作→準備（利用者の手洗い，排泄，エプロン・タオル・おしぼりなどの物品準備）→食事場所の環境整備→食事姿勢の確保（ベッド上での座位保持を含む）→配膳→メニュー・材料の説明→摂食介助（おかずをきざむ・つぶす，吸い口で水分を補給するなどを含む）→服薬介助→安楽な姿勢の確保→気分の確認→食べこぼしの処理→後始末（エプロン・タオルなどの後始末，下膳，残滓の処理，食器洗い）→ヘルパー自身の清潔動作
  1－1－3　特段の専門的配慮をもって行う調理
   ○嚥下困難者のための流動食等の調理
 1－4　起床及び就寝介助
  1－4－1－2　就寝介助
   ○声かけ・説明→準備（シーツのしわをのばし食べかすやほこりをはらう，布団やベッド上のものを片づける等）→ベッドへの移動（両手を引いて介助）→ベッドサイドでの端座位の確保→ベッド上での仰臥位又は側臥位の確保→リネンの快適さの確認（掛け物を気温によって調整する等）→気分の確認／○（場合により）布団を敷く
 1－5　服薬介助

○水の準備→配剤された薬をテーブルの上に出し，確認（飲み忘れないようにする）
→本人が薬を飲むのを手伝う→後かたづけ，確認

1－6　自立生活支援のための見守り的援助（自立支援，ADL向上の観点から安全を確保しつつ常時介助できる状態で行う見守り等）

○利用者と一緒に手助けしながら行う調理（安全確認の声かけ，疲労の確認を含む）／○入浴，更衣等の見守り（必要に応じて行う介助，転倒予防のための声かけ，気分の確認などを含む）／○ベッドの出入り時など自立を促すための声かけ（声かけや見守り中心で必要な時だけ介助）／○移動時，転倒しないように側について歩く（介護は必要時だけで，事故がないように常に見守る）／○車イスでの移動介助を行って店に行き，本人が自ら品物を選べるよう援助／○洗濯物をいっしょに干したりたたんだりすることにより自立支援を促すとともに，転倒予防等のための見守り・声かけを行う。／○痴呆性の高齢者の方といっしょに冷蔵庫のなかの整理等を行うことにより，生活歴の喚起を促す。

2　家事援助

2－0　サービス準備等

　2－0－1　健康チェック（利用者の安否確認，顔色等のチェック）

　2－0－2　環境整備（換気，室温・日あたりの調整等）

　2－0－3　相談援助，情報収集・提供

　2－0－4　サービスの提供後の記録等

2－1　掃除

○居室内やトイレ，卓上等の清掃／○ゴミ出し／○準備・後片づけ

2－2　洗濯

○洗濯機または手洗いによる洗濯／○洗濯物の乾燥（物干し）／○洗濯物の取り入れと収納／○アイロンがけ

2－3　ベッドメイク

○利用者不在のベッドでのシーツ交換，布団カバーの交換等

2－4　衣類の整理・被服の補修

○衣類の整理（夏・冬物等の入れ替え等）／○被服の補修（ボタン付け，破れの補修等）

2－5　一般的な調理，配下膳

○配膳，後片づけのみ／○一般的な調理

2－6　買い物・薬の受け取り

○日常品等の買い物（内容の確認，品物・釣り銭の確認を含む）／○薬の受け取り

❷自立に向かう気持ちを支える

　介護保険制度上では，家事援助（生活援助）はホームヘルパー（訪問介護員）が行う介護サービスとして位置づけられていますが，他の在宅サービスや介護施設においても家事援助は存在します。ただし，対象サービスには位置づけられていません。認知症高齢者の生活の場であるグループホーム，介護施設のユニットなどでは，利用者の状況に合わせて，家事を職員とともに行うことで自信につながります。また，他の人との交流が日常的になり，心身機能の低下の予防や自立に向かう気持ちが芽生えることにつながります。最近，多くなってきた小規模多機能型居宅介護は，通い・泊り・訪問と３つの介護サービスを内在していますが，ここでも，通いの時間に職員といっしょに買い物や食事作り，食事の片づけ，洗濯物たたみなどが行われます。自宅への訪問でも，洗濯物をいっしょに干したり，掃除をいっしょにしたりという家事が必要に応じて行われています。

　かつて，家事援助というと，ホームヘルパーが提供するものと考えられていましたが，在宅であれ，施設であれ，家事援助は日常生活を送っている場には，どこにでも存在することを理解しておきましょう。介護職員は日々の意識のなかで，利用者ができることは何か，できづらいことは何かを見極める必要があります。生活行為を行わなくなることによって，機能の低下からできづらくなったり，できなくなったりします。それは，生活行為のすべてを介護職が行ってしまうことにつながり，徐々に利用者自身の気持ちの喪失にもつながるものです。

❸家事援助を通じたかかわり方のポイント

　家事援助を利用している人の心身の状態をつねに観察し，その状態について確認しておくことが必要です。かかわりのポイントは利用者の生活背景，多様な**生活習慣**，**価値観**（こだわり）です。また，暮らしの場が安全なのか，**人間関係**はどうか，生活に関する情報はどのように収集しているのかなど，多職種と連携して情報を把握し，活用できるようにします。家事全体を任せてしまうことをよしとする利用者も存在しますが，多くの利用者はともに行うことで生活に楽しみをもてるようになります。利用者の能動性を引き出す支援も大切です。

　介護職は単に家事を代行する者ではないことを理解し，利用者の人権を守りつつ，利用者らしい暮らしが継続できるように支援する役割があることを理解しましょう。介護職は利用者につねに問いかけ，見守り，ともに行うことへのはたらきかけなどが求められているのです。これらのことから，家事援助という表現ではなく，自立を支援するという観点からも，家事支援とよびたいものです。

2 家事援助の基礎知識・技術

　在宅で家事援助を行う場合，時間の制限があり，どのように効率的に行うのか，その手順についても考える必要があります。さらに，単なる家事の代行者ではないことを明らかにして，利用者の参加をはたらきかける家事支援であることが望まれます。まず，利用者に何ができるのか，いっしょに行うとどうなるかを確認しておきます。

　ともに行う家事が利用者の自立支援につながり，利用者の主体性を引き出し，日々の暮らしに潤いがもてるようになる支援のあり方を探り続けてほしいものです。

❶掃除

　毎日訪問して掃除をするということはあまりないと思われます。週単位・月単位をめどとして，何をどのように行うかを利用者といっしょに考えます。

●週単位で行うこと

- 居室の整理整頓，掃除機かけや拭き掃除。掃除機かけは畳の目にそって行う。ゆっくりとかけたほうが，ほこりやダニをより吸い取る。畳の場合の拭き掃除はから拭きとする。湿気は畳の大敵となる。認知症の利用者の場合は仏壇の灰の確認。
- ごみの分別は，分別内容・収集曜日などを確認。誰が捨てるのかの確認もしておく。
- 風呂場の掃除は高齢者にとって負担が大きい。風呂を使用したあと，スポンジなどで拭き，風呂場全体をシャワーで洗い水分を拭き取る。排水溝の髪の毛などの除去をする。
- トイレは汚れていなくても毎回掃除する。手洗い器の水分もこまめに拭き取る。排泄物のにおいなどに気づきやすくなり，病気の発見や変化につながることもある。トイレットペーパーの確認・補充，手拭きタオルの交換をする。
- 洗面所の洗面器は水あかがつかないように拭きあげる。汚れが目立ちやすいので，ときどき石鹸をつけたスポンジや歯ブラシなどで汚れを落とし，水を流して拭き取る。
- 玄関やたたきはもっとも目につくところなので，掃き掃除を主としてこまめに行う。雨上がりは泥がこびりつくこともあるので，その場合は濡れた布で拭き取る。

●月単位で行うこと

- 掃除機のごみの除去（吸引力の低下を防ぐ）。
- 新聞紙などを資源ごみに出す。
- 冷蔵庫の中の確認・整理をする。高齢者は視覚，嗅覚の低下から庫内の食べ物の異常に気づかないことがある。利用者とともに行うか，了解を得て行う。
- 風呂場とトイレの汚れをカビ取り剤や洗浄剤で取る。洗浄剤の使用では有毒ガスが発生しないように，混合を避ける。窓を開けて行う。
- 靴箱の掃除。

❷ 洗濯

最近では全自動洗濯機が主流となっていますが，二槽式洗濯機もまだ健在です。また，小物類は洗濯機を使わずに手洗いやつまみ洗いなどとしている人も少なくありません。利用者の価値観が洗濯や衣類の管理に現れるといってもよいでしょう。

洗濯では，洗う素材によって洗剤の種類を選択します。ウール等は縮みやすいため，洗濯機の手洗い機能を利用するか，手洗いをします。汚れがひどいものや血液のしみなどは，つまみ洗いをしてから洗濯機で洗います。洗濯物を干す場合，できるだけ日に干すことが望ましいですが，ほこりがある場所やひとりで取り込めないときなど，部屋干しにする例も少なくありません。物干しスタンドや浴室乾燥機，乾燥機の活用も選択肢のひとつです。

❸ 衣類の整理

高齢になると動きづらく，衣類の収納が面倒になり，部屋中にかけっぱなしということもあります。ほこりや害虫から守るためにもタンスなどを上手に活用できるように支援することが必要です。どこに何が入っているのか，簡単にわかる収納のしかたを工夫します。

❹ 衣類の補修

洗濯による布の傷みやほつれなど，衣類の補修が必要となることは意外に多いものです。高齢者の場合，視力の低下から針に糸を通すことができづらくなり，補修することが難しくなります。針に糸を通す助けをすれば，ほつれを上手に補修できる人もいます。介護職も簡単な補修ができる技術程度は身につけておきたいものです。裾上げテープや補修テープなど，アイロンをあてるだけで補修できる製品もたくさん出回っているという情報提供も介護職の役割です。

❺ 買い物

買い物は利用者のルールや価値観を優先することが必要です。利用者にとって大切なお金を使うことになるからです。お金のためにこれまでの関係性が崩れてしまうこともあります。どこの店で購入するのか，ほしい品物がないときはどうするかを確認しておきます。お金の受け取り（預かり証などを活用する），つり銭の返却（購入した品物とお金を照らし合わせる）については，お互いが確認し合うようにします。できれば，いっしょに買い物に出かけ，品物を選んでもらうことが最良の選択肢です。

❻ 調理

支援を受ける高齢者と支援する介護職の双方に，生活してきた背景があり，それぞれの価値観があるため，**調理**の支援には課題があります。高齢者の多くはまだ作ることを大事にしている年齢です。利用者も参加できる支援のあり方を考えると，身体的な状況（調理

時の姿勢，上肢の可動域，何ができるか）の確認，精神的状況（理解力・判断力・記憶力，意欲面）の確認が大切になります。利用者本人や家族のニーズも明確にしておくことが必要です。また，不必要な調理はむだになるため，事前の確認は不可欠です。

調理をするうえで，環境整備が必要な場合もあります。つかむ，ひねる動作ができないときは，上から押す動作でできるものを使用します。回す，ねじる動作ができない人は手指の力が弱いため，自助具の活用を考えます。また，脳梗塞の後遺症などから片麻痺になった場合や手にふるえがある場合などは，食材などを固定できる自助具等の活用を考え，調理に参加できるようにします。

第5章

快適な居住環境整備と介護

第1節 快適な居住環境に関する基礎知識

1 住居の役割

　住居はそこで暮らす高齢者や障害者本人の人間性の**尊厳**を守りながら，**安全**で安心した日々の生活が営める場でなければなりません。風雨などの自然や外部の敵，犯罪などから保護するシェルターの役割をもち，社会との接点をもち続けながら，生活の基本となる空間です。当然，衛生的で健康な生活を送れるための機能を具備しています。同時に家族がいれば，団欒（だんらん）を通じて関係が良好に保たれ，日常生活が豊かに彩られるなかで交流や情報交換などが行われる場でもあります。

　生活空間は，基本的には日常の行為とつながっています。就寝は寝室，入浴は浴室，排泄（はいせつ）はトイレというように生活行為と行為目的を果たす空間が対応して整備されています。一方食事と寝室を分けること（**寝食分離**）で，それぞれの空間が機能的につくられることもあります。

2 基本的生活行動と生活空間

人間は生活するうえで，さまざまな行為・行動を日々繰り返しています。食事，入浴，排泄，休息などそのときのその人に合った時間の過ごし方をしているのです。

その人に合った環境づくりは大切です。たとえば，ひとり暮らしの高齢者宅で夜間に電話が鳴った場合，その電話が居間にあれば，急ぐあまり絨毯につまずき転倒し，大腿部を骨折し，入院・寝たきりになってしまうということも考えられます。電話の位置がベッドサイドであれば，寝たきりにならずにすんだかもしれません。近年の携帯電話の普及によりこのような事故は少なくなると考えられますが，なにより建築構造が障害をつくることは避けなければなりません。ここで，生活行動と相対する空間（スペース，室名）についてみましょう。

❶ 食事と空間

食事をする行為は，調理と食事に分けられますが，調理室と食堂の両室は機能的に連結して計画されます。調理室は住宅では台所とよばれ，**調理器具類**も含めて，安全・安心であることはもとより能率的で衛生的な空間でなければなりません。さらにいえば，調理をしながら外の景色が見えることや食材がきれいに見える照明器具，使いやすい調理器具類の選択により，調理をするうえでの機能性だけでなく快適で豊かな空間であるようにつくりあげたいものです。

流し台などの調理器具は，使う人によって作業しやすい高さや配置などがあり，本人に合わない調理器具ではむだな動きが多く，満足感が得られません。近年では高齢者や下肢障害者に配慮し，いすに座って調理ができる調理器具も出てきています。また，換気はもとより一酸化炭素検知器やガス・熱感知器など，安心・安全面からの設備も考慮します。

食事をするスペースは，一般的には食堂であり，栄養を摂るとともに，家族との団欒や憩いの場でもあります。さらに，居間と隣接させることで，調理，食事，休養とが一体的に計画されます。

❷ 排泄と空間

排泄は毎日繰り返される行為・行動です。空間は衛生面からつねに清潔が要求されるとともに，使いやすい**衛生機器**（便器や洗面器）や水洗金具を設置します。掃除がしやすい床材や衛生機器を選択し，外部の空気を取り入れるなど換気にも注意します。

障害に応じて，便器の高さや手すりの設置位置なども留意します。便器の高さは床から400～450mmが一般的ですが，本人の身体状況に応じてさらに低くしている例もあります。便器は座位が保てる洋式便器が安楽で，アームレストをつけると長時間の姿勢保持ができ

ます。トイレ内のスペースは住宅ということもあり，必ずしも十分な広さが確保できるわけではありませんが，計画当初より車いすで利用する場合を考慮しておくことが望ましいといえます（図9-5-1参照）。

トイレの位置は，夜間時の排泄のことを考慮して寝室近くに配置したいものです。場合によっては排泄中に気分が悪くなったときのために，トイレ内に非常通報設備（緊急押しボタン装置）を設置することもあります。ドアは**外開き**にして，緊急時にも救助可能なように考えましょう。

❸ 入浴と空間

入浴は，本来の目的である身体を清潔に保つ機能と同時に，一日の疲れを癒しリラックスできることから，快適な空間をつくりたいものです。わが国では高温多湿の気候風土とあいまって，入浴回数の多さや肩まで浴槽につかる習慣があり，簡易いすに腰かけシャワーのみでよいとはしない高齢者が多くいます。

浴室や浴槽の構造は，利用者の身体状況に応じて自立して入浴できるタイプ，介助を受けながら入浴するタイプなどにより，浴室のスペースや浴槽の種類が異なります。底の深い和式浴槽，浅い洋風浴槽，その中間の和洋折衷型浴槽，浴槽のふちに座れるエプロンつき浴槽などさまざまな種類があるので，利用者の状態や状況に合った浴槽を選択しましょう。

浴室内は裸という無防備な状態となるので，浴槽の底に**滑り止めマット**を敷き，滑りにくい床材にします。また転倒防止の意味から必要な箇所に手すりを設置することを検討します。手すりの高さや位置は，利用者の状況を十分把握して決めます。たとえ障害が残っていても福祉用具との組み合わせで入浴しやすくなることも多く，浴槽の種類といっしょに検討しましょう（図9-5-2）。入浴中の事故を想定して防水型の非常通報設備を設置することもあります。

浴室と脱衣室の境は排水処理を行い，段差がつかないようにします。また，脱衣室，洗面室は浴室と隣接していることが多いですが，脱衣室は浴室と温度差がないように，暖房

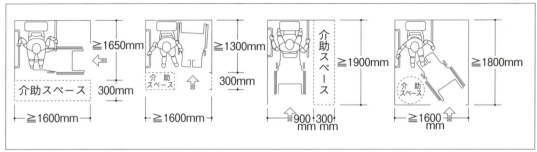

図9-5-1　車いす用便所の介助スペース
資料：日本建築学会編『第2版コンパクト建築設計資料集成（住居）』丸善出版，2006年

設備を考慮します。洗面台は，利用者の状況や状態に合わせて取り付け高さや形状などに十分配慮したいものです。

❹ 就寝と空間

寝室は基本的に子どもが小さい場合を除き，家族の構成人数分だけ必要となります。就寝形態は，ベッドと布団の2通りがありますが，布団は収納すれば畳部屋を多目的に活用できる一方，高齢者や障害者にとって，毎日の上げ下ろしの繰り返しなどを考えるとその労力はけっこうな負担ともなります。起き上がり動作の容易さなどからも，日常生活のなかではベッドによる就寝が便利と思われます。ただし，車いすの利用や介護が必要な場合は，ベッドまわりのスペースをある程度確保しなければなりません。とくに車いすで回転する場合は，直径で1500mmのスペースが必要となります。

また，ベッドからの転落事故も散見されることから，転倒防止柵や転落防止マットなどの工夫も検討するとよいでしょう。

❺ 歩行・移動と空間

第一に大切なことは段差の解消です。高齢者や障害がある人が暮らす場では，つまずきや転倒の防止，移動しやすさを考え，段差をつけることは避けたいものです。和室の敷居など小さな段差は気づきにくく，つまずきやすいため，とくに留意します。どうしても段差がつくのであれば，小さな三角形の木片をつけたり，色を変えることで注意を喚起するなどの配慮が必要となります。高齢者に多くみられる白内障などを考慮すれば，床の素材

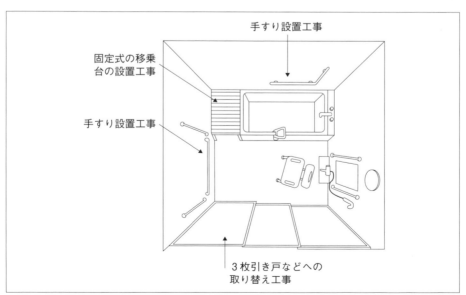

図9-5-2 在宅における浴室の整備例
資料：柴田範子編『介護福祉士養成テキストブック⑥ 生活支援技術Ⅰ』ミネルヴァ書房，2009年，26頁

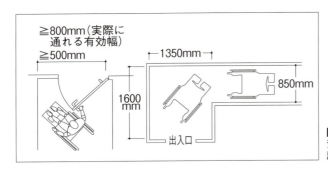

図9-5-3　車いすの移動寸法
資料：日本建築学会監修『第2版コンパクト建築設計資料集成（住居）』丸善出版，2006年，194頁

が変わる場合は部分的に明るい照明器具を設置し，注意を喚起します。

　第二は，廊下や扉の幅は広めに計画します。住宅内であっても杖や車いすなどで生活しやすいように，廊下や扉は車いすでも通行可能な幅を確保します。たとえば，廊下の望ましい幅は，キャスターつき歩行器や車いすでまっすぐ通行するのであれば850mmです。扉の幅は，その前後の状況により変わりますが，車いすが実際通行できる有効幅は800mm以上です（図9-5-3）。

　第三は**手すり**の設置です。手すりは下肢が弱っている高齢者にとっては起き上がり動作を助け，移動手段としても大切です。玄関や廊下，トイレなど必要と思われるところには手すりを設置しておきます。しかし，障害程度や障害が固定しない場合などもあり，取り付け高さなどは本人の状況を十分把握して設置したいものです。また，必要になったときに設置することを考えて，壁の中に補強材を入れておくことも検討するとよいでしょう。

3 快適な環境の維持と安全

❶ 温湿度，換気，空調

　高温多湿のわが国の風土は，住宅構造に現されています。古くから高床式で風通しのよい住宅が好まれてきました。畳，障子文化は各部屋が多目的に使用できる一方，プライバシーについては不十分でした。近代の住宅は洋風が主流であり，プライバシーの保護からも扉で密閉できる構造になっています。外部と隔絶された窓やサッシにより，室内気候は空調という機械で人工的に制御していくことになりました。

　快適な室内環境にするには，夏は室温26～27℃，湿度50％程度に，冬は室温22～23℃，湿度40％程度にします。人により体感温度や快適さの感じ方は異なるので，おおむねの目安としてとらえてください。一般的に高齢者は気温の変化に適応しにくく，とくに冷房の冷気が直接肌にあたることを好まない傾向が強いといえます。湿度の管理も大切で，一般的にやや高めに設定するほうが高齢者には快適に感じられます。各室とも同じような室温が望ましいのですが，たとえば，浴室や脱衣室はやや高めに設定することで，快適さが得られます。各部屋の温度差による**ヒートショック**（急激な温度変化による血圧の急変動）

は気をつけなければなりません。

空調は人工的に室内気候を制御する設備です。暖冷房設備の方式としては放射（輻射）、自然対流、強制対流などがあります。暖房は部屋全体を暖めることが望ましいのですが、床暖房は輻射熱で足元から暖かく、快適な暖房システムといえます。

❷ 音

住宅内の音は、テレビやラジオ、トイレや浴室の排水音、洗濯機や掃除機、空調室外機のモーターなど、生活活動に伴い発生します。音は、人により騒音と感じるか感じないかは異なります。好きな音楽は多少大きくても気になりませんが、隣室での話し声、扉の開閉音などちょっとした音が気になる場合もあります。とくに、睡眠の妨げになる音は、精神的にストレスになることもあります。寝室は、遮音や吸音の材料を使って安眠できるようにします。厚手のカーテンや絨毯を用いると音を吸収する効果があります。

ちなみに、騒音計で測定すると、目盛りが50dBA程度を過ぎると、多くの人がうるさく感じます。都市部における**住宅内許容騒音値**は、平均で30dBA程度といわれています（**表9-5-1**）。

❸ 光と照明

採光は、太陽の自然光と人工**照明**のバランスを考えます。自然光は、洗濯物や布団を干すことで乾燥だけでなく殺菌効果もあり、衛生的で健康な生活に欠かせません。また、地域によっては自然光は冬の電気代節約につながります。加齢とともに視力や焦点調節力は衰え、明るい部屋から暗い部屋へ移動する際に、目の順応が鈍くてつまずきや転倒することがあります。部屋から部屋への移動は均質な照明のもとに行えるように計画したいもの

騒音レベル	30dBA	40dBA	50dBA	60dBA
室内の空調機や給排水の音	非常に小さく聞こえる	聞こえる 会話には支障なし	大きく聞こえる 通常の会話が可能	非常に大きく聞こえうるさい 声を大きくすれば会話ができる

dBAは、音の大きさ感を表す物理的尺度で、周波数ごとに聴感に合わせた騒音レベル

表9-5-1　室内の騒音レベルと実感
資料：日本建築学会編『建築物の遮音性基準と設計指針　第2版』技報堂出版、1997年、28〜29頁

室　名	設計照度（lx）
居間	750
食堂・台所	500
廊下・階段	100〜300
（参考）一般事務室	750

lx（ルクス）とは、照度の単位。1m²の被照面上に1lm（ルーメン）の光束が入射したときの照度

表9-5-2　住宅内の設計照度例
資料：国土交通省建築設備設計基準

です。とくに，階段や段差のある場所などは明るい照明や足下灯などを整備して転倒防止に努めましょう。なお，部屋によって設計照度は異なります（**表9-5-2**）。近年，照明器具は発光ダイオード（LED）電球が主体となりつつあります。従来の白熱電球に比べて価格は高いですが，持続時間が長く省エネでもあり公共施設や住宅での使用が広がっています。

④ 清潔

ハウスダストは，アレルギーをひき起こすふけ，ペットの毛，家の中のほこり，ダニ，かびが混ざったものです。ハウスダストは喘息や鼻炎，アトピー性皮膚炎などをひき起こす原因になります。室内を清潔に保つには，こまめに掃除をすることがいちばんです。ダニは高温に弱く，太陽の下で布団を干すことで死滅します。掃除機でていねいに吸い取ることもダニ対策として有効です。

また，かびの発生と結露は関係があります。結露は，外部と室内の温度差により空中の水分が窓や壁に付着する現象です。外壁と内壁の間に空気層を設けたり，ペア（2重）ガラスにすることで，多少結露を防ぐことができますが，換気をこまめに行うことも結露防止になります。

第2節 高齢者・障害者特有の住環境整備と福祉用具に関する留意点と支援方法

1 バリアフリーデザインとユニバーサルデザイン

ユニバーサルデザインとは，障害者基本計画（2002〈平成14〉年12月閣議決定）によると「障害の有無，年齢，性別，人種などにかかわらず，多様な人々が利用しやすいように都市や生活環境をデザインする考え方」と定められています。

従来は「障害のある人が社会生活をしていくうえでバリア（障壁）となるものを除去する」という考え方の「バリアフリーデザイン」が主流でしたが，近年では誰もが使いやすいユニバーサルデザインに変わりつつあります。車いす専用トイレという名称から，妊婦や子ども連れなど誰でもが利用できるトイレとして多目的トイレなどとよばれています。

ユニバーサルデザインは1980年代半ばにアメリカで登場し，わが国で定着しつつあります。高齢者が増加するなか，車いすを利用することで生活圏域も拡大することから，道路や公園なども含めて地域全体をユニバーサルデザインにしていく努力もすすめられていま

す。

2 人との交流，地域とのつながり

　高齢者や障害者が，地域で暮らし続けることは大切なことです。地域で暮らすということは，古くからの友人や知人たちが近くにおり，慣れ親しんだ風景があるということです。これらは日常生活においての心の支えでもあり，安心感につながります。とくに，誰もが加齢とともに足腰が弱り，自宅から外出しにくくなることを考えると，親しい友人や知人が訪ねてくることは大きな楽しみであり，生活の活力になりえます。

　そのためには，地域におけるユニバーサルデザインの普及や，要介護になっても暮らし続けることができるバックアップ体制としての医療・福祉システムの整備が欠かせないのです。

　近年，わが国は，要介護高齢者を特別養護老人ホームなどに入所させるのではなく，軽中度であれば，在宅で暮らすことを基本に政策を進めてきています。これを具体化するために，地域包括ケアシステム（科目3第1章第1節参照）を構築し，在宅医療・在宅福祉をいままで以上に充実させていこうとしています。すなわち，地域包括ケアシステムと後述するサービス付き高齢者向け住宅とをセットすることで，地域でそのまま暮らし続けられるというものです。

3 住宅メニューと住宅政策

　住宅は生活の基本です。高齢になっても現在の暮らしをそのまま自宅で続けていきたいと願っている高齢者は数多くいます。しかし障害の発生とともに現在の住宅では暮らせなくなるかもしれません。利用者の状態や状況に合わせて移り住む住宅や介護施設についてみていきます（図9-5-4参照）。

　高齢者や障害がある人向けの住宅は，公的住宅，民間住宅など事業主体が多様で，身体状況，経済状況，家族構成などに応じてさまざまな住宅メニューが用意されてきています。高齢者ではケアハウス，シルバーハウジング，サービス付き高齢者向け住宅，有料老人ホームなどがあり，障害者ではグループホーム，ケアホームなどがあります。

　サービス付き高齢者向け住宅は，「高齢者の居住の安定確保に関する法律」（高齢者住まい法）が2011（平成23）年2月に改正され，事業者が登録する制度がつくられました。入居希望者は60歳以上で要介護認定の有無に関係なく入居できます。建物はバリアフリーデザインが義務化され，安否確認や生活相談などのサービスがあります。この法案により，高齢者向け住宅制度として機能していた「高齢者円滑入居賃貸住宅（高円賃）」「高齢者向け優良賃貸住宅（高優賃）」「高齢者専用賃貸住宅（高専賃）」は廃止されました。また，

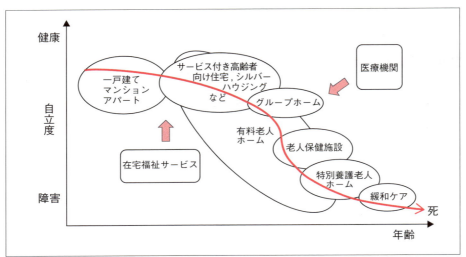

図9-5-4　加齢による住宅と施設の関係

　用地確保が難しい都市部では，低所得者のための住宅として都市型軽費老人ホームが設置されています（地域指定で，東京23区などで実施）。

　わが国の住宅政策は，いままでは戦後の住宅不足の解消や居住水準の向上を進めてきました。しかし，国民の豊かな住生活を実現するためには，これまでの「量」の確保から「質」の向上へと転換する時期に入っています。高齢者向け住宅も同様で，「量」と「質」を整備していく方向です。国民の豊かな住生活の実現を図るため，2006（平成18）年に制定された「**住生活基本法**」は，住生活の安定の確保および向上の促進に関する施策の推進は，国民の健康で文化的な生活にとって不可欠であることから，高齢者や低額所得者等の居住の安定の確保が図られることを旨としています。国土交通省では，2020（平成32）年をめどとして，高齢者向け住宅を高齢者人口の3〜5％程度整備していく方針としています。

4　住宅内事故

❶非常災害

　住宅内での事故は，地震や火災などの**非常災害**と日常的に発生する**日常災害**があります。

　非常災害のおもなものは火災や地震，風水害など自然による災害です。東京消防庁によると2005（平成17）年から2009（平成21）年までの5年間の火災による死者のおよそ50％以上が高齢者です（図9-5-5参照）。死傷者数を人口10万人あたりでみても，火災による高齢者の死者は，高齢者以外の死者の約4倍となっています（図9-5-6）。これは本人の認知能力や避難できる歩行能力の衰え，家族同居の有無など高齢者ならではの問題が考えられます。

　2006（平成18）年1月に長崎県大村市にある認知症グループホームから出火し，死者7

名を出す惨事が発生しました。規模が小さいグループホームは，消防法上必要な設備は限られ，床面積300㎡以下であれば，誘導灯と消火器の設置だけで許可されていました。しかし，この火災をきっかけに「消防法」の改正がなされ，500㎡以上とされていたスプリンクラー設置義務が275㎡以上に引き下げられました。

次に地震時の対応としては，日常の整理整頓，家具類の固定，避難場所や避難方法などの確認，火元のチェックなどがあげられます。阪神淡路大震災（1995〈平成7〉年）や東日本大震災（2011〈平成23〉年）をみても，水や食料，薬品などの備蓄，ラジオや携帯電話などを身近な場所に準備しておきたいものです。

❷ 日常災害

厚生労働省の統計によれば，**日常災害**では，交通事故による死亡者は1995（平成7）年に1万5147人であったものが2008（平成20）年には7499人と，右肩下がりで減少しています。一方，家庭内事故（窒息，転倒・転落，溺死など）では横ばいあるいは漸増しています。

住宅内事故の発生頻度の高い場所としては居室，台所，階段などがあげられます（**表**

図9-5-5　火災による高齢者の死者の推移
資料：東京消防庁防災部生活安全課「火災と日常生活事故のデータからみる高齢者の実態」2009年

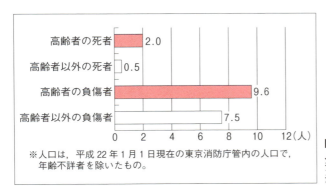

図9-5-6
人口10万人あたりの火災による死傷者発生率
資料：東京消防庁防災部生活安全課「火災と日常生活事故のデータからみる高齢者の実態」2009年

	前期高齢者 (65歳以上75歳未満)		後期高齢者 (75歳以上)	
	事故の場所	%	事故の場所	%
第1位	居室	21.6	居室	29.1
第2位	台所	16.3	階段	12.6
第3位	階段	13.6	台所	8.4
第4位	庭	9.8	玄関	6.0
第5位	浴室	5.6	浴室	5.9

表9-5-3　高齢者の家庭内事故の発生場所
資料：国民生活センター「病院危害情報からみた高齢者の家庭内事故」2008年より抜粋

9-5-3参照)。居室内の転倒（とくに75歳以上に多い），台所での調理中のやけどやけが，階段の踏み外しによる転落などがあります。さらに，床段差のつまずきによる転倒，浴室と脱衣室の温度差による脳溢血，熱湯によるやけどや浴槽内溺死なども注意を要します。筋力の衰えや嚥下機能の低下などが原因で食事中に窒息することもありますので，食事形態の工夫や注意深い見守りが必要です。

5 避難経路の確保と防災設備

　一般的に，火災時などの避難経路は2か所以上確保しておく必要があります。平屋建て住宅であれば，災害時にも直接外部に避難することが可能ですが，集合住宅では，複数の避難経路が確保されていなければなりません。とくに近年の高層マンションでは，消防設備，避難経路などを十分に確保しておくことが必要です。

　設置すべき消防設備は，建築用途や面積・規模により定められていますが，熱や煙感知器の設置，消防署・警察署などへの通報・連絡方法，消火設備の設置と使い方など，きめ細かに計画しておかなければなりません。実際の火災発生時には高齢者や障害がある人は自分自身では避難できない人も多く，障害がある場合などは迅速な介助が必要であり，近隣の住民や地元の警察・消防署とつね日ごろから連絡をとって，災害避難時の救助活動のための情報を伝えておくことも大切です。

　また，視覚障害者，聴覚障害者に対しては，音や光で火災発生がすみやかに認知できる設備が必要です。

6 地域の環境づくりとまちづくりの視点

❶ トランスファーショック

　高齢になるとともに環境の変化には心的な負担がかかることがあります。これが**トランスファーショック**（**移転に伴う心的疲労**）です。住み慣れた地域からまったく異なる生活環境に移り住むことで，うつ病や認知症が進むケースも見受けられます。強制的にことを

進めた場合などでは，利用者に強い負担がかかるといわれています。

そのため，入所施設（介護老人福祉施設など）に移り住むときは，自宅での生活環境に近づけられるように，自分で使っていた家具やカーテンなどを持ち込むなどで，利用者の心的ストレスを軽減します。

❷ まちづくりの視点

まちづくりの視点からみると，高齢者が歩いて買い物ができる，人と出会えるなど，まちそのものをコンパクトに再編成しようとする考え方が出てきています。

地方都市の商店街は少子高齢化や大規模店舗の郊外進出などと連動し，買い物客が遠のき，シャッターを下ろしているところも多く見受けられます。そこで，車の運転ができない高齢者や足の不自由な障害者のために，空き店舗を活用して，商店街そのものをコンパクトにして，高齢者や障害のある人の住宅を組み込むなど利用しやすくする例が出始めています。

また，駅前に建つファミリータイプの集合住宅に高齢者向け集合住宅と医療・福祉の複合機能を兼ね備えた事例も出始めています。上階の自宅からエレベータで降りれば，同じ建物の中に診療所やデイサービス（通所介護），訪問介護ステーションなど高齢者の自立生活を支援する場があり，地域の人との交流や情報交換が可能なスペースもあります。子ども夫婦と同一建物に住みながら，「スープのさめない距離」に一定の距離を保ちながら高齢者と子ども夫婦が安心して暮らせるスタイルのひとつです。

7 福祉用具に関する留意点と支援方法

❶ 住宅改修と福祉用具

要介護高齢者や障害者の生活の質を維持向上し，自立を支援していくために**福祉用具**は欠かせません。利用者の日常生活の快適さや，介護者の負担軽減などのために，利用者の状態や状況に合わせた住宅改修や福祉用具の適切な選択は大切です。住宅改修では，暮らし方をどのようにデザインするのか，という本人の要望を把握し，改修部位や用具の選定に反映させることが大切です。同時に，介護のしやすさの視点からも考える必要があります。

加齢や障害によっては，時間の経過とともに状態が変化していく場合もありますので，改修時ははじめから過重な設備を施すのではなく，経過をみながら福祉用具で対応していきます。病院から自宅へ帰るケースなどでは，病院の**医療チーム**（担当医師，看護師，理学療法士など）や**医療ソーシャルワーカー**などと連携して住宅改修と福祉用具を検討するのがよいでしょう。

❷ 福祉用具の定義と対象品目

福祉用具の定義は次のようになっています。また，対象品目は**福祉用具貸与**と特定福祉用具販売に分かれ，それぞれ厚生労働大臣告示で定められています（表9-5-4）。

> **福祉用具の定義**
>
> 心身の機能が低下し日常生活を営むのに支障のある老人又は心身障害者の日常生活上の便宜を図るための用具及びこれらの者の機能訓練のための用具並びに補装具をいう。
>
> （「福祉用具の研究開発及び普及の促進に関する法律」第2条）

福祉用具貸与	特定福祉用具販売
車いす・車いす付属品 特殊寝台・特殊寝台付属品 床ずれ防止用具・体位変換器 手すり・スロープ 歩行器・歩行補助つえ 認知症老人徘徊〈はいかい〉感知機器 移動用リフト（つり具の部分を除く） 自動排泄〈はいせつ〉処理装置	腰掛便器 自動排泄処理装置の交換可能部品 入浴補助用具・簡易浴槽 移動用リフトのつり具の部分

表9-5-4　福祉用具対象品目

❸ 福祉用具の利用

福祉用具は，種目別に「**貸与**」と「**購入**」があり，ともに介護保険の対象となります。貸与（レンタル）は現物給付され，利用料の1割を利用者の自己負担として福祉用具貸与事業者に支払います。購入は「償還払い」と「受領委任払い」の2種類があります。前者は利用者が全額を支払い，後日利用者負担分（1割）を除いて市町村から償還をうけるも

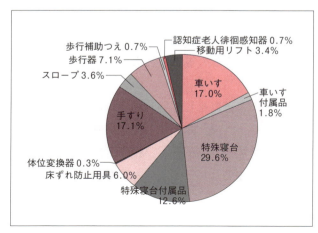

図9-5-7　福祉用具貸与の状況
資料：厚生労働省「平成28年度介護給付費実態調査」

の，後者は登録事業者を利用することで，購入時に利用者負担分のみを支払うものです。

利用されている用具の年次傾向をみると，当初は増加傾向にありましたが，近年は横ばい状態になっています。一方で，1件あたりの貸与額（費用額を件数で除したもの）は低減傾向にあります。また，福祉用具貸与費は，車いす（付属品を含む）と特殊寝台（付属品を含む）が約6割を占めます（**図9-5-7**）。特定福祉用具販売請求件数では，腰掛便座と入浴補助用具がほとんどです。

福祉用具の相談を受ける専門職（福祉用具専門相談員や介護支援専門員など）は，利用者への情報提供，具体的使用方法，メンテナンスの助言などを正確に伝える役目があります。その際，福祉用具を導入する目的が利用者本人の生活圏の拡大であり，日常生活の満足を得ることを基本とすることが肝要です。

介護職も，これらの制度を理解し，必要に応じて利用者への情報提供などを行っていきます。

第6章

整容に関連したこころとからだのしくみと自立に向けた介護

第1節 整容に関する基礎知識

1 整容の意味するもの

　整容（身だしなみを整えること）は、私たちが社会とかかわっていくために必要な行為のひとつです。身だしなみを整えることで、相手に不快な思いをさせず、何より自分自身が気持ちよく過ごすことができます。身だしなみをどう整えるかについては、個人がそれまで培ってきた習慣と個人の**価値観**が大きく影響します。そのため、利用者の希望を聞き、意向を少しでも取り入れた整容の介護をめざします。

2 整容行為介助の必要性

　健康なときにはなんの苦もなく行ってきた洗顔や整髪、爪切りなどは、加齢や障害により、簡単にできなくなったり、面倒になったりしがちです。また、生活範囲が縮小すると外部への関心が減り、人と会うために化粧をする、ひげをそるなど、装う行為をしなくなりがちです。その結果、生活への張りや意欲をなくしていくことになりかねません。
　身だしなみを整えることは、生活にめりはりをつけ、人間関係を回復させることにつな

がり，結果的には生活に対する意欲の回復にもつながります。なかでも衣服の果たす役割は大きくなります。

3 衣服の果たす役割

衣服が果たしている役割について，ここでは生理的，心理・精神的，社会的な役割に整理して考えてみます。

●生理的役割

私たちの体温を一定に保ち（恒常性），さまざまな刺激（寒さや暑さなどの温度刺激，紫外線や外部からの危険，ほこりやごみなど）から身体を守ります。

●心理的・精神的役割

衣服を着替えることによりさっぱりすることができ，自分の好みや意思を表出することで満足感が得られます。また，活動と休息の区別がつき，生活にめりはりがつきやすくなります。

●社会的役割

衣服はそれぞれの地域，民族，宗教などにより異なるように，文化や習慣を表しています。また，社会生活を営むうえで，その人がおかれている立場や所属を表す（制服やユニフォームなど）とともに，社会的生活を円滑にする役割もあります。

4 衣服の基本的な条件

衣服の選択には，まず何より着る人の意向（好み）が優先されます。そのうえで，形や様式とともに利用者の生活場面に合ったものであることが重要です。快適な生活を送るために必要な衣服の基本的な条件は次のようになります。

①デザインは適切か

利用者の好きな形・色などに加え，利用者の身体状況，生活様式に合ったデザインが求められます。生活のほとんどをベッド上で過ごしている場合は，着脱のしやすい着物式の衣類が適切な場合があります。麻痺（まひ）などがあっても自分で着脱が可能な場合は，えりやそでにゆとりがあり，活動が制限されず，着脱しやすい形のものが適しています。かけ外しが楽な大きめのボタンやマジックテープ，ループつきのファスナーなどにして，利用者が自分で着脱しやすいように工夫します。

②素材は適切か

衣服の素材はさまざまですが，肌着には，吸湿性・保温性に優れ，通気性がよく，肌触りのよいものが適しています。汚れがわかりやすい色で，洗濯しても型崩れしにくい，伸縮性のある素材が望ましく，木綿製品のガーゼやネル，メリヤス，タオル地などがよく使

用されます。

③大きさ（サイズ）は適切か

　衣服には大きすぎず，小さすぎず，楽に動くことができる，利用者の身体に合った大きさが求められます。とくに寝たきりの利用者が着用する衣服は，大きすぎるとしわができやすく，小さすぎると無理な力が加わり循環障害などを起こしやすく，ともに褥瘡（じょくそう）の原因になりやすいので注意が必要です。

第2節
整容の支援技術

1　洗顔

　<u>洗顔</u>をすることは，寝起きの眠気をとるとともに，気持ちを切り替える作用があります。できるだけ洗面所で行うようにし，立位が不安定な場合はいすに腰かけて自分でゆっくり行います。洗面所でできない場合は温かいタオルなどで清拭（せいしき）をします。

2　整髪

　髪の毛が乱れ，寝癖がついた状態では，気分まで重くなり，意欲をなくすことにもつながります。また，毎日の手入れができず櫛（くし）が通らない髪は傷みが増します。毎日の髪の手入れを自分で行うことができない場合であっても，鏡に向かうことで自分の意思を表出しやすくなります。

　できる範囲で一日に何度かブラッシングすることは，手や腕の運動にもなります。その際，髪の毛がベッドの周辺に飛び散らないように配慮する必要があります。生活にめりはりをつける意味からも，利用者の意向を聞き，その人らしい髪型に整えることは大切です。介助のしやすさを優先したショートカットなどを無理に勧めることのないようにします。

3　化粧

　<u>化粧</u>には「変身する」ことや「装う（手直し）」ことの意味があり，「化粧をすることで，自尊心を維持し，対人関係の円滑さが促進される」[1]といわれています。化粧をすることによって適度な緊張が生じ，気持ちが切り替えやすくなり，鏡に向かうことで自己意識を高

めるなどの理由で，近年では，うつ病や認知症高齢者などの精神的なリハビリテーションの一環として用いられてきています。

朝の洗顔後，化粧水や乳液などの基礎化粧をするだけでも効果がありますが，化粧に対する意識や嗜好は個人差が大きいため，本人の意向に沿い，無理強いをしないように支援することが大切です。

4 ひげそり

昔から無精ひげに代表されるように，手入れをされずにひげが伸びている状態は，相手に不快な感じを与えるばかりでなく，不健康なイメージも与えます。

ひげは伸びすぎるとそりにくくなるため，毎日の日課として**ひげそり**を習慣づけるようにします。一般的には電気かみそりを使用し，皮膚の表面を伸ばしながら，ゆっくり行います。そり終わったら，蒸しタオルなどで拭き取り，好みのローションなどをつけます。

5 爪切り

「爪は健康状態を写す小さな鏡」といわれ，身体を保護する大切な器官です。そのため，単に伸びたら切るだけのものではなく，色や形，状態をよく観察し，適切に切る必要があります。切る間隔を延ばすため，ともすれば短くしがちですが，とくに足の爪は，足先にかかる負担に対しバランスをとっているため，深爪は避けます。

入浴後，手浴・足浴後などの爪がふやけてやわらかくなっているときに，一度に切ろうとせず，少しずつ切り，足指の形に合わせてスクエアオフにします（図9-6-1）。巻き爪や爪白癬がある場合は，医療職との連携が必要です。

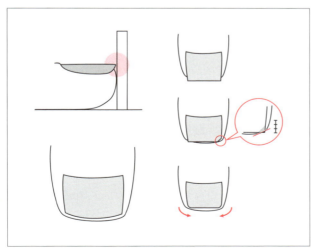

図9-6-1 足指の爪切りの方法
資料：柴田範子編『介護福祉士養成テキストブック⑥ 生活支援技術Ⅰ』ミネルヴァ書房，2009年，64頁ほか

6 衣服の着脱

　衣服を着用することは，人間だけが行っている行為です。これまでの生活で培われてきたその人らしさを表現する手段として，社会とかかわっていくための行為としても重要です。衣服を着替えることは生活のなかに潤いと楽しみをもたらします。外出前に何を着ていくか考えることで，外出がより楽しみにもなります。たとえベッドにいる生活時間が長い人であっても，着替えることにより休息と活動の区別がつき，生活リズムが改善します。
　また，衣服を着用することにより，私たちの身体は守られ，気分転換が図られるなど，日常生活での意義は大きいものです。できるだけ自立していけるような支援を心がけます。

7 安楽で心地よい衣服の着脱介助の実際

❶ 事前の留意点

①衣服を着替える目的を説明する（「朝になりましたから着替えましょう」など）。
②利用者の好みを聞き，季節や気温などを配慮した衣服を選択できるようにする（介護しやすい衣服に偏らないように注意する）。
③介助時の利用者の心理・精神状況（意欲など），身体状況（麻痺や関節の可動域，痛みや浮腫など）をアセスメントし，利用者のもっとも楽な方法を考える。

❷ 着脱介助時の方法と留意点

①周囲の環境を確認し，利用者の羞恥心やプライバシーの保護に配慮する（ついたてやカーテン，バスタオルなどを利用する）。
②室温を適切に保つ（22℃前後）とともに，寒いときには介護者の手も冷たくないように温めておく。
③臥位より座位のほうが着脱しやすいため，利用者の体調を確認し，少しでも起き上がれるようにはたらきかける。
④汗をかいたり皮膚が汚れていたりする場合は，汗を拭き取り，蒸しタオルなどで汚れを落としてから行う。
⑤麻痺があるときは，原則として**健側**から脱いだのち，麻痺のあるほう（**患側**）を脱ぐようにしてもらう。着せるときは麻痺の側，健側の順に行う（**脱健着患**）。利用者が自分でできることはできるだけ自分で行うようにし，介助は最小限度にする。
⑥着替えの途中で手を休め，着脱の方法がわからなくなっている様子がみられる場合には，さりげなく声をかけ，次の動作を思い出すようはたらきかける。
⑦背中や腰などの利用者の手が届かない場所や，肩の線やえりの位置などを整える。

⑧疲労の度合いにより，一気に着替えるのではなく，休みながら行うようにしてもらう。
⑨脱いだ衣類を所定の場所に片づける。

❸ 着脱介助後の留意点
①皮膚の状態にふだんと違う変化が見られたときには，利用者や家族，医療職に連絡する。
②着ていた衣類の汚れ方により，身体の異常を発見した場合は，利用者や家族，医療関係者に連絡をする。

❹ 障害に応じた衣服脱着の介助
●片麻痺のある利用者が座位になり，自分で脱ぎ着する場合

　まず，着替える衣類をあらかじめ利用者の手の届く位置に用意します。かぶりの上着の

①健側の手で前身ごろと後ろ身ごろを首の近くまでたぐり上げる。

②健側の手で後ろ身ごろをつかみ，後ろえりから首部を引っ張り脱ぐ。

③健側のそではわき腹にこすったり手を振って脱ぎ，患側のそでは健側の手で引いて脱ぐ。

④替えの衣服を膝の上に広げ，健側の手で上着のすそを持ち，患側の手にそでを通す。

⑤そでをできるだけ肩のほうまでたくし上げる。

⑥健側のそでを通し，後ろ身ごろと後ろえりをまとめて頭を通す。

⑦健側の手でえりや肩山，すそやそでを整える。

図9-6-2　かぶりの上着の場合の手順（右片麻痺の場合）
資料：柴田範子編『介護福祉士養成テキストブック⑥　生活支援技術Ⅰ』ミネルヴァ書房，2009年，90～91頁ほか

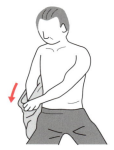

①ボタンを外し，患側の上着を肩まで下げる。

②えりぐりを背中まで下げ，健側の肩から上着を脱ぐ。

③患側のそでを健側の手で持ち，全部脱ぐ。

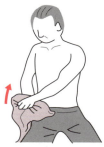

④替えの衣服を膝の上に広げ，健側の手で上着のすそを持ち，患側の手にそでを通す。

⑤患側の肩までそでを通す。

⑥健側の手を後ろに回し，そでを通して着る。

⑦両肩の位置を整え，前を合わせてボタンをとめる。

図9-6-3　前開きの上着の場合の手順（右片麻痺の場合）
資料：柴田範子編『介護福祉士養成テキストブック⑥　生活支援技術Ⅰ』ミネルヴァ書房，2009年，92頁ほか

①いすに座り，患側の足を健側の膝の上に乗せて組む。

②健側の手でズボンのすそをたくし上げ，患側の足に通す（このとき，健側のかかとを上げるとズボンのずり落ちを防げる）。

③患側の足を床に下ろし，健側の足にズボンを通す。

④いすの背などにつかまったり介護者に支えてもらったりして立位をとり，しっかり腰までズボンを引き上げる。

図9-6-4　座ってズボンをはく場合の手順（片麻痺の場合）
資料：柴田範子編『介護福祉士養成テキストブック⑥　生活支援技術Ⅰ』ミネルヴァ書房，2009年，93頁ほか

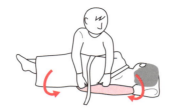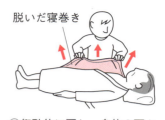

① 健側を下にした側臥位にし，患側の肘を曲げるようにして脱がせる。
② 用意した着替えの寝巻きのそで口から患側の手を入れ，肩まで被うように着せ，背中に背縫いの位置を合わせる。
③ 脱いだ寝巻きは内側に巻き込むようにし，着替えの健側部分とともに身体の下に丸め込む。
④ 仰臥位に戻し，身体の下から寝巻きを取り出し，汚れた衣類は取り除き，着替えるほうを引き出す。
⑤ 健側の手を寝巻きのそでに通し，右下に合わせ（左身ごろが外側），前身ごろと背中のしわを伸ばし，ひもをする。

図9-6-5　寝たままの状態で寝巻きを着替える場合の手順
資料：釜土禮子「衣類の着脱」一番ケ瀬康子ほか編『新・セミナー介護福祉⑫　介護技術』ミネルヴァ書房，2001年

場合（図9-6-2），前開きの上着の場合（図9-6-3），座位でズボンをはく場合（図9-6-4）の手順をあげました。なお，図は右片麻痺の場合です。

● 寝たままの状態で寝巻きを着替える場合

まず，寝巻きのひもを外し，仰臥位の状態で患側の肩の位置をずらしておきます。以降の手順は図9-6-5を参照してください。

> **事例**
>
> Sさん（74歳，女性，要介護3）は脳梗塞で左片麻痺が残り，車いすを利用しています。病院から介護老人保健施設に入所してきて2週間になります。同居の長女には仕事があるために昼間は独居となりますが，Sさんは自宅での生活を希望しています。
> Sさんの朝の着替え（寝衣から丸首セーターとズボン）の介護をする際の留意点と方法について考えてみましょう。時間はかかっても最後まで自分で着ようとしています。

【考えるポイント】

Sさんにはどのような障害があるのか，何がどこまでできるのかを理解することが大切です。

引用文献
(1) 大坊邦夫「化粧心理学の動向」大坊邦夫・神林進編『被服と化粧の社会心理学——人はなぜ装うのか』北大路書房，2000年，31頁
(2) 宮川晴妃「爪切り」『高齢者のフットケア』高齢科学研究所，2006年，66〜71頁

第7章
移動・移乗に関連したこころとからだのしくみと自立に向けた介護

第1節 移動・移乗に関する基礎知識

1 日常生活と移動の動作への理解

　私たちの日々の生活を振り返って考えてみると、生活のさまざまな場面では、必ずその生活の行為に応じた移動の動作を行っていることがわかります。食事をするとき、台所まで歩き、いすに座って食べる。お風呂に入るとき、浴室まで歩き、浴槽をまたいで入る。また、夕飯の食材を買いに自転車でスーパーに行く、友達と電車に乗ってコンサートを聞きに行くなど、毎日の生活は移動の動作とともにあるということがわかります。したがって、移動の動作の介助は、利用者の生活を豊かにしていくうえで、大きな役割を担っています。また、さまざまな身体介護の場面で活用される技術でもあります。

　移動の動作にはいくつかの種類があり、生活の各場面に応じて組み合わされます。さらに、利用者一人ひとりの状態によって、その内容は違ってきます。介護にあたっては、まず、利用者の状態やその場の環境条件などを理解したうえで、重心の移動をうまく行うことを意識します。物や人が動くということは、その物や人の重心が移動するということです。利用者と介護者の双方の重心をうまく移動させることによって、安全で安楽な移動の動作となります。できるだけ利用者本人の力を活用していくことを意識して、基本的な移

動の動作と介助方法について学んでいきましょう。

2 移動の介助に必要な基本となる知識

❶ 重心の移動について

　人や物には，そのものがバランスを保つための中心点としての**重心**があり，重心が動くことによって人や物が動きます。移動の介助では，この重心の移動をうまく利用することが重要です。どのような姿勢や動き方をすればよりスムーズな重心の移動ができるのかは，それぞれの移動の目的によって異なります。また，重心の移動時に，摩擦を軽減する，回転させる，てこの原理を活用するなどの力学的な原理を応用することによって，より利用者や介護者への負担を減らす効果が得られます。

❷ ボディメカニクスの活用

　移動の動作は利用者と介護者との共同作業によって成り立ちます。ボディメカニクスを活用してそれぞれの体をうまく動かし，小さな力で合理的に移動ができれば，利用者，介護者双方の体への負担が少なく，安全で安楽な介護ができます（図9-7-1参照）。**ボディメカニクス**とは，人間に本来備わっている身体構造や機能と力学とをうまく活用して体を動かすことで，移動の介助に役立てるものです。

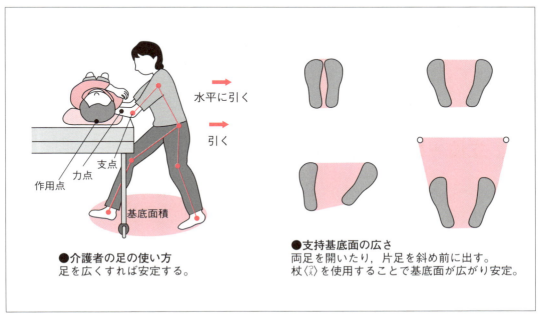

図9-7-1　ボディメカニクスの原則
参考：石井享子監修『MINERVA福祉資格テキスト　介護福祉士　こころとからだのしくみ編』ミネルヴァ書房，2012年，16頁

ボディメカニクスの基本

①支持基底面を広くとる：物や人を支えている面のことを支持基底面といい，両足を広げて立位をとったり，利用者を支える面を大きくとったりすることによって，安定して移動の動作ができる

②介護者は重心を低くする：膝を曲げ，腰の位置を低くすることによって重心が下がり，移動の動作時，より安定を図ることができる

③利用者と介護者は密着して動く：利用者と介護者との体が密着することによって，互いの重心が近づき，いっしょに動くことにより，移動時の負担が軽くなる

④利用者の体を小さくまとめる：利用者とベッドやストレッチャーなどとの接点を小さくし，摩擦の軽減を図ることによって移動しやすくなる

⑤効率のよい重心の移動：ベッド上での移動時，体を持ち上げず水平に移動する，座位からの立ち上がり時，足を後ろに引き前傾姿勢をとるなど，重心の移動をしやすいように体位をとる

⑥てこの原理や回転力などの力学を応用して取り入れる

⑦介護者の体の大きい筋群を使って移動の介助をすることにより，介護者の負担を軽減する

❸ 利用者の自然な動きなどの活用

　寝返る，座る，立ち上がるなど，人には成長の過程で獲得したいくつかの動きがあります。これらは，頭や手足をうまく使い，体のバランスを保ちながら行われるもっとも自然な動きです。自然な動きを無視した動きは，苦痛を伴い，体によけいな負担をかけます。移動の介助にあたっては，利用者の自然な動きを有効に使います。麻痺などがある場合であっても，健側の機能を活用し，できるだけ自然な動きになるように支援します。

3　立位・臥位・座位について

　人は日常生活のなかで，その場や行為に応じた動作を行っています。睡眠中でも自発的に寝返りするなどして体を動かしています。よりよい姿勢や体位で動作を行うことは，体への負担を少なくし，安全な動作につながります。また，運動機能障害などによって適切な体位を保つことができない場合，それぞれの状態や目的に応じた体位への介助が必要となります。基本的な体位を図9-7-2に示します。

基本体位	立位	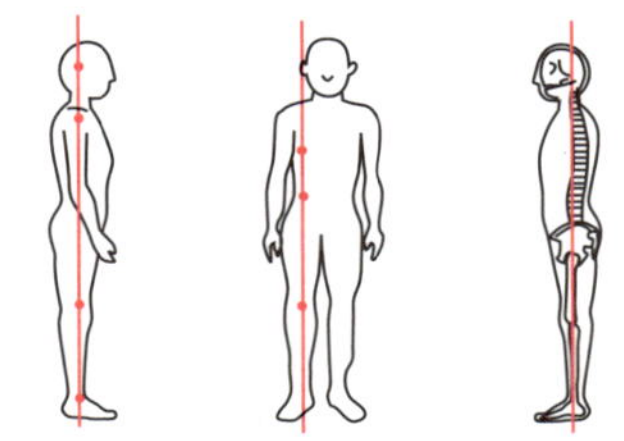	つま先を約60度に開き，手は体の両側に軽く垂れ，顔を正面に向けてまっすぐ立つ。 体を支持する面が両足の底面に限られており，体をどの方向にも直ちに向けることができる，緊張した姿勢である。
臥位（基本姿勢）	仰臥位	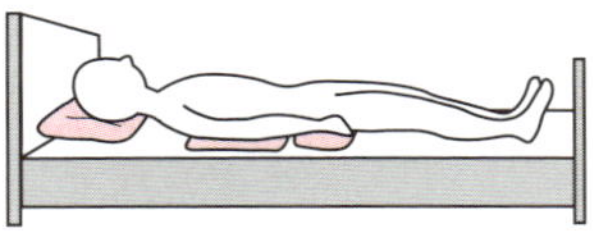	背部のほとんどが支持面で，筋肉の緊張は最小で重心も低い。正しい姿勢は頭頸部と脊柱〈せきちゅう〉が一直線になるようにする。頸筋〈けいきん〉が緊張しないように枕を用いる。
	側臥位	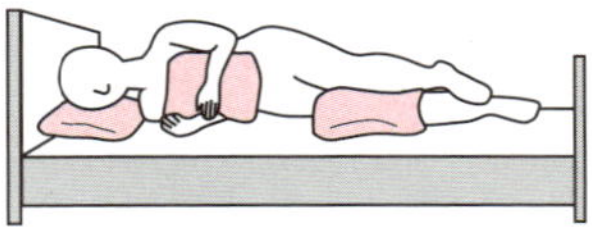	体の左右いずれかを下にした臥位である。頭，頸部，背部が一直線になるようにする。上腕は少し曲げる。股関節と膝〈しつ〉関節をやや屈曲させバランスをとる。
	腹臥位	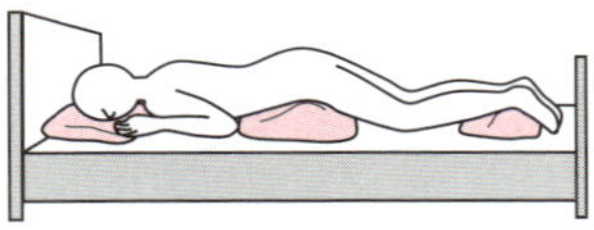	うつぶせの体位である。頭は横向けにする。頸部と背部は一直線になるようにする。肘関節は軽く曲げる。
応用姿勢	ファーラー位	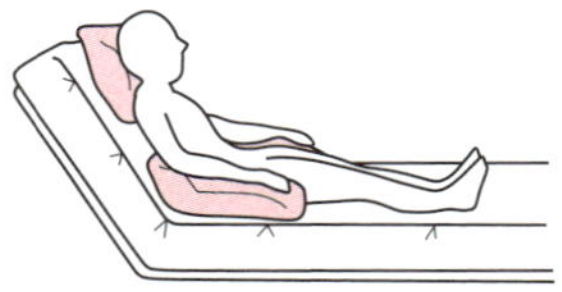	頭部および上半身を45度に挙上した体位。ギャッチベッドやバックレストにより上半身を支える。臀部〈でんぶ〉で体重を支えることとなる。足を伸ばし，つま先が上を向くようにする。圧迫部（足踵〈そくしょう〉，臀部）には座布団や枕をあてる。
	セミファーラー位	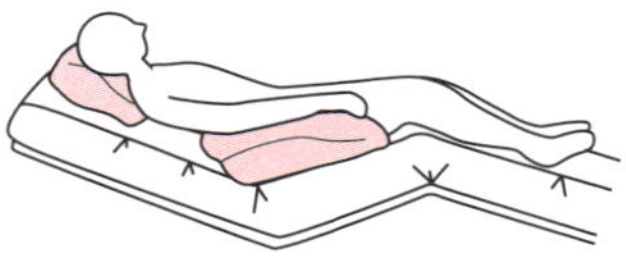	頭部と上半身を15〜30度挙上し，膝を15度に曲げた体位。腹筋と下腿〈かたい〉筋の緊張が少なく安楽である。体のすべり落ち，膝の過伸展も予防できる。
座位	端座位	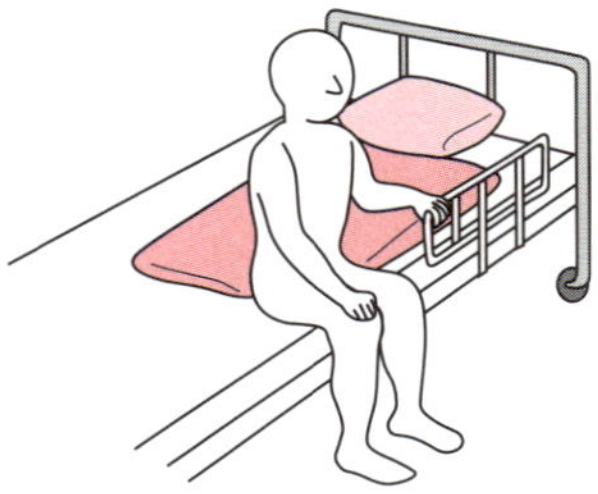	ベッドの端に座り，足を床に着けた姿勢。開放性（背もたれがない）座位となるため，姿勢を保持するのに諸筋力が収縮し，その刺激が脳（脳幹網様体）に伝わり「覚醒水準」を高める。また下肢の拘縮〈こうしゅく〉予防となる。

図9-7-2 体位の種類
資料：一番ケ瀬康子ほか編『改訂 新・セミナー介護福祉⑫ 介護技術』ミネルヴァ書房，2005年，93頁

第2節
さまざまな移動・移乗に関する用具とその活用方法

1 杖

①**T字杖**
　下肢筋力の低下や麻痺のある人の歩行時などに使用します（図9-7-3）。

②**多点杖**
　支持基底面が広く，T字杖よりも支える機能が安定します（図9-7-3）。

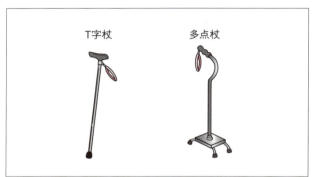

図9-7-3　杖の種類

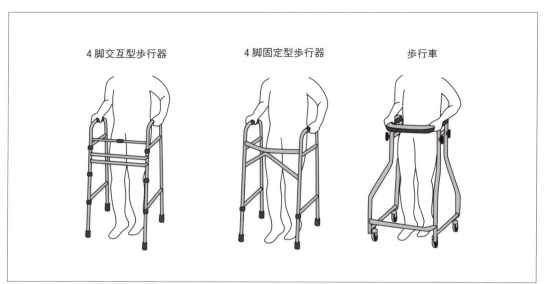

図9-7-4　歩行器の種類

2 歩行器

　歩行が不安定な人の歩行時などに使用します（**図9-7-4**）。左右のフレームが平行に動く **交互型歩行器**，両手で持ち上げ足を交互に振り出す **固定型歩行器**，車のついた **歩行車** などがあります。杖よりも支持基底面が広く安定しますが，屋外や階段などでは使用が困難です。

3 車いす

　歩行ができない場合に使用します。車いすは，歩行ができない人にとって，生活の範囲を広げる便利な用具です。自分で操作して移動することができる場合は **自走式** の車いすを使用し，できない場合は **介助用** の車いす（または併用型）を使用します。車いすの構造，車いす介助の基本は，図9-7-5，図9-7-6，図9-7-7を参照してください。

❶車いす介助時の留意点

●事前準備
①車いすの安全点検を必ず行う（ブレーキ・タイヤの空気圧・部品やねじの具合など）。
②利用者の体調を確認する。
③利用者に車いす介助の説明をし，同意を得る。

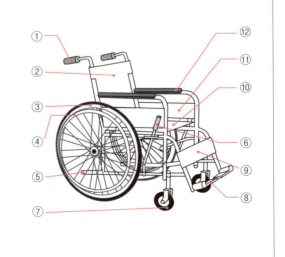

①ハンドグリップ：介助者用のにぎり
②バックサポート：背もたれ
③大車輪（後輪）
④ハンドリム：ここに手をかけて車輪をまわす
⑤ステッピングバー：介助者がキャスター上げをするときに使う
⑥ブレーキ：停止中に動き出さないためのもの
⑦キャスター（前輪）：衝撃に弱いので注意。空気入りのものもある
⑧フットサポート：足を乗せる部分の総称。高さの調節ができる（下に調節用ボルトがある）
⑨レッグサポート：足が後ろへ落ちないように支える
⑩シート：クッションを乗せて使うことが多い
⑪スカートガード（がわあて）：衣服等が外に落ちないようにする
⑫アームサポート（肘かけ）：取り外し式のものがあるので注意

図9-7-5　車いす各部の名称と機能
資料：一番ケ瀬康子ほか編『改訂　新・セミナー介護福祉⑫　介護技術』ミネルヴァ書房，2005年，130頁

●介助時
①移動時のまわりの安全を確認する。
②利用者の座位や体の位置などが安定しているかを確認する。
③介護職の位置からフットサポートに乗っている利用者の足先の位置までを考慮し，危険のないよう移動する。
④止まるときは必ずブレーキをかける。

●事後の確認
①利用者の体調の確認をし，次の動作につなげる。

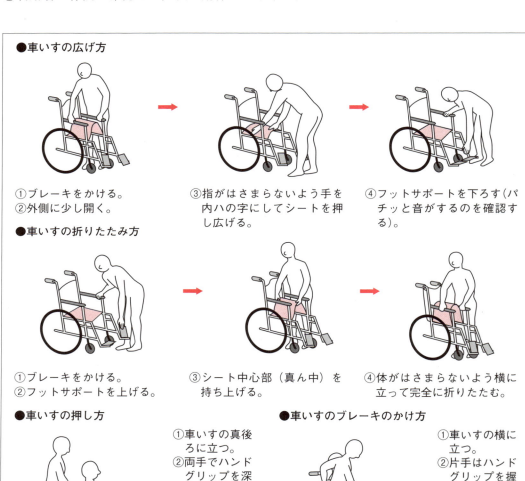

図9-7-6　車いす介助の基本①
資料：一番ケ瀬康子ほか編『改訂　新・セミナー介護福祉⑫　介護技術』ミネルヴァ書房，2005年，131頁

②車いすの点検をし，次回使用時に不都合のないようにする。
③必要に応じ，タイヤの空気を入れる，車輪を拭くなどの手入れをする。

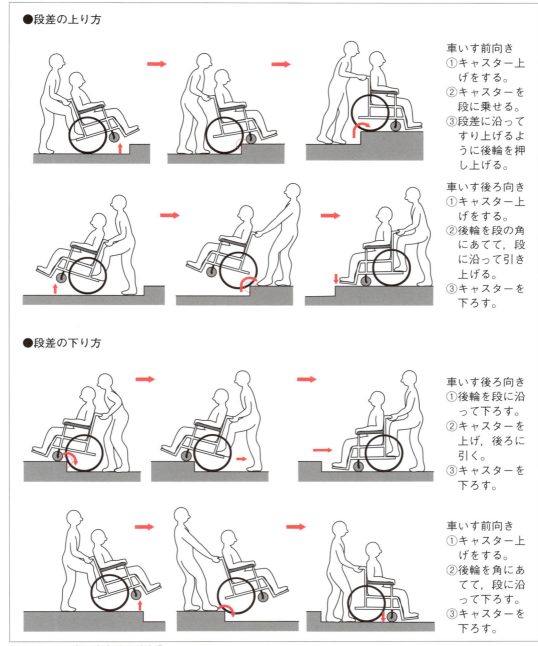

図9-7-7　車いす介助の基本②
資料：一番ケ瀬康子ほか編『改訂　新・セミナー介護福祉⑫　介護技術』ミネルヴァ書房，2005年，132頁，133頁

❷ 車いすの種類

●自走式車いす

片麻痺や下肢麻痺があっても，上肢や麻痺のない側の下肢などの有する機能を活用して自分で車いすを動かすことができる場合に使用します。

●介助用車いす

後輪が小さく，自走のための**ハンドリム**が付属しません。軽量でコンパクトなため，屋内で使用しやすくなっています。

●リクライニング型車いす

背もたれの角度が大きく後ろに倒れる機能があり，寝たきりなどで座位が不安定な人に便利です。フットサポートやアームサポートも安定しているので，下肢を乗せることができます。

4 スライディングシート，リフター

スライディングシート（移乗シート）は，ベッド上での移動時に使用します。
リフターは，全介助が必要な人の移乗の介助時に使用します。立位がとれず，体重の重い大柄な利用者の移動時に使用すると，安全で安楽な移動ができます。複数の介護職がいない場合にも有効な方法で，介護職の**腰痛予防**などにもつながります。

第3節
移動を阻害するこころとからだの要因の理解と支援方法

人の移動動作は，起き上がり，座位，立ち上がり，立位，歩行などで成り立っています。また，ベッドから，車いすへ，車いすから食卓のいすへなど，移乗の動作も含まれます。

ここでは，これらの移動・移乗の動作について，運動機能障害（麻痺や筋力低下など）の利用者の事例に沿って介助方法について学んで行きます。

1 歩行

> **事例**
>
> Aさん（87歳）は，加齢による両下肢筋力の低下と膝の関節症があります。自分で歩け

> ますが、ときどきふらつくことがあり、つまずきやすくなっています。移動は、見守り介助で、家具などにつかまり、ゆっくりと歩いています。外出時はT字杖を使用しています。

❶ つたい歩き

壁や家具、手すりなどにつかまっての歩行です。外出時は杖やシルバーカーなどが必要な状況であっても、家の中は移動距離が短く、床面が歩きやすいため、自力で**つたい歩き**ができる場合があります。

この場合、加齢による下肢筋力の低下などから歩行時のふらつきや転倒の危険性があります。状態に応じて、体幹を支える介助や見守り介助をします。

❷ 杖歩行

下肢筋力の低下や麻痺などがあっても、杖を使えば歩行できる場合があります。杖にはさまざまな種類があり、利用者の体の状態によって選びます。T字杖は、比較的筋力の低下や麻痺の軽い人が使います。

杖歩行には2動作（2点）歩行と3動作（3点）歩行があります（**図9-7-8**）。自力で杖歩行ができる場合であっても、状態によっては見守り介助をしたほうがいいこともあります。そのときは、万一、歩行時にバランスを崩し、ふらついた場合は、すぐに利用者

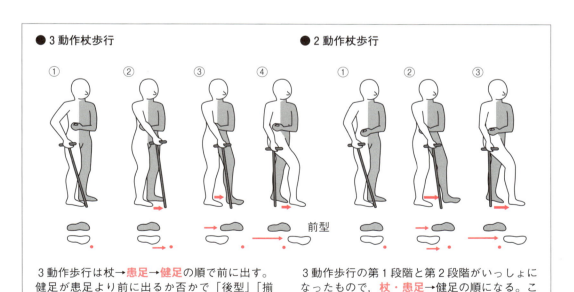

図9-7-8 杖歩行
資料：一番ケ瀬康子ほか編『改訂　新・セミナー介護福祉⑫　介護技術』ミネルヴァ書房、2005年、128頁

の体幹を支えられるように，利用者の麻痺側の後方に位置します。

　介助があれば杖で歩行ができる場合は，介護職は利用者の麻痺側の後方に立ち，腰と麻痺側の脇の下を支持し，安定して歩行できるようにします。これは，歩行時麻痺側後方にバランスを崩しやすいためです。

2 移乗（一部介助）

> **事例**
> 　Bさん（74歳）は，脳梗塞（こうそく）の後遺症による左片麻痺があり，歩行できません。右側上下肢の機能は低下していないので，自宅内は車いすで自走し，食卓のいすやトイレの便座など，介助があれば移乗ができます。

　移乗には，ベッドから起き上がって車いすへ乗る，車いすから便座へ移る，車いすからいすへ移るなどがあります。移動と移乗の動作を組み合わせることによって，日常生活場面に沿った動作への活用につながり，生活の範囲が広がります。生活行為に応じた場への移動には，移動の介助とともに移乗の介助が必要になります。事例のような，片麻痺の利用者の一部介助による車いすへの移乗介助をみていきます。

　端座位（たんざい）→立位→移乗→車いすでの座位の介助の順に行います（図9-7-9）。

　介助のポイントは，重心の移動をスムーズに行うことです。立ち上がりの動作は，①座位を浅くする，②**前傾姿勢**をとる，③足を広げて安定した状態で足を**後方**に引くの3点の動作を行い，重心を移動しやすくして立ち上がるようにします。次に車いすへの移乗ですが，**健側**への移乗が原則です。健側の上下肢へ重心を乗せ，同時に，介護職は**麻痺側**の保護を図ります。一連の動作と介助の内容は次のようになります。このときできるかぎり，利用者のもっている力をうまく引き出し，活用できるような介助を心がけます。

　なお，すべての行為の前に説明し，同意を得てから介助します。また，利用者の健側は活用し，麻痺側は状態によって介助します。

●観察・コミュニケーション・事前準備

①利用者の状態を観察し，顔色や話し方，体の動きなどを見て，体調の確認をする。
②利用者にこれから移乗の介助をすることを伝え，同意を得る。
③ベッドのストッパーを確認する。
④利用者が端座位で座っている健側のベッドの斜め前方で遠位のアームサポートに利用者の手が届く位置に車いすを置く（角度は利用者の状態によって決める）。
⑤車いすのブレーキをかけ，利用者の動きの妨げにならないようにフットサポートを上げておく。

● 端座位から立位へ
① 利用者の座位が安定していることを確認する。
② 利用者は健側の上下肢を活用し、臀部を前にずらす。次に健側の上体を傾け、重心を移し、麻痺側の臀部を支持し、前方にずらす。
③ 健側の手で車いすの遠位のアームサポートをつかんでもらう。
④ 健側下肢は車いす座面のほぼ中心に置く（立位後移乗するとき、軸足を踏みかえなくてよい位置）。
⑤ 介護職は片手を利用者の麻痺側の臀部に置き、もう一方の手で麻痺側の膝を支持する。
⑥ 利用者の健側の下肢に重心が移動するように立位の動作を介助し、介護職の重心も同時に車いす側に移動させる。

● 移乗の介助：立位から車いすへ
① 介護職は両手で利用者の体幹を支持し、利用者といっしょに体を車いす側に回転させる。
② 利用者が車いすに背を向けるような位置になったところでゆっくりと腰を落とし、車い

車いすはベッドの斜め前方で遠位のアームサポートに利用者の手が届く位置に置く。ブレーキをかけ、フットサポートを上げておく。

介護職の足は利用者の麻痺側の足の外側に置き、もう片方は車いすのフットサポートの外側に置く。利用者は臀部を前にずらし、遠位のアームサポートをつかむ。

立位が安定したら、健足を軸に体を車いす側に回転を介助する。

利用者が車いすに背を向ける位置まで回転を介助する。

膝を十分に曲げてゆっくりといっしょに腰を落とす。

図9-7-9 ベッドから車いすへの移乗（一部介助の場合）
資料：介護技術全書編集委員会編『わかりやすい介護技術』ミネルヴァ書房、2000年ほか

9 こころとからだのしくみと生活支援技術

すへの座位の介助を行う。

●座位保持・体調の確認

①座位が浅く不安定な場合、健側の上下肢を活用して利用者が臀部を後方にずらし、麻痺側は介護職が膝と臀部を支持してずらす。このとき、利用者の体幹を健側に傾けて重心移動し、介助する。

②フットサポートに両下肢を乗せる。健側は利用者が行い、麻痺側を介助する。

③座位姿勢と体調の確認をする。

3 体位変換（全介助の場合）

> **事例**
> Cさん（92歳）は、身体機能の低下や認知症があり、生活動作のほとんどに介助が必要です。食事や入浴時はベッドから移乗しますが、そのほかはベッド上での生活です。重度の四肢麻痺があり、自分で寝返りもできません。排泄や更衣などの際にベッド上での移動介助を受けています。

長時間の臥床は体へ大きな負担をかけ、褥瘡の発生や腰痛などの原因となります。自力で寝返りができない場合、褥瘡の発生や関節の拘縮などを防ぐため、**体位変換**の介助が必

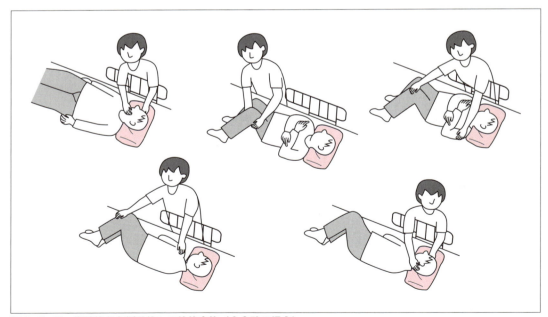

図9-7-10 仰臥位から側臥位への体位変換（全介助の場合）
資料：介護技術全書編集委員会編『わかりやすい介護技術』ミネルヴァ書房、2000年ほか

要です。

仰臥位から側臥位への体位変換の介助の手順は次のとおりです（図9-7-10）。

①体位の変換の介助を行うことを伝え，同意を得る。
②枕を利用者の体の向く方向に移動させ，利用者の顔も移動する方向に向ける。
③摩擦を少なくするため，胸の上で利用者の両手を組む。麻痺がある場合は健側の手で麻痺側の肘を支持するように組む。
④利用者の両膝を曲げる。麻痺がある場合は介護職が膝を支持する。
⑤利用者の遠位の肩を介護職の手で包むように支持し，介護職の方向へ斜めに引き，側臥位にする。
⑥腰を後方に引き，姿勢を安定させる。

4 ベッド上での水平移動の介助（全介助の場合）

①利用者にこれから移動することを伝えて同意を得る。
②介護職は移動する側へ立ち，移動するほうへ枕をずらす。
③利用者の両腕を胸の上で組み，体を小さくまとめ，摩擦を少なくする。
④利用者の体を上半身，下半身と2つに分けて考え，上半身から先に移動させる。介護職の両腕を利用者の体の下に差し込み，肩とウエストの位置に置く。
⑤介護職は両足を肩幅に開き，膝を曲げてスクワットの形にする。両膝をベッドの端につ

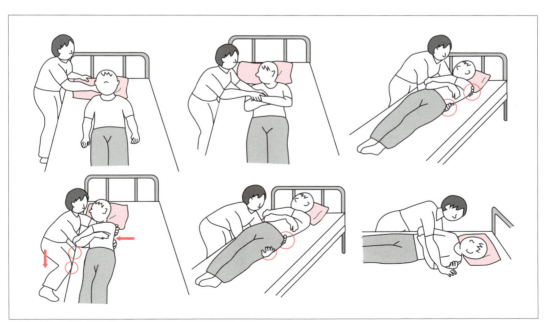

図9-7-11 ベッド上での水平移動（全介助の場合）
資料：一番ヶ瀬康子他編『新セミナー介護福祉士三訂版⑫ 介護技術』ミネルヴァ書房，2007年，99頁ほか

け，てこの支点にする。腰を落とし，自分の体重の重みで利用者を引くように重心の移動を行う（前後に足を開き，介助してもよい）。

⑥下半身の移動時，利用者のウエストと大腿部（だいたいぶ）を支持し，上半身の移動時と同じ要領で移動する。このとき，利用者の膝が立てられれば摩擦面が少なくなり，より楽に移動することができる（図9-7-11）。

＊上半身の移動時，利用者の頭部と両肩を介護職の腕に乗せ，もう一方の腕を支柱にします。支柱にした腕に介護職の体重を乗せ，手前に移動させることによって重心の移動をし，同時に利用者の上体を移動させる方法もあります。

介護職ひとりで移動させることが困難な場合は，**スライディングシート**（移乗シート）の活用を考えます。シートがない場合はビニール袋とバスタオルで代用できます。利用者を側臥位にし，ベッドにビニール袋（70リットルのごみ袋など）を敷き，その上に大きめのバスタオルを乗せます。利用者を仰臥位に戻してバスタオルの上に両肩と臀部が乗るような位置にし，両手でバスタオルを引くと楽に移動ができます。利用者の膝が立てられれば，もっと楽に引くことができます。

5 ベッド上での上方移動の介助（全介助の場合）

上方移動の介助は**スライディングシート**の活用が便利です。シートがない場合は，水平移動と同様に，大きめのビニール袋とバスタオルを活用します（図9-7-12）。

①利用者にこれから移動することを伝えて同意を得る。
②スライディングシートかビニール袋とバスタオルを利用者の体の下に敷く。ビニール袋とバスタオルを使用する場合は，利用者の体の位置は両肩と臀部がバスタオルの上に乗るようにする。水平移動と同じように，利用者の体を小さくまとめる。
③介護職はベッドに沿って前後に大きく両足を開いて立ち，両膝を曲げ，利用者の足元の

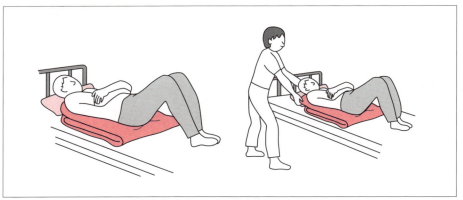

図9-7-12　ベッド上での上方移動（バスタオル等を使用した全介助の場合）
資料：一番ヶ瀬康子他編『新セミナー介護福祉士三訂版⑫　介護技術』ミネルヴァ書房，2007年，96頁ほか

ほうの自分の足に重心を乗せておく。
④利用者の両肩の下のシートまたはバスタオルを両手で持ち，自分の体を後ろにそらせながらベッドの上方に引く。

＊利用者の膝が立てられる場合は，引き上げるときに利用者に足でベッドを踏むようにすることで，より楽に移動ができます。また，利用者の状態によっては，頭部もタオルに乗せて移動します。

6 ベッドからの起き上がりの介助（全介助の場合）

ベッド上で臥床状態から端座位への起き上がり介助の手順は次のようになります。

●観察・コミュニケーション・事前準備
①利用者の体調の確認をする。
②ベッドからの起き上がりの介助を行うことを伝え，同意を得る。
③ベッドのストッパーを確認する。

●仰臥位から側臥位への介助
①介護職は利用者が起き上がる側にベッドに沿って位置する。
②枕を起き上がる方向に移動させ，利用者の顔も移動する方向に向ける。
③胸の上で利用者の両手を組み，摩擦を少なくする。麻痺がある場合は健側の手で麻痺側の肘を支持するように組む。
④利用者の両膝を曲げ，摩擦を少なくする。麻痺がある場合は介護職が膝を支持する。
⑤利用者の遠位の肩を介護職の手で包むように支持し，介護職の方向へ斜めに引き，側臥位にする。

●側臥位から端座位（図9-7-13）
介護職の手で利用者の両膝の後ろを保持し，両下肢をベッドからおろしながら，利用者の肩口から介護職の腕を差し入れ，遠位の肩を支持し，弧を描くように上体を起こし，座

図9-7-13 ベッドからの起き上がり（全介助の場合）
資料：一番ヶ瀬康子他編『新セミナー介護福祉士三訂版⑫ 介護技術』ミネルヴァ書房，2007年，104頁ほか

位にする。

●座位の安定・体調の確認

①両足底が床に着いて，両肩と両膝が水平になるよう体幹を支持し，安定した端座位にする。

②体調の確認をする。

7 ベッドから車いすの移乗介助（全介助の場合）

　全介助での移乗の介助は，一部介助の場合（p.368）とほぼ同様の手順となりますが，立ち上がり，体幹の支持などに十分な介助が必要となります（図9-7-14）。

　介助のポイントは，①利用者の重心と介護職の重心を密着させる，②支持面積を広くとり，安定させるなどになります。

●観察・コミュニケーション・事前準備

①利用者の顔色や話し方，体の動きなどを観察し，体調の確認をする。

②利用者にこれから移乗の介助をすることを伝え，同意を得る。

③ベッドのストッパーを確認する。

④利用者が端座位で座っている健側のベッドの斜め前方で遠位のアームサポートに利用者の手が届く位置に車いすを置く（角度は利用者の状態によって決める）。

⑤車いすのブレーキをかけ，フットサポートを上げておく。

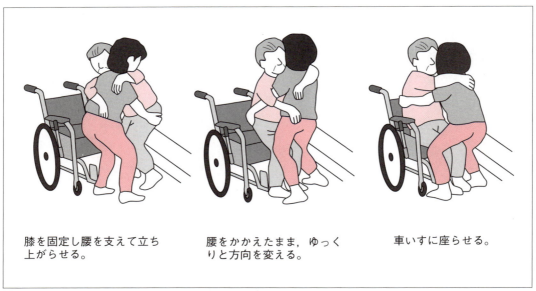

膝を固定し腰を支えて立ち上がらせる。　　腰をかかえたまま，ゆっくりと方向を変える。　　車いすに座らせる。

図9-7-14　ベッドから車いすへの移乗（全介助の場合）
資料：一番ヶ瀬康子他編『新セミナー介護福祉士三訂版⑫　介護技術』ミネルヴァ書房，2007年，126頁ほか

●端座位から立位へ
①利用者の臀部を前にずらし,両下肢をやや後方にずらす。
②介護職は利用者に向き合って立つ。
③利用者に,介護職の肩か車いすのアームサポートにつかまって前傾姿勢をとってもらう。
④介護職は両上肢で利用者の体幹を支持し,介護職の下肢は,車いすのフットサポートの外側と利用者の両下肢との間に置く。
⑤介護職は自分の下肢の重心を前から後ろに移し,利用者を立ち上がらせる。

●立位から車いすへ
①介護職は重心をフットサポート側の下肢に移動させながら,ウエストを車いす側に回転させ,同時に利用者の体幹も回転させる。
②利用者が車いすを背にして立位になったら重心を利用者側に移し,利用者を車いすに静かに座らせる。

●座位保持・体調の確認
①座位の状態で利用者の体幹を左右に傾け,重心を移しながら深く座らせる。
②フットサポートに両下肢を乗せ,座位を安定させる。
③両上肢をアームサポートに乗せ,体幹の傾きがないか確認する。
④体調の確認をする。

8 車いすから便座への移乗介助(全介助の場合)

　車いすからトイレの便座への移乗は,手すりの位置や高さなどの確認をします。狭い空間での移乗動作となるので,体幹を回転するとき,バランスを崩さないよう支持します。また,片麻痺のある利用者のポータブルトイレ便座への移乗は,移るときと戻るときでは健側と麻痺側が反対になるので,麻痺側への配慮が大切です。

●車いす座位から立位への介助
①トイレの座面に沿って,前部の手すり近くに車いすを止める。
②利用者に前傾姿勢をとってもらい,手すりにつかまってもらう。
③介護職は車いすの横に位置し,利用者の背中側から体幹を支持し,立位介助を行う。
④利用者の体幹を支持し,便座に背を向けるよう回転する。
⑤立位の安定やふらつきがないか等を確認する。
＊介護職は基底面を広くとり,利用者と体を密着させ,ふらつかないように介助します。

●下衣の脱衣
　利用者が,手すりにつかまっている状態で,下衣の脱衣介助を行う。

●立位から便座への介助
　手すりにつかまったまま,おじぎをするように,利用者に前傾姿勢をとってもらい,介

護職は体幹を支持して便座に座ってもらう。
＊介護職は便座に沿って両下肢を開いて立ち，便座の前方から後方へ重心を移しながら座位の介助を行うと安定します。

●座位の安定・体調確認
①利用者の両足底が床についているか，座位が安定して，便座の適切な位置にあるかの確認をする。
②めまいや気分不快などがないか確認する。
＊排泄終了後，移動・移乗の動作は，上記の内容をふまえて，重心の移動を行い，安全安楽に行うようにします。

9 ベッドからストレッチャーへの移乗の介助

　受診をするときや座位がとれない利用者が入浴する場合など，ベッドから**ストレッチャー**への移乗の介助を必要とする場合があります。利用者の障害が重度の場合や，細やかな配慮を必要とする場合が多いので，複数の介護職で慎重に移乗介助します。具体的なポイントとしては，①ベッドとストレッチャーの位置はなるべく90度に置く，②ストッパーをかけておく，③抱いたとき，できるだけ体を密着させ，介護職の負担を減らし利用者に安心感をもたせる，などになります。

第4節
移動と社会参加の留意点と支援

1 心身機能の低下を防ぎ，生きる意欲を引き出す支援

　高齢になり，疾病や障害のために移動の動作がしにくくなると，外出への意欲が低下し，家の中で過ごすことが多くなりがちです。しかし，人間は社会的な動物といわれるとおり，孤立することによって心身の機能が低下し，張り合いのない生活になってしまう場合が多くみられます。利用者の意欲を引き出し，適切な移動の介助や**福祉用具**の活用などによって外出の機会を増やし，いきいきと生活できるような支援をする必要があります。
　散歩，買い物，花見や墓参り，地域での行事や病院への受診など，外出の動機はさまざまですが，いずれも利用者の身体機能と，外出の目的や場所に応じた介助が必要になります。

2 外出介助のためのアセスメント

　近所の公園までシルバーカーで散歩に行くのか，車いすの利用者が電車に乗って映画を見に行くのか，どのような外出をするのかによって事前や外出中の介助の内容は違ってきます。外出前に**アセスメント**を行うことで，より安全で快適な外出が可能となります。外出のためのアセスメントとして，次のような事項が考えられます。

> **外出前のアセスメント事項**
> ①利用者の心身機能の状態について
> ②外出場所までの移動手段について
> ③トイレやエレベーターなど，外出先の設備などの環境条件について
> ④利用者の状態や外出先に応じた服装，靴，携帯品について
> ⑤福祉用具の活用について
> ⑥緊急時の対応について

　これらの事項をアセスメントしたうえで，外出が楽しくなるような事前の準備やかかわり，外出先での必要な介助内容を判断します。

3 電車やバス，リフトカーなどによる外出

　駅にエレベーターやエスカレーターが設置されることが増え，杖やシルバーカー，車いすを利用している人が電車に乗って外出することが多くなってきました。駅員による電車の乗り込み介助や，車いすを固定できる設備のついている車両なども用意されています。エレベーターのボタンも，位置や大きさ，点字の併用などにみられるように，ユニバーサルデザインになっています。ノンステップバスも多くなり，杖歩行の人や筋力が低下している人のバスへの乗降が楽になっています。また，移送サービスに使われるリフトカー，座席が車外まで出て乗りやすくなっている車両などもあります。

　公共の交通機関を利用する場合，乗降時の安全確認，乗ったあとの安全の確保，利用者以外の乗客のことも視野に入れ，安全で快適に移動できるよう，その場に応じた介助を行うように工夫します。

4 視覚障害者への歩行介助

　手引き歩行の場合，介護職は利用者の**斜め前方**に位置し，**肘の少し上**あたりを利用者に

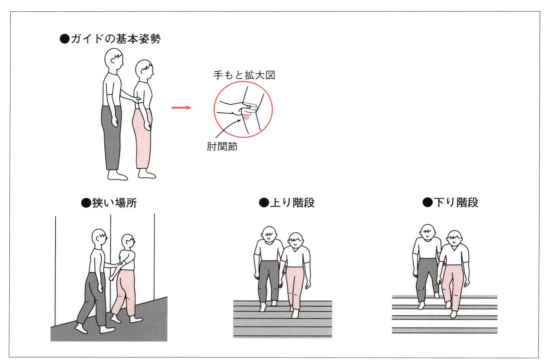

図9-7-15　視覚障害者への手引き歩行介助
資料：介護技術全書編集委員会編『わかりやすい介護技術』ミネルヴァ書房，2000年ほか

軽く握ってもらいます。このとき，互いの距離が開かないように，介護職は肘を自分の体幹につけるようにします。歩行の速度は利用者に合わせ，歩きやすいよう配慮します（図9-7-15）。狭い場所では，介護職が腕を後ろにまわして1列になります。階段では，止まって階段の状況（幅，高さ，手すりの有無など）を伝えてから，斜め前方で1段上（下）に位置し，1段ごとに「上ります」（「下ります」）と声をかけながら誘導します。

　一つひとつの介助について，**始める前**にていねいに説明し，同意を得て行うことで，利用者は安心して歩くことができます。なお，視覚障害者への歩行介助は，利用者がふだん利用している慣れた方法で行うのがよいでしょう。

5 自家用車への移乗

　福祉車両でない自動車での外出時，座席への乗り込みは，立ち上がり，座面への移乗などへの工夫を行い，安全に乗れるよう介助します。
①自家用車のドアの窓をあけた状態でドアを最大に開いておく。
②利用者の乗っている車いすを自家用車に平行に置く。
③利用者に開いている窓につかまって立ってもらいながら体幹を支持し，立位介助する。
④介助しやすいように車いすを移動させる（介護者は複数のほうが安心）。

⑤利用者におじぎをするように頭部を下げてもらい，臀部を自家用車の座面に乗せる。
⑥利用者に座席の手すりにつかまってもらい，両下肢を車の中に乗せる。麻痺がある場合は介助して片方ずつ乗せる。

第8章
食事に関連したこころとからだのしくみと自立に向けた介護

第1節 食事に関する基礎知識

1 食事をする意味

●**生命維持と健康の維持・増進につながる**

「食べる」行為は，生命を維持するための基本的欲求です。**栄養バランス**のよい食事をとることは，健康の維持のみならず病気の予防や早期の回復にもつながります。

●**生活の楽しみを支える**

食事は日常生活の楽しみのひとつであり，食卓は生活をともにする人とのコミュニケーションの場になります。これまでの**生活習慣**で培われた食事の好みや味つけは，精神的満足感や生きる喜びにもつながります。

●**生活意欲の向上につながる**

食事は，**献立**を決める，食材をそろえる，調理，盛りつけ，配膳，下膳，片づけの過程があります。利用者はそのいずれかの行為に主体的にかかわることで，食事に参加する喜びを感じます。そして介護職などから感謝やねぎらいの言葉を受ける充足感は，生活意欲の向上や生きがいにもつながります。

2 食事の支援に対する介護職の意識

①**食習慣**や好みに配慮する

　食事はその人の生活の営みを反映する個別性の高いものです。四季の食材を活用した季節料理や懐かしい郷土料理など，利用者の好みや食習慣を理解し尊重します。一方，個々の経済状態に応じた配慮も必要です。

②心身状態を把握する

　利用者は加齢や疾病の後遺症による生活のしづらさを抱えています。支援をするうえで，摂食動作，嚥下（えんげ）状態，義歯の具合，身体の痛みの有無や認知機能を把握することは，誤嚥（ごえん）などを予防する介護につながります。排泄（はいせつ）状態の把握も必要です。

　また食欲は不安感などの精神的要因にも影響を受けます。介護職をはじめ，利用者が自分の思いを打ち明けられるような信頼関係の形成が重要です。

③**自立**に向けた支援をする

　食事は自分の意思に添い，自力で食べることが本来の姿です。利用者を観察しながら，声かけや一部介助，全介助など，その時々の状態に寄り添いながら介助をします。自助具を活用するなど，つねに自立に向けた支援を心がけることが重要な視点になります。

④他職種と**連携**する

　介護職は利用者と日々接して支援をするなかで，細やかな情報を得る立場にいます。その情報を他の専門職と共有し連携することが，利用者のより豊かな食生活の支援につながります。利用者に変化がみられたときは，その状態に応じて，医師，看護師，歯科医師などの医療職，言語聴覚士，理学療法士などのリハビリテーション専門職，また栄養士，調理師などとのケアカンファレンスの実施も必要になります。

3 食事環境の整備

●食事の場所

　食事はできるだけベッドから起きて食卓でとるなど，**寝食分離**の支援が必要です。食卓へ移動することで生活空間が広がり，1日の生活リズムがつくられます。離床動作はADL（Activities of Daily Living：日常生活動作〈日常生活活動〉）やQOL（Quality of Life：生活の質）の維持，向上にもつながります。

●食事の環境

　食堂は明るく**清潔**に保つことを心がけます。季節の花を飾り，心地よい音楽をかけるなど，快適な食事環境を整える工夫も大切です。施設などでは利用者が好きな献立を決める選択食をはじめ，バイキング，行事食，また外食なども食欲増進の動機づけになります。

第2節 からだのしくみと食事形態

1 摂食・嚥下のメカニズムと嚥下障害

❶ 摂食動作と嚥下機能

摂食動作とは食卓にある食べ物を認識し、箸やスプーンを使用して適量を口腔内に取り入れる動作です。口腔内に入った食べ物が唾液と混ざり合いながら**咀嚼**され、飲み込みや

①食物の確認：目前にある食物を視覚・嗅覚・触覚などにより食べたいものと認識し、一口で食べられる量を決める。

②摂食動作：食物を箸やスプーンなどを使用して器から取り出し、口腔内に取り入れる一連の動作をいう。

③唾液と咀嚼機能：食物は、唾液と混ざり合いながら、歯、歯ぐき、あごの運動によってかみ砕かれ、食塊となる。

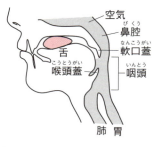
④嚥下機能（口腔期）：食塊は舌の前部を押し上げ、食物が舌根部へ移動する。

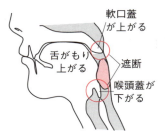
⑤嚥下機能（咽頭期）：食物が咽頭に送られると同時に、食塊が気道に入るのを防ぐため、一時的に呼吸を止める。この機能を嚥下反射という。

⑥嚥下機能（食道期）：食物が食道に入ると、軟口蓋と喉頭蓋が開き、呼吸が再び始まる。食塊は5〜6秒、水分は1秒で胃に入る。

図9-8-1　嚥下のメカニズム
資料：高増雅子・浦尾和江著／大貫稔監修『おいしく食べる――元気をつくるまるごと食事術』学研教育出版、2004年、51頁ほか

すい食塊になって咽頭から食道に送られる一連の過程を，嚥下機能といいます（図9-8-1）。

嚥下のメカニズムを理解し，利用者の心身状態をアセスメントして支援することが安全な介助につながります。

❷ 嚥下機能が低下した嚥下障害

嚥下機能が加齢や疾病の後遺症などにより低下した状態を嚥下障害といいます。十分に咀嚼できない，食塊がつくれない，飲み込みにくい，むせ込むなどがあります。嚥下障害が原因で起こる症状として，誤嚥，窒息，誤嚥性肺炎，脱水症，低栄養などがあります。

❸ 食べ物が気道に入る誤嚥

誤嚥とは嚥下反射の低下により，食べ物が食道ではなく誤って気道に入ってしまう状態をいいます。しかし，高齢者の場合は必ずしも誤嚥の症状が明確に現れるとはかぎりません。飲み込んでいると思っていても，誤嚥をしていることがあります。食事中のむせ込みは，誤嚥の危険がある飲食物が気道に入らないように吐き出す防御作用です。このようなときは，せきを活用して吐き出しやすい体位で介助します。食事中にかぎらず，睡眠中に食べ物の残りかすや唾液が逆流して気道に入る誤嚥もあります。誤嚥予防には，嚥下状態に応じた食事形態の工夫，食事の姿勢の確認などが重要です。

❹ 誤嚥性肺炎

食べ物の残りかすや口腔内の細菌などが，誤嚥により肺に入ることで起こる肺炎です。全身状態が悪化している場合は，少量の誤嚥でも誤嚥性肺炎を起こすことがあります。口腔ケアによる予防が必要です。

2 脱水と低栄養

❶ 脱水症と水分補給の工夫

脱水とは，体内の水分量が減少した状態をいい，摂取量と排出量のバランスが崩れて起

摂取量		排出量	
飲料水	1300	尿	1500
食物中の水分	900	便	100
代謝水	300	不感蒸泄	900
合計	2500（mL）	合計	2500（mL）

表9-8-1　1日の水分の出納

こります。加齢とともに体内の水分保有量が減少するため，脱水症になりやすい傾向があります。また，高齢者は口渇感の低下だけでなく，トイレに行く回数や失禁の心配から水分摂取を控える傾向もあり，水分摂取の重要性を利用者や家族に説明する必要があります。

脱水症では，脱力感，倦怠感（けんたい），めまい，尿量の減少，発熱，意識障害，便秘などの症状がみられます。介護職は十分な観察とともに，摂取量を把握して脱水予防を心がけます。食事のときだけでなく，いつでも自分で飲めるように容器の工夫や飲み物の好みにも配慮をします。発汗や不感蒸泄（ふかんじょうせつ）（皮膚から蒸散する水分）を少なくするため，室温と湿度の調整も重要です。表9-8-1に1日の水分の出納の目安を示します。

❷ 低栄養状態の予防と改善の工夫

低栄養とは，栄養状態が低下している状態をいいます。高齢期は嚥下障害をはじめ，摂取量の減少，消化吸収機能の低下などにより低栄養状態になりやすいため，多職種の連携による計画的支援が必要です。可能なかぎり口から食べることを支援することは，生きる意欲や楽しみ，尊厳ある生き方につながります。少量ずつでも食べたいときに自分で手軽に食べられる環境づくりや，**栄養補助食品**の利用も有効です。

3 食事の姿勢と食事形態

❶ 食事の姿勢

安全・安楽に食事を摂取するうえで，食事の姿勢は重要です。食べ物を口腔内に取り込みやすく，嚥下しやすい姿勢は，誤嚥を予防するだけでなく，食欲にも関係します。次の点に留意します。

食事の姿勢の留意点

①やや**前かがみ**の姿勢
　頭が前にくることで口がのどの下に位置し，食物が気道に入るのを防ぐ
②背もたれや肘つきのあるいす
　安定した姿勢を保つため，背もたれや肘つきのあるいすに深く腰かける。背中があくときはクッションで調節する
③**高すぎない**テーブル
　高すぎると前かがみの姿勢がとれないことがある。おへそのあたりが好ましい高さ
④かかとが床につく
　安定した座位姿勢を保つには，**かかと**が床についていて力が入ることが重要。足が浮いているときは台を利用する

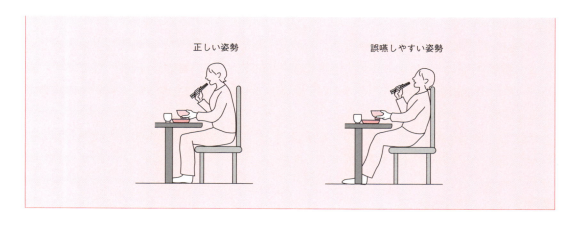

❷ 食事の形態

咀嚼機能や嚥下機能の低下，自分の歯を失っている場合など，利用者に適した食事の形態を考える必要があります。咀嚼機能低下の場合は軟らかくてかみ切りやすい食事，嚥下機能低下の場合は軟らかくてとろみのついた食事など，調理の工夫をします（**表9-8-2**）。

調理の工夫は，①野菜類は**かくし包丁**を入れて軟らかく煮込む，②副食は配膳をしてから利用者の目前で適切な大きさに切り分ける，③きざみ食はぱらぱらして食塊を形成しにくいため，**あんかけ状**にして飲み込みやすくする，④ペースト状のものはゼラチン等で魚型などにして原型がイメージできるようにするなど，安全で食欲をそこなわない食事の提供に配慮します。

区分		1 容易にかめる	2 歯ぐきでつぶせる	3 舌でつぶせる	4 かまなくてよい
かむ力の目安		かたいものや大きいものはやや食べづらい	かたいものや大きいものは食べづらい	細かくてやわらかければ食べられる	固形物は小さくても食べづらい
飲み込む力の目安		普通に飲み込める	ものによっては飲み込みづらいことがある	水やお茶が飲み込みづらいことがある	水やお茶が飲み込みづらい
硬さの目安	ごはん	ごはん〜やわらかごはん	やわらかごはん〜全がゆ	全がゆ	ペーストがゆ
	魚	焼き魚	煮魚	魚のほぐし煮（とろみあんかけ）	白身魚のうらごし
	卵	厚焼き卵	だし巻き卵	スクランブルエッグ	やわらかい茶わん蒸し（具なし）

表9-8-2 食事形態の目安
資料：日本介護食品協議会ホームページ「ユニバーサルデザインフード区分表」をもとに作成

❸ 誤嚥しやすい飲食物

　嚥下機能に不安のある場合は飲食物の形状にも影響を受けます。一般的にさらさらしている水分は急激に咽頭に入るため，嚥下反射の低下によって誤嚥の危険性が生じます。水分はとろみ調整剤を使用することで咽頭への流れがゆるやかになります。利用者の状態に応じて調整剤の量を調整します。

　食材では酸味の強いもの，ゆで卵やかまぼこなどのぱさぱさしたもの，餅やわかめなどののどに張りつくものも注意が必要です。

第3節
福祉用具や食器の活用方法

　上肢の麻痺や拘縮により箸やスプーンが持てない，食器からすくいづらいなど，食事の自立が妨げられることがあります。このような動作の不自由さを補い，自立摂取を支援する道具が自助具や福祉用具です。**自助具**とは，特定の動作を補助したり労力を軽減するためのもので，おもに手で使うものをいいます（図9-8-2）。

図9-8-2　食事のための自助具
資料：柴田範子編『介護福祉士養成テキストブック⑦　生活支援技術Ⅱ』ミネルヴァ書房，2009年ほか

介護職は他の専門職と連携をとりながら使用について利用者と話し合います。身体機能に合った自助具を活用することで，自力で食べる喜びを支援します。

第4節 食事を阻害するこころとからだの要因の理解と支援方法

1 食事介護の留意点と支援方法

❶ 事前のかかわり方
①**食習慣**や好みに配慮
　食事時間，食事形態や量，嗜好に配慮します。
②心身状態の把握
　身体状態として麻痺や拘縮の程度，咀嚼力，歯の欠損，義歯の有無，嚥下の状態と認知機能などを把握して，介助の必要度を判断します。できるだけ自力摂取が可能になるよう，自助具の準備をします。
③**食事環境**の整備
　食堂までの距離や移動方法を確認して，室温などの環境を整えます。食卓の座る場所など，人間関係の配慮も必要です。

❷ 食事前のかかわり方
①**食事準備**の参加
　食卓を整えてテーブルを拭く，調理，味見，盛りつけ，配膳など，できるだけ利用者の残存機能を活用して食事への意欲を引き出します。
②体調と排泄の確認
　体調と排泄の有無を確認して，落ち着いて食事ができるようにします。
③嚥下体操の実施
　食前に口腔器官などを動かすことで誤嚥予防につながります。
④手洗いの励行
　食前に手洗いをします。手が洗えない場合は手拭きタオルで清潔にします。
⑤身じたくを整える
　食事用のエプロンやタオルなどの使用については利用者と相談をし，安心して食べられるようにします。

⑥**配膳の確認**

　主食や副食，箸などを置く位置は決まっていますが，利用者の状態に合わせて並べ替えが必要な場合もあります。施設介護では配膳時に氏名の確認をします。

❸ 食事中のかかわり方

①献立の説明

　介護職はあいさつをして献立の説明をします。熱い汁物などの注意も伝えます。ペースト状のものなど，素材がわかりにくいものはとくに説明が必要です。

②同じ目線での介助

　介護職は利用者と同じ目線で介助をします。利用者も上向きにならないため，誤嚥の予防になります。

③**自力摂取の支援**

　自力摂取の状態を確認し，声かけや見守り，一部介助，全介助の支援をします。

④介助時の留意点

・覚醒状態を確認してから介助を始め，誤嚥を予防します。
・初めにお茶などの水分を勧めて口腔内を潤し，咀嚼や嚥下しやすくします。
・好みや食べる順序，量，速さを確認しながら，利用者のペースに合わせて介助します。
・箸やスプーンが歯や歯ぐきにあたって不快感を抱かないよう注意します。
・飲み込みを確認してから，次の食べ物を介助します。
・片麻痺がある場合は，患側に食物が残りやすいので，健側の口角から介助します。
・食欲不振の場合は，好みのものから介助をして，食べたい気持ちを引き出します。
・身体の傾きなどがみられた場合は，体調を確認しながら姿勢を整えます。

⑤終了時の留意点

・口のまわりや手を清潔にします。
・食後の体調確認と終了のあいさつをして下膳します。

❹ 食後のかかわり方

①後片づけ

　食べ終わった食器を食卓から流し台に運ぶ，食器を洗う，食器棚に収納する過程のなかで，できるだけ利用者の残存機能を活用して生活意欲を引き出す支援をします。

②食事状況の把握と記録・報告

・食事摂取量，水分摂取量，介助の有無や摂取状態などを観察して記録します。食事に関して報告，連絡，相談がある場合は，多職種や家族と連携をします。

2 臥床状態での片麻痺利用者の介助

　ベッドで上体を30〜60度に起こします。健側をやや下にした側臥位にして，**あご**を引いた姿勢にします。膝の下にはクッションを置き，安楽な姿勢の確認をしてから，目線を合わせて健側で介助をします。胸元にはタオルなどを置いて衣類などへの汚れを防止します。誤嚥予防や消化のため，食後しばらくは上体を起こした姿勢で休んでもらいます。

3 視覚障害者の介助

　配膳された食器の位置を時計の文字盤にたとえて説明する方法を**クロックポジション**といいます。献立や食材の説明，盛りつけ方なども伝えます。熱いものや食べるうえで注意すべき献立は事前に説明をして，危険防止と不安の解消を心がけます。

4 認知症の利用者の介助

　利用者の状態に合わせて，安心して食事ができる環境を整えます。食事の認知が難しい場合は，最初の数口を介助して食事への理解と意欲を引き出します。食事が食べやすいように，途中で食器の位置を変えたり，声かけをしたりすることが必要です。つねに残存能力に視点をおき，利用者の尊厳を尊重した支援をします。

5 経管栄養の利用者の介助

　経管栄養とは嚥下障害のために必要な栄養を口から摂取できない場合に行われる方法です。腹壁と胃壁との間に小さな穴（**胃瘻**）を開けて胃に管を挿入し，栄養剤を投与します。投与時の体位は座位またはベッドを30度くらいに起こします。終了後も1時間は同じ状態を保持して，逆流による誤嚥性肺炎を予防します。経管栄養は，腸に直接投与する場合（腸瘻），鼻腔を通じて投与する場合（経鼻経管栄養）もあります。

　経管栄養の場合でも，口腔内の細菌の繁殖や誤嚥性肺炎の予防のため**口腔ケア**は重要です。

第5節 口腔ケア

1 口腔ケアの基礎知識

食後，食べ物が口腔内に残ると，細菌が繁殖して歯周病などの原因になります。それは咀嚼力の低下や食欲不振につながるだけではなく，口臭の要因となって対人関係にも影響します。また食べ物の残りかすによる誤嚥性肺炎の危険もあります。

本来，口腔内は唾液による浄化や殺菌のはたらきがありますが，加齢に伴う分泌量の減少により自浄作用が低下するため，食後の歯みがきなどによる口腔ケアが重要になります。

2 口腔ケアの方法と留意点

利用者の口腔内の状態や口腔ケアに対する意欲などを把握します。口腔ケアの必要性を利用者や家族に伝えると同時に，利用者の習慣を尊重した自立に向けた支援を行います。

●ブラッシング

歯ブラシを使用して洗面所で行います。離床や移動が困難な場合は，ベッド上で誤嚥しにくい半座位や端座位で行います。

●うがい

口をすすぎ，うがいをすることで食べ物のかすを取り，口臭を防いで爽快感を高めます。

●口腔清拭

ブラッシングやうがいが難しい利用者や，口腔内に炎症がある場合などに行います。脱脂綿を巻いた割り箸やスポンジブラシ，ガーゼなどで汚れを取り除きます（図9-8-3）。

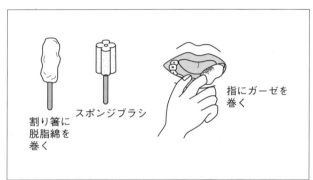

図9-8-3 口腔清拭

3 義歯の洗浄と保管

義歯の装着は咀嚼力や食欲を増進させるだけでなく，発声や表情形成にも影響をします。義歯は総義歯と部分義歯があります。義歯は落下による破損や紛失なども考えられます。取り扱いや保管方法には十分な注意が必要です。

①食後は義歯を外し，歯ブラシを使用して流水下で洗う。洗面器の上で洗うと，落としても破損の危険が避けられる。

②義歯は乾燥で変形する場合もあるため，就寝前に外したときは水の入った容器に保管する。

③義歯の着脱は，外すときは可動域の大きい下あごから，入れるときは口腔内が広いため上あごから行うのが一般的だが，利用者の状況に応じて着脱しやすい方法で行う。部分義歯はクラスプ（留め金）で口腔内を傷つけないよう注意する。

事例

　Sさん（74歳，女性，要介護3）は夫と2人で40年間食堂を営んできました。子どもはいません。Sさん夫婦の人柄で店は繁盛していました。1年前Sさんは脳梗塞を発症し，後遺症で右片麻痺になりました。Sさんは一日でも早い自宅復帰を願ってリハビリに励み，食事は自助具を使用して食べられるようになりました。移動も車いすから杖歩行となり，住宅改修をして自宅に戻りました。

　客の応援もあり，夫はひとりで店を営んでいましたが，Sさんの介護との両立が難しくなり，閉店しました。時間ができた夫婦は夫の運転でときどき旅行に行くなど，共通の趣味を楽しんでいましたが，2か月前に突然夫が病気で入院しました。Sさんは，訪問介護やデイサービスの利用，近隣の手助けなどでひとりで暮らしていましたが，しだいにひとり暮らしは困難になり，2週間前に介護老人保健施設に入所しました。

　食事はきざみ食をSさんのペースで自力摂取していますが，食堂を出るのはいつも最後です。3日前から食事時間になっても食堂にいないことがときどきあります。介護職が居室に声をかけに行くと，うつむきながら「あまり食欲がないので」と話すばかりです。

【考えるポイント】

　入所して2週間のSさんにとって，急激な生活環境の変化は心身にさまざまな影響を与えていると思われます。食欲低下の原因をひとつと決めつけず，身体的，精神的，社会的，環境的各要因からアセスメントを行います。食堂を経営していたSさんには，食事に対する特別な思いや考え方があるのかもしれません。コミュニケーションを通してSさんとの関係性を築きながら，気持ちに寄り添い，施設生活を支援することが重要です。

第9章
入浴，清潔保持に関連したこころとからだのしくみと自立に向けた介護

第1節
入浴・清潔保持に関連した基礎知識

1 入浴の意義と効果

　入浴には，身体の清潔を保つとともに，湯にゆったりとつかってくつろいだ時間を楽しむという心のケアも含まれています。とくに日本人は，高温多湿の気候と火山国で温泉に恵まれているという風土のなかで，風呂好きな国民といわれています。

　入浴は，食事や排泄のように生命の維持に直接かかわるという実感をもちにくい生活行為ですので，高齢になり**身体機能**や**意欲**の低下などで日常生活行動に支障が出たとき，「今日は疲れているから風呂は入らなくてもいい」などと，おっくうになりがちです。また，裸を他者（介護者）にまかせるということは，羞恥心と不安を伴うことでもあります。そんなときにも気持ちよく入浴ができたら，心身ともにさっぱりし，意欲を取り戻す気持ちになるかもしれません。それにより，**生活の質**を高めることができます。

　入浴の意義と効果について，**身体的**，**心理的**，**社会的**な側面から考えてみましょう。

●身体的な意義と効果
①皮膚の機能を健康に保つ
　皮膚には，保護作用，体温調節作用，知覚作用など，さまざまな機能があります。皮膚

の汚れを適切に落とすことは、皮膚の機能を健康に保つことに役立ちます。
②新陳代謝を促進する
　入浴の温熱作用・静水圧作用により、循環機能が高まり、新陳代謝を促進します。
③リハビリテーション効果
　身体が温まると、筋肉や関節がほぐれて、拘縮のある部位のこわばりも緩みます。自分で手足を動かすことで、リハビリテーションの効果も期待できます。

● 心理的な意義と効果

　身体が清潔になると爽快感を得ることができます。気分がリフレッシュされ、外出などにもつながります。また、湯につかることで安らぎを得てリラックス効果も期待できます。その一方で、裸を人に見せることや入浴の介助を受けることは、利用者にとって抵抗を感じることでもあります。利用者の差恥心や遠慮に対してさりげない配慮が必要です。

● 社会的な意義と効果

　清潔でさっぱりした身体は他者へ清潔感を与えるため、社会人の身だしなみとしても大切です。また、温泉や銭湯という公衆の場所での入浴は、裸のつきあいとして開放的なコミュニケーションの場にもなります。

2 入浴の作用とリスク

　入浴を楽しむことで、こころもからだもさっぱりしますが、入浴は身体に大きな負荷をかける生活行為でもあります。**入浴のリスク**を学び、安全な入浴の支援をしましょう。

❶ 入浴が生体としての身体に及ぼす作用に関連した事故

　入浴により身体は、気温、室温、湯温や水圧の影響を受け、心臓や血管系に大きな負担がかかります。ここでは、入浴が生体としての人体にどのような作用を及ぼすかを理解し、安全な入浴の介助を学びます。

①**温熱作用**

　湯に入ると、皮膚の血液量が増し、温まった血液が全身を循環して新陳代謝が亢進します。しかし、体温との差が大きい42℃以上の湯温では血圧の変動が大きくなり、心臓の負担が増します。そのため、入浴には38～40℃くらいのぬるめの湯が望ましいといえます。さらに、気温の低い日には熱い湯にゆっくりつかって温まりたいところですが、ヒートショック（急激な温度変化が身体に及ぼす影響のこと）の危険が潜んでいます。あらかじめ脱衣室と浴室を暖めておき、長湯を避けることも大切です（図9-9-1参照）。

②**静水圧作用**

　日本式の座位入浴は身体に静水圧がかかり、下半身の静脈やリンパ管が圧迫され、心臓の負担が増加します。さらに、浴槽から出るために立ち上がると急激に静水圧が解除され、

心臓への静脈還流が減少した結果，失神やめまいが生じることがあります。入浴中に急に立ち上がることは避け，浴槽は浅めで半身浴が望ましく，利用者は浴槽の縁に手をかけておくと安心です。

③浮力作用

水中にある物体には浮力が働きます。そのため，筋力の弱い人では姿勢が不安定になりやすく，浴槽内転倒などに注意が必要です。滑りやすい浴槽内などには滑り止めマットを敷くと，滑りにくくなり踏ん張る力を強めることができます。

❷ 移動に関連した事故

浴室は排水等の関係から床面が脱衣室などの床から一段下がっていることが多く，また床面が濡れ，石鹸の泡などで滑りやすくなっており，移動時の転倒事故の危険があります。

❸ 衛生管理に関連した事故

浴室や浴槽の湯，足ふきマットなどの入浴用品は，細菌の増殖を抑え感染を予防するために，つねに清潔を保つことが重要です。

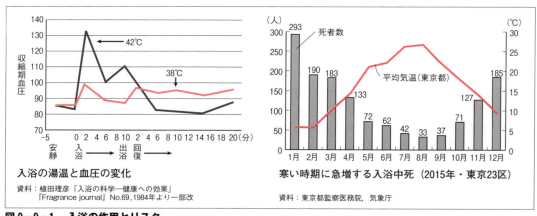

図9-9-1　入浴の作用とリスク

第2節 入浴用品と整容用具の活用方法

1 福祉用具を活用した入浴の介助

　できるだけ自立した入浴を維持し，入浴の安全を助けるためにさまざまな福祉用具が開発されています。介護保険では，**シャワーチェア**，**シャワーキャリー**，**浴槽用手すり**，**浴槽台**，**バスボード**，**入浴台**などの購入にあたって，限度額はあるものの福祉用具購入費の支給があります。利用者に合った入浴用品を上手に活用して，安全で心地よい入浴の介助を心がけることが必要です。

　身体機能に応じた用具とその活用方法をみていきましょう。

2 歩行・洗体自立レベル

　浴槽をまたぐときにふらつきがあり，不安定な場合には，浴槽の縁をはさむ「浴槽用手すり」を使用することで，安全に入浴することが可能になります（図9-9-2）。

3 座位がとれる場合

　座位がとれる場合は，これまでの生活習慣を尊重し，福祉用具を活用しながら，できるだけ家庭浴槽で個別に入浴の介助を行います。

● シャワーチェア

　入浴用いすは**シャワーチェア**といわれ，洗体や洗髪の際に用います。立ち上がりやすいように高さの調節ができます。座位姿勢の安定によって，「背なしタイプ」「背つきタイプ」

両手でつかまることができ，円背の人も使いやすい

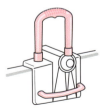浴槽の出入りと入浴中の姿勢の安定に便利な上部と側面の2つの手すりがつく

図9-9-2　浴槽用手すり

があり，移乗能力などによって「座面回転タイプ」「ひじ掛け跳ね上げタイプ」などがあります（**図9-9-3**参照）。

●バスボード

浴槽をまたぐ動作が難しいときに，座ったままスムーズに体重移動ができます。姿勢を安定させるようにしっかり握れるハンドルがついています。また，身体の向きを変えることも難しい場合は，回転バスボードを利用します。ストッパーつき回転座面で浴槽の出入

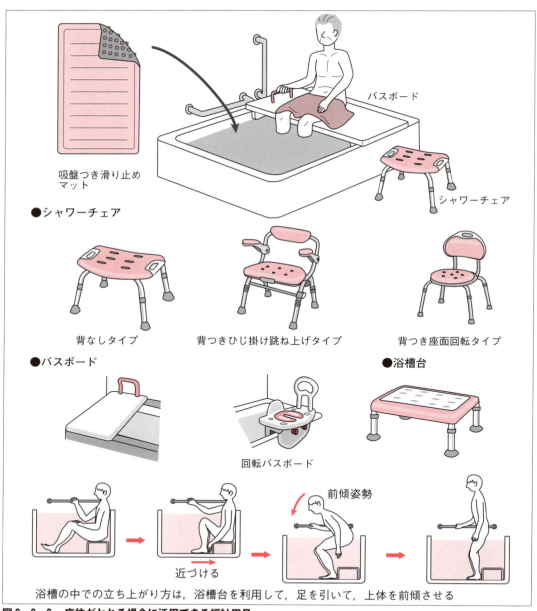

図9-9-3　座位がとれる場合に活用できる福祉用具
資料：糸澤克枝他編『介護福祉士選書⑮　新版介護技術』建帛社，2005年ほか

りが楽にできます（図9-9-3参照）。

●浴槽台

浴槽のなかに設置する腰掛け台です。吸盤式で浴槽に固定します。浴槽内の姿勢の安定と立ち上がりの動作に役立ちます（図9-9-3参照）。

●浴槽内昇降機バスリフト，浴室用リフト

バスリフトは，浴槽の縁に取り付け，電動で座面部分が昇降します。浴室用リフトは，車いすでの移動に対応したもので，段差などがあっても自宅での入浴が可能になります（図

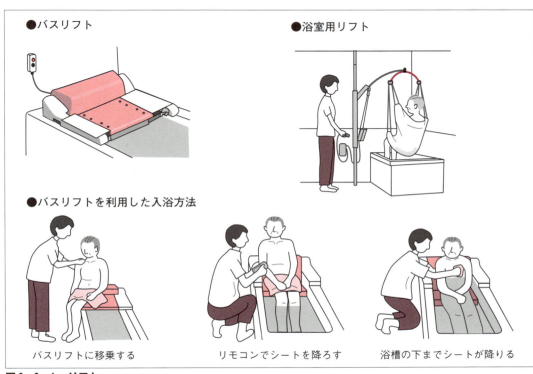

図9-9-4　リフト

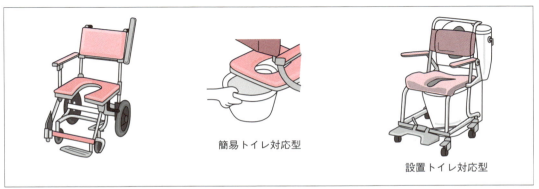

図9-9-5　シャワーキャリー

9-9-4)。

●シャワーキャリー

シャワーチェアの足にキャスターがついているもので移動ができます。U型タイプのものは座ったまま楽に陰部洗浄ができます。なお，水の音を聞くと一般的に尿意をもよおしやすくなります。また，湯につかると肛門括約筋がゆるみます。そのため，入浴の前には排泄をしておきたいものです。簡易トイレ対応型や設置トイレ対応型のシャワーキャリーもあります（図9-9-5参照）。

また，シャワーキャリーのまま入浴できるチェアインバスという機械浴もあります。

4 座位がとれない場合

座位の保持ができない場合などは，専用の浴槽にストレッチャーで入浴する方法があります（機械浴）。専用のストレッチャーでからだを洗い，そのまま浴槽に移動します。

第3節 入浴を阻害するこころとからだの要因の理解と支援方法

1 入浴を阻害するこころの要因

健康なときには身だしなみに気をつけ，風呂好きだった人でも，身体機能が低下して入浴に介助が必要になると，入浴を避けるようになることがあります。その要因として考えられることは，羞恥心はもちろんのこと，裸という無防備な状況で他者の介助を受けることに抵抗感をもつことも関係があると考えられます。また，すでに述べたように，入浴には危険が伴います。その危険を無意識のうちに感じているのかもしれません。

さらに，機械浴での入浴の場合，これまでの入浴の生活習慣とはあまりにも異なる状況にとまどい，不安と恐怖を感じることもあります。

2 入浴を阻害するからだの要因

入浴を阻害する身体的要因には，体力の低下や衰弱によるふらつき，変形性膝関節症などの骨・関節疾患，脳血管障害による片麻痺など，さまざまなものがあります。

3 安全で心地よい入浴介助の基本的な留意点

　入浴の効果と生体としての人体への作用をふまえて，安全で心地よい入浴介助の基本的な留意点についてまとめると，次のようになります。

入浴が生活の楽しみになるために
- 利用者の入浴習慣を尊重する
- プライバシーを保護する

身体的負担を少なくするために
- 食前食後1時間は避ける
- 入浴前に排泄（はいせつ）をすませる
- 居室と脱衣室・浴室の温度差を少なくする（寒い季節には脱衣室・浴室をあらかじめ暖めておく）
- 湯温は38～40℃にして，高温浴（42℃以上）は避ける
- かけ湯は心臓から遠い足先から行う
- 入浴時間は10～15分くらいを目安として，長湯を避ける
- 入浴前と入浴後には十分な水分補給を行う
- 皮膚の機能を保つため，高齢者では皮脂をとりすぎないようにする

4 身体の清潔介護

　社会的存在である人間にとって身体を清潔に保つことは，身だしなみとして重要であり，健康を維持するために必要な生活行為です。発熱時や身体の衰弱などで体力の消耗を避けるために入浴ができない場合には，**シャワー浴**，**全身清拭（せいしき）**，**足浴**，**陰部洗浄**などを行います。このようなときにも入浴に近い満足感を得られるように工夫することが大切です。

❶ シャワー浴

　体力の消耗を避けたい場合や浴槽をまたぐことが困難な場合などに行います。シャワーの湯をかけるときは，湯の温度を確認し，心臓に負担をかけないように足先からかけます。また，麻痺のある場合は，麻痺のない側からかけるようにします。足を湯を張った洗面器につけておくと，身体が温まり入浴に近い感覚を得ることができます。

❷ 清拭

　発熱などで入浴ができないときに行います。体力の消耗を考慮して、安楽な体位と保温に注意しながら、身体的負担をできるだけ少なくするように効率的に行います。ここでは全身清拭の方法を述べますが、利用者の状況によっては、脇の下と背部清拭だけにとどめるなど部分清拭を選択することもあります。

　また、上肢や下肢は末梢から中枢に向かって拭くことによって循環を促進させるようにはたらきかけたり、腹部は大腸の走行に沿って「の」の字をかくように拭くことによって結腸の蠕動運動を刺激したりします（図9-9-6参照）。蒸しタオルで温めてから拭くと、汚れが落ちやすくなるだけでなく、入浴の感覚を味わえます。

●清拭の基本的留意点

①寒気を与えないように、露出部分を最小限にする。
②蒸しタオルを用いる方法と54℃の湯でタオルを絞って用いる方法があるが、タオルの温度が熱すぎたりぬるすぎたりしないように、介護職の上腕内側で確認しながら行う。
③拭く方向は図のように効果を考えて行う。
④拭いた皮膚に水分が残っていると気化熱で体温が奪われるので、部分ごとに乾いたタオルで水分を拭きとりながら行う。
⑤実施後は水分を補給し、休養がとれるようにする。
⑥実施した内容と経過および状態を記録する。

●上肢の拭き方

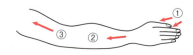

①タオルで手を包み込んで指を1本ずつ、指の間をていねいに拭く。
②手首を支えて手首から肘関節に向かって拭く。
③肘関節を支えて肩に向かって拭く。

●胸部・腹部の拭き方

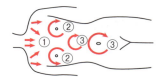

腹部は「の」の字に大腸の走行に沿って拭く。

●下肢の拭き方

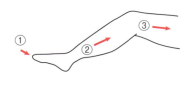

①足をタオルで包むように拭く。
②足首を支え膝に向かって拭く。
③膝を支え股関節に向かって拭く。

●背部・臀部の拭き方

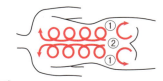

脊柱から外側に円を描くように拭く。

図9-9-6　清拭の方法
資料：糸澤克枝他編『介護福祉士選書⑮新版介護技術』建帛社，2005年

❸ 足浴

　足浴はベッド上だけでなく，浴室や居室などいつでもどこでも行え，全身が温まり，満足感を生むことのできるケアのひとつといえます。さらに，足浴には入眠効果も実証されており，不眠時にも有効です。必要に応じて足浴のあとに足の爪切りを行ってもよいでしょう。

　足の指と爪の機能は立位と歩行時の安定に重要な役割を担っています。足浴や足の適切な爪切りを含めたフットケアは，足の機能を維持改善する効果もあり，足の踏ん張る力を強めるため，転倒を予防して，介護予防としても有効です（第6章第2節参照）。

❹ 手浴

　手はつねに外気にさらされ，日常生活でよく使用するために汚れています。また，脳に刺激を与えることが大きい部分です。そのため，手を洗うことは感染を予防するだけでなく，さっぱり感を与え，頭をすっきりさせます。また，ストレスを感じると手掌に汗をかきます。とくに麻痺側の手掌には有機質の多い汗が出てにおいがすることがあります。そのようなときにも手浴は有効です。拘縮した手は湯につけて温めながら，無理のないように小指から1本ずつ伸ばし，指の間もていねいに洗い，よく拭きます。

❺ 洗髪

　頭皮は皮脂の分泌が多く，髪は汚れやすい部分です。また，髪は顔に近いために他者への印象に大きな影響を与えます。

　入浴やシャワー浴ができない場合でも洗髪はできます。座位がとれる場合には洗面所で行います。座位が困難な場合にはベッド上で臥位で行います。汚れを落として，髪型を整えましょう。

●洗髪器の作り方

　身近にあるバスタオルとビニール袋で簡単に作ることができます（図9-9-7）。体型にもよりますが，首のうなじの部分がのる高さは7〜10cmくらいとし，高すぎず，硬すぎないほうが安楽です。この洗髪器は洗髪だけでなく，髪を切るときや染めるときにも活用できます。ケリーパッドともよびます。

●ベッド上での洗髪の基本的留意点

　体力の消耗を考慮して，10分くらいで終了できるように準備を整え，必要物品（40℃の湯，防水布，バスタオル，タオル，洗髪器，汚水バケツ，湯を汲む容器，シャンプー，リンス，ドライヤーなど）を使いやすく配置してから行います。
①ベッドの頭のほうのフレームが外れる場合は外し，フレームが外れない場合は図9-9-8のように排水ができるように工夫する。
②膝の下に枕などを入れて腹部の緊張を和らげ，安楽な体位を工夫する。

③40℃くらいの湯を毛先からかけて髪全体をぬらす。
④シャンプーは髪の量に合わせて適量をよく泡立て，指の腹を使って頭皮をマッサージするように細かく動かして洗う。
⑤乾いたタオルで泡を拭き取ると，少ない湯ですすぐことができる。
⑥シャンプーをきれいに洗い流す。後頭部を洗うときは頭を左右に傾けると流しやすい。頭を持ち上げると背中に湯が流れるので注意する。
⑦耳に泡や湯が入らないように注意する。

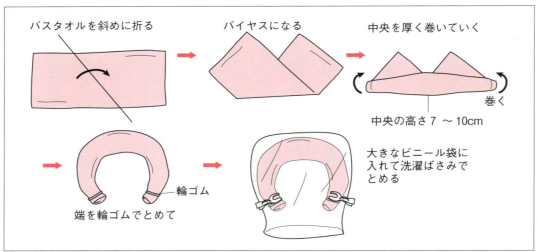

図9-9-7　洗髪器の作り方

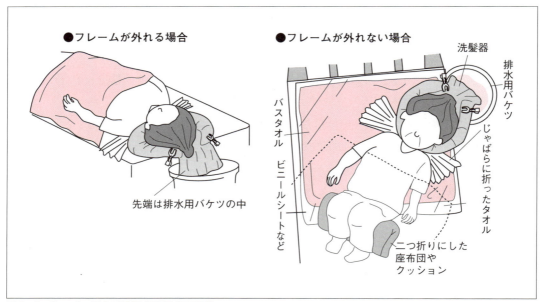

図9-9-8　ベッド上で洗髪する場合の姿勢

⑧リンスは毛先からなじませて，洗い流す。
⑨洗髪器を頭頂部からずらしながら，じゃばらに折ったタオルを引き上げ，髪のしずくを受けるようにする。
⑩髪をていねいに押さえ拭きしてからドライヤーで乾かし，髪型を整える。
⑪外耳道の水分を綿棒でとる。
⑫水分を補給し，休養がとれるようにする。
⑬実施した内容と経過および状態を記録する。

❻ 細部の清潔

●目の清潔
目やになどがあるときは，介護職の手を清潔にしてから，湿らせた清潔な綿またはガーゼで1回ごとに面を変えて拭きます。

●鼻の清潔
鼻が詰まっているときは，蒸しタオルで温めてから，片方ずつ鼻を押さえて一度に鼻から息を吐くようにしてもらいます。

●耳の清潔
耳の後ろや耳介は脂っぽいので，顔の清拭をしたときに毎日拭きます。また，耳垢がたまって聞こえにくいような場合は，耳鼻科でとってもらうことも必要です。

❼ 陰部洗浄

陰部は皮膚が尿や便で汚れやすいうえに，皮膚・粘膜が重なっていてその間に汚れがたまりやすい部分です。入浴ができない場合には，1日1回洗い流して清潔を保ちます。

座位が可能な場合はトイレの便座で排泄後に行います。座位が困難な場合はベッドの頭側を少しギャッジアップして行います。

●陰部洗浄の基本的留意点
①シャワーボトルまたは代用となるようなペットボトルや洗剤ボトルに38℃くらいの微温

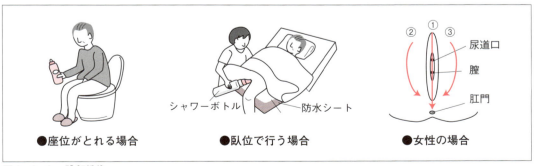

図9-9-9　陰部洗浄

湯を用意する。
②ベッド上で行う場合は，ベッドの頭側を10度くらいギャッジアップすると，背中側に洗浄液が回らない。
③防水シーツを敷き，洗浄液を受ける紙おむつを敷く。
④介護職が行う場合にはディスポーザブル（使い捨て）手袋を用いる。
⑤女性の場合，尿道に肛門周囲の雑菌を誘導しないように前から後ろに向かって湯を流し，拭く（**図9-9-9**参照）。
⑥実施した内容と経過および状態を記録する。

第10章

排泄に関連したこころとからだのしくみと自立に向けた介護

第1節 排泄に関する基礎知識

1 排泄の意義と目的

排泄(はいせつ)とは、体内で不要になったものを体外に出すことであり、人間が生命を維持するうえで欠くことのできない生理的欲求のひとつです。また、排泄物は健康状態を知る情報源となりうるものです。しかし、一般的に私たちは排泄物を「汚いもの」「人に見られたくないもの」ととらえています。そのため、人の目を気にせず排泄をすることを望み、できることなら人の手を借りずに排泄したいと思っています。

なんらかの理由によって、排泄を他者の手に委ねなければならない状況になったとき、人は介護されることに苦痛を感じ、介護者への遠慮や気兼ねから飲水や食事を控えたり、便意や尿意をがまんしたり、外出を控えるなど、日常生活に支障をきたす場合も少なくありません。

介護職は**排泄障害**の原因を見極めると同時に、羞恥心や自尊心、自立心など心理面に十分配慮し、可能なかぎり自立した排泄ができるよう支援することが大切です。

2 排泄のメカニズム

　人は，生きていくために，外界から食べ物や水などを取り入れ，これを栄養として吸収します。口から入った食べ物は，咀嚼されて嚥下され，食道から胃に運ばれます。胃で消化された食べ物はさらに小腸，大腸に送られます。小腸，大腸を通過する間に栄養分や水分が吸収されて便となります。便が直腸に入り，内圧が一定以上になると，その刺激が大脳へと伝えられ，排便反射が起こって便意をもよおします。

　一方，吸収された栄養は代謝が行われ，そこで不要になった老廃物は腎臓でろ過され，尿管を通り膀胱にためられます。膀胱内に尿がたまり膀胱内圧が上昇すると，刺激が大脳に伝達され，尿意が生じます。

　なお，排泄のメカニズムについては，第3章第4節も参照してください。

3 排泄物の性状

　排泄物の性状は健康状態を示すバロメーターであり，排泄物の量や色，においや混入物，形状などの観察を通して身体の異常を早期に発見し，適切な報告や対応をすることができます（表9-10-1，表9-10-2）。

4 尿失禁

　尿失禁とは，尿を不随意に漏らしてしまう状態をいいます。

　尿失禁には，尿意の抑制ができないため，排尿をトイレまでがまんできず尿失禁を起こすもの（切迫性尿失禁），せきやくしゃみなどで腹圧が増大したとき不随意的に尿が漏れるもの（腹圧性尿失禁），尿道の閉塞や膀胱の収縮力の低下により多量の残尿が生じるため，膀胱壁が過伸展となり，膀胱内の残尿が漏れ出すもの（溢流性尿失禁），尿の膀胱内の保持も排尿も可能ですが，日常生活動作の障害があるために尿漏れがあるもの（機能性尿失禁）などがあります。

　原因を明確にし，原因に応じた対応を行う必要があります。

5 便秘

　便秘とは，便が大腸内に停滞し，通過が遅延した状態で，水分が吸収されて便が固くなり，排便に困難を伴う状態をいいます。摂取した食物残渣が2～3日以上排泄されない場合を目安とします。

便秘には，腸の蠕動運動の鈍化によるもの（弛緩性便秘），腫瘍などによる通過障害によるもの（器質性便秘），たび重なる便意の抑制によるもの（直腸性便秘），繊維の少ない偏った食事や少食によるもの（食事性便秘），ストレスや副交感神経の過緊張によるもの（けいれん性便秘）などがあります。

便秘を予防するには，生活習慣や食事に気をつけることが大切です。

●便秘の予防

・排便習慣をつけるため，規則正しく1日3食バランスのよい食事をとる。
・便の量を増やし，適度な軟らかさにするため，食物繊維の豊富な食物を積極的にとる。
・水分が不足すると便が固くなるため，水分摂取を心がける。
・便意を感じたらがまんせず，排便する習慣をつける。
・排便時にしっかり腹圧がかけられるように，腹筋を鍛える体操を行う。
・手のひらで腹を「の」の字にマッサージし，外から腸を刺激する（腹部マッサージ）。
・睡眠を十分にとり，ストレスをためないように心がける。
・原因となる疾患の治療を行う。

項目	正常（成人）	異常
排尿回数	4～6回/日（夜間0～1回）	頻尿・尿閉
量	1回量150～300mL 1日量1,000mL～1,500mL	乏尿（300～500mL/日以下）多尿（2,000～3,000mL/日以上）
色	淡黄色～淡黄褐色	暗黄色・暗赤褐色・肉汁様
におい	無臭（放置するとアンモニア臭）	アンモニア臭・アセトン臭
混入物	透明	血尿・膿尿・乳び尿

表9-10-1　尿の性状の正常と異常
資料：杉野佳江『標準看護学講座⑫　看護学総論2』金原出版，1987年，345頁より一部改変

項目	正常（成人）	異常
排便回数	1～2回/日（夜間0～1回）	下痢・便秘
量	1回量100～250g	
形状	有形軟便	硬便・泥状便・水様便
色	黄褐色	タール様便・灰白色
におい	おもにたんぱく質が腸内細菌によって分解され発生した便特有のにおい	酸臭・腐敗臭
混入物	食物残渣がおもな便は混入物がない	血液・粘膜・膿汁・寄生虫

表9-10-2　便の性状の正常と異常
資料：杉野佳江『標準看護学講座⑫　看護学総論2』金原出版，1987年，345頁より一部改変

第2節
排泄環境整備と排泄用具の活用方法

1 排泄環境

　日本人は一般に，排泄物は汚いものという考えがあり，ひと昔前の日本家屋においてはトイレが母屋から離れていました。昨今の住宅事情からトイレが屋外にあることはほとんどなくなりましたが，狭い，暗い，段差があるなど，障害がある人にとっては使いづらいトイレも多くあります。また，便座に腰掛けるタイプの洋式トイレが普及してきていますが，依然としてしゃがむタイプの和式トイレも使われています。他人の手を借りず，できるだけひとりで，安全に安心して排泄が行えるようにするためには，環境を整えることが必要です。

トイレ環境の確認点
- 介護者がいっしょに入れるだけの十分な広さがあるか
- 出入り口は車いすが通るだけの幅があるか
- ドアは引き戸か。外からもかぎがあけられるか
- 便器は洋式か。温水洗浄機能はついているか。便座の暖房機能はついているか
- 手すりは，移動や方向転換のため必要なところに取り付けられ，高さ，太さは適したものであるか
- 照明の明るさは十分か。スイッチは車いすの利用者でも手の届く位置か。夜間のトイレまでの廊下はフットライトなどにより明るさが確保できているか
- 床は滑りやすい素材ではないか

片手で簡単に切れるトイレットペーパーホルダー

2 排泄に使用する用具

利用者の状況や状態に合った排泄方法および排泄のための用具を選択します。
● ポータブルトイレ
　尿意や便意があり，トイレまでの移動が困難な場合に，主としてベッドサイドで使用する便器です。

安定性の高いことがいちばんの条件です。座位のバランスが不安定な場合には、背もたれ、肘あてのついたものが安心です。また、排便に時間がかかる場合は、便座シートのクッション性が高く、座り心地のよいものを準備します。そのほか、立ち上がるために足を引くスペースのあるもので、高さも利用者の身長や障害の状況に合ったものを選択することが大切です（図9-10-1）。

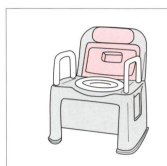
プラスチック製いす型
ポータブルトイレの原型から改良した形。手すり、背もたれ、蹴込みはあるが高さ調節はできない。

木製いす型
高さ調節、手すり、背もたれ、蹴込みがある。重量があり安定している。室内に置いても見た目がよい。

金属製コモード型
軽量のため移動が簡単。高さ調節可能。掃除もしやすい。安定性の点では注意が必要。

図9-10-1　ポータブルトイレの種類

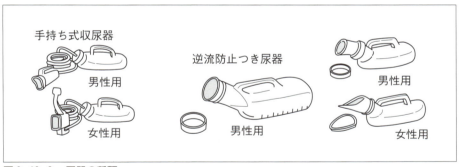

図9-10-2　尿器の種類

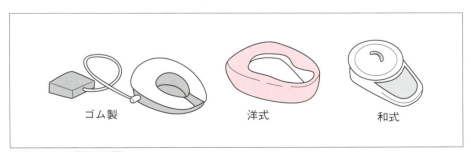

図9-10-3　便器の種類

● 便尿器

　尿意や便意はあるが，ベッドから離れることのできない，または座位がとれない場合などにベッド上で使用します。

　尿器は，男性用と女性用とで尿の受け口の形が異なっています。また，素材もガラス製のものとプラスチック製のものがあります。ガラス製のものは尿の性状がよく観察でき，安定性もよいのですが，重く，割れるという欠点があります。一方，プラスチック製のものは，軽い，割れないという利点がある反面，安定性が悪く，固定のために砂嚢などの併用が必要となる場合もあります（図9-10-2）。

　便器は，素材によってゴム製，ホーロー製，プラスチック製があり，形によって和式便器，洋式便器とがあります。ゴム製便器はやわらかく，骨と便器があたる部位に痛みを感じるようなやせた利用者などに適していますが，ゴムが劣化しやすく後片づけに手間がかかります。和式便器は厚みが薄く，腰の上げにくい利用者に適していますが，容量が少ないため多量の排便時には便が臀部に付着してしまうことがあります。利用者にとって使いやすいものを準備します（図9-10-3）。

● おむつ

　おむつは，便意・尿意がない利用者に使用します。素材によって布おむつと紙おむつがあります。布おむつは再利用でき，天然素材なのですぐ交換すれば肌への刺激が少なく，やせていても形を整えて横漏れを防ぐことができるなどの利点があります。しかし，洗濯の手間がかかる，運動機能が制限される，吸収量が少ないなどの欠点があります。一方，紙おむつは，吸収性，防水性が強化されており長時間の外出も可能です。また，パンツタイプ，フラットタイプ，パットなどの種類も豊富で，個々の状態に合わせて用いることができます。しかし，ごみの量が増えることや，布おむつに比較してコスト高であるという欠点があります。いずれにしても利用者の状態や目的に合わせて用い，吸収性がよくても原則として排泄があったらすぐに交換し，気持ちよく過ごせるようにします。

　おむつの使用は，利用者の自尊心を傷つけたり，依存心を高めたり，寝たきりの原因となるなど弊害もあります。最後の手段と考え，安易におむつを使用することなく，また，一度おむつを使ったらずっとおむつを使うという考えではなく，おむつ外しに取り組むことも必要です。

第3節 排泄を阻害するこころとからだの要因の理解と支援方法

1 排泄のアセスメント

❶ 排泄行動のプロセス

排泄の行動は次のようなさまざまな動作から成り立っています。排泄の一連の動作を理解し，どこにどのような問題が生じているのかを把握し，残存機能の活用により，自立性を損なわないように適切な対応を行います。

> **排泄の動作**
> ①便・尿を一定量ためることができ，尿意・便意を感じる
> ②トイレの場所を認識する
> ③トイレまで移動する
> ④トイレのドアを開く
> ⑤下着を下ろす
> ⑥便座に座り，座位を保つ
> ⑦自らの意思によって排泄する
> ⑧後始末をする（肛門，尿道口を拭く，便器の中の排泄物を流す）
> ⑨便座より立ち上がる
> ⑩下着を上げ，衣服を整える
> ⑪手を洗い，清潔にする

❷ 排泄介助の留意点

①排泄習慣を守る

　直腸の排便反射が起こっても，外肛門括約筋の収縮を強めることにより排便をがまんすることができます。しかし，がまんを数分間続けると排便反射は消えてしまい，便意はなくなってしまいます。排便の訴えがあったとき，「ちょっと待ってください」は厳禁です。一般に食事のあとに腸の蠕動運動が起こるため，朝食後に排便の習慣をつけることが有効です。しかし，排泄の量や回数は，食物の内容や食べる量，消化の状態によって違ってきます。利用者の排便パターンを把握し，そのパターンに合わせて支援をしていきます。

②健康状態を理解する

　排泄物の性状は，健康状態を知るうえで重要な手がかりとなります。排泄物の性状とともに，食事や水分の摂取量，体温や発汗の状態などもあわせて観察し，ふだんと異なることや気になることがある場合には，直ちに医師や看護師に報告します。

③自立性を促す

　できるだけ自分で排泄したいという気持ちを理解し，残存機能を最大限に活用し，各種の福祉機器や用具を用いることで，自立の機会をつくり出していくことが大切です。

④安全性を確保する

　運動機能に障害のある場合は，排泄の際に転倒や転落の危険を伴うことがあります。床を滑りにくい材質にし，手すりや便器の背もたれの設置など安全の確保に努めることが必要です。また，衛生面に留意し，感染予防に努めることが大切です。

⑤快適性を確保する

　手すりや呼び出しベル，トイレットペーパーの設置位置，便座の高さや座面のクッション性など環境面での快適性だけでなく，トイレへの移動，排泄，衣服の上げ下ろしなどを介助するときは必ず同意を得るようにします。トイレや下着を汚すなどの失敗があった場合は，利用者の自尊心に配慮し，言葉遣いなどに気をつけます。焦らせたり，気を遣わせたりしないように，心理面への配慮を行い，快適に排泄できるように支援します。

⑥プライバシーを守る

　プライバシーの確保に留意します。また，排泄時に姿勢の保持が可能な利用者の場合，安全確認をしてその場を離れて見守ります。

2　安全で快適な排泄介助の実際

❶ トイレでの排泄介助

　トイレでの排泄には，利用者が尿意・便意を感じ，少しの間排泄をがまんすることができ，座位を保持できることが必要です。

●手順

①尿意・便意を訴えられたら，歩行介助または車いす介助などでトイレに誘導する。

②男性の排尿は，立位が安定していれば立位のまま排泄できるトイレが望ましい。便器内にきちんと排泄されるよう，立つ位置を確認する。

③女性の排尿ならびに排便は，必要に応じて脱衣の介助をし，安定した座位を保持できるように介助する。

④姿勢の保持を確かめたら，外に出て待つ。

⑤呼び出しベルで終了を知らせてもらうか，時間を見はからって声をかける。

⑥排泄後，肛門，尿道口に便や尿が付着していないことを確認する。温水洗浄で肛門部を

洗浄した場合は，皮膚に水気が残っていないか確認する。
⑦排泄物が便器内に残っている場合は，排泄物の性状を観察し流す。
⑧必要に応じて，着衣の介助および便座からの立ち上がりの介助を行う。
⑨手洗いを行ったあと，居室への移動介助を行う。

❷ ポータブルトイレにおける排泄介助

トイレまでの移動が困難な場合，座位をとることが可能であれば**ポータブルトイレ**を使用します。また，尿意を感じてトイレに行くまでがまんできない場合などにも使用します。

ポータブルトイレを使う場合には，スクリーンやカーテンを用いプライバシーに配慮する，音楽や水の流れる音などで排泄する音が聞こえないようにする，終了後はすみやかに片づけるなどの配慮が必要です。

● 必要物品

ポータブルトイレ，トイレットペーパー，膝掛け，呼び鈴，おしぼり，ディスポーザブル（使い捨て）手袋

● 手順

①ポータブルトイレを使用することの同意を得る。
②ポータブルトイレを利用者が利用しやすい位置に置く。ポータブルトイレが軽くて安定が悪い場合には，ポータブルトイレの下に滑り止めマットを敷く。
③スクリーンをし，外からの視線をさえぎる。
④利用者が移動バーを持って立ち上がり，脱衣をし，ポータブルトイレに深く座る介助を行う。
⑤利用者が便座に座ったら安全を確認し，膝掛けをかける。
⑥呼び鈴，トイレットペーパーを手の届く位置に置き，室外で待つ。
⑦呼び鈴により排泄が終わった連絡を受けたら，おしぼりを持参し利用者の手を拭く。
⑧気分を確かめ，衣服を整え，ベッドに移乗する。
⑨窓を開け，換気を行う。
⑩排泄物の性状を確認し，後片づけを行う。
＊排泄後，陰部洗浄等の介助が必要な場合は，手袋を着用します。

❸ 便器・尿器での排泄介助

便意・尿意は感じるが座位保持が困難な場合や，発熱や下痢などのため一時的に体力の消耗を防ぎたい場合などは，ベッド上で便器や尿器を使用します。

● 必要物品

便器，尿器，防水シーツ，トイレットペーパー，清拭用温タオル，おしぼり，ディスポーザブル（使い捨て）手袋

●手順（図9-10-4）
①便器または尿器を使用し排泄することについて同意を得る。
②便器を温め，消音ならびに後片づけの簡素化のために便器の底にトイレットペーパーを敷いて準備をする。
③カーテンをして，掛け物を外す。陰部が隠れるように綿毛布またはバスタオルをかける。
④利用者の膝を立て，腰を上げ，下着を下ろす。
⑤防水シーツを敷き，便器を差し込む。腰を上げることのできる場合は膝を立て，介護職の手を利用者の腰の下に差し入れ腰を押し上げると同時に，防水シーツを臀部の下に広げ，便器を差し込む。腰を上げることのできない場合は，側臥位にし，便器をあてる。男性の場合は，尿器を同時に用いる。
⑥女性の場合は，尿が飛び散らないようにトイレットペーパーを縦折りにしてあて，尿を便器の中に誘導する。
⑦腹圧をかけやすいように，可能であれば上半身を15～20度程度挙上する。
⑧利用者の手元に呼び鈴を置き，室外で待機する。
⑨排泄が終了したら，ベッドを水平に戻す。
⑩介護職は手袋を着用する。
⑪男性は尿器を取り除き，亀頭部をトイレットペーパーで拭く。
⑫陰部と肛門部をトイレットペーパーで拭き，便器を取り除く。
⑬陰部，臀部を清拭用温タオルで拭く。女性の場合は，肛門部に付着した大腸菌等を尿道

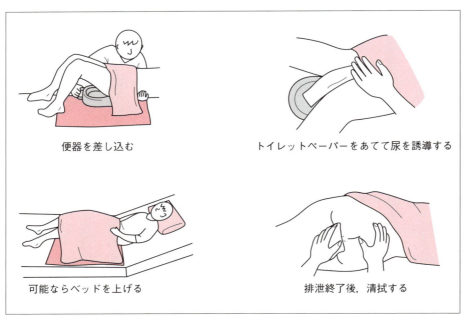

図9-10-4　便器・尿器での排泄介助
資料：一番ケ瀬康子ほか編『改訂　新・セミナー介護福祉⑫　介護技術』ミネルヴァ書房，2005年，48頁

口に付着させないよう，陰部は前から後ろに向かって拭く。

⑭手袋をはずす。

⑮利用者の手をおしぼりで拭く。

⑯下着をあげ，防水シーツを取り除く。

⑰掛け物をかける。

⑱利用者の気分を確認する。

⑲排泄物の量や性状などを観察し，後片づけをする。

⑳カーテンを開け，換気を行う。

❹ おむつ交換の介助

尿意・便意がなく，いつ排泄があるかわからない場合や，尿や便をためる機能に障害が生じた場合（尿・便失禁）には，おむつを使用することがあります。おむつ使用にあたっては，利用者の自尊心や羞恥心に配慮し，また，手際のよい排泄介助が求められます。

● 必要物品

清潔なおむつ（テープ止め紙おむつ），綿毛布，汚物用バケツ，清拭用温タオル，トイレットペーパー，おしぼり，ディスポーザブル（使い捨て）手袋

● 留意点

・カーテンやスクリーンで視界をさえぎる。
・声をかけるときは，あからさまな表現を避ける。
・肌にあたる部分にしわをつくらない。

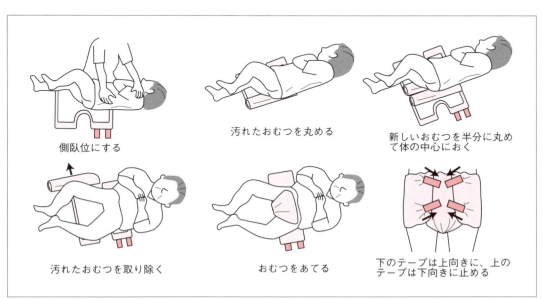

図9-10-5　おむつ交換の手順

資料：一番ケ瀬康子ほか編『改訂　新・セミナー介護福祉⑫　介護技術』ミネルヴァ書房，2005年，52頁を一部改変

・腹部，大腿部を圧迫しない。

● 手順（図9-10-5）

① 必要物品を準備する。
② おむつを交換することを伝え，同意を得る。
③ カーテンをして，綿毛布をかけ，掛け物を外す。
④ 介護職は手袋を着用する。
⑤ 着用している紙おむつのテープをはずし，おむつを広げ，トイレットペーパーで陰部を拭く（女性は前から後ろへ向かって拭く）。
⑥ 側臥位にして汚れたおむつを丸め，体の下に巻き込むように差し込む。
⑦ 蒸しタオルで臀部を清拭する。
⑧ 準備しておいた新しいおむつを縦半分ほどに丸め，体の中心に合わせて置く。
⑨ 体を仰臥位に戻し，丸めた汚れたおむつを取り除き，新しいおむつを引き出し広げる。
⑩ 新しいおむつを整え，左右均等になるようにテープを止める。
⑪ ウエスト部分に肌着がはさまっていないか，ウエスト部分や鼠径部（もものつけ根）まわりがきつくないか，ギャザー部が内側に入っていないか確認する。
⑫ 手袋をはずす。
⑬ 衣類を整えて，掛け物をかける。
⑭ 利用者の手をおしぼりで拭く。
⑮ 利用者の気分を確認する。
⑯ カーテンを開け，換気を行う。
⑰ 排泄物の量や性状などを観察し，後片づけを行う。

第11章

睡眠に関連したこころとからだのしくみと自立に向けた介護

第1節 睡眠に関する基礎知識

1 睡眠はよりよい生活の基礎

　睡眠は，人間にとって，食事や排泄(はいせつ)と同じように生命を維持するためのもっとも基本的な営みといえます。眠ることは，心身の疲労をとり，活動するためのエネルギーを蓄えるという大きな意味をもっています。睡眠が不足すると，眠くなったり，いらいらしたり，元気がなくなったりと，私たちの生活の質に影響が出てきます。

　「よりよく眠る」ことは「よりよい生活」につながります。深い眠りとすっきりした目覚めは，誰もが望むところです。ここでは，利用者が心地よい眠りを得るための支援について学びます。

2 睡眠のリズム

　脳波からみて，人の睡眠は**ノンレム睡眠**と**レム睡眠**の2種類に分けることができます。さらにノンレム睡眠は，浅いまどろみからぐっすり熟睡している状態まで，4段階に分けられます（表9-11-1）。

健康な人は，一晩にノンレム睡眠とレム睡眠を1セットとして4～5回繰り返すといわれています。朝になるにつれてノンレム睡眠の深さは浅くなり，時間も短くなります。したがって，最初の睡眠（寝入りばな）から3時間程度の睡眠（熟睡）がもっとも質のよい大切な眠りといえます。

　睡眠中にも脳ははたらき，身体にもさまざまな変化が起きています。睡眠中の身体は，主として副交感神経が優位であり，いろいろな生理的変化を起こしています（表9-11-2）。

3 睡眠の年齢差

　年齢や環境による個人差はありますが，人の睡眠の必要量は発育と深い関係があります（表9-11-3）。各年齢に応じた睡眠の特徴を理解し，適切な支援を行う必要があります。

4 睡眠の意義

①心身の休息

　睡眠の大きな目的に，脳の休息をとることがあげられます。睡眠不足になると大脳の疲労が回復せず，倦怠感を感じたり，注意力がなくなったり，精神活動のコントロールがうまくできなくなったりします。また，1日の疲れを睡眠により癒し，身体の回復を図ることも重要です。具体的には，筋肉を弛緩させることで身体に休息を与え，乳酸を処理することでもあります。

②成長ホルモンの分泌

　成長ホルモンは，眠りについてから3時間の間に集中的に分泌されるといわれています。成長ホルモンが不足すると，体内に老廃物が蓄積し，肌の新陳代謝を低めるなどいろいろな弊害が出てきます。

③免疫力の増進

　人間は，睡眠中に免疫力が高められます。風邪に罹患したときなどには，十分な睡眠をとることで人間がもっている免疫力と自然治癒力がはたらき，治癒が期待できます。

睡眠の種類	睡眠の段階	眠りの状態	時間	特徴
ノンレム睡眠	①入眠期	うとうと眠気を感ずる	約10分前後	①から④までの経過の睡眠は，眼球運動がなく，脳波の変化が少ない脳の眠り（ノンレム睡眠）といわれる
	②浅い睡眠期	声をかけると覚醒する（居眠り状態）	約10分前後	
	③中等度睡眠期	少しゆするだけでは覚醒しない	約30分前後	
	④深い睡眠期	かなり刺激しても覚醒しない：ぐっすり眠る	約30分〜1時間程度	
レム睡眠		浅い眠りなのに刺激してもなかなか覚醒しない：身体はぐったりしているが脳は覚醒状態で夢をみていることが多い	約15分前後	急速眼球運動（rapid eye movement：REM　閉じたまぶたの下で眼球がきょろきょろ動く）を伴う眠りといわれる。身体の眠りともいわれ，ノンレム睡眠に比べ，脈拍，呼吸，血圧ともに不規則，筋緊張消失し，全身弛緩状態である

表 9-11-1　**睡眠の種類**

おもな生理現象	ノンレム睡眠	レム睡眠
筋肉の緊張	中等度の低下	著しく低下
心拍数	遅い	速くなる
呼吸数	遅い	速くなる
血圧	低下	上昇
胃酸分泌量	減少	増加
尿量	減少	著しい減少
発汗	あり	減少
大脳	鎮静	活性化

表 9-11-2　**睡眠中の生理的変化**

年齢	睡眠時間	特徴
新生児	20〜22時間	脳が未発達のため，睡眠量が多く3〜4時間で覚醒し再び眠るという多相性
乳児	9〜12時間＋1〜4回の30分〜2時間の昼寝	1回ごとの起きている時間が長くなり，夜にまとめて眠るようになる
幼児	12〜14時間	昼寝が少なくなり，夜間に連続した長い眠りが出現
学童	10〜12時間	睡眠総量は減少傾向を示すが個人差が大きい。一般に深いノンレム睡眠が多いパターンが継続する
成人	7〜8時間	
高齢者	5〜6時間, 昼寝	加齢とともに中途覚醒による睡眠の分断化，昼寝や居眠りの出現，深いノンレム睡眠の減少（浅い眠り），総睡眠時間の減少。①なかなか寝つけない，②夜中に目が覚める，③朝早く目覚める

表 9-11-3　**睡眠の年齢差**

第2節
睡眠環境と用具の活用方法

1 安眠ケアの基本的留意点

夜間の睡眠が十分でないと朝に**倦怠感**（けんたい）や**疲労感**が残り，動作や判断力が鈍くなります。利用者から睡眠不足の訴えがなくても，細やかな観察とケアを通して不眠の徴候について察知することが大切です。

環境についての留意点
① ベッド，寝具，枕に慣れているかどうか（高さ，硬さ，湿気）
② 室内環境（室温，換気，臭気，照明，足音やドアの開閉などの騒音）はどうか
③ プライバシーは保たれているか
④ ベッドサイドの整理整頓

生活習慣についての留意点
① 就寝時間・起床時間に変化がみられるか
② 寝る前の習慣（足浴，読書，夜食，晩酌，家族との団らん，入浴など）を行うことができているか
③ 昼の活動状況はどうか
④ 生活時間（リズム），生活様式はどうか

精神的不安や緊張についての留意点
① 人間関係（家族，同室者，介護職などとの）はどうか
② 不安感や孤独感があるか

身体状況についての留意点
① 体調：痛み，せき，身体のかゆみなど
② 食事の状況：空腹，口渇など
③ 排泄（はいせつ）の状況：頻尿，下痢など
④ 適度の身体疲労，姿勢・体位
⑤ 身体の清潔

2 安眠への支援の実際

❶ 本人の満足感を重視する

　睡眠困難の人の支援を行う場合，その人が自分の睡眠について満足感があるかどうかについて留意することが重要です。利用者が不眠を訴えても，「よく眠っていましたよ」とか，「気のせいですよ」と聞き流してしまうのではなく，「眠れないと訴える」こと自体に着目します。自分の睡眠をどのように認識しているのか，何を訴えたいのかについて，十分話を聞き，受け止めることが重要です。

　とくに，臥床(がしょう)時間が長い高齢者の場合には，昼寝が原因で昼夜が逆転することがあります。日中の適度な疲労は適度な睡眠をもたらすことからも，身体を動かすなどの日中のはたらきかけはとても重要な支援になります。

❷ 入眠環境を整える

●照明は間接照明で30ルクスが目安

　高齢者の場合には，夜間排泄のために起きることがあるので，トイレまでの移動時に転んだりつまずいたりすることを予防するためにも，部屋の中がぼんやりと見える明るさがいいでしょう。また，廊下やトイレも薄暗い明るさにしておくことが望ましいでしょう。一般的には，間接照明で30ルクス程度が適当です。

●室内温度は夏と冬とで調節する

　安眠のために，**室温**は，夏は25℃以下，冬は15℃以上，湿度は50～60％が適しているといわれています。また寝床の温度は30～33℃程度とし，ベッドの高さに温・湿度計を置くなど，状況の把握が必要です。掛け物は，汗をかかない程度を目安とし枚数を工夫します。

●音に配慮する

　ドアの開閉や足音，テレビやラジオの音など，騒音の除去をします。

●清潔で安全な寝具・寝衣で快適に

　寝具は，直接身体に触れて適切な睡眠を促す重要な用具で，基本的に敷き物，掛け物，枕の3つで構成されています。これらは，素材，寝具内の気候的変化（寝床気候），身体への影響，寝心地などについての検討が必要です。

　硬すぎるベッドや柔らかすぎるベッドの場合，寝返り回数が増加するといわれています。硬いベッドでは，局所にかかる高い体圧からの回避が考えられ，柔らかいベッドの場合は身体の不安定感の回避による姿勢の変化などが考えられます。このことから寝心地の悪さは，安眠にも影響を与える不自然な寝返り回数の増加をまねくことにつながります。ベッドの場合には転落しないように十分に注意し，シーツや寝巻きの汚れや糊(のり)のききすぎなどの確認が必要です。枕は頭をのせたとき，6～8cmくらいの高さがよいでしょう。

● においへの注意も忘れずに

　寝具や部屋のにおい，花のにおいなどで眠れない場合には，部屋を開けて換気をし，花を廊下に出すなどの工夫が必要です。

❸ 入眠への準備
● 生理的面について
① 排尿をすませる。
② 空腹やのどの渇きがある場合には，少量の消化のよい食べ物や飲み物を勧めるが，濃いお茶やコーヒーなどの刺激物は避ける。
③ 身体面の苦痛や違和感があるときは取り除いてから就寝するように支援する。
④ 自分で寝返りがうてない利用者には，本人が安楽な姿勢や体位を工夫する。
⑤ 寒いときは身体を保温し，手足の冷えなどにも配慮する。
● 生活習慣の尊重
　できるだけ利用者の生活習慣を尊重した支援を行います。たとえば就眠前のぬるめの湯での入浴や足浴，音楽を聞いてリラックスすることなどが考えられます。

第3節
睡眠を阻害するこころとからだの要因の理解と支援方法

1 不眠とその徴候

　不眠とは，睡眠時間の長短にかかわらず，主観的に十分な睡眠がとれていないことにより日中の活動に支障をきたす状態にある場合をいいます。不眠の現象から，**入眠（就眠）障害**，**睡眠持続障害**（途中覚醒，一般に高齢者に多い），**熟眠障害**（浅眠，満足感が得られない），**早期覚醒**（目覚めが早い）に大別できます。

　夜間の睡眠が十分でないと，朝から倦怠感や疲労感があり，集中力や注意力がなくなり，いらいらして動作や判断が鈍くなります。目の周囲にくまができたり，目の痛みやまぶしさを訴えることもあります。利用者から不眠の訴えがなくても不眠の徴候を見極めることが求められます。

2 睡眠を阻害する要因

日常の生活環境や習慣の変化，疾病による身体的苦痛，精神的不安や緊張から睡眠が障害される場合が多くあります。表9-11-4に睡眠を阻害する要因をあげます。

3 こころとからだのしくみからみた安眠のための介護の工夫

❶足浴や入浴

就寝前の足浴や入浴は，身体を清潔にし，不快感を除去し気分を爽快にします。また，温あん法効果により，末梢(まっしょう)血管の拡張や軽度の疲労感をもたらし入眠を促します。しかし，湯の温度が心臓や血圧に大きく影響するため，留意が必要です。たとえば，不眠時には，疲労感を少なくし，心身の鎮静化を図るためにぬるめの湯を用います。ぬるめの湯は副交感神経のはたらきを優位にし，末梢血管を拡張し，心臓の負担を軽くします。エネルギー消耗は少なく，心身がリラックスします。なお，快適な温度の感じ方には個人差があるため，いままでの生活習慣を考慮して行う必要があります。

足浴を行う場合には，就寝前，30分が効果的であるといわれています。それは，足浴後，副交感神経の活動が活発になり入眠を促すためです。また，足浴は10分程度といわれています。その理由は，湯に足をつけた後，10分程度で皮膚温度が最高値に達し，十分な温熱効果が得られるからです。

一般的な湯温は，低温浴（24～34℃），不感温度浴（その人の体温に近い温度で足浴や入浴の最中に熱くも冷たくも感じない温度：34～37℃），微温浴（37～39℃），温浴（39～42℃）です。

要因	内容
環境	○ベッド，寝具，枕に慣れない（高さ，柔らかさ，硬さ，湿気）　○同室者が気になる　○騒音（足音，ドアの開閉，いびき，職員の出入り）　○照明（明るさ，照明の方向）　○室内環境（蒸し暑い，寒い，臭気，乾燥）
生活習慣	○就寝時間が早い　○寝る前の習慣が果たせない（入浴，飲食など）　○昼間活動しない　○起床時間が早い
精神的不安・緊張	○家族と離れた寂しさ　○家庭の心配　○同室者などとの人間関係　○面会人，友人
身体的苦痛	○空腹　○身体的症状（痛み，かゆみ，せき，発熱，頻尿，下痢，発汗，口渇など）
その他	○刺激食品の摂取，過食，コーヒー，茶などの飲用

表9-11-4　睡眠を阻害する要因

❷ 温かい飲み物

　温かい飲み物は，胃粘膜をほどよく刺激し，副交感神経の機能を調整するため，睡眠をもたらします。就寝前には，温かく消化のよいもの（たとえば38℃くらいに温めた牛乳，ヨーグルトなど）が適しています。コーヒー，紅茶，濃いめの日本茶，ココアなどはカフェインが多く含まれており，中枢神経を刺激し覚醒作用を起こし入眠を困難にします。利尿効果により睡眠を中断させることもあります。就寝前には飲まないほうがいいでしょう。

❸ 音楽

　音楽は，感情を豊かにする要素のひとつです。また，単調な音楽刺激を繰り返し与えられると慣れの現象が起こり，脳中枢の覚醒機能は低下し，結果として眠気が起きてくるといわれています。不眠時は，単調な反復メロディー，ゆっくりとしたテンポ，小さな音量，低い音程などの曲が効果的であるといわれています。

❹ マッサージ

　眠気を誘うためには，血管や筋肉を弛緩させる副交感神経が活動し，交感神経が抑制される必要があります。日中交感神経が十分活動できるように仕事や運動をしておくと，夕方になるにつれて弛緩し眠くなるようになっています。しかし，健康が障害されていたり，いつも室内で生活していたりする場合，昼の交感神経のはたらきが十分ではなく，夜になっても副交感神経が優位にならず，眠れないことが多くなります。とくに臥床生活の場合，同一姿勢による肩，背中，腰部など局所の筋肉に疲れが生じやすい状態にあります。そのことが原因で全身倦怠感，肩こり，腰部重圧感など種々の不快症状が出現し，睡眠の妨げになります。

　マッサージは，筋肉をもみほぐし，血流を回復するため心地よく，繰り返しマッサージを行うことで睡眠につながります。さらに，部分清拭や蒸しタオルで血液循環を改善したり，足浴を併用したりすれば，さらに心地よくなり眠気を誘います。

❺ 褥瘡予防

　人間は，睡眠時，身体の向きを変えたりすることを無意識のうちに行っています。寝返りは，人間にとって末梢循環を維持するための重要なはたらきをしています。しかし，身体に麻痺があったり，身体の動きになんらかの障害があったりする場合には，同一体位により局所に痛みやしびれを感じていても行動できない場合があります。また，状況によっては褥瘡のように部分的に身体が傷害されてしまうこともあります。

　とくに，自ら動くことのできない人にとって，ベッド上の寝具の条件は重要です。敷き寝具によっては，身体局所に過剰な体圧がかかり褥瘡発生の要因になります。褥瘡予防のために，介護者は利用者の体圧をコントロールし，虚血状態が継続しないようにすること

が重要になります。そのためには，適切な体位変換，敷き寝具の工夫により局所に集中している体圧を分散させることが必要です。利用者の状態をよく観察し，皮膚に変化がみられるときは医療との連携が必要となります。

● 褥瘡発生の原因

　皮膚は，毛細血管の栄養を受け，代謝を営んでいます。しかし，血行が遮断されるような圧迫により，皮膚は栄養代謝障害を起こします。さらに，それが持続的，繰り返し起こると皮膚に虚血性の変化が起こり，壊死や潰瘍が生じます。このように，褥瘡の直接的な原因は圧迫による局所皮膚の血行障害であり，外圧による皮膚のずれや摩擦などにより助長され，感染などにより悪化します。したがって褥瘡予防の基本は体位変換です。

　褥瘡は，圧力のかかりやすい骨の突出した部位に生じやすく，仙骨部や大転子部に好発します。

● 体圧分散について

　多くの場合，2時間間隔の体位変換の必要性が述べられていますが，利用者の状況を十分把握したうえで間隔を設定することが求められ，2時間はあくまで一般論としてとらえておく必要があります。体位変換のほかに，クッションなどを使用して姿勢を整えることも必要です。また，褥瘡予防には多くの用具の工夫・考案がなされています。

・ベッドの工夫

　ゆっくり寝返りのできる電動ベッド，真横に寝て半身が起こせるワイドアウラベッド，高さを調節できる介護支援ベッド，体のずれや圧迫感を少なくするキューマアウラベッドなどがあります。利用者の個別性にもよりますが，大きな効果が期待できます。

・マットレス（体圧分散マットレス）

　エアマットレス，低反発ウレタンフォームマットレスなどがあげられますが，使用目的や利用者の状況を考慮することが必要です。

・部分用補助具

　各種の褥瘡予防用品があります。ビーズマット，蒸れないシーツ，通気性防水シーツ，介助バー，枕，ムートンなどがあげられますが，物品の特質を十分理解したうえで適切な除圧のための用具の選択が必要です。

　褥瘡発生の危険性のある利用者の多くは，自立運動を行うことができず，たいていの場合には，全身状態が低下していることが多いといえます。たとえば，低栄養状態，尿・便失禁，湿潤，脱水状態，やせ，肥満などは，褥瘡発生の要因となります。ここでは，要因との関連については述べませんが，このような利用者については，全身状態を十分把握したうえでの支援が必要です。なお，褥瘡については，**科目6第2章第2節**も参照してください。

> **事例**
>
> Sさん（74歳，女性，要介護3）が病院から介護老人保健施設に入所して2週間が経過しました。Sさんは何も訴えてはいませんが，ここ数日，夜間の巡回時，寝返りをうったり，ためいきをついたりして，よく眠れていない様子が感じられます。

【考えるポイント】

　Sさんは十分な睡眠がとれていないようです。このことからSさんの睡眠の支援について具体的に考えてみましょう。なお，支援については，つねにSさん主体の考えで進めます。このことはSさんが生活に張り合いをもつことへの動機づけとなり，Sさんの自立支援の具体的方法を探ることにつながります。

①Sさんは，生活環境の変化に適応できていない状況にあると思われます。まず，Sさんが，自由に話すことのできる環境（人的，物的）をつくることが必要でしょう。すなわち，人間関係の構築です。そのうえで睡眠の支援を行います。

②Sさんが睡眠に対してどのように感じているかについて十分話を聞くことが必要です。そこからSさんが睡眠についてどのように思っているのかを知ることができ，Sさんの不眠についての具体的支援方法を導き出すことができるでしょう。

③夜間の睡眠に結びつくような日中の過ごし方について，Sさんを交えて検討します。

④Sさんの安眠できる居室環境について，介護職は情報を提供し，本人が納得できるようにいっしょに考えます。

⑤入眠時の足浴など，Sさんの生活習慣を大切にします。

　不眠は主観的なものであり，不眠を訴える場合には眠れぬ切実な思いをわかってほしいという本人の気持ちがあります。これらのことを十分認識して受け止め，聞く姿勢をもって支援にあたることが求められます。不眠への支援は，夜訴えがあったときにだけ行うものではなく，利用者の生活全般に関連してくる支援です。観察と十分なチームでの支援に向けた話し合いをもつことが必要です。

第12章
死にゆく人に関したこころとからだのしくみと終末期介護

第1節 終末期に関した基礎知識とこころとからだのしくみ

1 終末期のとらえ方と終末期介護の基本

❶ 終末期のとらえ方

終末期介護（**ターミナルケア**）という言葉は，一般的には「回復の見込みのない疾患の末期に苦痛を軽減し，精神的な平安がもたらされるよう行われる医療・介護」をいいます。「回復の見込みのない疾患の末期」については明確な定義はありませんが，一般的には疾患に対する医学的な治療によって治癒することが不可能になり，死が間近になった時期ということができ，これを**終末期**ととらえることができます。

日本人のおよそ3人に1人はがんで亡くなっていますが，がんの場合は根治を目的とする治療が不可能になった時期から亡くなるまでの期間と考えることができ，およそ6か月以内のことが多くなっています。

しかし，疾患の種類によっては，いつからを終末期と考えるかについてさまざまな考え方があり，とくに高齢者の場合は，慢性疾患で対症療法が繰り返されるなど，その時期を特定できにくいといえます。本章では，治療に携わる医療職と利用者や家族が，死を避けることができないと判断した時期からを終末期として考えていくことにします。

❷緩和ケアと終末期介護の基本

　WHO（世界保健機関）は，2002年に，終末期介護の重要な要素である**緩和ケア**を「緩和ケアとは，生命を脅かす疾患による問題に直面している患者とその家族に対して，疾患の早期より痛み，身体的問題，心理社会的問題，スピリチュアルな問題に関してきちんとした評価を行い，それが障害とならないように予防したり対処したりすることで，QOL（Quality of Life）を改善するためのアプローチである」と定義しています。

　終末期介護においては，利用者が残された時間をできるだけその人らしく，自由に過ごすことができるよう支援していくことが重要です。そのために身体的苦痛，精神的苦痛を和らげる緩和ケアがおもな課題となるのです。

　英語のcareには「気遣う，世話をする，愛する」などの意味があります。日本語の「介護」にあたるケアは「愛情を込めて気遣い，世話をする」ことといえるでしょう。さらに，C・A・R・Eを頭文字とする語を引いて，次のように考えてみることもできます。

　安楽（C：comfortable）：利用者が心身ともに安楽に過ごせるよう支援するためには，確かな介護技術と豊かな感性が求められます。

　傾聴（A：attentive）：利用者が何を言おうとしているか，何を感じているか，その思いを理解することが必要です。

　敬意をはらう（R：respect）：どんなときも温かくそばにいて，状態に応じてその人らしく生きられるよう支援します。

　勇気づける（E：encourage）：たとえどのような末期であっても，そのときどきに必要な励ましをして，穏やかな気持ちになれるよう援助します。

　終末期介護の基本は，利用者の話や訴えをゆっくりとよく聞き，心身の状態を理解し寄り添いつつ，**心身の苦痛**を緩和するよう支援することにあります。

2　終末期介護の条件と介護職の役割

終末期介護の一般的な条件としては，基本的には次のように考えることができます。

終末期介護の条件
①利用者が治癒を目的とする医療ではなく，安楽をもたらすケアを望んでいること
②身体的症状のコントロール（とくに疼痛の緩和）が行えること
③利用者・家族の精神的・社会的ニーズに応じて，個別的なケアが行われること
④医療・看護職，介護職などの専門職によるチームによってケアが行われること

---

①安楽をもたらすケア

　告知の有無にかかわらず，利用者が治療よりも安楽をもたらすケアを望んでいる場合は，

その意思を尊重します。介護職は利用者に寄り添ってコミュニケーションをとり、利用者が身体的な不快感や苦痛、精神的な不安や恐れなどを遠慮なく訴えることができるような信頼関係を築き、身体的・精神的な安楽へのニーズにできるかぎりこたえていきます。

②身体的症状のコントロール

終末期には苦痛を伴うさまざまな身体的症状が現れます。苦痛は精神面への影響も大きく、身体的症状のコントロールは不可欠で、とくにがん末期などにみられる疼痛の緩和は重要です。身体的症状のコントロールはおもに医療・看護職の役割ですが、介護職は利用者の状態をつねに観察するとともに、身体をさすって痛みを和らげるなどの細やかな身体介護を通じて身体的症状の緩和を図り、安心感をもたらすこともできます。

③利用者・家族の精神的・社会的ニーズに応じた個別的なケア

利用者の死への恐れや不安、見送らねばならない家族の悲しみは非常に大きく、利用者も家族も人間関係や社会的関係などの多様な悩みや心配事などを抱えています。これらの多様なニーズに応じた個別的で柔軟なケアが必要です。利用者や家族と接する機会が多い介護職は、その思いや望むことを的確に受け止めるうえで、大きな役割を果たします。

④専門職によるチームケア

医療・看護職、介護職などの専門職が、利用者・家族のニーズに24時間対応し、安心して過ごすことができる環境を整えることは非常に大切です。病院や施設はもちろん、在宅ではとくに重要な要素であり、各種の専門職が連携したチームケアが不可欠です。チームメンバーはケアカンファレンスなどを通じてつねに情報を共有し、統一的な方針に基づいてそれぞれの専門性を発揮したケアを行います。介護職のきめ細かな観察とチームメンバーへの情報提供は、チームケアの質を高めるうえで大きな役割を果たします。

在宅や施設においてその人らしく生きられるよう本人の希望を尊重します。終末期は平常時と違う雰囲気や急変した事態となることがありますが、ケアにかかわる者は倫理的な態度で節度をもって接します。介護職は、医師や看護師、家族との緊急時の連絡体制を事前に確認しておきます。また、宗教やボランティアの人びともまた、利用者をともに支援していることを理解しておくことが大切です。

第2節
生から死への過程

1 終末期の身体的変化

誰にでも必ずすべての変化が出現するわけではありませんが，終末期に現れやすい身体的変化として，次のようなものがあります。

①**末梢循環障害**により，手足が冷え，浮腫やチアノーゼが出現します。
②口唇が乾燥し，痰などの排出が困難になり，「ゴロゴロ」という**死前喘鳴**が出現します。また，呼吸のリズムが不規則となり，無呼吸（10～30秒程度），肩呼吸や呼吸停止と過剰呼吸を繰り返す**チェーンストークス**呼吸などが出現します。
③体温が低下し，皮膚が乾燥し，食事や水分の摂取量が減ります。
④尿失禁や便失禁が出現し，尿量が減少します。
⑤開眼がほとんどみられず，会話がほとんどなくなり，日中も傾眠状態になることが多くなります。
⑥**意識**が低下します。

2 死後の身体的変化

個体差や環境にもよりますが，一般的に次のように変化します。
①自己融解と腐敗……死後約1時間前後から体内のたんぱく質融解酵素による自己融解と腸内細菌の増殖が始まります。
②死冷……遺体の体温は徐々に下がり，外界の温度まで低下します。
③**死後硬直**……死後2時間前後より，顎関節や頸部関節に始まり，9～12時間後に全身に及びます。
④**死斑**……死後2時間以内に始まり，9～12時間で最大となり，15～20時間以上で固定します。死斑は非凝固性となった血液により生じます。
⑤腐朽……細菌と真菌による細胞の消化で起こります。
⑥分解……硬組織である骨と歯が，細菌や藻類，菌類により分解されます。

第3節 「死」に向き合うこころの理解

1 終末期にある人の心理の理解

人は死に臨んだとき，さまざまな苦しみを受け止めていかなければなりませんが，アメリカの精神科医師**キューブラー-ロス**（Kübler-Ross, E.）は，「**死の5段階の過程**」として，終末期にある人は次のような心理状態を経ることが多いとしています。

① 第1段階（否定と孤立）：自分にかぎってまさか死ぬはずがないと現実を否定し，周囲の人と話す気持ちになれなくなり，閉じこもりがちになる。

② 第2段階（怒り）：なぜほかの人でなく自分がこんなひどい目にあうのかと怒り，周囲の人たちに怒りをぶつけることもある。

③ 第3段階（取り引き）：とくに宗教心がなかった人が，神仏などをにすがって「もし病気が治ったら社会や人のために何でもします」と祈る気持ちになるといったように，生命を長らえさせるためのなんらかの取り引きを試みる。

④ 第4段階（抑うつ）：あらゆることをしてみたが，やはり自分の人生は終わりなのかと悲嘆に暮れ，抑うつ的になる。

⑤ 第5段階（受容）：自分の人生はこれで終わると死を徐々に受け入れ，一生懸命やった，もう疲れた，ゆっくりと休みたい，苦痛なく安らかに過ごしたいなどと思うようになる。残された時間を少しでも豊かに楽しく過ごしたいという心情を伴う。

すべての人がこの5段階を通るわけではありませんが，多くの場合，さまざまな思いが交錯しながら受容の段階を迎えるといわれます。

2 精神的側面に対するケア

終末期の利用者の精神的側面を支えるケアでは，次のような点が大切です。

> **終末期における精神的側面に対するケア**
> ①傾聴と受容
> 　死を前にした利用者の怒りや恐怖，不安や孤独などの思いをつねに傾聴し，受容することそのものが，利用者の精神的な安定につながる

また，食べ物や嗜好品，身近に置きたい大切な品，やっておきたいことなど，利用者の具体的な願いを知り，対応していくことで，利用者は残されたときをより豊かで安らかに過ごすことができる

②プライバシーへの配慮
　終末期介護では利用者・家族のプライバシーに深くかかわることが多く，そこには他人に知られたくない事情，見られたくない場面なども含まれている。医療・看護職や介護職は，専門職としての守秘義務をより厳密に守り，信頼を得ることを通じて，利用者・家族が安心して支援を受けられる関係を築く必要がある

③敬意と勇気づけ
　医療・看護職や介護職が敬意をもって温かく接し，利用者の精神的な苦痛に寄り添いつつ，心理状態にみあった勇気づけを行うことで，利用者が自らの人生を意義あるものと感じ，安らかに死へおもむくことを助ける

第4節
苦痛の少ない死への支援

1 終末期の各段階とケア

　終末期の経過は個人差が大きく，さまざまなとらえ方がありますが，およそ①安定期，②末期，③臨死期，④死別期の4期に分けて考えることができます。

❶ 安定期のケア

　病状が比較的安定している時期です。病院や施設でも在宅でも，身体的側面への支援は看護職が中心となりますが，介護職は看護職や医療職と十分連携して身体的・精神的安楽を図り，利用者がなるべく苦痛なく安らかに死を迎えられるよう準備していきます。会いたい人に会う，行きたいところへ行く，したいことをするなど，利用者が望むことの実現を図り，豊かで充実した生活を送れるよう支援することが大切です。

　家族に対しては，利用者の死に向けた心の準備ができるよう，また悔いなく介護することができるよう支援します。介護方法についての助言や，在宅の場合は訪問看護やホームヘルプサービス（訪問介護）などの専門職と家族との協働，緊急時の医療機関などとの連

絡体制など，家族が安心して介護にあたれる体制を整えることも重要です。

❷ 末期のケア

病状が不安定になり，体調の悪化が目立ってくる時期で，余命は数週間程度となります。この時期には，死を避けられないものとして受け入れられるよう支援すること，残された時間をできるだけその人らしく生きられるように，身体的苦痛の緩和，生活の支援を行うとともに，死への恐怖や不安などのつらい気持ちを傾聴し受容するコミュニケーションを行うことによって，精神的苦痛の緩和を図ることが大切です。

❸ 臨死期のケア

病状が急速に悪化し，死が間近に迫って避けることができなくなる，いわゆる危篤の時期で，余命は数日程度となります。介護職が次にあげるような容態を発見した場合は，すみやかに医療・看護職に連絡し，家族にも連絡します。

●臨死期のバイタルサインなどの変化
①体温：手や足の先などの体温が徐々に低下する。
②脈拍：脈が徐々に弱くなり，リズムは乱れて数が多くなる。そして微弱になり，脈が測定できなくなる。
③呼吸：リズムは不規則になり，数も徐々に少なくなる。呼吸停止と過剰呼吸を繰り返すチェーンストークス呼吸は，**緊急**を告げる症状である。
④意識状態：意識は徐々に低下し，名前を呼ぶとわずかに目を開ける状態から，肩をたたくなど刺激を与えても反応がない状態へと変化していく。
⑤血圧：徐々に低下し測定できなくなる。
⑥その他の症状：**皮膚**の色が蒼白くなったり，**口唇**や**爪**にチアノーゼが出たりする。背中や手足に浮腫が出て，尿が出なくなる。

●臨死期の身体的安楽の方法
利用者の身体的・精神的安楽を図ることは，どのような場合においても第一とされなければなりません。この時期の身体的安楽の方法では，次のような点に留意します。
①呼吸：枕を外して**気道**が開きやすくし，楽に呼吸できる体位を工夫する。**義歯**を取り外し，喉や口の中の痰などは綿棒などで取り除く。
②苦痛の除去：全身がだるく苦しくなるので，安楽な体位を工夫したり，手足をマッサージしたり，必要により温めたりする。
③口唇や舌の乾燥に対するケア：**水**を含ませたガーゼで，口唇や舌を湿らせる。
④室内の環境の調整：室温**22～26℃**，湿度**60%**に調整し，換気にも注意する。

④ 死別期のケア

　死が数時間のうちに迫った時期です。この時期は利用者がひとり居室に残されることがないようにし，手を握ったり身体をさすったりして，大切に見守られているという安心感のなかで最期を迎えられるようにします。

　家族への精神的支援も大切です。呼びかけにほとんど反応しない利用者を前に，家族がどうしていいかわからない場合は，目を開けたり話したりすることはできなくても，**聴力**は最後まで残っているといわれることを伝え，利用者の手を握ったり，耳元で感謝の気持ちやねぎらい，別れの言葉をかけたりできるように支援することは，利用者と家族にとって重要なケアです。利用者への介護ができ，最期を看取ることができた満足感は，あとに残る家族のその後の生き方に大きな影響を与えます。

2 家族への支援

　終末期における家族への支援では，とくに次のような点が重要です。

① 介護負担の軽減

　家族は，悲しみやさまざまな悩みに耐えながら，利用者の介護にあたり，同時に自分自身の社会的生活を営んでいます。その身体的・精神的な負担は大きく，とくに在宅で介護を行っている場合の介護負担はなみたいていではありません。介護職は，家族の身体的・精神的疲労に十分気を配り，家族の意思を確認しながら，各種の医療・介護サービスの利用を勧めるなど，介護負担の軽減を図る必要があります。

② 家族関係の調整

　利用者と家族，また家族間に価値観・考え方の隔たりや対立がある，仕事の都合や複雑な家族関係などの事情で利用者と十分かかわれない家族が自責の念を抱くなど，さまざまな場合があります。介護職は，それぞれの心情や立場に十分配慮し，適切な場面で態度や言葉を選びつつ，家族関係を調整していくよう努め，**家族**がなるべく悔いを残さないように支援することが大切です。

3 死後の対応

　終末期介護には，亡くなった利用者を，礼を尽くして送り，家族の悲しみを少しでも和らげ，利用者の死という現実を受け入れられるよう支援することも含まれます。

❶ 死亡診断と記録

　死とは，心臓・肺・脳の3大機能が永久的に停止した状態をいい，心拍停止・呼吸停止・**瞳孔散大**によって確認されます。**死亡診断**は医師が行います。記録にあたっては，死亡時刻は明確に記録します。また，臨死期から死に至るまでの利用者の状態や，治療や処置，介護の経過などについて詳しい記録を残します。

❷ 死後の処置

　死後の処置は，利用者の人生の終局を尊厳ある姿で締めくくるために，生前のケアの継続として行う終末期介護の一部です。死によってこの社会から別離していく利用者への敬意を込めて，身体を美しく整えます。利用者の宗教や価値観，家族の希望に沿うように行い，処置後には家族が悲しみを表出できる場と時間をもてるように配慮します。

　一般的な礼の尽くし方を含めた死後の処置の手順は次のとおりです。

　処置を始める前に，利用者との別れの儀式として家族に末期の水をとってもらいます。水に浸した綿棒やガーゼなどで利用者の唇を湿らします。ただし，死後硬直の前に処置を終えられるよう，状況に応じた判断が必要です。

　死後の処置を始める了承を得たら家族に退室してもらい（家族が希望すれば，ともに行います），必要に応じて手袋，マスク，予防衣を着用し，黙祷してから処置を始めます。

　まず，綿毛布を掛けたまま着衣を全部脱がせ，胃や膀胱，直腸の内容物を排出します。体腔（鼻・口・耳・膣・肛門）の外から見える部分には白い脱脂綿，奥のほうには青梅綿をつむぐようにして詰めます。ストーマ（人工肛門や尿路ストーマ）のパウチがある場合は取り除き，ガーゼや絆創膏でふさぎます。

　顔から順に全身清拭を行ってから，髪型を整え，女性は**エンゼルメイク**（死化粧）をし，男性はひげをそります。T字帯またはおむつをつけ，新しい寝衣（利用者・家族の希望があればその衣類）を着せます。和服の場合は**左前**にし，帯を**縦結び**にします。

　寝具を整え，北枕に安置して，顔に白い布を掛け，黙礼して処置を終えます。

　なお，病院や施設で遺体を移送する際は，白いシーツで全身を覆ってほかの人の目に触れないようにします。また，遺体が施設や病院から自宅などへ移るときは，ケアにあたった職員は可能なかぎり全員で最後の見送りをします。寝台車が見えなくなるまで，敬意を込めた黙礼で送ります。

4 終末期介護の事例

　がん末期の終末期介護を利用者の死の直前まで在宅で行った事例を通して，終末期介護のあり方について考えましょう。

> **事 例**

利用者の年齢・性別：Hさん，59歳，女性
疾病の状態：胃がん末期で10月に胃の全摘と胆囊・膵臓の摘出手術を受け，1か月後に退院した時点で余命4～5か月と診断されました。
ADL（日常生活動作）：退院時には自立していました。体力が低下して床につくことが多くなっても，排泄はずっと介助を受けてトイレまで歩行して行っていました。
家族の状況：リウマチ治療中の夫（65歳）とADLはほぼ自立している姑（90歳）の3人暮らしでしたが，Hさんの退院に合わせて，姑は実娘宅に預かってもらいました。娘2人は結婚しどちらも幼児がいますが，交代で実家を訪れHさんの介護を行いました。Hさんの実姉が頻繁に訪れて食事を作るなど，精神的支えとなりました。
生活歴：娘たちが成人するまで専業主婦をし，夫の定年退職後パートに出ていました。しっかり者で明るく，活発で世話好きなため近所の人や親族に頼りにされていました。
症状の推移とサービス提供の経過：Hさんが末期がんで，手術や抗がん剤治療を行っても完治は不能であると知った家族は，本人が納得して療養できるようHさんに告知することにしました。家族が付き添って医師から告知を受けたHさんは，大きなショックを受けましたが，最後まで住み慣れた自宅で生活したいという思いがあり，術後は定期的な検査と抗がん剤の服薬治療を続けながら，自宅で療養することになりました。

　11月に退院したHさんは以前と同じように家事を行っていましたが，徐々に体力が低下し，1か月ほどで床につくことが多くなりました。やがて食道にがんが転移し，食物や薬を飲み込みにくくなり，しだいに腰や背中の痛みが増していったため，週2回の訪問看護と週3回のホームヘルプサービスの利用を開始しました。地域の婦人会のボランティアが，話し相手や散歩の付き添い，買い物などの協力をしました。

　ホームヘルパー（訪問介護員）は，訪問看護師からがんの進行状態や治療についての情報を得つつ，家族と協力してHさんの好きなものを食べやすいよう調理した食事を工夫しました。また，日常生活を快適に過ごせるよう，さっぱりとした衣類や寝具を整えました。Hさんの病状は徐々に悪化していきましたが，見舞いに訪れる友人や姉，娘や孫たちと，楽しい時間をゆっくりと過ごすことができました。

　痛みの緩和のために24時間の点滴が必要になったころ，抑うつ状態が強くみられるようになり，訪問看護師からも「身近でいちばん長くかかわるヘルパーに，傾聴と受容を心がけてほしい」と要請がありました。Hさんは「4月の初孫の入園式までは生きていたいけれど，無理かしらね」「からだもあちこち痛いし，食べられないし，早く死んでしまいたい。でも死ぬのは不安で悲しい」と繰り返し訴えました。ヘルパーはHさんの話をじっくりと聞いて気持ちに寄り添いながら「お孫さんの入園式までには元気になれるよう，いっしょ

にがんばりましょう」などと励まし続けると，Hさんは「そうね，がんばるわ」と笑顔も見せるようになっていきました。

　手術から約6か月後，がんが肺や肝臓に転移して病状が急速に悪化しました。体力がさらに低下して，自宅で過ごした最後の数日間はポータブルトイレを利用しました。肺炎になって呼吸が苦しくなったときホスピス病棟に入院し，2日後に死亡しました。

【考えるポイント】

①終末期介護の説明と了解

　末期がんの利用者への終末期介護では，告知の問題は大きな課題です。告知する場合，誰がどの時期にどのように行うかを慎重に検討する必要があります。告知しない場合でも，家族やケアにかかわる各専門職間の意思統一が大切です。Hさんの場合は，医師の診断が行われた時点で家族が告知を決断したことで，Hさんは説明を受けたうえで自己決定をしていくことができました。

②身体的苦痛・精神的苦痛への対応と生きる意欲を引き出すケア

　利用者の身体的苦痛・精神的苦痛の緩和と，本人の生きる意欲を引き出し支えることは，終末期介護のテーマだといえるでしょう。病状の進行につれて体力の低下，嚥下障害，痛みなどが起きたHさんに対して，家事などの日常生活援助を行い，トイレでの排泄を維持し，食べやすい食事の工夫，医療処置による痛みの緩和などが行われました。Hさんの抑うつ状態が強まった時期には，ヘルパーは傾聴と受容に努め，「初孫の入園までは生きていたい」というHさんの望みをとらえて，生きる意欲を高めるように支援しています。

③介護職の役割と医療・看護職などの各職種，ボランティアの連携

　自宅で過ごしたいというHさんの意思を，家族や医師，訪問看護職，ヘルパー，地域のボランティアが連携して支えました。ヘルパーは，Hさんの身近でもっとも長くかかわる専門職として，身体面・精神面・日常生活を細やかに支援しています。家族とともにHさんの食事の工夫を行ったことは，介護にあたる家族への支援としての意味ももちます。こうした支援を受けて，Hさんは生きる意欲をもち続けながら，最後まで夫や娘，孫たち，姉などとともに豊かな時間を過ごすことができました。

　Hさんが亡くなったとき，夫から「ありがとうございました。皆さまのおかげでHも安らかに旅立つことができました」と，かかわったスタッフに感謝の言葉がありました。

引用文献

(1)　井上米子『新・接遇辞典——ナースのマナーレッスン』キャドウェーブ，2001年，95〜96頁
(2)　丸山咲野他編著『新版入門介護福祉概論——はじめて介護を学ぶ人のために』久美，2002年，123〜125頁

第13章 介護過程の基礎的理解

第1節 介護過程の目的・意義・展開

1 介護過程の理念と目的

　人はいつの時代にあっても，老い，病，障害等によって生活に支障（さしつかえ，困難）を生じます。その生活支障を克服することは個人の生活上の問題です。しかし，個人の力には限りがありますから，人びとがともに助け合う気持ちを基盤として，国家が社会福祉の制度を設けています。

　介護過程の目的は，この社会福祉の目的に沿って展開されます。介護過程は，介護を必要とする利用者のために，介護サービスを提供する全体の過程をいうのです。それでは介護過程は，どのような目的と方向性をもって行われるのでしょうか。そのためには，まず社会福祉の基本事項を定めた「社会福祉法」の基本的な理念を理解する必要があります。

　「**社会福祉法**」は次のように示しています。

> **福祉サービスの基本的理念**
> 第3条　福祉サービスは，個人の尊厳の保持を旨とし，その内容は，福祉サービスの利用

> 者が心身ともに健やかに育成され，又はその有する能力に応じ自立した日常生活を営むことができるように支援するものとして，良質かつ適切なものでなければならない。

　すなわち，①個人の尊厳が保持されること，②能力に応じ自立した日常生活が営めることの2つの基本的考え方を理念として，生活支援が行われることを示しています。
　理念とは，人間社会がめざすものであり，それに向かって進んでいくための社会の道しるべとなるものです。理念は国家の示す規範であるとともに，すべての国民の共有する考え方であり，普遍的な価値を有します。この価値は理念的なものを内容としていますから，これを理念価値ということができます。介護過程はこの理念価値を基本的な柱として行われます。
　これは普遍的，抽象的な考え方ですから，具体的に示されているわけではありません。しかし，生活支援の実践の場面で実際の介護サービスが良質かつ適切なものであるかの判断の基準は，そこに示されている理念価値から導かれるのです。
　ここで介護過程の目的を考えます。介護は生活の支援ですから，まず生活とは何かを考えます。生活とは多様な意味を含んでいますから，一義的な答えは難しいのですが，ここでは老い，病，心身の障害などに起因する生活支障をもつ人びとの立場から考えていきます。
　生活支障は，食事，排泄，入浴，移動などの生活上の基本的な生活上の支障です。その生活支障を克服していくために，介護サービスが適時・適切に提供されます。これが介護過程の目的となります。そこで，介護サービスが適時・適切なものとはどのようなことかを2つの視点から考えます。
　まず，介護サービスの提供にあたっては，利用者の人間としての尊厳が保持され，生活が自立していくことを目的とします。人間の尊厳が保持されるとは，現在の生活状況において人間らしい生活が維持されていることです。そして人間らしい生活とは，利用者の意思に基づく生活の営みといえます。介護サービスの利用にあたっても，この利用者の意思が尊重されなければなりません。そして自立とは，このような人間の尊厳が保持されるなかで，自らの意思で生活設計（介護サービス計画等）が行われ実践されていくことです。
　次に，介護職は介護サービスを提供することを通して，利用者が生活上の課題を解決することを支援していきますが，利用者の立場に立ってみると，どのような生活状況にあっても，つねに幸せを求めて生活しています。そのためには現実の生活が安心・安定し，さらによりよい生活に向けて継続されていくことです。すなわち，介護職の行う生活支援は一方的な介護サービスの提供ではありません。利用者の自立が達成されることを目的とするものでなければなりません。

2 介護過程は信頼関係を基盤として展開される

　介護過程は利用者のニーズ（必要性）に対応して，介護を提供する全体構造を示すものです。その基盤となるものは，介護職と利用者との人間関係を通じた信頼関係の形成です。生活支障からの不安，絶望，困惑などをもつ利用者は，介護職との信頼関係によって，精神的安心と生活の見通しを得ることができるのです。これは介護職の専門職としての態度にも関係します。そのためには，介護職は，介護過程の理念と目的をよく理解しておく必要があります。

　すでに述べてきたように，介護過程は人間の尊厳が保持されることを目的としています。このことは，介護過程は利用者への**尊敬**と**共感的理解**が基盤となっているといえます。それは人間が個人として尊重されることを意味しています。限りある生命（人生）において，老い，病，心身の障害等を担って懸命に生きている利用者の姿に感動し，それを支える介護職の使命と役割を自覚するのです。これは介護職と利用者という対象化された，あるいは傍観者的関係ではありません。相手の立場や思いを分かち合う共感的理解なのです。利用者にとっては，自分をひとりの人間として尊敬し，真摯に理解しようとしている人と出会うことで，人間的な豊かさのなかで介護過程が展開されていくことになるのです。

> **事例**
>
> 　中学3年生のNさん（女性）は，スポーツ事故で頸髄（けいずい）損傷の重傷を負いました。Nさんは四肢麻痺（まひ）の障害となり，絶望と不安のなかで，重度障害者のためのリハビリテーション施設を入所利用することになりました。
>
> 　施設生活でNさんは，施設職員や障害者同士の人間関係のなかから，社会復帰をめざす生活支援計画を立てました。まず生活自立のためのトランスファー（移乗動作）に取り組みました。毎日が筋力トレーニングとADL（日常生活動作〈日常生活活動〉）訓練です。そして，しだいに生活自立の光が見えてきました。担当者のKさんは，障害を克服し懸命に生きるその姿に，尊敬の念が生じてきました。

【考えるポイント】

　Kさんは，最初のうち，重度の障害を抱えたNさんをなんとか支えてあげようと考えていました。Nさんが年少であることや自分が支援者であることから，保護者のような気持ちももっていました。しかし，Nさんの姿を見ているうちに，ひとりの人間としてのNさんに強くひかれ，年齢や支援者という立場に関係なく，Nさんを尊敬するようになったのです。

3 介護過程は利用者のニーズの充足を図る

　介護過程は利用者のニーズの充足を図ることを目的としています。ニーズとは生活上の必要性をいうのですが、ニーズには個別性があり、その内容は複雑で多岐にわたります。実際に支援をしていくためには、利用者のニーズの全体像を理解し、そのなかでニーズを特定していく必要があります。なぜなら、生活上のニーズはあらかじめ決まっているとはかぎらないからです。ニーズは利用者の希望や願いですが、介護サービスを利用することになると選択肢が複数存在することが多くなるなかで、サービスの選択にあたっては、いかに生きるか、どのように生活するかの問題と向き合うことになるのです。

　疾病や外傷に起因する生活支障は、多くの場合予期しない出来事です。したがってこれらの出来事を自ら引き受けて、どうやってこれからの生活を送るか考えるのは、そうたやすいことではありません。まして、そのような状況になった利用者は介護サービスの知識を持ち合わせているわけではありません。そこに介護過程を通じて、しだいに生活を設計していくことの意義があるのです。すなわち、介護過程は介護職と利用者の関係を通して、しだいに創造していく過程なのです。そして、その最初の手がかりが利用者のニーズを理解することからなのです。そのためには、次のような点に留意します。

①ニーズは利用者の意思の表現から理解します。そのためには、先入観や憶測を入れずに、よく傾聴し受容することです。そして利用者の生活状況からの思いなどを共感的に受け入れることが大切です。

②ニーズは表現されるとはかぎりません。心のなかに潜在化していることがあります。また利用者自身がニーズとして自覚していないため、表現されない場合があります。

③ニーズは介護サービスによって充足されるわけですから、介護サービス計画（ケアプラン）によって具体的にする必要があります。したがって、利用者が表明した顕在的ニーズと表明されない潜在的なニーズは介護職が解釈・判断をする必要があります。これは介護過程における重要なテーマとなります。

4 介護過程の意義と内容

　介護過程の意義とは、介護過程の意味と内容を明らかにすることです。介護過程とは介護サービスを利用者に提供する全体の過程をいいますが、介護サービスの提供においては、ケアプラン作成の過程を示すことが多いのです。このケアプラン作成の過程は、次の2つの過程に分けられます。

①相談・出会い→**アセスメント**→生活課題→ケアプランの作成→**ケアカンファレンス**
②介護サービスの提供→**モニタリング**→評価→**フィードバック**

❶ 相談・出会い

　介護過程はアセスメントから始まるとする考え方が多いのですが，ここではその前に，相談・出会いを入れて考えることにします。それは2つの理由があります。

　1つは介護過程は人間関係の形成から開始されるものですので，いきなりアセスメント（情報収集等）から始まるのは通常ではありません。このことは在宅の高齢者のケアプラン作成の過程が，まずは訪問し，高齢者や家族との人間関係を形成して，生活ニーズを理解することから始まることを考えてもわかります。

　2つ目は，介護職の倫理はこの相談や出会いの場面において重視されるからです。介護過程における人間の出会いの質（良好な関係）は，生活の彩りを豊かなものとして生きる自信を回復させることも少なくないのです。いくつかの重要な視点をあげておきます。

①相談や出会いにおける人間関係は，社会人としてお互いに尊敬される人間同士の話し合いであることをつねに留意します。健全な常識を備え，社会的エチケットを守って接します。初対面のあいさつ，来訪に対するねぎらいの言葉，天候，交通手段の配慮など，人としての温かい配慮が必要となります。

②介護サービスを利用しようとする人は，心の重荷を抱えてストレス状態にあることを配慮します。したがって，介護職はゆったりとした雰囲気で，十分に話し合えるように心がけます。これは老人福祉施設などでも同様です。忙しいという態度や雰囲気のもとでの出会いではよい成果は得られないでしょう。

❷ アセスメント

　アセスメントは「事前評価」ともいいます。利用者との相談や出会いなどの関係を通して，利用者が何を望んでいるかは概括的に理解していますが，そこからさらに，介護サービスを提供するうえで必要とされる情報の収集・判断を行う過程です。この情報収集の過程は複雑で多岐にわたりますが，まず利用者（家族）のニーズに沿って行うことになります。具体的な事例を通してみていきます。

> **事例**
>
> 　Sさん（76歳，男性）は会社を退職後，好きな俳句を楽しんでいましたが，脳卒中で倒れ，身体が不自由になりました。退院後は在宅で生活しています。Sさんの希望は自宅での入浴の介助です。これまでは妻（75歳）の介助で入浴していましたが，妻が腰痛で介助が難しくなったということです。家族は，それに加えて，Sさんは何かをする意欲が失われ，車いすで外出することもなく，身体機能がしだいに低下していくようで心配であるといいます。Sさんは，家族が話をしていることについては，自分から話をすることはありませんでした。

Sさんに関するアセスメントについて、考えるポイントを例示します。
●項目1：Sさんの主訴である入浴サービスについて
①Sさんの脳卒中の後遺症による身体機能の低下および健康状態
②Sさんの家の浴室・浴槽の構造、家の構造
③妻の介護の状況
④手すり、シャワーチェアなどの利用による入浴自立の可能性
⑤介護サービス利用の回数等の希望と費用負担
●項目2：家族の不安や希望について
①平素Sさんと家族はどのような話し合いをしているのか
②入院中の機能訓練の状況、現在の生活についての医師からの助言や指導について
●項目3：Sさんの生活について
①Sさんの趣味（俳句）など生活の楽しみについて
②Sさんがこれからの生活に望んでいること

　これらのアセスメントは、まずSさんの依頼である項目1の入浴サービスについて行うことになります。これは、Sさんと家族との話し合いと家庭状況をみることでおおむね理解できます。そしてSさんの健康状態については、必要に応じて医師の所見が二次的に加わることがあります。

　次に項目2と項目3については、相談からの主訴ではありませんので、相互の信頼関係の形成の過程からしだいに明らかになっていくものです。たとえばSさんの意欲や趣味活動について、Sさんの日常生活や家族との話し合いの様子が明らかになるにつれて、アセスメントもより踏み込んだ適切な手がかりを得て行われることになります。

❸ ケアプランの作成

　ケアプランの作成で重要なことは、利用者と家族の意向については、利用者の意思に沿ったうえで総合され、実現可能な計画として作成されることです。**生活課題**を設定し、それに沿った目標と支援の内容などを決めます。

●生活課題の設定

　相談等からアセスメントの過程により、生活課題が決定されます。この生活課題の意義は、多様な生活状況のなかから、介護サービスを提供するうえでのテーマ（主題）を示すことです。Sさんの事例から例示しておきます。
①入浴が困難である。
②生活のうえで、意欲が低下している。

　これらの生活課題は、介護職がアセスメントの過程から、介護サービスの主題として設定したものです。それは解決を必要とする生活上のニーズを意味しています。

● 目標・内容等

　生活課題が介護サービスの提供によってどのように充足いていくのかを示します。目標を立てて，その目標に到達するための内容を明らかにします。目標は長期目標と短期目標に分けられます。一般には，長期目標を立て，そこから導かれる目標を短期目標と考えます。Ｓさんの事例から例示します。

①生活課題……入浴が困難である。
　長期目標……入浴自立の範囲が広がり，快適な入浴ができる。
　短期目標……入浴介助によって入浴ができる。入浴設備の改善による自立を試みる。
②生活課題……生活のうえで，意欲が低下している。
　長期目標……活気ある豊かな生活ができる。
　短期目標……俳句の会の参加など話し合っていく。

❹ モニタリング

　モニタリングは，介護サービスの提供とその達成状況の経過をみることです。ただし，ケアプランに沿っていればよいとか，あるいは生活状況について傍観者的に観察していればよいというのではありません。介護職は生活課題を共有し，経過をみながらともに考えていかなければなりません。

　Ｓさんの事例の場合には，Ｓさんの意欲についての課題があります。その達成には，Ｓさんの思いや努力を尊敬し共感する人間的態度を基盤として，理解し励ましていくことが必要となります。さらに，モニタリングにおいては，Ｓさんの健康状況や身体機能等の変化を見守っていく必要があります。必要に応じて，ケアプランに携わる医療関係者等からのモニタリングも行われます。

❺ 評価・フィードバック

　評価は，生活課題が介護実践によってどのように充足されたか，その達成効果をみることです。評価はかつて，事前評価と事後評価が対になっていました。とくにリハビリテーションにおいては，「評価にはじまり評価に終わる」といわれていました。現在は事前評価をアセスメントというのが一般的で，評価とは事後評価のことをいいます。

　評価はアセスメントから介護実践への過程をみながら行うことになります。Ｓさんの例では，生活課題である入浴サービスを中心に，信頼関係の形成のうえで，Ｓさんの意欲の変化とそれによる生活の変化を評価します。

　フィードバックは，評価の結果，計画どおりの達成効果が認められなかった場合，その原因等を検証して，必要に応じて再アセスメントなどを行い，つねに適時・適切な生活支援が行えるようにすることです。

　このフィードバックは大別して２つの場合がみられます。１つはアセスメントが不十分

で，その結果，ケアプランを修正する必要が生じる場合です。2つ目は，利用者の心身の状態や環境の変化に起因するものです。これらは利用者，家族，関係専門職の評価によってフィードバックされ，つねによりよい介護過程が展開されます。

第2節 介護過程とチームアプローチ

1 チームアプローチの意義

チームアプローチとは，専門職を中心とする複数の関係者が連携・協働することをいいます。介護サービスは生活支援を目的としますが，生活は多様な要素が複合しています。そのため，利用者の生活支障から生じる生活課題の解決のためには，チームアプローチが必要となります。利用者の複合的な生活課題に対応するため，各分野の専門職がチームを構成して協働するのです。

チームアプローチにおけるチームの形成は次のように考えられます。

生活支障の複合性は，老い，疾病，心身の障害等に起因するものです。2001年のWHO（世界保健機関）の**ICF（国際生活機能分類）**によれば，生活機能は，①**健康状態**，②**心身機能・身体構造**，③**活動・参加**の3つの側面があり，背景因子として，環境因子と個人因子があげられています。障害とは，これらがなんらかの理由で阻害されることを指します。

したがって，生活支援を行うにあたり，これを概括的に各分野に分ければ，保健・医療，福祉・介護等の専門職がかかわります。また，背景因子としての環境因子については，地域の社会資源の関係者（たとえばボランティア，NPO団体など）がかかわってきます。

これらの専門職等のチーム形成の根拠はどこに求めるかですが，これはオーケストラが同じ楽譜で指揮者のもとで演奏されるのと同じ考え方です。専門職の立場からのみではなく，利用者の生活ニーズの視点からチームが形成され，役割が調和的に統合されます。チームは基本的理念を共有します。すなわち，チームの理念と目標は，人間の尊厳が保持され，自立した生活が営まれることを支援することです。具体的には利用者の主体的な意思が尊重されることになります。では，これを介護過程において具体的にみていきましょう。

2 介護過程におけるチームアプローチ

これまで述べてきたチームアプローチの考え方や目的が，介護過程においてどのように

実践に生かされるかです。

　まず，相談・出会いの場面は介護職との人間関係において行われます。そこで提示された介護サービスの内容を明確にするためにアセスメントが行われます。その内容が健康に関することであれば，医師の所見が必要な情報として取り入れられます。そしてケアプランが**ケアカンファレンス**（サービス担当者会議）において決定されます。ここで保健・医療・介護等関係者が協議し，ケアプランにおける目標・内容等を共有したうえで，実践されます。いうまでもなくチームアプローチは，それぞれの専門領域をもつ関係者の統合的活動であり，そのためには利用者のニーズに沿ったケアプランが十分に理解される必要があります。さらにケアプランの実践の過程におけるモニタリングおよび評価は，各専門職のチームアプローチによって実施されます。

　ここでチームアプローチに必要な基礎的要件をあげておきます。

①介護過程におけるチームアプローチは，人間の尊厳の保持と生活自立のための理念価値を実践の基盤として展開されます。

②介護過程は生活支援です。利用者が主人公であることを共通の価値観として，利用者の意思に沿ったチームアプローチが行われます。

③チームアプローチは，利用者に対する尊敬と共感の人間的態度が基盤となります。

④チームアプローチは，チームの各メンバーがそれぞれの職種の専門性と固有の役割に敬意をはらい，その知見と判断を受け入れる関係性によって成り立っていることを留意します。

第14章

総合生活支援技術演習

この章では，実際の事例に即して，これまでに学習した生活支援技術を振り返りながら，一連の生活支援を提供する流れ，利用者の心身の状況に合わせた支援の提供を考えていきます。

事例1
通所リハビリテーションでのIさんへの支援

> **事例**
>
> **利用者の年齢・性別**：Iさん，84歳，男性，要介護1
>
> **これまでの経過と家族の状況**
>
> 　Iさんは，定年後，趣味であった盆栽や庭いじりを楽しみながら，妻とふたり暮らしをしていました。また，1日に1～2時間ほど近所を散歩したり，月に一度は老人会の集まりに参加したりと活動的な生活を送っていました。家族関係も良好で，近所に住む娘や孫が遊びにくるのを楽しみにしており，とくに孫が遊びにくるときには必ずお土産を用意しておくなど，孫をとてもかわいがっていました。
>
> 　1年ほど前，庭で盆栽の手入れをしている最中に脳梗塞で倒れ，2か月間入院しました。入院中，最初の1か月間はベッドで寝たきりとなり，日常生活のすべてにおいて介助が必

要な状態でした。その後，Ｉさんは，リハビリテーションに熱心に取り組み，退院時には，室内での杖歩行ができるまでに回復しました。後遺症としては，軽度の左半身麻痺，言語の不明瞭さ，左半側空間無視があります。

家族は，退院できたことをとても喜び，以前のように庭で盆栽の手入れをしたり，老人会に参加したりと活動的な生活を送ってほしいと思っています。退院後のＩさんは，あまり盆栽に興味を示しませんでした。ときおり，縁側から庭を眺めることはあっても，以前のように盆栽の手入れや庭いじりを行うことはありません。また，老人会にも参加しませんでした。室内での杖歩行や何かにつかまっての歩行はできますが，外に散歩に出かけることには不安があるようです。家族が盆栽や散歩，老人会への参加について促してみると，Ｉさんは「以前のように歩けないし，うまくしゃべれないからな」と話しています。

退院直後から開始した通所リハビリテーション（週1回）へは，休むことなく出かけていき，絵をかいたり，カレンダーづくりに取り組んだりと，活動的で笑顔も多くみられているそうです。

しかし，最近は，週に1～2回，尿失禁がみられるようになり，心配した娘さんは，Ｉさんのためを思い，紙パンツを購入し，使用を勧めてみましたが，Ｉさんは使用を拒否しています。

このような状況のなか，家族は，Ｉさんになんとか以前のような活動的な生活を送ってもらいたいと考えています。また，Ｉさん自身もできるだけ自分のことは自分でしたいと考えています。

Ｉさんの心身の状況

　脳梗塞，高血圧（服薬でコントロールできている），軽度の左半身麻痺，前立腺肥大症（服薬はしているが，尿失禁はみられる），左半側空間無視

　障害高齢者の日常生活自立度：Ａ1

　認知症高齢者の日常生活自立度：Ⅰ

ＩさんのADL（日常生活動作〈日常生活活動〉）等

　移動…杖歩行（室内であれば，杖を使用するか，何かにつかまれば歩行可）

　食事…自立（常食を箸で摂取している）。左半側空間無視があるためか，左側の食事を残すことがあるが，促せば全量摂取する。

　整容…自立しているが，ときおり，左側のひげをそり忘れていることがある。

　口腔ケア…自立。自歯のみ。

　衣服の着脱…一部介助。ズボンの上げ下ろしが上手にできない。

　排泄…週に1～2回尿失禁がみられる。便失禁はない。家族の話によると，尿意はあるものの，トイレまで移動している途中に失禁してしまっている様子がある，とのこと。

前立腺肥大症の薬は医師から処方されており，服用している。

紙パンツは娘さんが使用を勧めたが，Ｉさんが使用を拒否している。

ズボンの上げ下ろしが上手にできないため，下着を濡らしてしまったり，ズボンから上衣が外に出ていたりすることがある。

入浴…通所リハビリテーション利用時に週に１回入浴している。また，自宅の浴室にはシャワーがなく，浴槽への出入りも危険なため，入浴していない。Ｉさんが自宅で入浴できるように浴室の改修を検討中。洗身は，手の届くところは自分で洗えているが，不十分なところがあるため職員が介助している。

コミュニケーション能力…言語が不明瞭なため，相手に理解してもらえないことがある。言いたいことがうまく伝わらず，いらいらして妻や通所リハビリテーションの職員に強い口調になることがある。

社会とのかかわり…通所リハビリテーションに週に１回通っている。自ら進んでクラフト製作やカレンダー作成，絵を描くなど，笑顔もみられている。他の利用者との会話はみられないが，目が合うとお互いに，にこっと笑顔をみせている様子がある。

リハビリテーション…通所リハビリテーション利用時に，理学療法士による歩行訓練を行っている。積極的に取り組む前向きな姿勢がある。

居住環境…平屋。

トイレ…家のいちばん奥にあり，ふだんＩさんが過ごしている居間や盆栽のある庭からは，かなり離れたところにある。手すりは設置ずみ。洋式便座。

浴室…据置型浴槽のため浴槽への出入りが危険。浴室にはシャワーがない。現在，浴室の改修を検討中。

1 事例から考える介護のポイント

　活動的な生活を送ってきたＩさんは，脳梗塞で倒れた後も熱心にリハビリテーションに取り組み，杖歩行ができるまでに回復しました。こうしたＩさんの積極的な面を支援する姿勢が求められます。退院後は，以前のようには歩けないこと，うまく話せないことを気に病み，少し消極的になっているようにもみえますが，通所リハビリテーションでは歩行訓練に取り組んだり，クラフト製作やカレンダーづくりを行ったりと持ち前の積極的な一面が戻り始めています。

　こうしたことを考えると，日常生活全般において，Ｉさんができることを増やしていき，自信を取り戻していけるような支援が必要となってきます。コミュニケーションにおいても，うまく自分の意思を伝えられないもどかしさや悲しさを理解し，ていねいにかかわる

ことを心がけましょう。また，日ごろのIさんの様子をよく観察し，状況に応じて，Iさんの伝えたいことを察することができるようになるとよいでしょう。

では，各場面（移動，排泄，入浴の場面）からIさんの心身の状態に合わせた支援について考えていきましょう。あなたは，通所リハビリテーション事業所の介護職員です。

2 移動

昼食を終えたIさんは，いすに座っています。これから，歯みがきのために洗面所まで杖を使って移動しようとしています。洗面所までの移動の介助をしてください。

Iさんは，立ち上がり時に少し不安定になることがあるので，とくに注意が必要です。また，Iさんは，杖を使用しての3動作歩行を行います。

①あいさつと体調の確認

Iさんの名前を呼び，あいさつをすることはすべての介護の基本です。笑顔であいさつをしましょう。また，あいさつの際に，体調確認を忘れずに行いましょう。とくに，昼食を食べたばかりということを考え，体調に変化はないか声をかけるだけではなく，顔色などもよく観察しましょう。Iさんの場合，左半側空間無視があるため，Iさんの右側からあいさつするとよいでしょう。

②説明と同意

これから行うことをわかりやすく説明し，Iさんの了解を得てから介助を行うことが大切です。歯みがきのために，杖を使って洗面所まで移動することをていねいに伝えましょう。

③必要物品等の準備と確認

必要物品を事前に準備しておくことは，安全を確保するうえでも大切なことです。「いつも使っているものだから大丈夫だろう」と安易に考えず，物品が安全に使用できるものかどうかも，あわせて確認しておきましょう。この場面では，「洗面用具はそろっているか」「杖は安全に使用できる状態か」「洗面所までの動線に危険はないか」などについて事前に確認しておきます。

④健側を活用しての立ち上がり

左半身麻痺のIさんの場合，右半身を活用しての立ち上がりを支援します。立ち上がりの手順は次のとおりです。介護職は患側（左側）に位置し，患側を保護するようにします。
①足を肩幅に開き，支持基底面を広くとる（浅座り時や立位時の安定のため）。
②いすに浅く腰掛ける。
③健側（右足）をわずかに引く。
④前傾姿勢になりながら健側（右足）を活用して立位をとる。
⑤立位時，ふらつきがないか，安定した立位がとれているかを確認する（起立性低血圧の

⑤安全な杖歩行の見守り

杖→患側→健側の順で歩行します。介護職は患側（左側）のやや後方に位置し，安全な杖歩行を見守ります。歩行の途中で体調の確認を行います。また，左半側空間無視への配慮を忘れないようにしましょう。

⑥歯みがきしやすい安定した姿勢の確認

洗面所に着いたら，歯みがきしやすいように安定した立位の確認を行います。洗面台から離れていると不安定ですので，できるだけ洗面台に近づきます。

⑦移動後の体調の確認

Ｉさんは高血圧症があり，大きく身体を動かしたときには注意が必要です。移動後の体調変化にも留意しましょう。

3 排泄

午後の歩行訓練後，Ｉさんは少し疲れたので，フロアー隅にあるベッドで横になっていました。Ｉさんは，尿意を感じたのでトイレまで行こうとしましたが，疲れのためか，起き上がりに時間がかかり，ベッドに端坐位のまま尿失禁をしてしまいました。Ｉさんは，しかたなくケアコールを押し職員を呼びました。Ｉさんは，職員に「すみません，すみません」と繰り返し謝っています。Ｉさんの自尊心・羞恥心に配慮しながら，下衣の更衣の介助をしてください。なお，演習上，下着の更衣は省略し，ズボンの更衣のみ行ってください。また，ベッドや床に尿失禁はありません。

①自尊心・羞恥心への配慮

Ｉさんは，「すみません，すみません」と繰り返し職員に謝っています。Ｉさんの自尊心・羞恥心に配慮した言葉かけが必要になります。尿失禁をしてしまったことを責めたりせず，歩行訓練に熱心に取り組んでいることなどを評価し，今後につながるようなかかわりが求められます。

②体調の確認

歩行訓練後の疲れがあったこと，起き上がり動作がスムーズにできなかったことなどを考え，体調の確認をしっかりと行います。Ｉさんに体調を聞くことも大切ですが，顔色，体熱感，脈拍，呼吸などを十分に観察する必要があります。また，必要に応じて血圧を測定したり，体温を測定したりする必要もあるでしょう。左半側空間無視があるので，Ｉさんの右側から話しかけるようにします。

③説明と同意

これから，汚れてしまった衣類の交換を行うことを説明し，納得してもらう必要があります。残尿感がある場合には，更衣の前にポータブルトイレや尿器を使用することも考え

られます。その場合には，まずはポータブルトイレや尿器を使用し，排泄をすませてから更衣を行うことを説明し，同意を得ます。

④必要物品等の準備と確認
　清拭（せいしき）用のタオル，バスタオル，ランドリーボックス，着替えの衣類など必要な物品を準備します。準備のためにその場を離れる場合には，Ｉさんが安全な座位姿勢になっているかを確認する必要があります。

⑤清潔の確保と衣類の交換
①立位をとる……汚れた衣類を脱ぐためには，まず，立位になる必要があります。既述の立ち上がりの手順に基づき，安定した立位をとり，下衣を膝上まで下します。
②清拭を行う……臀部（でんぶ）や陰部など尿で汚れた部分を清拭します。Ｉさんが自分でできるところはできるだけ自分で行えるようにします。手の届かないところや不十分なところを介助します。皮膚の観察も同時に行いましょう。
③下衣を脱ぐ……いったんベッドに腰掛け直してもらいます。安全に座るためには，前傾になりながら座るとよいでしょう。深く安定した座位になっていることを確認してから，下衣を脱ぎます。脱健着患（脱ぐときは健側から，着るときは患側から）の原則に基づき介助します。脱ぐときも自分でできるところはできるだけ自分で行うようにしましょう。なお，臀部がベッドに直接触れてしまうため，ベッドに腰掛ける前にバスタオル等を敷いておくとよいでしょう。
④下衣をはく……安定した座位の状態でズボンを膝上まではきます。ズボンをはくときも脱健着患の原則に基づき介助します。はくときも自分でできるところはできるだけ自分で行うようにしましょう。
⑤立位をとる……再度，立位をとり，ズボンをはきます。立ち上がりの手順は既述のとおりです。安定した立位がとれたら，できるだけ自分でズボンを腰まで上げ，うまくズボンを上げられないところを介助します。

⑥着心地の確認
　ズボンがはけたら，着心地の確認を行います。着心地に問題がなければ，再度，ベッドに座ってもらいます。

⑦着脱衣後の体調の確認
　着脱衣のために立ち上がったり，座ったりを繰り返しています。体調に変化がないか確認を行います。

＊最後に介護職，Ｉさんともに手洗いするのを忘れないようにしましょう。
＊尿失禁があり着替えをしたことを家族に伝える際には，Ｉさんの自尊心・羞恥心に配慮する必要があります。歩行訓練を熱心に行っていることなど，Ｉさんのプラス面も合わせて伝えしましょう。

4 入浴

　Ｉさんは，通所リハビリテーション利用時のみ入浴しています。自宅では浴槽への出入りの危険，シャワーがないといった理由で入浴していませんが，現在，自宅の浴室の改修を検討しています。

　Ｉさんは，脱衣をすませ，脱衣室のいすに座っています。浴室まで案内し，自宅での入浴に向けた支援をする必要があります。浴室のシャワーチェアに座り，自立に向けた洗身の介助をしてください。また，浴槽は半埋め込み型浴槽で個浴（一人用の浴槽）です。バスボードを使い，安全な浴槽への出入りを介助してください。

　自宅での入浴に向けた支援ということを考えると，Ｉさんが自分で行えるところと介助が必要なところをアセスメントする視点をもちながら介助する必要があります。

①体調の確認

　入浴は体調の変化が大きい場面のひとつです。すでに脱衣していることを考えると血圧の変動も考えられます。入浴前に十分な体調の確認が必要になります。左半側空間無視があるので，Ｉさんの右側から話しかけるようにしましょう。

②説明と同意

　これから浴室まで歩いて移動し，入浴することを説明し同意を得ます。このときに，入浴の前の排泄の有無の確認をしておくとよいでしょう。

③必要物品等の準備と確認

　浴室の温度，湯温，シャワーチェアやバスボードの安全性，浴室の床に石鹸等がついたままになっていないか，ボディソープやシャンプー，リンス，タオルなど必要なものがそろっているか，脱衣室から浴室までの動線に障害物はないかなどを事前に確認しておきます。準備・確認のためにその場を離れる場合には，Ｉさんが安全な座位姿勢になっているかを確認する必要があります。

④浴室への移動

　立ち上がりと移動については既述のとおりです。

　浴室へ移動したら，シャワーチェアに座ります。このとき，介護職は，シャワーチェアが動かないようにしっかりと押さえます。シャワーチェアに座ったあと，タオル等で陰部を隠すなど，プライバシーへの配慮を忘れてはいけません。

＊シャワーチェアに座る際には，直前に湯をかけ，座面を温めるなどの工夫をするとよいでしょう。

⑤湯温の確認と洗身

　介護職はＩさんの患側（左側）に位置しながら介助を行います。このとき，左半側空間無視があるので，Ｉさんに「私はＩさんの左側からお手伝いさせていただきますね」と事

前に声をかけておきましょう。

シャワーから湯を出し,介護職が湯温の確認を行います。Ｉさんにも湯温を確認してもらいますが,健側（右側）で確認してもらうのが原則です。湯をかけるときには健側（右側）の足先からかけるようにしましょう。

洗身は,手の届くところは自分で行ってもらいます。手の届かないところ,不十分なところを介助します。

⑥浴槽への出入り

浴槽の湯温の確認を行い,問題がなければＩさんにも湯温を確認してもらいます。その後,バスボードを浴槽にセットし,座位移乗を行います。

① 片足ずつ浴槽に入れていく。

＊洗い場と浴槽との位置関係にもよりますが,健側→患側の順で浴槽に入れます。

② 両足が浴槽に入ったら,手すりなどにつかまりながら立位になる。

③ 介護職がバスボードを外す。

④ 湯につかる。このとき,浴槽内に置いたいすに座ると立ち上がりやすくなる（ただし,肩まで湯につかれない場合が多い）。

⑤ 湯からあがる。手すりなどにつかまりながら立位をとる。このとき,ふらつきや安全に立位がとれているかをしっかりと確認する（起立性低血圧の確認）。

⑥ バスボードをセットする。バスボードを浴槽にセットし,バスボードの上に座る。

⑦ 片足ずつ浴槽から出していく。

＊洗い場と浴槽との位置関係にもよりますが,患側→健側の順で浴槽から出します。バスボード上を座位移乗するように再びシャワーチェアに座ります。

＊左半側空間無視のため,左側にある物が認識できていないことも考えられるので,動作の前には,「Ｉさんの左側に〇〇があります」と説明しておきましょう。

事例2
訪問介護におけるＭさんへの支援

事例

利用者の年齢・性別：Ｍさん,79歳,男性,要介護1

これまでの生活と家族状況

　Ｍさんは会社員として定年まで働き,65歳で退職しました。一家の長として家族を養っ

てきた自負があります。妻（77歳）・長女（49歳）・長女の夫（53歳）・長男（36歳）・次女（34歳）・孫（28歳）がいます。妻とふたり暮らしです。長女一家は近所に住み，家族関係も良好です。長男・次女はそれぞれ単身で暮らしています。

退職後は，近隣の知人と旅行や釣りなどの趣味を楽しんで過ごしていました。また，退職後は面倒見のよさから町内会の役員などを引き受け，地域の子どもたちの登下校に合わせた防犯パトロールなどに参加し，地域住民とも交流をもっていました。少々飽きっぽいところもありますが，頼まれたことに対しては責任をもって最後まで行う人柄です。交友関係はおもに，元会社の同僚や町内会の役員仲間です。

2010（平成22）年12月，脳梗塞（こうそく）により右片麻痺（まひ），軽い言語障害となり，2011（平成23）年1月にB介護老人保健施設にリハビリテーションを行うために入居し，現在は在宅にて過ごしています。

最近は認知症の症状が出現し，脳梗塞の後遺症による右片麻痺があり，1日の大半をベッド上で臥床（がしょう）して過ごすことが多くなりました。食事のときだけ車いすでリビングに移動しています。ここ1週間は食欲低下がみられ，食べてもときおりむせてしまう状況で，食事を楽しめていない様子です。また，リビングでの食事もいやがり，ベッド上で妻に介助してもらいながら食事をしています。自分から会話することもなく，町内会の仲間が自宅にきても以前のように笑顔がみられません。

このような状況のMさんがむせることなく，楽しく安全に自分で食事ができるように考え，生活への意欲をもてるよう介助を行います。

食事に適した姿勢，利き手が使えないいらだちを理解し，自助具の活用などもMさんといっしょに考えていき，自ら食べることに対して意欲をもてるようにします。また，口腔（こうくう）ケアを実施し，誤嚥（ごえん）性肺炎の予防に努めます。観察として食事摂取量の変化に注意をし，低栄養状態にならないようにすることや体重の増減にも注意します。

Mさんの心身の状況

脳梗塞，認知症，右片麻痺

障害高齢者の日常生活自立度：ランクB

認知症高齢者の日常生活自立判定基準：Ⅱb

MさんのADL（日常生活動作〈日常生活活動〉）等

移動…右片麻痺と筋力低下により立位は不安定で移動は車いすを使用している。座位はベッドをギャッチアップすることで保つことができる。しかし，時間がたつと徐々に右側に傾いて不安定になり，安定した姿勢がとれない状況。

食事…本来は右利きだが，麻痺のために左手でスプーンを持って食べる。

食事形態はミキサー食。6～8口程食べると止めてしまう。声をかけると手を動かす

> が，「おいしくない」とそれ以上は食べるのを止めてしまう。食事の摂取量が少なく，ときどきむせることがある。水分にはとろみをつけている。
> 排泄…尿意，便意はある。しかし間に合わないときがあるために，リハビリパンツとパットを使用している。トイレの移動が面倒なのか，近ごろでは妻の声かけでしぶしぶトイレに行く状況である。ベッド上で同じ姿勢でいることが多いので局所が圧迫されていて，仙骨部に軽度の発赤がみられる。排泄時はトイレで介助をしてもらっているが，以前に転倒したことがあるために，夜間はおむつ対応をしている。妻も腰痛があり，トイレでの排泄介助，夜間のおむつ交換にも苦労がある。
> 入浴…自宅で週2回，ホームヘルパー（訪問介護員）による一部介助で入浴している。
> 口腔ケア…毎食後，妻の介助で実施。含嗽はできる。
> 衣服の着脱…ボタンかけやズボンの上げ下ろしなど一部介助で行っている。
> コミュニケーション能力…質問に対しては「はい」「いいえ」で答える程度で，コミュニケーションはとれるが，自ら発することはほとんどない。ふだんは穏やかであるが，着脱や食事のときなど，自分の思うようにいかないと「あっちへ行け」と大声を出し，妻やヘルパーに怒りや不快な感情を表す。
> 睡眠…日中うとうとしているせいか夜間良眠できず，早朝に目がさめる。

1 事例から考える介護のポイント

　退職後は，知人と趣味の旅行や釣りなどの楽しみをもって生活し，人づきあいもよいMさんです。また，町内会の役員を引き受ける責任感もあります。元来は明るく，社交的であったと思われます。最近は食事中にむせることから，苦しくなり，途中で食事することを止めてしまいます。利き手が逆転しても自立に向けて努力して食べようとしています。しかし，利き手での食事摂取ではないため，途中で疲れてしまいます。

　Mさんの場合，脳血管障害による中枢性の麻痺によって食べることの障害が生じているのと，右片麻痺と筋力低下により，時間がたつと徐々に右側に傾いて不安定になり安定した座位がとれない状況です。また，ミキサー食のためか「おいしくない」と言ってやめてしまい，食欲もあまりみられません。

　食事は単に空腹を満たし，栄養をとるだけのものではありません。おいしく楽しく食べることで，幸福感や精神的な充足感を感じることができます。このような精神的欲求を満たす意義から，生活の質と食事は深い関係にあるといっても過言ではありません。食事の介護の基本は，食べる機能を十分に発揮することができ，安心して，安全に食べることができるようになることです。それと同時に食べる楽しみや喜びが感じられるようにするこ

とも大切です。

　食べる機能を十分に発揮する介護を行うには，介護職は食べる機能を十分に知っておく必要があります。また安心，安全を確保するためには，咀嚼・嚥下に適した食事形態の工夫や料理の適温についてなどの調理方法，誤嚥を予防するための食事に適した姿勢，自立支援の観点から自助具を活用し自力での食事摂取ができるようにすることなど，心身の状況に応じた対処も欠かせません。また，食事の楽しみがもてるような介護職の言葉かけの工夫や，食文化，とくに個人の食習慣などの情報を得て介護に生かしていくことも大切です。

　咀嚼・嚥下のメカニズムの理解，食事に適した姿勢の知識，食事摂取量が低下していくことの弊害，たとえば低栄養状態が心身に及ぼす影響を理解しておくことも大切です。同一体位，圧迫による仙骨部の発赤を軽減し，褥瘡を予防するためには十分な栄養をとること，清潔の保持や同一部位の圧迫を避け血流の循環をよくすることなども考えていきます。とくに入浴時，排泄時に皮膚の発赤状態の観察，浮腫などにも注意をします。

　では，Mさんの心身の状態に合わせた支援について考えていきましょう。あなたはMさんを担当しているホームヘルパーです。Mさんは，昼食を食べるために食卓に移動し，車いすに座った状態です。Mさんの状態を観察し，スプーンやフォークを左手で使っての食事介助を行ってください。

2 食事の介護

①**顔色，表情などから健康状態の確認をする。**
　Mさんにあいさつをしましょう。笑顔であいさつをすることはマナーの基本であると同時に，心と心をつなぐ介護の原則であることを忘れないでおきましょう。その際，言葉をかけるとともに表情や顔色の観察をとおして体調確認をしましょう。

②**説明と同意**
　Mさんと視線を合わせてこれから昼食を食べることを説明します。説明はゆっくり，ていねいに行います。食事の前に排泄の有無を確認しましょう。

③**食事を楽しむための工夫**
　食欲がわくように献立の説明します。献立に興味がもてるように言葉をかけていきましょう。また，採光や室温を調整し，Mさんの好きな音楽を流したり，季節感が感じられるような花をかざるなど，Mさんが食事を楽しめるように工夫します。

④**食卓に座っている状態を確認する**
　座位姿勢が不安定なMさんは，食事時に体が右側に傾いてしまうため，クッションなどを活用して安定した座位を保持します。いすは膝が90度に曲がり，かかとがしっかり床につく高さにします。テーブルは肘を90度曲げて自然に置けるくらいの高さが適切です

(p.385図参照)。上向きの姿勢をとっていると食べ物が気道に入ってしまう誤嚥の危険性がありますので，前かがみの姿勢をとります。

⑤食べやすい位置に膳を置く

スプーンやフォーク，箸などは健側に用意します。

麻痺があるために利き手が使えず，食事をすることがストレスになっていることも考えられます。食事をすることが訓練になってしまうと，食事を楽しむことができにくくなってしまいます。このような場合，持ちやすい箸，曲がるスプーン，とりやすい皿などの自助具を利用し，食事の動作に対するストレスを少しでも軽減します（第8章図9-8-2参照）。

⑥誤嚥に注意しながら，自力摂取を必要に応じて介助する

利き手ではない左手で食事をしていることからのいらだちを理解し，自立に向けて努力しているMさんの姿勢を認める言葉かけをしていきましょう。また，Mさんが食事中に疲れていないか，嚥下しているかなど，観察しながら安心して食事ができるよう介護していきます。

高齢になると咀嚼運動（おもにあごの運動）にかかわる筋肉の衰え，歯牙の欠損により，硬いものやかみ切りにくいものが咀嚼しにくく，咀嚼の速度も遅くなります。咀嚼が十分に行われないと食塊が十分に形成されずに飲み込まれる傾向になり，誤嚥の原因にもなります。また誤嚥により，細菌の感染などをひき起こし，肺炎（誤嚥性肺炎）の危険性が増します。

食事形態などの工夫が必要となりますが，料理をミキサーにかけた流動状のミキサー食やペースト食の食事形態は，きざみ食以上に料理の原形が失われ，食欲不振をまねくことになります。高齢者向けの食事は細かくきざむのがよいと思いがちですが，むせたり，うまく飲み込めなかったりする理由がどこにあるのか探ることが重要です。細かくきざむだけではなく，その人の咀嚼・嚥下状態に合わせて，軟らかくする，とろみなどをつけるなどの工夫をしていくこと，その人にあった一口量を把握すること，また食事に適した姿勢を保持することなどで，嚥下反射の低下した人も安全に食べることができます。

食事をするとき，食べ物の香り，色，形のほか，食卓を囲む雰囲気などから得られる情報は，感覚器官を通じて脳に集められます。ゆっくり時間をかけて，味わい，食べることで脳が活性化され，健康の保持増進につながっていきます。本人のペースに合わせて楽しくゆっくり食べられるよう，30分くらいの食事時間を確保しましょう。あまり長すぎると疲労してしまいますので注意します。本人の好みなどを聞きながら，少しでもおいしく楽しく食事ができるように，料理の味つけや変化をつけること，身だしなみを整えて寝室から食卓へ移動する寝食分離を実践し，食事をする環境を整えることも食欲を高めるためには重要となります。

⑦食事摂取量の観察をする

　食後は食事の摂取量の観察を忘れないようにしましょう。Mさんは仙骨部に発赤があるので，同一部位の圧迫を避け，たんぱく質などの栄養を十分にとり，褥瘡にならないようにすることも大切です。体重の増減にも注意しましょう。

3 口腔ケア

　Mさんは右片麻痺があるため，口内の右側に食べこぼしが多くなりがちです。加えて利き手ではない慣れない左手を使って食事をとることで，口からこぼれても拭きにくいという状態は，本人にとってつらいことです。楽しみだった食事の時間が苦痛になっていることは容易に想像できます。

　人は口から生命の維持に欠かせない酸素や栄養をとっています。口はこころとからだを結ぶはたらきがあるともいわれます。また，会話や表情などから，人とのかかわりや社会生活を豊かにする機能もあります。

　口腔機能の障害による影響として，上肢機能の麻痺により口腔内の清潔保持ができないと，歯周炎や口内炎を起こしやすく，口腔内の炎症は食欲不振や体力低下にもつながります。さらに細菌を含んだ唾液を飲み込むことで嚥下性肺炎となることもあり，その場合，重篤(じゅうとく)な状態になりやすくなります。口腔ケアによる予防が大切です。介護職は口の中の状態にも関心をもちましょう。

　では，Mさんが洗面所に移動し，自立した口腔ケアができるように介助していきましょう。

①説明と同意

　Mさんと視線を合わせてこれから口腔ケアをすることを説明します。説明はゆっくり，ていねいに行います。

②必要物品を確認する

　歯ブラシ・コップ・タオルなどの口腔ケアに必要な物品を確認します。

③歯ブラシを持ち口腔ケアをする

　健側の手で歯ブラシを持つように言葉をかけていきましょう。ブラッシングが終わったら，コップを持って，うがいをします。口腔ケアで必要なのはブクブクのうがいです。うがいをするためには口唇の閉鎖が必要です。ブクブクうがいは口輪筋の訓練になり，誤嚥予防にも役立ちます。毎日のうがいでこの機能を増進していきましょう。麻痺がある人でも毎日の練習でできるようになる人は多いといわれています。

科目修了時の評価のポイント

- [ ] おもだった状態像の高齢者の生活の様子をイメージでき，要介護度等に応じた在宅・施設等それぞれの場面における高齢者の生活について列挙できる。【→科目9総合】
- [ ] 要介護度や健康状態の変化に沿った基本的な介護技術の原則（方法，留意点，その根拠等）について解説でき，生活のなかの介護予防，および介護予防プログラムによる機能低下の予防の考え方や方法を列挙できる。【→科目9総合】
- [ ] 利用者の身体の状況に合わせた介護，環境整備についてポイントを列挙できる。【→科目9総合】
- [ ] 人の記憶の構造や意欲等を支援と結びつけて概説できる。【→第2章参照】
- [ ] 人体の構造や機能が列挙でき，なぜ行動が起こるかを概説できる。【→第3章参照】
- [ ] 家事援助の機能と基本原則について列挙できる。【→第4章参照】
- [ ] 装うことや整容の意義について解説でき，指示や根拠に基づいて部分的な介護を行うことができる。【→第6章参照】
- [ ] 体位変換と移動・移乗の意味と関連する用具・機器やさまざまな車いす，杖(つえ)などの基本的使用方法を概説でき，体位変換と移動・移乗に関するからだのしくみが理解され，指示に基づいて介助を行うことができる。【→第7章参照】
- [ ] 食事の意味と食事を取り巻く環境整備の方法が列挙でき，食事に関するからだのしくみが理解され，指示に基づいて介助を行うことができる。【→第8章参照】
- [ ] 入浴や清潔の意味と入浴を取り巻く環境整備や入浴に関連した用具を列挙でき，入浴に関するからだのしくみが理解され，指示に基づいて介助を行うことができる。【→第9章参照】
- [ ] 排泄の意味と排泄を取り巻く環境整備や関連した用具を列挙でき，排泄に関するからだのしくみが理解され，指示に基づいて介助を行うことができる。【→第10章参照】
- [ ] 睡眠の意味と睡眠を取り巻く環境整備や関連した用具を列挙でき，睡眠に関するからだのしくみが理解され，指示に基づいて介助を行うことができる。【→第11章参照】
- [ ] ターミナルケアの考え方，対応のしかた・留意点，本人・家族への説明と了解，介護職の役割や他の職種との連携（ボランティアを含む）について，列挙できる。【→第12章参照】

振り返り

ねらい

● 研修全体を振り返り，研修を通じて学んだことについて再確認を行うとともに，就業後も継続して学習・研鑽(けんさん)する姿勢の形成，学習課題の認識をはかる。

1 振り返り

　研修の修了にあたり，これまで学習した内容を振り返ってみましょう。各科目の基礎的事項をあげておきますので，再確認をしておきましょう。キーワードを太字で示しているので，詳細は各科目で確認してください。

科目1　職務の理解

- □介護職員初任者研修は，介護に携わる人材の養成のために設けられた研修で，**介護福祉士**に至るキャリアパスの入り口にあたる。
- □初任者研修の研修時間数は**130時間**であり，研修内容は介護福祉士養成課程の内容と整合性が図られている。
- □居宅における介護職の仕事内容は，大きく**身体介護**と**生活援助**に分けられる。
- □サービス提供現場としては**居宅**と**施設**があり，居宅には，自宅以外に，**特定施設**，**小規模多機能施設**，**認知症対応型グループホーム**などがある。
- □介護サービスは，原則として**ケアプラン**に基づいて提供され，実施にあたっては要介護者の**自立支援**を念頭におく必要がある。

科目2　介護における尊厳の保持・自立支援

- □利用者の**尊厳のある暮らし**を支えるためには，利用者をひとりの人として尊重し，その力を認め，その人の役割に注目しなければならない。
- □**ICF**（International Classification of Functioning, disabilities, and health：国際生活機能分類）は，2001年にWHO（World Health Organization：世界保健機関）で採択されたもので，「健康状態」「心身機能・身体構造」「活動」「参加」「環境因子」「個人因子」の要素で「生きることの全体像」を表す「共通言語」である。
- □**QOL**（Quality of Life）とは，「Life（生活，生命，人生）」の質という意味であり，「生活の質」「生命の質」「人生の質」などを指す。
- □**ノーマライゼーション**の考え方とは，障害などの有無にかかわらず，どのような人でも平等に，普通のあたりまえの生活ができるように，社会を整えていくことである。
- □**高齢者虐待**とは，「高齢者が他者からの不適切な扱いにより権利，利益を侵害される状態や生命，健康，生活が損なわれるような状態に置かれること」である。

- □「高齢者虐待防止法」(高齢者虐待の防止,高齢者の養護者に対する支援等に関する法律)では、**虐待の類型**として、「身体的虐待」「介護・世話の放棄・放任」「心理的虐待」「性的虐待」「経済的虐待」をあげている。
- □**成年後見制度**は、判断能力が十分ではない認知症高齢者、知的障害者、精神障害者について、本人の権利を守る援助者を選ぶことで法律的に保護・支援することを目的とし、判断能力に応じて「**後見**」「**保佐**」「**補助**」の3つの類型がある。
- □**自立支援**にあたっては、利用者が意欲をもって自分の有する能力をできるだけ発揮できるように、さまざまなサービスを活用しながら自分らしい生活を送れるように支援することが重要である。
- □**介護予防**には、①要介護状態にならないようにする、②要介護状態になっても重度化しないようにする、という2つの側面がある。

科目3　介護の基本

- □**施設介護サービス**では、24時間連続したケアを提供できるのが特徴であり、**訪問介護サービス**では、住み慣れた場所で、親しい人と、その人らしい生活が送れることが特徴である。
- □**介護の専門性**とは、**科学的根拠**に基づいた知識・技術によって、利用者の状況に合わせた、利用者の求める日常生活を援助することであり、実践の評価・検討とそのうえでの継続が行われなければならない。
- □「社会福祉士及び介護福祉士法」では、**介護福祉士の義務**として、「**誠実義務**」「**信用失墜行為の禁止**」「**秘密保持義務**」「**連携**」「**資質向上の責務**」「**名称の使用制限**」が規定されている。
- □**日本介護福祉士会倫理綱領**では、「利用者本位、自立支援」「専門的サービスの提供」「プライバシーの保護」「総合的サービスの提供と積極的な連携、協力」「利用者ニーズの代弁」「地域福祉の推進」「後継者の育成」が掲げられている。
- □**介護事故の要因**として、①人的要因、②ソフト面による要因、③ハード面による要因、④環境面による要因、⑤本人以外の要因、⑥情報提供不足による要因、がある。
- □**リスクマネジメント**でもっとも重要なことは、事故防止を組織的に対処するという視点である。
- □感染症対策の3本柱は、①**感染源の排除**、②**感染経路の遮断**、③**宿主(人間)の抵抗力の向上**である。
- □介護職に起こりやすい健康障害には、**腰痛**、**感染症**、**バーンアウト**がある。

科目4　介護・福祉サービスの理解と医療との連携

- □「**介護保険法**」制定のねらいとして，**介護の社会化**，税方式から給付と負担の関係が明確な**保険方式**への転換，保健医療と福祉の総合的なサービスの提供，**社会的入院の解消**などがあげられる。
- □ 2005（平成17）年の「介護保険法」改正では，**予防重視型システムへの転換**が行われ，2011（平成23）年の改正では，**地域包括ケアシステムの推進**が制度化された。
- □ 介護保険の**保険者**は市町村および特別区であり，過疎地域においては広域連合が設置されている。
- □ 介護保険の**第1号被保険者**は65歳以上の者，**第2号被保険者**は医療保険に加入している40歳以上65歳未満の者である。
- □ **要介護度**は，**要支援1・2**，**要介護1～5**に分類され，要支援1・2は**予防給付**，要介護1～5は**介護給付**の対象となる。
- □ **予防給付**は，介護予防サービス10種類，地域密着型介護予防サービス3種類，介護予防支援，住宅改修からなる。
- □ **介護給付**は，居宅サービス12種類，地域密着型サービス9種類，3種類の介護保険施設による施設サービス，居宅介護支援，住宅改修からなる。
- □ **地域支援事業**には，包括的支援事業，介護予防・日常生活支援総合事業，任意事業がある。
- □ **介護保険の財源**は，国・都道府県・市町村による**公費50％**（国25％，都道府県・市町村が各12.5％），**保険料50％**となっている。
- □ 厚生労働省の通知において原則として**医行為でない行為**とされたものは，①体温測定，②血圧測定，③パルスオキシメーターの装着，④軽微な切り傷などの処置，⑤医薬品使用の介助，⑥爪切り，⑦口腔ケア，⑧耳垢（こうくう）の除去，⑨ストーマ装具の排泄（はいせつ）物の除去，⑩自己導尿カテーテルの準備と体位の保持，⑪浣腸（かんちょう）器による浣腸の11の行為である。
- □ 2011（平成23）年の「社会福祉士及び介護福祉士法」の改正により，介護職による**喀痰（かくたん）吸引**と**経管栄養**が法制化された。
- □ **リハビリテーションの過程**には，急性期リハビリテーション，回復期リハビリテーション，維持期リハビリテーションがある。
- □ 2005（平成17）年に制定された「**障害者自立支援法**」は，身体・知的・精神の**3障害を一元化**し，総合的な自立支援システムをめざしたものである。
- □「障害者自立支援法」は2013（平成25）年4月に，「**障害者総合支援法**」（障害者の日常生活及び社会生活を総合的に支援するための法律）に改正された。
- □「障害者総合支援法」による障害福祉サービスは，**自立支援給付**（介護給付，訓練等給

付，自立支援医療，補装具，相談支援）と，**地域生活支援事業**で構成される。
- □**障害支援区分**とは，支援の必要度を表す6段階の区分である。
- □「障害者総合支援法」における利用者負担は，世帯所得に応じた上限額が設定され，上限額までは費用の1割を負担するしくみである。

科目5　介護におけるコミュニケーション技術

- □**傾聴**では，利用者の話を徹底的に聞き，そのまま受け入れることが大切である。
- □**共感的理解**により，利用者は自分の感情を十分に表すことができ，利用者と介護職との信頼関係を築くことができる。
- □**受容**とは，利用者の意見，生き方，感情を，批判することなくそのまま受け入れることである。
- □**家族とのコミュニケーション**においては，家族の心理的理解，いたわりと励まし，信頼関係の形成，介護職個人の価値観による判断を避けることがポイントとなる。
- □**視覚障害者とのコミュニケーション**においては，利用者の見え方の程度を把握し，そのうえで利用者のニーズを確認する。
- □**聴覚障害者とのコミュニケーション**においては，きこえの程度を確認し，顔を見ながら大きな口をあけ，表情をつけながら，短くはっきりと話す。
- □**失語症の利用者とのコミュニケーション**の方法として，①言葉の理解を確かめながらゆっくりと話す，②繰り返す，メモに書くなどの工夫をする，③質問の方法を工夫する，などがポイントとなる。
- □**認知症のある人とのコミュニケーション**においては，受容的態度で接して安心感を与えることが基本となる。
- □**記録の目的**には，利用者の状態を正確に把握すること，多職種間で情報を共有することがある。
- □**記録の基本的記述事項**には，年月日，時間，情報源，記録者名がある。
- □**報告**では，情報を発信する側と受ける側が共通の認識がもてるように，正確な伝達が必要である。

科目6　老化の理解

- □老化に伴う心身の変化のうち，**人体の構造面の変化**として，①細胞数の減少，②総水分量の低下，③人体の萎縮と機能低下があげられる。
- □老化に伴う心身の変化のうち，**心身の機能面の変化**として，①適応機能の低下，②予備機能の低下，③反応機能の低下，④防衛反応の低下，⑤代謝機能の低下があげられる。

□老年期には，歯の欠損，口腔の乾燥，咀嚼や嚥下反射の低下，頸や喉頭の廃用症候群により，咀嚼と嚥下機能の低下が起こる。

□老年期には，体温調節機能の低下により，感染症などにおいて発熱しにくい傾向がある。

□老年期の**精神的機能の変化**として，知能面では，**流動性知能**は衰えるが，**結晶性知能**は容易には衰えない。

□老年期の**精神的機能の変化**として，**性格面**では，一般的に自己の主張が強くなり，自己の世界に閉じこもりやすくなる傾向がある。

□**高齢者の病気の特徴**として，①いくつかの病気を抱える，②**合併症**を併発する，③**非典型的な症状**を起こす，④**慢性化**するなどがあげられる。

□成年者には認められない，老化に伴いながら出現するさまざまな心身の症状群を**老年症候群**といい，代表的な症状として，誤嚥，転倒，失禁，褥瘡などがある。

□高齢者に多い循環器障害として，**高血圧，虚血性心疾患，不整脈，心不全，脳血管障害**があげられる。

□高齢者に多い神経・精神疾患として，**認知症，老年期うつ病，パーキンソン病**があげられる。

□高齢者に多い感染症として，**肺炎，皮膚真菌症，疥癬，帯状疱疹，尿路感染症**があげられる。

□高齢者に多い内分泌・代謝系疾患として，**糖尿病，メタボリックシンドローム（内臓脂肪症候群），痛風**があげられる。

□高齢者に多い感覚器障害として，**白内障，緑内障，難聴**があげられる。

□高齢者に多い運動器（筋骨格）系疾患として，**骨粗鬆症，変形性関節症**があげられる。

科目7　認知症の理解

□**パーソンセンタードケア**とは，認知症の人をひとりの人間として認め，受け入れ，尊重し，その人を中心としたケアをしていこうとするものである。

□**認知症ケアの視点**として，①間違いを訂正しない，②説得しようとしない，③情報を受け入れやすくする，④できることに着目する，⑤「その人らしさ」を理解するなどがあげられる。

□認知症の症状には，必ず生じる**中核症状（基本障害）**と，出現頻度に差のある**周辺症状**があり，周辺症状は**BPSD**（Behavioral and Psychological Symptoms of Dementia：認知症の行動・心理症状〈認知症に伴う行動障害と精神症状〉）という名称でひとつの概念にまとめられている。

□**血管性認知症，アルツハイマー型認知症（アルツハイマー病），レビー小体型認知症（レビー小体病），前頭側頭葉変性症**を4大認知症という。

- □**血管性認知症**は，脳血管障害による二次性認知症で，認知症が目立つ部分と正常な部分が混在することから「**まだら**」認知症ともよばれ，記憶障害を中心として，感情失禁やうつ症状を併発する。
- □**アルツハイマー型認知症**は，脳神経細胞の死滅により生じ，健忘や意欲低下から始まり，徐々に**進行**する。
- □認知症の人の**健康管理**としては，活動性の低下から寝たきりや廃用症候群になるのを防止するため，規則的な日常生活のリズムづくり，身体活動の維持が重要となる。
- □認知症の人の支援にあたっては，相手の世界に合わせる，表情などから気持ちを察する，**進行に合わせたケア**を行うなどを心がけ，プライドを傷つけない，失敗しないような状況をつくるなどの配慮をする。
- □**家族介護の受容過程**は一般的に，①とまどいや不安，②ショックや混乱，③否認と過小評価，④怒りや悲しみ，⑤適応と葛藤，⑥受容の6段階となる。
- □介護家族のストレスを軽減するひとつの方法として，**レスパイトケア**がある。

科目8　障害の理解

- □「障害者基本法」などにおいては，障害を，**身体障害**（視覚障害，聴覚障害，平衡機能の障害，音声・言語機能障害，咀嚼機能障害，肢体不自由，内部障害），**知的障害**，**精神障害**に分類している。
- □ICFにおいて，障害は，「**心身機能・身体構造の機能障害**」「**活動制限**」「**参加制約**」としてとらえられる。
- □ノーマライゼーションの考え方に基づき，「**障害者基本法**」には，「全ての国民が，障害の有無によつて分け隔てられることなく，相互に人格と個性を尊重し合いながら共生する社会」の実現に向けて，「**地域社会における共生等**」が規定されている。
- □**肢体不自由**とは，先天的あるいは後天的に四肢や体幹に障害を生じている状態であり，手・足等の欠損や機能障害，脳や脊髄の障害により運動能力が低下する状態などが含まれる。
- □**内部障害**とは内臓の機能障害の総称であり，「身体障害者福祉法」では，心臓機能障害，腎臓機能障害，呼吸器機能障害，膀胱・直腸機能障害，小腸機能障害，ヒト免疫不全ウイルスによる免疫機能障害，肝臓の機能の障害を内部障害（内部機能障害）と規定している。
- □**知的障害**とは，乳幼児期から知的能力の発達が遅れているため，読み書き計算や金銭管理などの日常生活・学校生活において知的行動に支障がある状態をいう。
- □**統合失調症**の症状としては，幻覚，幻聴，妄想などの**陽性症状**と，感情鈍麻，意欲低下，無為，自閉，昏迷などの**陰性症状**がある。

- □**気分障害**とは，病的なうつ状態や病的な躁状態が出現するもので，症状により，うつ病（うつ状態が主），躁病（躁状態が主），躁うつ病（躁とうつ状態の両極性障害）がある。
- □**高次脳機能障害**とは，疾病や頭部外傷などの後遺症のために，記憶障害，注意障害，遂行機能障害，社会的行動障害などの認知障害が生じ，日常生活や社会生活への適応が困難になるものをいう。
- □**発達障害**とは，「自閉症，アスペルガー症候群その他の広汎性発達障害，学習障害，注意欠陥多動性障害その他これに類する脳機能の障害であってその症状が通常低年齢において発現するものとして政令で定めるもの」と「発達障害者基本法」で定義されている。
- □障害を受け止める**障害受容の過程**は，①否認，②怒りや憤り，③逃避反応，④適応への努力，⑤受容という段階があるといわれている。

科目9　こころとからだのしくみと生活支援技術

- □「社会福祉士法及び介護福祉士法」において，**介護福祉士**は「専門的知識及び技術をもつて，身体上又は精神上の障害があることにより日常生活を営むのに支障がある者につき心身の状況に応じた介護（喀痰吸引その他のその者が日常生活を営むものに必要な行為であつて，医師の指示の下に行われるものを含む。）を行い，並びにその者及びその介護者に対して介護に関する指導を行うことを業とする者」と定義されている。
- □ICFに基づく**自立支援**においては，利用者の身体面のみならず，精神的な自立として重要な自己決定（活動）や意欲（心身機能）へはたらきかけることにより，日々の「活動」から社会的な「参加」促進を図ることができる。
- □学習のメカニズムとして，**古典的条件づけ**，**道具的条件づけ（オペラント条件づけ）**，**観察学習**がある。
- □**記憶のプロセス**は，符号化（記銘），貯蔵（保持），検索（想起）に分けられる。
- □一定の目標に向かって行動を開始し，それを持続する一連のはたらきを**動機づけ**という。
- □周囲の人や社会といった環境の状況に応じて，自分をうまく合わせていくことを**適応**といい，うまく合わせていけずにフラストレーションや葛藤が生じることを**不適応**という。
- □人体は大きく，**頭部**，**頸部**，**体幹**，**体肢**に区分され，さらに体幹は，胸部，腹部，背部，腰部，臀部に区分される。
- □**骨格**は，骨と軟骨や靱帯などの結合組織から構成され，約200個の骨で，頭蓋骨，脊柱，胸郭，骨盤，上肢骨，下肢骨などを形成する。
- □**関節**は，骨格と骨格をつなぎ，可動性をもたらす運動器で，固定された**可動軸**があり，関節により軸の数が異なる。
- □神経組織は，情報を統合して処理する脳と脊髄の**中枢神経**と，中枢神経と支配器官を結び，情報を各器官に伝達する**末梢神経**からなる。

- □バイタルサインは，生命の状態を示す基本的指標で，体温，脈拍，血圧，呼吸，意識レベルなどがある。基準値があり，ふだんの値と比較して異常を判断する。
- □**訪問介護**において，**身体介護**と**生活援助**は別々のものではなく，ともに生活に必要な一体的なものとしてとらえることができ，サービス内容の区分においても，身体介護のなかに生活援助が組み込まれている。
- □快適な**室内環境**のめやすとしては，夏は室温26～27℃，湿度50％程度，冬は室温22～23℃，湿度40％程度とする。
- □**ユニバーサルデザイン**とは，障害の有無，年齢，性別，人種などにかかわらず，多様な人びとが利用しやすいように都市や生活環境をデザインする考え方である。
- □**住宅改修**では，どのように暮らしたいかという本人の希望を把握して改修に反映させ，同時に介護のしやすさの視点からも考える必要がある。
- □**福祉用具導入の目的**は，利用者の生活圏の拡大であり，日常生活に満足を得られることを基本とする。
- □整容は，生活にめりはりをつけ，人間関係を回復させ，結果的に**生活への意欲の拡大**につながる。
- □**衣服の果たす役割**として，生理的役割，心理的・精神的役割，社会的役割があげられる。
- □ボディメカニクスの基本として，①**支持基底面を広くとる**，②**重心を低くする**，③利用者と介護者が密着する，④利用者の体を小さくまとめる，⑤効率のよい重心の移動，⑥てこの原理の応用などがあげられる。
- □基本的な体位には，**立位**，**臥位**（仰臥位，側臥位，腹臥位），**ファーラー位**，**座位**などがある。
- □移動・移乗のための用具には，**杖**，**歩行器**，**車いす**，**スライディングシート**，**リフター**などがある。
- □食事には，**生命の維持・健康増進**のほか，**生活の楽しみ**，**生活意欲の向上**という意味がある。
- □嚥下機能が低下した状態を**嚥下障害**といい，症状として，誤嚥，窒息，誤嚥性肺炎，脱水症，低栄養などが生じる。
- □**食事介護の留意点**として，心身状態の把握，体調と排泄の確認，嚥下体操の実施，自力摂取の支援，飲み込みの確認などがあげられる。
- □口腔ケアは，口腔内での細菌の繁殖を防ぎ，歯周病や口臭を予防し，誤嚥性肺炎の危険性を低下させるために重要である。
- □**入浴の身体的効果**として，皮膚の機能を健康に保ち，新陳代謝を促進し，リハビリテーション効果をもたらすことがあげられる。
- □**入浴のリスク**として，ヒートショックや水圧による心臓への負担の増加，転倒，細菌感染などがあげられる。

- □入浴のための用具には，シャワーチェア，バスボード，**浴槽台**，バスリフト，シャワーキャリーなどがある。
- □体力の消耗を避けるために入浴ができない場合には，シャワー浴，**全身清拭**，足浴，**陰部洗浄**などを行う。
- □**排泄**とは，体内で不要となったものを体外に出すことであり，生命の維持に欠くことができない生理的欲求のひとつである。
- □**尿失禁**とは，尿を不随意に漏らしてしまう状態で，切迫性尿失禁，腹圧性尿失禁，溢流性尿失禁，機能性尿失禁などがある。
- □**便秘**とは，便が大腸内に停滞し，通過が遅延した状態で，水分が吸収されて便が固くなり，排便に困難を伴う状態をいう。
- □排泄のための用具には，**ポータブルトイレ**，**便尿器**，おむつなどがある。
- □**排泄介助の留意点**としては，排泄習慣を守る，自立性を促す，安全性・快適性を確保する，プライバシーを守るなどがあげられる。
- □人の睡眠は，**ノンレム睡眠**と**レム睡眠**の2種類に分けられ，ノンレム睡眠は脳の眠り，レム睡眠は身体の眠りともいわれる。
- □**睡眠**は，心身の休息，成長ホルモンの分泌，免疫力の増進などのはたらきをもつ。
- □**不眠**とは，睡眠時間の長短にかかわらず，主観的に十分な睡眠がとれていないことにより，日中の活動に支障をきたす状態にある場合をいう。
- □**褥瘡**の原因は圧迫による局所皮膚の血行障害であり，外圧による皮膚のずれや摩擦により助長され，感染などで悪化する。
- □**終末期介護**では，利用者ができるだけその人らしく，自由に過ごすことができるように支援する。そのために，身体的苦痛，精神的苦痛を和らげる**緩和ケア**が重要となる。
- □**終末期の身体的変化**として，浮腫やチアノーゼの出現，無呼吸やチェーンストークス呼吸，体温の低下，食事や水分の摂取量の低下，尿量の減少，意識の低下などがある。
- □キューブラー−ロス（Kübler-Ross, E.）は，「**死の5段階の過程**」として，①否定と孤立の段階，②怒りの段階，③取り引きの段階，④抑うつの段階，⑤受容の段階をあげた。
- □終末期における**家族への支援**として，介護負担の軽減と家族関係の調整が重要である。
- □**介護過程**は介護サービスを利用者に提供する全体の過程をいい，相談・出会い，アセスメント，ケアプランの作成，サービスの提供，モニタリング，評価，フィードバックなどの過程がある。
- □**チームアプローチ**とは，専門職を中心とする複数の関係者が連携・協働することをいい，生活支援を目的とする介護サービスにおいては，多様な要素が複合することから，チームアプローチが必要とされる。

2 就業への備えと研修修了後における継続的な研修

1 就業への備え

介護職員として仕事を始めるにあたり，介護職という仕事の状況を確認してみましょう。

❶ 介護職員数の状況

2015（平成27）年の介護職員（直接介護を行う従業者で，訪問介護員を含む。以下同じ）の総数はおよそ183万人であり，介護保険創設時の55万人に比べれば，大幅な増加となっていますが，ここ数年は大きな変動がみられません。従事者の動向としては，入職者が多い一方で離職者も多くみられます。とくに社会人からの入職者にその傾向があります。

正規職員，非正規職員の割合は，介護保険施設では約60％が正規職員，居宅サービスでは20％が正規職員です。

求人の現状としては，2016（平成28）年現在の介護分野での有効求人倍率は全国平均で3.02倍，職業計の全国平均1.36倍に比べ，かなり高いといえます。他の職種と同様に，地方よりも都市部のほうが高くなっています。厚生労働省によれば，高齢者の増加に伴い，2020（平成32）年には25万人の介護職員が不足すると推計されており，今後も需要は多いと見込まれます。

❷ 介護人材確保の施策

介護職員は，求人も多く，需要が見込まれる反面，離職の多い職種といえます。2015（平成27）年の産業計の常勤労働者の離職率15に対して，介護職員の離職率は16.5です。ただし，短時間労働者の場合はこれが逆転し，介護職員の離職率のほうが低くなります。

理由のひとつとして，処遇の問題が考えられます。介護分野の平均賃金の水準は産業計の平均賃金と比較して低い傾向があり，さらに常勤労働者である介護職員の平均賃金は，医療福祉分野における他の職種に比較して低い傾向にあります。ただし，女性ではそれほど大きな差がみられません。また，「介護労働実態調査」などの結果によれば，平均賃金が全体より低い介護職員で，従業員の不足感が高まっており，仕事量に比べ賃金が低いという不満があることが推測できます。

このような状況を改善し，介護人材を確保するために，国もさまざまな施策を行っています。処遇改善に対しては，介護職員処遇改善交付金制度等の交付金制度を実施し，その

後2012（平成24）年の介護報酬改定で，介護職員処遇改善加算を設けています。また，雇用対策の一環として，求職者が養成機関での受講時間も含めて給与を得，働きながら介護資格を取得できる「『働きながら資格をとる』介護雇用プログラム」，介護福祉士養成施設の入学者に修学資金の貸付を行う「介護福祉士等修学資金貸付事業」，離職者に向けた「介護福祉士養成のための離職者訓練」など，さまざまな事業が実施されています。

2 継続的な研修について

　この研修で学んだように，介護の仕事は単に利用者の身のまわりの世話をしていればよいというものではありません。利用者の尊厳を保持しながら，利用者の生活全体を支え，その人らしい生活を続けていく支援が求められます。そのためには，利用者の疾病や障害も含めた全体状況の把握，科学的根拠に基づいた介護技術，地域や他の職種との連携などが必要となります。利用者一人ひとりに向けて，個別の，より適した支援をしていくためには，継続的な努力と学びが欠かせません。職場を選ぶにあたっては，継続的な研修システムの整備もチェックしておきたいものです。

　継続的な研修のシステムとしては，まず個々の事業所が行う教育・研修があります。ほぼすべての事業所で，なんらかの取り組みが行われており，教育・研修計画を立てている事業所も半数以上にのぼります。内容は，自治体等の実施する教育・研修への参加，採用時の教育・研修の充実，能力向上に対する配置や処遇での反映などで，これらの教育・研修を通じて，職員の能力の向上と職場への定着を図っています。これらの教育・研修に対して，国の助成金制度も設けられています。

　また，福祉・介護人材確保対策として，施設・事業所などにおいて，福祉・介護人材の就労年数や職場内役割に応じた知識や技術を習得し，キャリアパス，スキルアップを促進する研修等を実施し，福祉・介護人材の安定的な定着を図る事業などが実施されています。

　そのほか，各職場でそれぞれにOJT（On the Job Training：日常の仕事をしながら上司・先輩が新人等に指導・教育をしていくこと）やOFF-JT（Off-the Job Training：職場を離れて行われる研修等のこと）が行われています。

index 索引

あ行

ICIDH（国際障害分類） 14, 36, 252, 254
ICF（国際生活機能分類） 13, 36, 125, 234, 254, 285
　——に基づく生活支援　287
　——の構成要素の概観　256
アイソレーション・プレコーション　85
アセスメント　162, 442
アドボカシー　13
アルツハイマー型認知症　207, 231, 237
安眠ケアの基本的留意点　420
医学的リハビリテーション　122
育成医療　130, 131
医行為　117
医行為でないと考えられる行為　118
維持期リハビリテーション　123
意思疎通支援事業　137
１型糖尿病　212, 213
一般介護予防事業　109
移動支援事業　137
衣服の選択　351
意味記憶　294
意欲　296
医療・介護関係事業者における個人情報の適切な取扱いのためのガイドライン　28, 71, 139
インスリン　213, 318
陰性症状　271
陰部洗浄の基本的留意点　403
インフルエンザ　210
ウェルニッケ失語　168, 206
うつ病　271
うつ病性仮面認知症　208
運営適正委員会　144
ADL（日常生活動作〈日常生活活動〉）　18, 40, 100, 159, 178, 193, 218, 243
エピソード記憶　294
嚥下機能　194, 382

嚥下困難　323
嚥下障害　268, 383
嚥下のメカニズム　382
エンパワメント　13, 59
応益負担　101
応能負担　126
大島分類　269
オペラント条件づけ　291
おむつ　410
おむつ交換の手順　415

か行

介護過程　438
　——の意義　441
　——の目的　438
　——の理念　438
介護給付〈介護保険制度〉　100, 101, 102, 104, 105, 106, 107
介護給付〈障害者総合支援法〉　128, 129
介護支援専門員　→　ケアマネジャー
介護事故　73
　——の要因　74
介護職員数　471
介護認定審査会　100
介護の社会化　96
介護の受容過程　243
介護の対象　10
介護福祉士の義務　66
介護福祉士の定義　41, 282
介護保険施設　7, 105, 108, 116
介護保険審査会　101
〈介護保険の〉サービス利用の手続き　102
介護保険法　4, 35, 97
介護予防　41, 42
介護予防ケアプラン　101, 105, 116
介護予防サービス　101, 102, 103, 104
介護予防サービス計画　→　介護予防ケアプラン

473

index

介護予防支援　　103, 104	気管　　314
介護予防・生活支援サービス事業　　101, 109	気管支　　314
介護予防・日常生活支援総合事業　　53, 97, 99, 100, 101, 109	義歯　　391
	基本相談支援　　133
外出前のアセスメント事項　　377	気分障害　　271
疥癬　　89, 211, 324	記銘　　292
回復期リハビリテーション　　123	虐待の類型　　25
学習　　290	QI（クオリティインプルーブメント）　　76
喀痰吸引　　117, 119	QOL（生活の質）　　17, 60, 123, 212, 236
下垂体　　318	急性期リハビリテーション　　123
ガス交換　　189, 311	教育的リハビリテーション　　122
家族会　　247	共感　　153
家族への支援〈終末期〉　　434	共感的理解　　17, 153, 242
家族への支援〈障害者〉　　278	狭心症　　203
価値観　　69, 162, 236, 332, 350	虚血性心疾患　　203
葛藤　　299	居宅介護支援　　103, 104, 105
活動　　14, 15, 256, 285	居宅サービス　　101, 102, 103, 104, 105
──のおもな内容　　288	居宅サービス計画　→　ケアプラン
活動制限　　256	居宅療養管理指導　　64, 104, 106
加齢　　188	記録の意義　　172
感音性難聴　　215	〈記録の〉基本的な記述事項　　174
感覚記憶　　293	記録の目的　　172
環境因子　　14, 15, 256	筋萎縮性側索硬化症（ALS）　　119, 274
観察　　178	空気感染　　84
観察学習　　292	苦情解決　　144
感情　　295	くも膜下出血　　205, 206
関節　　307	車いす介助時の留意点　　363
感染経路　　84	車いす介助の基本　　364, 365
──の遮断　　84	車いす各部の名称と機能　　363
感染源　　83	車いすの移動寸法　　340
──の排除　　84	車いすの種類　　366
感染症　　82, 89	車いすへの移乗〈一部介助〉　　368
肝臓　　315	──〈全介助〉　　374
間脳　　309	車いす用便所の介助スペース　　338
緩和ケア　　428	訓練等給付　　128, 129
記憶　　292	ケアカンファレンス　　60, 105, 183, 441, 446
器官　　305	ケアプラン　　7, 101, 105, 116, 441

索引

──の作成　443
ケアマネジメント　23，97，105
ケアマネジャー（介護支援専門員）　60
計画相談支援　133
経管栄養　119，389
傾聴　149，431
　　──を進めるための位置関係　149
血液　312
血管　312
血管性認知症　207，230，237
血球　313
血漿　313
結晶性知能　196
健康管理　88，232
健康状態　14，15
言語障害　266
言語的コミュニケーション　155
検索　292
幻視　238
幻聴　238
権利擁護　13，23，24
構音障害　169
高額介護サービス費　103
交感神経　311
口腔ケアの方法　390
口腔ケアの留意点　390
口腔清拭　390
高血圧　202
　　──の種類　202
　　──の定義　202
後見　30，31，140
高次脳機能障害　272
　　──の症状　272
甲状腺　318
更生医療　130，131
高齢者虐待の防止，高齢者の養護者に対する支援等
　　に関する法律　→　高齢者虐待防止法

高齢者虐待防止ネットワーク　26
高齢者虐待防止法　24，68，192
高齢者高血圧　202
誤嚥　190，219，383
　　──しやすい飲食物　386
　　──をきたしやすい病態　210
誤嚥性肺炎　210，383
国際障害分類　→　ICIDH
国際生活機能分類　→　ICF
個人因子　14，15，256
個人情報　28，71，139
個人情報の保護に関する法律　→　個人情報保護法
個人情報保護法　27，71，139
5W2H　174
骨格　305
骨格筋　306
骨関節疾患　262
骨折多発部位　217
骨粗鬆症　199，216
古典的条件づけ　290
混合性難聴　215

さ行

サービス付き高齢者向け住宅　54，113，343
サービス提供責任者　60
細胞　303
参加　14，15，256，285
　　──のおもな内容　288
参加制約　256
残存能力の活用　38，59
視覚器　309
視覚障害　264
視覚障害者への手引き歩行介助　378
子宮　319
事業所内チーム　59
自己決定　12，14，19，34，69
自己実現の欲求　39，321

475

index

索引

事故対応の具体的流れ　81	受容　155, 431
死後の処置　435	手浴　401
資質向上の責務〈介護福祉士の義務〉　66, 283	手話奉仕員養成研修事業　137
施設ケアプラン　101	障害　15, 234, 252, 286
施設サービス　103, 105	〈障害の〉分類　252, 253
施設サービス計画　→　施設ケアプラン	障害支援区分　128, 133, 135
市町村介護保険事業計画　114	障害者　252
市町村地域生活支援事業　136	障害者基本法　124, 253, 257, 259
市町村特別給付　103	障害者虐待の防止，障害者の養護者に対する支援等
失禁　220, 406	に関する法律　→　障害者虐待防止法
失語症　167, 266	障害者虐待防止法　25, 125
室内の騒音レベル　341	障害者自立支援法　4, 124
自伝的記憶　294	障害者数　253
シナプス　308	障害者総合支援法　4, 11, 127, 258, 275
死の5段階の過程　431	──におけるサービス体系　128
自発的活動支援事業　136	──の基本理念　258
社会資源　8, 35, 197, 445	障害者の日常生活及び社会生活を総合的に支援する
社会的欲求　39, 321	ための法律　→　障害者総合支援法
社会的リハビリテーション　122	障害者福祉の基本原則　257
社会福祉士及び介護福祉士法　36, 61, 66, 282	障害者プラン　20, 124
若年期認知症　232	障害受容の過程　277
若年認知症　232	障害程度区分　128, 135
シャワーキャリー　397, 398	障害福祉サービスの利用手続き　134
シャワーチェア　395, 396	消化管　314
シャワー浴　399	消化腺　315
周徊　238	松果体　318
重心　89, 359	常同行動　232
──の移動　359	上皮小体　318
住生活基本法　344	情報の共有化　182
住宅改修　104, 107, 347	照明　341, 421
周辺症状　228, 229	職業的リハビリテーション　122
終末期　427	職業倫理　65
終末期介護　427	食事介護の留意点　387
──の基本　428	〈食事介助〉経管栄養の利用者　389
──の条件　428	〈食事介助〉視覚障害者　389
宿主　83	〈食事介助〉認知症の利用者　389
守秘義務　71	〈食事介助〉片麻痺利用者　389

索引

食事形態の目安　385
食事の環境　381
食事の姿勢の留意点　384
食事のための自助具　386
褥瘡　200, 220, 424
　　──発生好発部位　221
　　──発生の原因　425
　　──分類　221
　　──予防　424
初老期認知症　232
自立　34
自律　34
自立支援　35, 59, 70
自立支援医療　128, 129, 130
自立支援給付　125, 128, 129
自律神経　307, 311
心筋梗塞　204
新障害者プラン　20
寝食分離　336, 381
心身機能　14, 256, 285
心臓　311, 312
腎臓　316
身体介護　5, 329
身体構造　14, 256, 285
身体拘束　21
　　──がもたらす弊害　22
　　──の具体例　22
身体拘束ゼロへの手引き　22
身体障害　11, 253
人体の区分　304
人体の部位　304
心不全　205
信用失墜行為の禁止〈介護福祉士の義務〉　66
信頼関係の形成　148, 161, 440
膵臓　315, 318
睡眠中の生理的変化　419
睡眠の意義　418

睡眠の年齢差　418
睡眠を阻害する要因　423
スタンダード・プレコーション　85
ストレス　87, 300
ストレス反応　300
ストレスマネジメント　87
ストレッサー　300
ストレッチャーへの移乗　376
生活援助　5, 329
生活課題　443
生活機能　14, 15, 234, 285
生活習慣　43, 46, 69, 86, 196, 203, 213, 422
生活習慣病　43, 196
生活の質　→　QOL
生活歴　18, 40, 327
清拭の基本的留意点　400
清拭の方法　400
誠実義務〈介護福祉士の義務〉　36, 66, 283
精神障害　11, 253, 270
精神通院医療　130, 131
精巣　319
成年後見制度　30, 140
成年後見制度法人後見支援事業　136
成年後見制度利用支援事業　136, 140
精嚢　319
生理的欲求　39, 320
生理的老化　192
脊髄　309
脊髄小脳変性症　275
接触感染　84
摂食動作　382
説明責任　78
前頭側頭葉変性症　230, 232, 238
全人間的復権　122
洗髪　401
洗髪器の作り方　402
せん妄　237

477

index

索引

想起　292
喪失体験　149，190
相談支援事業　136
躁病　271
足浴　401，423
組織　303
咀嚼　194
尊厳の保持　227，446

た行

ターミナルケア　→　終末期介護
体圧分散　425
第1号被保険者　98
体位の種類　361
体位変換　370，425
体温調節機能　195
体循環　189，311
帯状疱疹　211
体性神経　307
第2号被保険者　98
大脳　308
多職種からなるチーム　59
脱水　383
脱水症　384
多点杖　362
短期記憶　293
段差　339
地域活動支援センター機能強化事業　137
地域支援事業　103，104，108
地域生活支援事業　125，128，135
地域相談支援　133
地域包括ケアシステム　51，72，97，111
地域包括支援センター　51，109
地域密着型介護予防サービス　101，103，104，105
地域密着型サービス　101，103，104，108
チームアプローチ　8，445
チームケア　59，60，429

知的障害　11，253，269
〈着脱介助〉かぶりの上着の場合の手順（右片麻痺の場合）　355
〈着脱介助〉座ってズボンをはく場合の手順（右片麻痺の場合）　356
〈着脱介助〉寝たままの状態で寝間着を着替える場合の手順　357
〈着脱介助〉前開きの上着の場合の手順（右片麻痺の場合）　356
着脱介助時の留意点　354
中核症状　228
中枢神経　190，307，308
聴覚器　310
聴覚障害　267
長期記憶　294
重複障害　269
調理　334
　──器具　337
貯蔵　292
痛風　214
杖歩行　367
つたい歩き　367
手洗いの基本と留意点　90
T字杖　362
低栄養　384
定期巡回・随時対応型訪問介護看護　52，104，107
適応　299
手すり　340
手続き的記憶　294
デマンド　162
伝音性難聴　215
トイレ環境の確認点　408
トイレでの排泄介助　412
動機　38，296
動機づけ　39，296
道具的条件づけ　291

統合失調症　271
糖尿病　212
　　——の合併症　213
特定施設　6
特定疾患治療研究事業　274
特定疾病　98
特定福祉用具販売　348
特別徴収　98
都道府県介護保険事業支援計画　114
都道府県地域生活支援事業　138
トランスファーショック　346

な行

内部障害　253，267
難治性疾患克服研究事業　274
難聴　215
難病　274
難病の患者に対する医療等に関する法律　274
ニーズ　162，441
２型糖尿病　212，213
2015年の高齢者介護　225，227
日常災害　345
日常生活活動　→　ADL
日常生活自立支援事業　32，140
日常生活動作　→　ADL
日常生活用具　132，133
日常生活用具給付等事業　132，137
日本介護福祉士会倫理綱領　67，283
入眠環境　421
入浴介助の基本的な留意点　399
入浴の意義　392
入浴の効果　392
入浴のリスク　393
ニューロン　308
尿管　317
尿器　409，410
　　——での排泄介助　413

尿道　317
尿の性状　407
尿路感染症　212
任意後見制度　30，140
認知症　11，170，207，228，271
　　——の症状　228
〈認知症の〉定義　228
認知症ケアの視点　227
認知症高齢者数　224
認知症高齢者の日常生活自立度判定基準　224
認知症サポーター　54，225
認知症施策推進５か年計画（オレンジプラン）
　225
認知症施策推進総合戦略（新オレンジプラン）
　225
認知症対応型グループホーム　6，7，104，107
認知症に伴う行動障害と精神症状　→　BPSD
認知症の行動・心理症状　→　BPSD
認定調査　99，100
脳幹　309
脳血管障害　205，260
　　——の症状　206
脳血栓　205，206
脳梗塞　205，206
脳出血　205，206
脳性麻痺　262
脳塞栓　205，206
脳を健やかに保つ10か条　240
ノーマライゼーション　19，258
　　——の８つの原理　19
ノンレム睡眠　417，419

は行

パーキンソン症候群　263
パーキンソン症状　231，238
パーキンソン病　209，263
パーソンセンタードケア　227

index

バーンアウト　90	福祉サービスの質の向上　141
肺　314	福祉用具　347
肺炎　209	――の定義　348
徘徊　237	福祉用具貸与　348
肺循環　189, 311	副腎　318
賠償責任　81	符号化　292
バイステックの7原則　153	不整脈　204
排泄介助の留意点　411	普通徴収　98
排泄行動のプロセス　411	不適応　299
排泄習慣　411	不眠　422
排泄の意義　405	プライバシーの保護　67, 71
排泄のメカニズム　406	プライバシーへの配慮　432, 453
排泄物の性状　406	フラストレーション　299
バイタルサイン　322	フラストレーション耐性　299
廃用症候群　45, 193, 200, 216, 263	ブローカ失語　168, 206
――の成因　217	平衡器　310
白内障　214	ベッドからの起き上がり〈全介助〉　373
バスボード　396	ベッド上での上方移動〈全介助〉　372
バスリフト　397	ベッド上での水平移動〈全介助〉　371
発達障害　273	ベッド上での洗髪の基本的留意点　401
――の種類　273	便器　337, 409, 410
バリアフリーデザイン　342	――での排泄介助　413, 414
BPSD〈認知症の行動・心理症状〈認知症に伴う行動障害と心理症状〉〉　229, 235	変形性関節症　201, 218
非言語的コミュニケーション　156	便座への移乗〈全介助〉　375
非常災害　344	便の性状　407
皮膚　310	便秘　324, 406
皮膚真菌症　211	――の予防　407
被保険者〈介護保険〉　98	防衛反応　188, 193
飛沫感染　84	膀胱　317
秘密保持義務〈介護福祉士の義務〉　66, 71	法定後見制度　30, 140
ヒヤリ・ハット　78	訪問調査　100
評価　444	ポータブルトイレ　408, 409
病的老化　192	――における排泄介助　413
フィードバック　444	保険者〈介護保険〉　97
複合型サービス　52, 104, 107	保険料〈介護保険〉　98
副交感神経　311	歩行器　363
	保佐　30, 31, 140

保持　292
補助　30, 31, 140
補装具　131, 132
ボディメカニクス　88, 359
　──の基本　360
　──の原則　89, 359
骨　305
ホルモン　317

行

まだら認知症　230
マッサージ　424
末梢神経　190, 307
名称の使用制限〈介護福祉士の義務〉　67
メタボリックシンドローム（内臓脂肪症候群）　213
　──の診断基準　214
免疫機能　82, 193, 209, 313
求められる介護福祉士像　37
モニタリング　444
物盗られ妄想　237
物忘れ　228

行

ユニバーサルデザイン　342
養介護施設従事者　25
要介護状態　98, 191
〈要介護状態の〉原因　44, 191
要介護認定　99
養護者の支援〈高齢者虐待〉　23
要支援状態　98, 191
陽性症状　271
腰痛　88
浴室の整備例　339
浴室用リフト　397
浴槽台　396, 397
浴槽用手すり　395

欲求　39, 296
欲求階層説　39, 296
予防給付　100, 101, 102, 103, 104, 106, 107
予防重視型システム　41, 97
予防接種　85
4大認知症　230

行

ランゲルハンス島（膵島）　213, 318
卵巣　319
理解促進研修・啓発事業　136
離職率　471
リスクマネジメント　76
リハビリテーション　121
　──介護　123
　──の理念　122
〈リハビリテーションの〉定義　121
リフター　366
流動性知能　196
利用者負担〈障害者総合支援法〉　138
利用料〈介護保険〉　101
緑内障　215
理論に基づく介護　284, 289
臨死期の身体的安楽の方法　433
臨死期のバイタルサイン　433
倫理綱領　66
レスパイトケア　245, 279
レビー小体型認知症　230, 231, 238
レム睡眠　417, 419
連携〈介護福祉士の義務〉　66
老化　188
〈老化に伴う〉心身の機能面の変化　193
〈老化に伴う〉人体の構造面の変化　193
〈老化の〉定義　192
老年期うつ病　208
老年症候群　43, 198, 218
老年病　198

references 参考文献

◎執筆順

堀部政男「個人情報保護法の考え方」文部科学省科学技術・学術審議会生命倫理・安全部会第2回ライフサイエンス研究におけるヒト遺伝情報の取扱い等に関する小委員会資料，2004年

消費者庁リーフレット「よくわかる個人情報保護法——個人情報保護法上の個人情報の提供に関するルールについて」2010年

民事法務協会成年後見制度研究会「研究報告：成年後見制度の現状の分析と課題の検討——成年後見制度のさらなる円滑な利用に向けて」2010年7月

全国社会福祉協議会パンフレット「ここが知りたい日常生活自律支援事業——なるほど質問箱」2009年3月改訂版

厚生労働省「介護保険制度改革の全体像——持続可能な介護保険制度の構築」2005年12月

平成21年度老人保健増進等事業「地域包括ケア研究会報告書」三菱UFJリサーチ&コンサルティング株式会社，2010年3月

厚生労働省医政局指導課在宅医療推進室「在宅医療・介護あんしん2012」

森山治・藤原泰・朴美蘭『ホームヘルパーのためのリスクマネジメント』萌文社，2007年

高野範城・青木佳史『介護事故とリスクマネジメント』あけび書房，2004年

「在宅特集："ひやりハット"を見逃さない」『おはよう21』中央法規出版，2006年4月号

加藤良夫編著『ホームヘルパーのためのヒヤリ・はっと介護事故防止ハンドブック』日本医療企画，2002年

介護技術全書編集委員会『わかりやすい介護技術』ミネルヴァ書房，1999年

日本ケアワーク研究所監修『見てよくわかるリハビリテーション介護技術』一橋出版，2001年

日本医療ソーシャルワーク研究会編『医療福祉総合ガイドブック』医学書院，2012年

日本ケアワーク研究所監修『医療介護とは何か』金原出版，2004年

日本老年医学会編『老年医学テキスト 改訂第3版』メジカルビュー社，2008年

日本老年医学会「高齢者ケアの意思決定プロセスに関するガイドライン——人工的水分・栄養補給の導入を中心として」2012年

住居広士編『介護福祉士養成テキストブック⑬ こころとからだのしくみ』ミネルヴァ書房，2009年

住居広士・土肥信之『リハビリテーション介護とは何か』一橋出版，1997年

厚生省高齢者ケアサービス体制整備検討委員会監修『介護支援専門員標準テキスト 第1巻』長寿社会開発センター，1998年

井村裕夫他編『最新内科学体系第79巻 関連領域疾患③老年の診療』中山書店，1995年

小澤利男『エッセンシャル老年病学 第2版』医歯薬出版，1995年

藤島一郎「嚥下障害の評価」『JOURNAL of CLINICAL REHABILITATION（臨床リハ）』医歯薬出版，1992年1巻8号

福地義之助編『高齢者ケアマニュアル（エキスパートナースmook）』照林社，2004年

嶋津孝他編『臨床栄養学 疾病編』化学同人，2004年

折茂肇他編『老人科診療必携』朝倉書店，1989年

上田英雄他編『内科学』朝倉書店，1977年

厚生労働統計協会『国民衛生の動向』各年版

松永美根子「ICFを活かした認知症高齢者のケアプラン」『認知症介護』7巻2号，日総研出版，2006年，88〜101頁

榎本博明著『はじめてふれる心理学』サイエンス社，2003年

北尾倫彦他『グラフィック心理学』サイエンス社，1997年

松井豊編著『惨事ストレスへのケア』おうふう，2009年

中島義明・繁桝算男・箱田裕司編『新・心理学の基礎知識』有斐閣，2005年

下仲順子編『老年心理学』培風館，1997年

和田万紀編『Next教科書シリーズ 心理学』弘文堂，2011年

山崎晃・浜崎隆司編著『新・はじめて学ぶこころの世界』北大路書房，2006年

大塚愛二・住居広士編『人体の構造と機能及び疾病』久美，2009年

黒田研二・住居広士編著『MINERVA社会福祉士養成テキストブック⑳ 人体の構造と機能及び疾病』ミネルヴァ書房，2009年

井原久光『テキスト経営学——基礎から最新の理論まで 第3版』ミネルヴァ書房，2008年

岡山県介護福祉研究会編『ホームヘルパーのためのわかり

参考文献

やすい介護技術――訪問介護員マニュアル』ミネルヴァ書房，2002年
宮原伸二編著『福祉医療用語辞典』創元社，2006年
真島英信『生理学　改訂16版』文光堂，1978年
Kahle, W. 他／越智淳三訳『解剖学アトラス』文光堂，1981年
町田貞子『暮らし上手の家事ノート』三笠書房，1995年
小泉和子『昭和すぐれもの図鑑』河出書房新社，2007年
吉沢久子『素敵な老いじたく――姑の残してくれたもの』集英社，2004年
本間昭他監修『訪問介護員（ホームヘルパー）養成研修テキストブック2級課程[全面改訂新版]』ミネルヴァ書房，2006年
ホームヘルパー養成研修テキスト作成委員会編『訪問介護員（ホームヘルパー）養成研修テキスト』長寿社会開発センター，2007年
介護支援専門員テキスト編集委員会編『五訂介護支援専門員基本テキスト』第1巻，長寿社会開発センター，2009年
西村洋子編『最新介護福祉全書⑭　介護概論』メヂカルフレンド社，1997年
『新版・社会福祉学習双書2005』編集委員会編『新版・社会福祉学習双書2005②　老人福祉論』全国社会福祉協議会，2005年
宮川晴妃『高齢者のフットケア』厚生科学研究所，2006年，20〜27頁
松尾智子「衣服の選択・工夫・着脱の介護」山岡喜美子他編著『リーディングス介護福祉学⑮　介護技術』建帛社，2005年
平木久子「着脱の介護」田中典子「身だしなみの援助」福祉士養成講座編集委員会編『新版介護福祉士養成講座⑬　介護技術Ⅱ』中央法規出版，2006年
釜土禮子「衣服の着脱」『新版・社会福祉学習双書』編集委員会編『新版・社会福祉学習双書⑬　介護概論』全国社会福祉協議会，2006年

糸沢克枝他編『介護福祉士選書⑮　介護技術　新版』建帛社，2006年
植田理彦「入浴の効果と生理」中村昭「日本人とおふろ」『看護mook no.2 身体の清潔』金原出版，1982年
上野文規監修『入浴介護実践集』（別冊ブリコラージュ），筒井書房，2002年
林正健二編『ナーシンググラフィカ①　人体の構造と機能　解剖生理学』メディカ出版，2004年
竹内修二他「看護技術の根拠パート2　解剖生理の視点から」『プチナース』2008年臨時増刊号，照林社
石井享子監修『MINERVA福祉資格テキスト　介護福祉士　こころとからだのしくみ編』ミネルヴァ書房，2012年
佐藤禮子監修・浅野美知恵編『絵でみるターミナルケア――人生の最期を生き抜く人へのかぎりない援助』学習研究社，2006年
栗原道子『こんな家で死にたい――ヘルパーが探した「終の住処」』エクスナレッジ，2005年
キューブラー-ロス，E.／川口正吉訳『死ぬ瞬間・続――最期に人が求めるものは』読売新聞社，1977年
キューブラー-ロス，E.／秋山剛・早川東作訳『新・死ぬ瞬間』読売新聞社，1985年
デーケン，A.・平山正実編『身近な死の経験に学ぶ』春秋社，1986年
川村佐和子他編著『介護福祉士養成テキスト⑪　生活支援技術Ⅳ』建帛社，2009年
柴田範子編『介護福祉士養成テキストブック⑥　生活支援技術Ⅰ』ミネルヴァ書房，2009年
柴田範子編『介護福祉士養成テキストブック⑦　生活支援技術Ⅱ』ミネルヴァ書房，2009年
正木治恵編著『老年看護学　改訂版』放送大学教育振興会，2009年
川井太加子編『最新介護福祉全書⑤　生活支援技術：介護Ⅰ』メヂカルフレンド社，2009年
玉木ミヨ子編『"なぜ？どうして？"がわかる基礎看護技術』照林社，2005年

執筆者紹介／所属：執筆分担。掲載順。＊印は監修者および編集委員

眞鍋誠子　まなべ・せいこ／今治明徳短期大学ライフデザイン学科介護福祉コース教授：科目2第1章第1節〜第4節，科目3第1章第2節

＊鈴木眞理子　すずき・まりこ／元埼玉県立大学社会福祉子ども学科教授：科目2第1章第5節，科目3第1章第3節

荒井浩道　あらい・ひろみち／駒澤大学文学部社会学科社会福祉学専攻教授／科目2第1章第6節

＊金　美辰　きむ・みじん／大妻女子大学人間関係学部人間福祉学科介護福祉学専攻専任講師：科目2第2章第1節

内藤茂順　ないとう・しげゆき／株式会社やさしい手取締役副社長：科目2第2章第2節

石橋智昭　いしばし・ともあき／ダイヤ高齢社会研究財団研究部長：科目3第1章第1節

上之園佳子　あげのその・よしこ／日本大学文理学部社会福祉学科教授：科目3第2章

小田勝浩　おだ・かつひろ／札幌市在宅福祉サービス協会総務課人事研修担当係長：科目3第3章第1節・第2節

小中綾子　こなか・あやこ／元近大姫路大学看護学部教授：科目3第3章第3節

中村幸子　なかむら・さちこ／元十文字学園女子大学人間生活学部人間福祉学科准教授：科目3第4章

＊島津　淳　しまず・あつし／桜美林大学健康福祉学群社会福祉専修教授：科目4第1章第1節〜第3節

原田聖子　はらだ・せいこ／江戸川大学総合福祉専門学校社会福祉科専任教員：科目4第1章第2節

髙橋慶子　たかはし・けいこ／金沢医療技術専門学校専任教員：科目4第2章

本田一夫　ほんだ・かずお／元神奈川県リハビリテーション支援センター副所長：科目4第3章第1節・第2節

本多洋実　ほんだ・ひろみ／日本体育大学女子短期大学部幼児教育保育科准教授：科目4第3章第3節

小熊順子　おぐま・のりこ／浦和大学総合福祉学部総合福祉学科教授：科目5第1章

白井幸久　しらい・ゆきひさ／群馬医療福祉大学短期大学部介護福祉学科学科長：科目5第2章

＊住居広士　すみい・ひろし／県立広島大学大学院教授：科目6第1章・第2章第1節，科目9第3章

狩谷明美　かりや・あけみ／県立広島大学保健福祉学部看護学科准教授：科目6第1章第2節

吉田繁子　よしだ・しげこ／倉敷芸術科学大学大学院教授：科目6第2章第1節

中村陽子　なかむら・ようこ／園田学園女子大学人間健康学部人間看護学科教授：科目9第3章

明渡陽子　あけど・ようこ／大妻女子大学家政学部教授：科目6第2章第2節

宮永和夫　みやなが・かずお／南魚沼市立ゆきぐに大和病院院長：科目7第1章〜第3章

勝野とわ子　かつの・とわこ／首都大学東京健康福祉学部看護学科教授：科目7第4章

井上貴雄　いのうえ・たかお／あすかクリニック院長：科目8

嶌末憲子　しますえ・のりこ／埼玉県立大学社会福祉子ども学科准教授：科目9第1章

堀　洋元　ほり・ひろもと／大妻女子大学人間関係学部人間関係学科社会・臨床心理学専攻専任講師：科目9第2章

柴田範子　しばた・のりこ／元東洋大学ライフデザイン学部生活支援学科准教授・特定非営利活動法人楽理事長：科目9第4章

山崎　敏　やまざき・さとる／立教大学コミュニティ福祉学部兼任講師：科目9第5章

小櫃芳江　おびつ・よしえ／聖徳大学短期大学部保育科教授：科目9第6章

嶋田美津江　しまだ・みつえ／浦和大学短期大学部介護福祉科准教授：科目9第7章

山本みよ子　やまもと・みよこ／浦和大学短期大学部介護福祉科准教授：科目9第8章

関根良子　せきね・りょうこ／足の健康研究会・フットケアサロン歩行：科目9第9章

吉賀成子　よしが・しげこ／東京家政学院大学現代生活学部准教授：科目9第10章

鈴木聖子　すずき・せいこ／日本赤十字秋田看護大学教授：科目9第11章

廣瀬良子　ひろせ・りょうこ／京都福祉専門学校特任講師：科目9第12章

黒澤貞夫　くろさわ・さだお／群馬医療福祉大学大学院教授・日本生活支援学会会長：科目9第13章

増田いづみ　ますだ・いづみ／田園調布学園大学人間福祉学部社会福祉学科介護福祉専攻講師：科目9第14章事例1

伊東一郎　いとう・いちろう／横浜国際福祉専門学校副校長：科目9第14章事例2

確認テスト執筆者紹介

大阪城南女子短期大学

前田崇博　監修者紹介参照

小林　孔　こばやし・とおる／山本永人　やまもと・ながと／

宮崎恭子　みやざき・きょうこ／多田鈴子　ただ・れいこ／瀬　志保　せ・しほ／

緒方　都　おがた・みやこ／長橋幸恵　ながはし・さちえ

監修者紹介

田中由紀子　たなか・ゆきこ

日本社会事業大学大学院卒業。国分寺市福祉事務所，高齢者福祉課勤務を経て1997年より介護福祉士養成へ。現在日本社会事業大学社会福祉学部准教授。
主著『居宅介護サービス――介護の展開と家族援助』日総研出版，1998年
　　『はじめての介護』（共著）日本経済新聞社，2001年
　　『在宅ケアをパワーアップ――家庭で可能な「介護のツボ」を教えます』ミネルヴァ書房，2007年
　　『介護福祉総論　改訂版』（編著）第一法規，2012年，ほか。

住居広士　すみい・ひろし

1987年岡山大学大学院医学部医学研究科修了。岡山県立大学短期大学部助教授，ミシガン大学老年医学センター留学，広島県立保健福祉大学教授などを経て，現在県立広島大学大学院教授。医学博士，社会福祉士，介護福祉士。日本学術会議連携会員，日本介護福祉学会理事ほか。
主著『介護モデルの理論と実践』大学教育出版，1998年
　　『医療介護とは何か』（編著）金原出版，2004年
　　『介護保険における介護サービスの標準化と専門性』大学教育出版，2007年
　　『介護福祉用語辞典』（編著）ミネルヴァ書房，2009年
　　『介護福祉士養成テキストブック⑬　こころとからだのしくみ』ミネルヴァ書房，2009年，ほか。

島津　淳　しまず・あつし

2005年北海道大学大学院経済学研究科修了。厚生労働省老健局老人福祉専門官，北星学園大学教授などを経て，現在桜美林大学教授。
主著『介護保険辞典』（編著）中央法規出版，2002年
　　『福祉政策論』（編著）医歯薬出版，2003年
　　『提言訪問看護――介護保険制度見直しに向けての学習テキスト』（編著）医歯薬出版，2003年
　　『地域福祉計画の理論と実践』（編著）ミネルヴァ書房，2005年
　　『介護保険制度と政策形成過程』久美，2008年，ほか。

鈴木眞理子　すずき・まりこ

1972年東京大学文学部仏文学科卒業。上智大学文学部社会福祉学科編入，日本社会事業大学大学院卒業。全国社会福祉協議会研究センター研究員，岩手県立大学助教授，埼玉県立大学社会福祉子ども学科教授を経て，現在社会福祉法人奉優会理事，子ども未来財団理事。社会福祉学修士。
主著『世界のボランティア』草の根出版会，1998年
　　『育児保険構想――社会保障による子育て支援』（編著）筒井書房，2002年
　　『福祉に生きた女性先駆者――F・ナイチンゲールとJ・アダムス』草の根出版，2004年
　　『ソーシャルワーカーという生き方――15人のキャリアとライフヒストリー』中央法規出版，2010年，ほか。

前田崇博　まえだ・たかひろ

大阪城南女子短期大学教授人間福祉学科長。社会学博士。介護認定審査会委員（大阪市），社会保障審議会委員（尼崎市）。
主著『よくわかる社会福祉』（共著）ミネルヴァ書房，2002年
　　『福祉グループワークの理論と実際』（共著）ミネルヴァ書房，1999年，ほか。

小林一郎　こばやし・いちろう【DVD監修】

YMCA健康福祉専門学校校長。
横浜YMCAカレッジグループ（横浜YMCA学院専門学校／YMCA健康福祉専門学校／YMCA福祉専門学校／横浜YMCAスポーツ専門学校）学院長。

編集委員紹介

田中由紀子　監修者紹介参照

住居広士　監修者紹介参照

鈴木眞理子　監修者紹介参照

島津　淳　監修者紹介参照

金　美辰　きむ・みじん

2001年東海大学大学院健康科学研究科保健福祉学専攻修了。高齢者福祉施設で勤務し，介護福祉士養成教育に携わる。現在大妻女子大学人間関係学部人間福祉学科介護福祉学専攻専任講師。保健福祉学修士，介護福祉士。社会福祉法人悠々会評議員。
主著『介護技術論』（共著，第一法規，2009年），『現代社会と福祉』（共著，久美，2009年），『日常生活動作を助ける介護技術――起きる・歩く・食べる・着替えるをサポート』（共著，日本医療企画，2011年），『MINERVA福祉資格テキスト　介護福祉士　介護編』（共著，ミネルヴァ書房，2012年），ほか。

五十嵐さゆり　いがらし・さゆり／福祉人材育成研究所所長【DVD編集】

内田智美　うちだ・ともみ／横浜YMCA　YMCA健康福祉専門学校介護福祉科学科長【DVD編集】

介護職員初任者研修テキスト［第3版］
──DVD・確認テスト付──

2013年 1月30日	初　版第1刷発行
2014年 8月25日	初　版第3刷発行
2015年 3月25日	改訂版第1刷発行
2016年 4月20日	第3版第1刷発行
2024年10月15日	第3版第9刷発行

〈検印省略〉

定価はカバーに表示しています

監修者　田中由紀子
　　　　住居広士
　　　　島津　淳
　　　　鈴木眞理子
　　　　前田崇博
　　　　小林一郎

編　者　初任者研修テキストブック編集委員会

発行者　杉田啓三

印刷者　森元勝夫

発行所　株式会社　ミネルヴァ書房
607-8494　京都市山科区日ノ岡堤谷町1
電話代表075-581-5191
振替口座01020-0-8076

©SIXEEDS, 2016　　モリモト印刷

ISBN978-4-623-07679-6
Printed in Japan

社会福祉小六法［各年版］
ミネルヴァ書房編集部　編
四六判美装　本体1600円

社会福祉用語辞典［第9版］
山縣文治／柏女霊峰　編集委員代表
四六判美装　本体2200円

介護職員実務者研修テキスト
前田崇博　監修
実務者研修テキスト編集委員会　編
B5判・376頁・本体4500円

介護職員実務者研修テキスト　医療的ケア DVD付
竹宮敏子　監修
岡本あゆみ／久代和加子／田代和子／根岸貴子／渡邉弘美　著
B5判・224頁・本体4000円

MINERVA福祉資格テキスト
介護福祉士　人間と社会編
吉賀成子　監修
ミネルヴァ書房テキストブック編集委員会　編
B5判・208頁・本体2800円

MINERVA福祉資格テキスト
介護福祉士　介護編
小櫃芳江・鈴木知佐子　監修
ミネルヴァ書房テキストブック編集委員会　編
B5判・336頁・本体3700円

MINERVA福祉資格テキスト
介護福祉士　こころとからだのしくみ編
石井享子　監修
ミネルヴァ書房テキストブック編集委員会　編
B5判・288頁・本体3500円

―― ミネルヴァ書房 ――
http://www.minervashobo.co.jp/

確認テスト Q&A

介護職員初任者研修
演習問題・レポート課題

もくじ

演習問題

科目2 介護における尊厳の保持・自立支援 …… 2
科目3 介護の基本 …… 4
科目4 介護・福祉サービスの理解と医療との連携 … 6
科目5 介護におけるコミュニケーション技術 …… 8
科目6 老化の理解 …… 10
科目7 認知症の理解 …… 12
科目8 障害の理解 …… 14
科目9 こころとからだのしくみと生活支援技術 …… 16

演習問題の解答 …… 20

レポート課題

科目2〜5 …… 22
科目6〜9 …… 23

レポート課題の解答 …… 24

科目2 介護における尊厳の保持・自立支援
演習問題

■次の文章の（　）に入る適切な語句を答えなさい。

❶ 介護職が利用者に質の高い介護を提供するためには、利用者の（　　　）を守り、かつ利用者が（　　　）した生活を送るための支援を行わなければならない。

❷ 2001（平成13）年に国連・WHOで採択されたICF（国際生活機能分類）は、障害をマイナス面ではなく（　　　）を中心に見ることを求めている。

❸ 介護職がサービスを提供するときには、「生活の質」「生命の質」「人生の質」などを指す（　　　）の向上をはかることが大切である。

❹ 緊急やむをえず、身体拘束が必要な場合として、（　　　）、非代替性、一時性の3つの要件が示され、その場合には、その際の状況とやむを得なかった理由を（　　　）することが必要である。

❺ 個人情報の有用性に配慮しつつ、個人の権利、利益を保護することを目的として（　　　）が定められている。

❻ 成年後見制度は、対象者の判断能力に応じ、（　　　）、保佐、補助の3つの類型がある。

❼ マズローは、人間の欲求は、生理的欲求・安全の欲求・所属と愛の欲求・自尊と承認の欲求・自己実現の欲求の5つの階で構成されるとする（　　　）を唱えている。

❽ 複雑化したニーズに対応する個別ケアのひとつとして、2011（平成23）年に「介護保険法」等が改正され、介護福祉士に喀痰吸引等の（　　　）の実施が認められた。

■次の問いに答えなさい。

❶ノーマライゼーションについて適切でないものを一つ選びなさい。
　ア　ノーマルとは、あらゆる障害者が普通の当たり前の生活をすることである。
　イ　デンマークのバンク＝ミケルセンは、その条件として8つの原理を示した。
　ウ　1981（昭和56）年の国際障害者年におけるスローガンに反映されている。
　エ　わが国の「障害者プラン」はその理念をふまえている。
　オ　その基本的権利は「住宅」「日課」「余暇」である。

❷「高齢者虐待防止法」について適切でないものを一つ選びなさい。
　ア　高齢者を65歳以上としている。
　イ　潜在的虐待の可能性とその深刻さが背景である。
　ウ　虐待の類型を「身体的虐待」「介護、世話の放棄・放任」「心理的虐待」「性的虐待」「経済的虐待」の5つとしている。
　エ　養護者支援の視点を加えている。
　オ　虐待を「養護者によるもの」に限定している。

❸自立支援について適切でないものを一つ選びなさい。
　ア　利用者が自らの意思に基づいた生活を送ることを支援することである。
　イ　自分のことは自分で決めるという自律が必要である。
　ウ　利用者の有する能力に着目する。
　エ　介護福祉士の専門性の一つである。
　オ　身体的自立を最優先する。

科目3 介護の基本
演習問題

■次の文章の（　）に入る適切な語句を答えなさい。

❶「地域包括ケアシステム」とは、地域における包括的な介護体制のことで、介護、（　　　）、予防、（　　　）、生活支援といった多様なサービスの組み合わせである。また、これらを一体的に整備する単位として、30分以内で駆けつける範囲を（　　　）圏域として設定して、各圏域の拠点として（　　　）が位置づけられている。

❷24時間対応の「定期巡回・随時対応型訪問介護・看護」は、介護、看護の連携により、1日複数回の（　　　）と利用者からの（　　　）に随時対応することで在宅生活を支えるものである。

❸小規模多機能型居宅介護は、デイサービスのような（　　　）を中心に、ホームヘルプ等の（　　　）、ショートステイでもある（　　　）を一つの拠点で複数の機能を持たせるものである。

❹介護保険制度でケアマネジメントを担当する職種は、（　　　）という資格を有している。

❺訪問介護などのサービス提供事業所の運営責任者を（　　　）とよぶ。

❻相談・助言を行うのはソーシャルワーカーとよばれているが、わが国では社会福祉関連全般で活躍する（　　　）や、おもに精神保健領域で活躍する（　　　）が存在する。

❼リハビリテーションの専門職には（　　　）、（　　　）、（　　　）の3職種がある。

❽多くの介護施設で配置が義務づけられている看護の専門職は（　　　）で、地域包括支援センターに配置されている、健康診査や保健指導を行う専門職は（　　　）である。

■次の問いに答えなさい。

❶「社会福祉士及び介護福祉士法」について適切でないものを一つ選びなさい。
　ア　介護福祉士は、その担当する者が個人の尊厳を保持し、自立した日常生活を営めるよう援助する。
　イ　介護福祉士は、信用を傷つける行為をしてはならない。
　ウ　介護福祉士は、その業務に関して知り得た人の秘密を漏らしてはならないが、介護福祉士でなくなった場合は問題がない。
　エ　介護福祉士は、相談援助および介護等に関する知識および技術の向上に努めなければならない。
　オ　介護福祉士でない者は、介護福祉士という名称を使用してはならない。

❷「日本介護福祉士会倫理綱領」について適切でないものを一つ選びなさい。
　ア　介護福祉士は、すべての人々の基本的人権を擁護し、一人ひとりの住民が心豊かな暮らしと老後が送れるよう利用者本位の立場から自己決定権を尊重する。
　イ　介護福祉士は、利用者に最適なサービスを総合的に提供していくために、福祉、医療、保健その他関連する業務に従事する者と連携をはかる。
　ウ　介護福祉士は、暮らしを支える視点から利用者の真のニーズを受け止め、それを代弁していくことも重要な役割である。
　エ　介護福祉士は、地域において生じる経済的問題を解決していくために、積極的な態度で住民と接する。
　オ　介護福祉士は、その教育水準の向上と後継者の育成に力を注ぐ。

❸「高齢者虐待防止法」について適切でないものを一つ選びなさい。
　ア　高齢者の身体に外傷が生じる暴行を加えることは身体的虐待である。
　イ　高齢者に対する著しい減食は身体的虐待である。
　ウ　高齢者にわいせつな行為をすることは性的虐待である。
　エ　高齢者の財産を不当に処分することは経済的虐待である。
　オ　高齢に著しい暴言を加えることは心理的虐待である。

科目4 介護・福祉サービスの理解と医療との連携
演習問題

■次の文章の（　）に入る適切な語句を答えなさい。

❶ 介護保険の保険者とは、保険料の徴収や保険給付を行う保険事業の運営主体であり、全国の（　　　）と（　　　）がそれにあたる。被保険者が少ない地域では、広域で複数の市町村が保険者となる（　　　）を設置している。

❷ 被保険者とは、介護保険制度の対象者で保険料を負担する人のことである。被保険者は、（　　　）と（　　　）で構成されている。

❸ 要介護認定審査では、まず訪問調査が行われる。調査員は、市区町村職員または委託された指定居宅介護支援事業者の（　　　）などが担う。要介護認定には、「自立（非該当）」と（　　　）1～2、（　　　）1～5に区分される。

❹ ケアマネジメントのおもな過程は、アセスメント→（　　　）原案作成→（　　　）→利用者や家族への説明と同意→モニタリングの順である。

❺ 介護保険の財源は、国・都道府県・市町村による公費（　　　）％と被保険者による保険料（　　　）％からなる。公費の負担割合は、国（　　　）％、都道府県（　　　）％、市町村（　　　）％である。

❻ 利用できる介護保険のサービスとしては、要支援1～2の利用者は（　　　）給付、要介護1～5は（　　　）給付となる。

❼ 介護保険施設には、特別養護老人ホームが指定された（　　　）、医療と福祉の中間に位置する（　　　）、2018（平成30）年から新設された（　　　）がある。

❽ 介護サービス費用の1割（一部2割）は利用者負担となるが、その合計額が著しく高額で一定金額を超えた場合は、超えた額が申請により払い戻される。これを（　　　）という。

■次の問いに答えなさい。

❶障害者福祉制度の沿革について適切でないものを一つ選びなさい。
　ア　1981（昭和 56 年）年の「国際障害者年」を契機に、ノーマライゼーションの考え方の浸透により、施設整備中心から在宅福祉サービス重視する障害者施策が開始された。
　イ　2006（平成 18）年に「障害者自立支援法」が施行され、身体・知的・精神の 3 障害に関するサービスの一元化が進められた。
　ウ　2005（平成 17）年に「発達障害者支援法」が施行され、発達障害者の定義と法的位置づけが明確になった。
　エ　2006（平成 18）年にいわゆる「バリアフリー新法」が施行され、「どこでも、誰でも、自由に、使いやすく」というユニバーサルデザインの考えの方向が定まった。
　オ　2012（平成 24）年に「障害者虐待防止法」が施行され、虐待の防止、早期発見、養護者の懲罰が明記されている。

❷「障害者総合支援法」について適切なものを一つ選びなさい。
　ア　2013（平成 25）年に「発達障害者支援法」は「障害者総合支援法」に名称変更された。
　イ　「障害者総合支援法」は、難病や重度訪問介護者を対象外とした。
　ウ　「障害者総合支援法」は、ケアホーム（共同生活介護）を創設した。
　エ　「障害者総合支援法」は、グループホーム（共同生活援助）を廃止した。
　オ　「障害者総合支援法」は、高次脳機能障害を対象とした。

❸障害者関連制度について適切でないものを一つ選びなさい。
　ア　「成年後見制度」には、「法定後見制度」と「任意後見制度」がある。
　イ　「日常生活自立支援制度」には、「福祉サービスの利用援助」「日常的金銭管理」「書類等預かりサービス」がある。
　ウ　「個人情報保護法」は本人の同意がない場合、第三者への情報提供を禁止している。
　エ　「訓練等給付」には、施設で実施されるものとして、自立訓練（機能訓練、生活訓練）、就労移行支援、就労継続支援（A 型・雇用型、B 型・非雇用型）、就労定着支援がある。
　オ　「自立支援医療」は、従来の公費負担医療であった「育成医療」「更生医療」「精神通院医療」が統合されたものである。

科目5 介護におけるコミュニケーション技術
演習問題

■次の文章の（　）に入る適切な語句を答えなさい。

❶ 介護におけるコミュニケーションの第1歩は（　　　）にあり、徹底して利用者の話に耳を傾けることである。その場合、うなずきや（　　　）も大切な姿勢となる。

❷ 利用者との信頼関係を築くためには共感的理解が大切になってくる。介護者には、利用者に（　　　）する力が求められる。

❸ 介護におけるコミュニケーションには、利用者の意見・生き方・感情を批判することなく、そのまま受け入れる（　　　）の姿勢が必要である。

❹ 介護者は利用者の日常生活を通した気持ちや感情を観察する（　　　）的コミュニケーションの側面にも注意を払わなければならない。

❺ 介護者は、利用者はもとより、（　　　）の心理的理解やいたわりを通して信頼関係を築く必要がある。自分の価値観で判断したり、非難をしたりしないよう、専門職としての視点や基準を得るためには（　　　）によって理解を深めることも大切である。

❻ コミュニケーションは利用者の状況や状態に応じた方法をとることが必要で、（　　　）障害者とのコミュニケーションでは、利用者の見え方の程度や発生時期などを通してニーズを確認する。

❼ （　　　）に障害のある利用者には、同様に聞こえの程度を確認し、顔を見ながら大きな口を開けて、短くはっきり話す工夫が大切である。

❽ 言語障害には（　　　）、（　　　）、口蓋裂（こうがいれつ）、聴覚障害、情緒障害などによる原因が考えられ、そのような利用者とのコミュニケーションには、言葉の理解度を確認しながら工夫を加える必要がある。

■次の問いに答えなさい。

❶チームコミュニケーションの方法について適切なものを一つ選びなさい。
ア　言語の伝達で大切なことは迅速性である。
イ　お互いが理解できれば伝達は口頭でもよい。
ウ　記憶が確かなうちに記録をして要点を伝える。
エ　記録はわかりやすく事実を伝えるものである。
オ　職場内であれば記録の伝達者は記す必要はない。

❷「個人に関する記録」について適切でないものを一つ選びなさい。
ア　介護利用申し込みシートはケアプラン情報や希望するサービス内容などを記録するものである。
イ　フェイスシートは利用者の個人情報で、実際の生活状況や本人および家族からの要望を聞いて作成する。
ウ　連絡ノートはひとり離れて独居している利用者の家族への情報交換のために作成するものである。
エ　施設サービス計画書はケアマネジャーが施設介護の方針を記すもので、利用者やその家族に説明し同意を得ることになっている。
オ　介護記録は介護計画に基づいて行われた施設内でのサービスや生活状況などの過程を記録するものである。

❸施設や事業所内での会議について適切でないものを一つ選びなさい。
ア　会議には決定事項を伝達する目的と議題に関する結論を出すための機能がある。
イ　会議は緊急性のあるものと、定期的に開かれるものに大別されるが、それぞれ業務の妨げにならないよう時間に配慮が必要である。
ウ　会議での発言は積極的に臨むのがよいが、感情的な発言や中傷は控えるべきである。
エ　参加者の発言は自由かつ平等になされることが必要であるが、一度決定した事項はそれに従う姿勢が大切である。
オ　公正かつ客観的な会議となるよう議事録は正確で詳細に記すことが望ましい。

科目6 老化の理解
演習問題

■次の文章の（　）に入る適切な語句を答えなさい。

❶歳をとることで必然的に出現する身体および精神の不可逆的な変化が、加齢と（　　　　）である。

❷老化に伴う心身の機能低下には、（　　　　）と病的老化がある。

❸新しいことに創造的に適応する知能を（　　　　）といい、20代をピークに衰え始める。

❹長年にわたり積み重ねて習得し続けた知能を（　　　　）といい、高齢期になっても容易には衰えない。

❺成年者には認められない、老化に伴いながら出現するさまざまな心身の症候群を（　　　　）とよぶ。

❻身体をまったく動かせずに寝たきりの状態が長く続くと、四肢の筋力が弱ったり、筋肉が萎縮することで関節の可動域を制限する拘縮が起こったり、（　　　　）に陥る。

❼脳血管障害による言語障害には、他人の話す内容は理解できても言葉を発せない（　　　　）と自分で言葉を話せても他人の話す内容を理解できない（　　　　）がある。

❽（　　　　）は、ドパミン（脳内の神経伝達物質のひとつ）を産生する中脳に異常が起こり、ドパミンが減少して起こる進行性の神経変性疾患である。

❾種々の原因で水晶体が混濁し、進行すると視力障害を起こす疾患を（　　　　）といい、眼内圧が上昇して、網膜や視神経が障害される疾患を（　　　　）という。

❿難聴は、外耳から中耳の障害（耳垢や中耳炎など）で起こる（　　　　）と、内耳より中枢部位の障害で起こる（　　　　）がある。

■次の問いに答えなさい。

❶ 高齢者の疾患と生活上の留意点について適切でないものを一つ選びなさい。
　ア　老年病はいくつかの病気を抱え、併発しやいが、慢性化はしにくい。
　イ　女性では、閉経後急速に女性ホルモンが減少するために、骨に含まれるカルシウム量である骨量が減少する骨粗鬆症に至ることが多くなる。
　ウ　筋力が低下して寝返りが困難になると、仙骨部や足部などが褥瘡になりやすい。
　エ　老年期になると身体のバランスの保持が困難となり、歩行能力やＡＤＬが低下する。
　オ　加齢に伴って、関節液が薄くなり、関節軟骨が磨耗して、周囲の骨格の変形により関節面が不規則な形状となる変形性関節症になりやすい。

❷ 高齢者に多い病気と生活上の留意点について適切でないものを一つ選びなさい。
　ア　高齢者の特徴として、起立性低血圧や食後の血圧低下が起こりやすい。
　イ　心筋梗塞の症状は、前胸痛、胸部圧迫感、左肩から左上肢への痛みなどがある。胸痛発作の持続時間は１～５分、長くても10分以内である。
　ウ　脳の血管障害により、その血流支配領域の脳機能が障害される疾患を脳血管障害という。突然倒れ急速に神経症状が現れるため脳卒中ともいう。
　エ　高齢者で嚥下機能の低下がある人は、誤嚥性肺炎を起こしやすい。
　オ　インフルエンザは、ウイルス性肺炎のなかで、高齢者や抵抗力の低下している人によっては、生命予後に影響する重篤な疾患である。

❸ 高齢者に多い病気と生活上の留意点について適切でないものを一つ選びなさい。
　ア　高齢者に多くみられる皮膚真菌症は、白癬と皮膚カンジダ症である。
　イ　疥癬は、ヒゼンダニという寄生虫が皮膚に寄生して起こる感染症で、小水疱や紅色丘疹が強いかゆみを伴って皮膚の柔らかい部位に現れる。
　ウ　糖尿病が長時間続くと網膜症、腎症、神経症という三大合併症が発生する。
　エ　失禁とは、自分の意識に反して不随意に尿や便をトイレや尿便器以外で排尿・排便してしまうことであり、尿失禁や便失禁がある。
　オ　褥瘡の予防には２時間ごとの体位変換が有効であるが、栄養補給は重要ではない。

科目7 認知症の理解
演習問題

■次の文章の（　）に入る適切な語句を答えなさい。

❶認知症高齢者の日常生活の状態を表す基準として、1993（平成5）年に厚生労働省から出された（　　　）がある。

❷認知症には、精神障害に伴って必ず生じる（　　　）と、出現頻度に差異がある（　　　）の2つの症状がある。

❸（　　　）は、脳血管障害に基づく二次性認知症で、脳血管障害の発症時期とほぼ同時期に発症する。

❹（　　　）は、大脳皮質を中心にアミロイドというたんぱく質の蓄積に伴い発症する。

❺（　　　）は、男性に多いといわれ、初発症状は、記憶障害が多く、経過中にパーキンソン症状などが出現する。

❻（　　　）の症状は、協調せずにわが道を行くような行動や常同行動が特徴である。

❼64歳以下で発症する（　　　）は、働きざかりに起こるため、経済的問題や家庭問題が多く生じる。

❽血管性認知症でもみられる（　　　）は、脳血流の低下などによって脳機能が低下して生じる症状である。

❾家族介護者へのケアのひとつとして（　　　）がある。在宅で介護する家族にとって、休息は不可欠という考え方で広がったものである。

❿家族介護者が、心理的ストレスを発散し、情報交換を行い、同じ経験をもつ仲間として支え合う場として、（　　　）などへの参加をすすめることが効果的な場合もある。

■次の問いに答えなさい。

❶認知症を取り巻く状況および家族への支援について適切でないものを一つ選びなさい。
　ア　何らかの介護や支援を必要とする認知症高齢者数は、増加すると推計されている。
　イ　2011（平成23）年に厚生労働省に認知症施策検討プロジェクトチームがおかれ、2012（平成24）年9月に「認知症施策推進5か年計画（オレンジプラン）」が策定された。
　ウ　共感的理解とは、家族介護者の私的な世界を自分自身のものであるかのように感じとり、それを共有しながらも同一化したり感情的なしこりが残ったりしない態度をいう。
　エ　家族が介護を受容する過程は、介護負担感には、影響しない。
　オ　家族介護者はさまざまな介護ニーズをもっており、その介護ニーズを満たすためには、フォーマルおよびインフォーマルな社会サービスを活用するための情報提供が必要である。

❷医学的側面から見た認知症の基礎と健康管理について適切でないものを一つ選びなさい。
　ア　認知症の記憶障害のひとつである物忘れは、生理的物忘れと異なり、ゆるやかに進行し、最近の事柄から始まり過去の記憶もしだいに失っていく。
　イ　認知症の大部分は、血管性認知症、アルツハイマー型認知症、レビー小体型認知症、前頭側頭葉変性症の4つに含まれるため、これらは4大認知症といわれている。
　ウ　血管性認知症は、「まだら」認知症ともよばれる。
　エ　レビー小体型認知症では、早期の幻覚（幻視が多い）が特徴である。
　オ　アルツハイマー型認知症では、性格変化や行動障害が発症する。

❸認知症に伴うこころとからだの変化について適切でないものを一つ選びなさい。
　ア　認知症の人は、感情面は残存するといわれている。
　イ　認知症の人への対応では、本人の感情や価値観に配慮することは大切である。
　ウ　物盗られ妄想は、記憶障害による置き忘れが一因である。
　エ　徘徊は、場所に対する見当識障害が一因である。
　オ　認知症予防は、基本的には生活習慣病の予防、脳に有用な栄養を含む食物の摂取、読み・書き・計算を含む脳のトレーニングが大切であり、社会活動・参加は負担になる。

科目 8 障害の理解
演習問題

■次の文章の（　）に入る適切な語句を答えなさい。

❶ わが国の障害者サービスの対象となる障害者は（　　　）により身体障害・知的障害・精神障害に基本的に分類される。この中でもっとも人数が多いのは（　　　）である。

❷ 2013（平成25）年に「障害者自立支援法」が改正され（　　　）が成立し、障害の有無によって分け隔てられることなく、相互に人格と個性を尊重しあいながら共生する社会の実現がめざされることになった。

❸ 脳の血管が閉塞したり出血したりして、運動障害や感覚障害等の機能障害を起こすものを（　　　）という。また、右片麻痺となると（　　　）を起こす場合がある。ときには高次脳機能障害を起こす人もいて、その場合はより丁寧な介護が求められる。高次脳機能障害の症状としては、突然怒り出してしまう易怒性や物事の段取りが組み立てられない失行、物事の認識ができない（　　　）などが代表的である。

❹ 脳性麻痺は、受胎から生後4週間以内の新生児までに生じる脳の不可逆的な障害であり、そのタイプは手足がこわばって硬くなる痙直型、自分の意思に反して体に不随意運動がおきる（　　　）、バランスがとりにくい失調型などがあげられる。

❺ 内部障害とは、「身体障害者福祉法」において、心臓機能障害、腎機能障害、呼吸器機能障害、膀胱・直腸機能障害、小腸機能障害、（　　　）、肝臓の機能の障害と規定されている。

❻ 「発達障害者支援法」において、発達障害とは「自閉症、アスペルガー症候群その他の広汎性発達障害、学習障害、（　　　）その他これに類する脳機能の障害であってその症状が通常低年齢において発現するものとして政令で定めるもの」と定義されている。

❼ 原因不明で治療法が未確立であり、かつ経過が慢性にわたり、経済的にも精神的にも負担が大きい疾病を（　　　）という。

■次の問いに答えなさい。

❶精神障害について適切でないものを一つ選びなさい。
　ア　外来の精神障害者の疾病別内訳では気分障害の患者数がもっとも多い。
　イ　総合失調症の外来患者数はほぼ横ばいである。
　ウ　アルコール性の中毒は精神障害には含まれない。
　エ　統合失調症には陽性症状と陰性症状がある
　オ　気分障害の症状には日内変動がみられる。

❷知的障害者の支援について適切でないものを一つ選びなさい。
　ア　簡単な言葉できちんと伝わるように話す。
　イ　納得するまで根気よく繰り返し伝える。
　ウ　ＡＤＬの支援においても声がけを忘れないように努める。
　エ　急に予定や内容を変更すると混乱してしまうことがある。
　オ　できるだけ子どもに諭すように話す。

❸家族を支える支援について適切でないものを一つ選びなさい。
　ア　同じ立場同士のものがお互いに体験的な知識を教えあう活動をレスパイトケアという。
　イ　福祉事務所や地域包括支援センターなどの専門相談窓口がある。
　ウ　金銭面の負担等今後の生活に不安を感じる場合がみられる。
　エ　自分の時間が持てないことから精神的ストレスを抱えることがある。
　オ　障害受容の過程は人により大きく異なる。

科目9 こころとからだのしくみと生活支援技術
演習問題

■次の文章の（　）に入る適切な語句を答えなさい。

❶介護の対象者について（　　　）・（　　　）上の障害により日常生活を営むことに支障がある人、つまり高齢者だけでなく、障害者や（　　　）をも対象としている。

❷人の記憶のメカニズムは情報処理にたとえて説明されることから、記憶のプロセスを符号化、（　　　）、（　　　）とよぶ。

❸一般的に、（　　　）とは「身体的健康や心理的幸福感への脅威と自覚される出来事」をいい、そのような出来事を（　　　）とよぶ。

❹生命活動を維持するために必要な酸素の取り込みと二酸化炭素の排出を（　　　）という。呼吸器には上気道と下気道があり、下気道の気管は下方で分岐して気管支となる。気管支は右がゆるやかに曲がっており（　　　）による肺炎は右肺に生じやすい。

❺間脳の後方にある松果体からは、昼と夜の日周リズムに関与する（　　　）が分泌され、膵臓のランゲルハンス島からは血糖を下げる（　　　）が分泌されている。

❻1947（昭和22）年から1949（昭和24）年までの出生率が極めて高い現象を（　　　）、この時期に生まれた世代を（　　　）とよぶ。

❼訪問介護において、身体介護と（　　　）は別々のものではなく、ともに生活に必要な、一体的なものととらえることができ、サービス内容の区分においても、身体介護のなかに組み込まれている。

❽障害者基本計画（2002〈平成14〉年12月閣議決定）によると「障害の有無、年齢、性別、人種などにかかわらず、多様な人々が利用しやすいように都市や生活環境をデザインする考え方」を（　　　）という。

❾ 着脱介助時の方法として、麻痺がある場合は、原則として（　　　）から脱いだのち（　　　）のあるほうを脱ぐように介助する。

❿ 歩行が不安定な人の歩行時などに使用する歩行器には、左右のフレームを交互に動かすことができる（　　　）、両手で持ち上げ歩く（　　　）、車のついた（　　　）などがある。

⓫ 嚥下機能が加齢や疾病の後遺症などにより低下した状態を（　　　）といい、十分に咀嚼できない、食塊がつくれない、（　　　）、（　　　）、などがある。

⓬ 入浴の意義と効果は（　　　）、（　　　）、（　　　）の３つの側面から考えるとよい。

⓭ 安全快適な排泄介助には、トイレでの排泄介助、（　　　）の使用、（　　　）・尿器の使用の介助、（　　　）の介助がある。

⓮ 安眠のための介護の工夫には、（　　　）や入浴、温かい飲み物、音楽、（　　　）、（　　　）などがある。

⓯ 終末期介護の一般的な条件として、利用者が治癒を目的とする医療ではなく、（　　　）をもたらすケアを望んでいること、身体的症状のとくに（　　　）の緩和のコントロールが行えること、専門職による（　　　）によってケアが行われることなどがある。

科目9 こころとからだのしくみと生活支援技術
演習問題

■次の問いに答えなさい。

❶ボディメカニクスの基本について適切なものを一つ選びなさい。
ア　介護者の支持基底面積は、広くとるほうが身体は安定する。
イ　大きな筋群よりも、指先や腕の力のみを使うことにより、介護者の負担を軽減する。
ウ　介護者は重心をできるだけ高くする。
エ　利用者と介護者の体をできるだけ離すことによって、移動時の負担が軽くなる。
オ　利用者とベッドとの接点を大きくし、摩擦の軽減を図る。

❷食事について適切なものを一つ選びなさい。
ア　臥床状態での片麻痺利用者の介助では、ベッドで上体を60〜90度に起こす。
イ　視覚障害者の介助では、配膳された食器の位置を時計の文字盤に例えて説明するクロックポジションを用いる。
ウ　認知症の利用者の介助では、食事の認知が難しい場合、全介助を行う。
エ　経管栄養の利用者は、口から栄養を摂取しないため、口腔ケアの必要はない。
オ　安定した姿勢を保つには、つま先が床についていて力が入ることが重要である。

❸中枢神経と体性神経について適切でないものを一つ選びなさい。
ア　大脳は位置と機能により、前頭葉・頭頂葉・側頭葉・後頭葉に分けられ、後頭葉には、知的活動である高次脳機能があり、その後方部に運動神経にかかわる運動野がある。
イ　視床下部は自律神経の中枢でもあり、ホルモンによる内分泌を調整することによって全身の内分泌器官を調整している。
ウ　脳幹は生命活動に重要な機能である意識・呼吸・循環などに関与しており、脳幹部の機能停止をもって、脳死と判断される。
エ　視覚は、外部からの光線が眼球の角膜・水晶体・硝子体を通じて、網膜に映像として写され、視神経を通じて後頭葉に伝達することで、認識される。
オ　聴覚は耳介で集積した音が外耳道を伝わって鼓膜を振動させ、中耳にある耳小骨で伝達・増幅されて、蝸牛から内耳神経を通じて側頭葉の聴覚野で認識される。

❹記憶について適切でないものを一つ選びなさい。
　ア　感覚記憶とは、ほんの一瞬だけ情報が保持されるもので、多くの場合は1秒以内に消失してしまうと考えられている。
　イ　短期記憶とは、数秒から10秒程度保持される一時的なもので、覚えた内容を頭の中で繰り返し唱え続けることによって、保持し続けることができる。
　ウ　短期記憶で保持できる容量を記憶範囲といい、数字の場合は平均で13個である。
　エ　長期記憶とは、外部からの情報を比較的永続的に保持することをいう。
　オ　長期記憶は、保持する情報の内容で手続き的記憶とエピソード記憶に分けられる。

❺骨・関節・筋について適切でないものを一つ選びなさい。
　ア　人体は約200個の骨でできている。
　イ　脊柱は体幹の柱であり、頸椎は7個、胸椎は12個、腰椎は5個の椎体と仙骨と尾骨を連結して形成される。
　ウ　骨は骨代謝により常に破骨と造骨を繰り返していて、加齢と老化による骨代謝の低下により、骨がもろくなる骨粗鬆症となる。
　エ　筋肉には、骨格筋、心筋、平滑筋の3種類がある。
　オ　骨格に付着している骨格筋が収縮することにより関節が可動する。廃用症候群や脳血管障害では、関節可動域が広がる拘縮を予防する必要がある。

❻利用者の心身の違いに気づく視点について適切でないものを一つ選びなさい。
　ア　バイタルサインは生命の状態を示す基本的指標で、体温・脈拍・呼吸・意識レベルなどがある。基準値があり生命の危機を判断する重要な手がかりである。
　イ　せきは気管支粘膜の分泌物で、呼吸器の炎症や感染症により増加し、性状も変化する。
　ウ　気管支喘息や慢性気管支炎などは、息を吐くときの呼吸困難である。
　エ　消化管からの出血は、口腔から吐きだされる吐血と肛門から排泄される下血の形で体外に排出される。
　オ　終末期を迎える利用者や家族に対して、細やかな心遣いと心身の状況に応じた介護が大切で、緊急時には適切な対応と医療関係者との連携が求められる。

A 演習問題の解答

科目2
■空欄補充　①尊厳、自立　②プラス面　③QOL　④切迫性、記録　⑤個人情報保護法　⑥後見　⑦欲求階層説　⑧医療的ケア
■五肢択一　①イ　②オ　③オ

科目3
■空欄補充　①医療、住まい（住居）、日常生活、地域包括支援センター　②定期訪問、コール　③通い、訪問介護、短期間の泊まり　④ケアマネジャー（介護支援専門員）　⑤サービス提供責任者　⑥社会福祉士、精神保健福祉士　⑦理学療法士（PT）、作業療法士（OT）、言語聴覚士（ST）　⑧看護師、保健師
■五肢択一　①ウ　②エ　③イ

科目4
■空欄補充　①市町村、特別区（東京都23区）、広域連合　②第1号被保険者、第2号被保険者　③ケアマネジャー（介護支援専門員）、要支援、要介護　④ケアプラン、ケアカンファレンス（サービス担当者会議）　⑤50、50、25、12.5、12.5　⑥予防、介護　⑦介護老人福祉施設、介護老人保健施設、介護医療院　⑧高額介護サービス費
■五肢択一　①オ　②オ　③ウ

科目5
■空欄補充　①傾聴、あいづち　②共感　③受容　④非言語　⑤家族、倫理綱領　⑥視覚　⑦聴覚　⑧失語症、脳性麻痺
■五肢択一　①ウ　②ウ　③イ

科目6
■空欄補充　①老化　②生理的老化　③流動性知能　④結晶性知能　⑤老年症候群　⑥廃用症候群　⑦運動性失語（ブローカ失語）、感覚性失語（ウェルニッケ失語）　⑧パーキンソン病　⑨白内障、緑内障　⑩伝音性難聴、感音性難聴
■五肢択一　①ア　②イ　③オ

科目7
■**空欄補充** ①認知症高齢者の日常生活自立度判定基準 ②中核症状（基本障害）、周辺症状（BPSD） ③血管性認知症 ④アルツハイマー型認知症 ⑤レビー小体型認知症 ⑥前頭側頭葉変性症 ⑦若年認知症 ⑧せん妄 ⑨レスパイトケア ⑩家族会
■**五肢択一** ①エ ②オ ③オ

科目8
■**空欄補充** ①障害者基本法、精神障害 ②障害者総合支援法 ③脳血管障害、失語症、失認 ④アテトーゼ型 ⑤ヒト免疫不全ウイルスによる免疫機能障害 ⑥注意欠陥多動性障害 ⑦難病
■**五肢択一** ①ウ ②オ ③ア

科目9
■**空欄補充** ①身体、精神、障害児 ②貯蔵、検索 ③ストレス、ストレッサー ④呼吸、誤嚥 ⑤メラトニン、インスリン ⑥第一次ベビーブーム、団塊の世代 ⑦生活援助 ⑧ユニバーサルデザイン ⑨健側、麻痺 ⑩交互型歩行器、固定型歩行器、歩行車 ⑪嚥下障害、飲み込みにくい、むせ込む ⑫身体的、心理的、社会的 ⑬ポータブルトイレ、便器、おむつ交換 ⑭足浴、マッサージ、褥瘡予防 ⑮安楽、疼痛、チーム
■**五肢択一** ①ア ②イ ③ア ④ウ ⑤オ ⑥イ

レポート課題

【科目2　介護における尊厳の保持・自立支援】
介護職が介護の目標を定めたり展開したりする際に大切にしなければならない考え方について400字以内でまとめなさい。

解答のポイント
① 「尊厳の保持」「QOL」「ノーマライゼーション」「自立支援」のキーワードが大切である。
② 介護者が利用者を理解し、利用者の自己選択を尊重することが、利用者の尊厳を守ることにつながる。
③ 介護を展開する際に「しなければならないこと」「してはならないこと」を介護の専門家として考察すること。

【科目3　介護の基本】
「介護における安全とリスクマネジメント」について、介護職として心がけておかなければならない事柄を400字以内でまとめなさい。

解答のポイント
① 「すべての介護職に共通する介護事故防止の心得」をおさえておくこと。
② 事故発生と具体的な対応の原則について理解しておくこと。
③ 介護職自身の健康管理などについても理解すること。

【科目4　介護・福祉サービスの理解と医療との連携】
「介護現場における医行為と看護・リハビリテーションとの連携」について、400字以内でまとめなさい。

解答のポイント
① 介護現場で実施可能な医行為の範囲や医行為でないと考える行為の範囲を把握しておく。
② 看護やリハビリテーションとの連携方法について理解する。

【科目5　介護におけるコミュニケーション技術】
介護業務に従事する際の記録の重要性について、400字以内でまとめなさい。

解答のポイント
① 記録を通して、よりよい介護サービスの提供やチーム内での情報共有が可能となる。
② 記録の書き方の基本を把握しておく。
③ 正確な記録によって、情報が共有される。

【科目6　老化の理解】
老化に伴う心身の機能の変化と、起こりうる日常生活の影響について400字以内でまとめなさい。

> 解答のポイント

① 視覚・聴覚の変化を理解すること。
② 筋・骨・関節などの運動器の変化、体温を維持する機能や内臓や器官の機能の変化を理解する。
③ 精神的機能の変化を理解すること。

【科目7　認知症の理解】
パーソンセンタードケアの考え方と、認知症ケアの視点について400字以内でまとめなさい。

> 解答のポイント

① 高齢者の尊厳を保持されるべきとの理念を理解すること。
② 利用者中心のケアについて理解すること。
③ 認知症のある人の本人の視点に立ったケアについて理解すること。

【科目8　障害の理解】
介護職が大切にしなければならない障害者福祉の理念について400字以内でまとめなさい。

> 解答のポイント

① ICFに基づく障害のとらえ方や、障害者福祉の基本原則を理解しておくこと。
② 「障害者基本法」「ノーマライゼーション」の2つのキーワードを使うこと。

【科目9　こころとからだのしくみと生活支援技術】
福祉用具の定義、福祉用具対象品目、福祉用具の利用方法について400字以内でまとめなさい。

> 解答のポイント

① 福祉用具の定義、福祉用具対象品目について把握しておく。
② 福祉用具の利用の「貸与」「購入」について理解する。

食事介助の留意点と支援方法について400字以内でまとめなさい。

> 解答のポイント

① 自力摂取を可能にするために、介護者が事前にしておくべき配慮や内容を把握しておく。
② 残存機能を活用した食事への意欲を引き出す具体的な方法を理解する。
③ 食事介助時の誤嚥を予防するポイントと片麻痺がある場合の注意点をおさえる。

A レポート課題の解答

【科目2　介護における尊厳の保持・自立支援】

介護職が介護の目標を定めたり展開したりする際に大切にしなければならない考え方について400字以内でまとめなさい。

　　介護職の介護の目標とは、QOLの向上である。つまり、どのような障害があろうとも、生まれ育った社会で生き生きとその人らしく暮らすことである。この実現のために、介護職は誠実に介護を行うことが求められている。そこで、重要になるのは利用者の尊厳の保持と自立支援であるが、障害や加齢による環境の変化等で、利用者自身が夢や希望へのあきらめから尊厳や自立を大きく損ねてしまう。ICFでも述べられているように、その人の「している活動」を「できる活動」にするため、利用者のプラス面に着目してアセスメントし、介護の目標を定め、展開することが求められている。そのためには、ノーマライゼーションのいう当たり前の暮らしを考える視点が肝要である。「自分で選ぶ」という当たり前のことを当たり前にできることが利用者の尊厳を守ることにつながる。高齢者であるから、障害者であるからできないというのを前提とした介護はけっして行ってはならない。

【科目3　介護の基本】

「介護における安全とリスクマネジメント」について、介護職として心がけておかなければならない事柄を400字以内でまとめなさい。

　　介護事故を減らし、利用者に「安心」と「信頼」を提供することが介護職の任務である。しかしながら、介護の現場は「介護事故（介護過誤）」のリスクが高い職場でもある。できる限り事故を予防し、または事故後の対応をしっかりするリスクマネジメントが欠かせない。介護事故防止の心得としては、「努力によってミスを少なくする」「たえず危機意識を持つ」「再発防止策を立てる」「同僚との情報の共有」「記録の重要性」「介護職自身の健康」等である。さらに、リスクマネジメントの取り組みとしては、業務マニュアルの作成と周知徹底、報告・連絡・相談などの引き継ぎの徹底等があげられる。最近では、苦情受付窓口と苦情対応責任者の配置、第三者評価システムの導入、ヒヤリ・ハット情報の共有化などの組織強化策も課題となっている。さらに、介護職自身の健康管理を徹底して感染症予防、バーンアウト防止に取り組まなければならない。

【科目4　介護・福祉サービスの理解と医療との連携】
「介護現場における医行為と看護・リハビリテーションとの連携」について、400字以内でまとめなさい。

　　介護現場においては、「医行為でないと考えられる行為の範囲」が示されており、一般的な体温測定、自動血圧測定器による血圧測定、軽微な傷などの処置、軟膏・湿布・点眼薬などの医薬品使用の介助、爪きり・耳垢の除去は介護職員が行うことができる。2011年には、「社会福祉士及び介護福祉士法」の改正で、特定の研修を受けた介護福祉士や介護職員は、医師の指示のもとに厚生労働省で定める医行為ができることになった。具体的には、口腔内・鼻腔内の喀痰吸引、気管カニューレ内部までの喀痰吸引、胃ろうまたは腸ろうによる経管栄養、経鼻経管栄養である。また、介護職と看護・リハビリテーション領域の専門職とは連携が不可欠となる。連携の方法としては、申し送りや記録、協働、相談、連絡（電話、ファクス、メール等）がある。看護・リハビリテーションについては、介護との一体的な提供の援助システムが構築されなければならない。

【科目5　介護におけるコミュニケーション技術】
介護業務に従事する際の記録の重要性について、400字以内でまとめなさい。

　　介護の現場では、よりよいサービスの提供をめざし、チームでケアを行う業務目的を果たすために、正しい情報の共有化が必要になっている。ここに記録の目的と意義があるわけであるが、とくに専門性に裏打ちされた正確さが記録には求められている。記録は、記憶が鮮明なうちに、正確に、事実を伝達するものでなければならない。そこで、書き方としては、いつ、どこで、だれが、何を、どのように、どれくらいしたかという、いわゆる5W2Hの要領で、簡潔にわかりやすく書き残すことが重要である。ときには図を用いるなどの工夫を加え、より客観性が保たれるように心がけたい。また、記録の客観性という観点から、その都度、年月日、時間、記録者の署名も忘れてはならない。これは、正確な伝達のためにも心がけておきたい。日々変化する利用者の状態を正確に記し、情報の共有化とともに、介護業務の質の確保を念頭に記録の重要性を再認識する必要がある。

【科目6　老化の理解】
老化に伴う心身の機能の変化と、起こりうる日常生活の影響について400字以内でまとめなさい。

　視覚機能の変化では、老眼による視力障害や白内障、低音よりも高音領域にわたる難聴が生じる。筋・骨・関節などは、筋力低下やバランス機能の低下により運動機能が低下する。また、骨粗鬆症が要因で、転倒などにより骨折しやすくなり、関節の変形での痛みや神経痛を伴いやすくなる。運動器に著しい機能低下の悪循環が起こると、ADLが低下する廃用症候群となる。心身の恒常性の保持機能が低下し、体温を維持する機能が低下する。内臓や器官の機能も低下し、低栄養、脱水、排尿障害、代謝異常、薬の副作用といった症状が起こりやすくなるとともに、免疫機能や抵抗力の低下から感染症にかかりやすくなる。精神的機能の変化として、記憶能力が低下し、睡眠障害による不眠や意欲低下などと抑うつや認知症を伴いやすくなる。高齢者はこのように心身の機能低下の喪失体験を伴いながら、寝たきりや認知症などによる要介護状態に徐々に陥ることも起こりうる。

【科目7　認知症の理解】
パーソンセンタードケアの考え方と、認知症ケアの視点について400字以内でまとめなさい。

　認知症は、誰もがかかる可能性がある病気であるという認識やノーマライゼーションの考え方が浸透し、認知症になっても高齢者の尊厳は保持されるべきとの理念が広がり、認知症高齢者へのケアについて、この理念が尊重されるようになっている。パーソンセンタードケアとは、認知症の人を患者としてみるのではなく、ひとりの人間として、その人独自の存在を認め、受け入れ、尊重していこうという考え方である。イギリスのキットウッドによって1997年に提唱された。わが国も、この利用者中心のケアという考え方をもとに認知症高齢者ケアが確立された。ケアの基本は、①言動の問題を訂正せず、傾聴しながら受け入れる、②説得しようとせず、本人に納得してもらうようにする、③いろいろな情報を受け入れやすい状況をつくる、④本人のできることに着目し、失敗を指摘しない、⑤「本人らしさ」を理解して尊重する、などが挙げられる。

【科目8　障害の理解】
介護職が大切にしなければならない障害者福祉の理念について400字以内でまとめなさい。

　私たちが障害のある利用者の介護を行う際に大切にしなければならない理念として、ノーマライゼーションをあげることができる。この理念は、障害の有無にかかわらず、あらゆる人々が住みなれた地域の中で当たり前の生活を送ることができる社会をめざしている。2011（平成23）年に改正された「障害者基本法」でも、この考え方は踏襲され、障害者が分け隔てされるのではなく、可能な限りその身近な場所において、人格や個性が尊重された自由な生活を行える社会をつくることが基本原則とされている。障害のある利用者の介護では、利用者の人権や主体性に配慮し、介護職の一方的な価値観に基づいた押しつけの介護は慎まなければならない。ICFモデルの中で述べられている、「している活動」を背景因子との相互作用を意識しながら「できる活動」にするために、その参加制約や活動制限をしている生活機能の障害を除去するための介護をめざすことが大切である。

【科目9　こころとからだのしくみと生活支援技術】
福祉用具の定義、福祉用具対象品目、福祉用具の利用方法について400字以内でまとめなさい。

　福祉用具は法令上で、「心身の機能が低下し日常生活を営むのに支障のある老人又は心身障害者の日常生活上の便宜を図るための用具及びこれらの者の機能訓練のための用具並びに補装具をいう」と定義されている。福祉用具対象品目には、車いす・車いす付属品、特殊寝台・特殊寝台付属品、床ずれ防止用具・体位変換器、手すり・スロープ、歩行器・歩行補助つえ、認知症老人徘徊感知機器、移動用リフト（つり具の部分を除く）自動排泄処理装置の福祉用具貸与と、腰掛便器、自動排泄処理装置の交換可能部品、入浴補助用具・簡易浴槽、移動用リフトのつり具の部分の特定福祉用具販売がある。福祉用具の貸与は現物給付され、費用の1割を利用者の自己負担として福祉用具貸与事業者に支払う。購入には、利用者が全額を支払い、後日利用者負担分を除いて市町村から償還をうける償還払いと、登録事業者を利用することで購入時に利用者負担分のみを支払う受領委任払いがある。

食事介助の留意点と支援方法について400字以内でまとめなさい。

　事前のかかわりとして、利用者の食習慣や食事形態、量の把握を行う。心身状態の把握を行い、介助の必要度を判断する。できるだけ自力摂取が可能になるよう、自助具の準備をする。食事前は可能な限り利用者の残存機能を活用し、調理や盛り付け等の食事準備に参加していただき、食事への意欲を引き出す。また、食前に誤嚥予防につながる嚥下体操の実施をする。落ち着いて食事ができるように、体調の確認や排泄の有無を確認する。食事中の支援として、献立の説明とともに、熱い汁物等の注意を伝える。自力摂取の状態を確認し、声かけや見守り、一部介助等を行う。介助時は覚醒状態の確認を行い、利用者と目線を同じにし、誤嚥を予防する。はじめに水分からすすめ、口腔内を潤し、咀嚼や嚥下をしやすくする。また、飲み込みを確認してから次の食べ物を介助する。片麻痺のある場合は、患側に食物が残りやすいので健側の口角から介助する。